História do Português Brasileiro

VOLUME V

MUDANÇA SINTÁTICA DAS CONSTRUÇÕES: PERSPECTIVA FUNCIONALISTA

A publicação teve apoio financeiro da Fundação de Amparo à Pesquisa
do Estado de São Paulo – Fapesp (Processo nº 2017/14724-1).

História do Português Brasileiro

Ataliba T. de Castilho
(coordenador geral)

VOLUME V

MUDANÇA SINTÁTICA DAS CONSTRUÇÕES: PERSPECTIVA FUNCIONALISTA

Ataliba T. de Castilho
(coordenador)

editoracontexto

FAPESP

Montagem de capa e diagramação
Gustavo S. Vilas Boas

Preparação de textos
Lilian Aquino

Revisão
Daniela Marini Iwamoto

Dados Internacionais de Catalogação na Publicação (CIP)

História do português brasileiro : mudança sintática
das construções: perspectiva funcionalista / coordenador,
Ataliba T. de Castilho – São Paulo : Contexto, 2019.
432 p. (História do português brasileiro ; 5)

Bibliografia
ISBN 978-85-520-0081-5

1. Língua portuguesa – Brasil – História 2. Sintaxe 3. Semântica
I. Castilho, Ataliba T. de

18-2053 CDD 469

Angelica Ilacqua CRB-8/7057

Índices para catálogo sistemático:
1. Língua portuguesa – Brasil

2019

EDITORA CONTEXTO
Diretor editorial: *Jaime Pinsky*

Rua Dr. José Elias, 520 – Alto da Lapa
05083-030 – São Paulo – SP
PABX: (11) 3832 5838
contexto@editoracontexto.com.br
www.editoracontexto.com.br

SUMÁRIO

APRESENTAÇÃO

Ataliba T. de Castilho

Este volume faz par com o volume 4, visto que em ambos a sintaxe diacrônica do português brasileiro (PB) é trabalhada de uma perspectiva funcionalista.

No primeiro capítulo "A coordenação", Sanderléia Roberta Longhin, Erotilde Goreti Pezatti e Norma Novaes Marques apresentam um estudo da sintaxe e da semântica histórica das construções coordenadas do português. O foco repousa na caracterização formal e funcional dos três principais sistemas de coordenação, *aditivo, alternativo* e *adversativo*, e no reconhecimento e descrição dos principais aspectos de instabilidade e de permanência mostrados pelas construções coordenativas, na história do português.

No capítulo "A subordinação substantiva", Sebastião Carlos Gonçalves, Marize Dall'Aglio Hattnher e Gisele Cássia de Sousa tratam, sob perspectiva da gramaticalização, da formação de construções parentéticas epistêmicas originadas de sentenças matrizes epistêmicas cujas subordinadas ocorrem em posição argumental de sujeito e de objeto. Após oferecerem um panorama geral da modalização epistêmica envolvendo esses dois tipos de subordinadas na história do PB, suas análises concentram-se na formação das construções parentéticas epistêmicas. Em suas interpretações diacrônicas, os autores sustentam que favorecem a formação de parentéticas originadas de matrizes de sentenças objetivas (i) *presença de subordinadas finitas*; (ii) *não realização de complementizador entre matriz e subordinada*; (iii) *uso de alguns mesmos predicados em construções adjetivas ou adverbiais também em função parentética*; (iv) *baixo grau de certeza epistêmica expresso nas construções matrizes*; e (v) *demarcação prosódica da construção matriz*, representada, na escrita, por vírgula separando-a da sentença subordinada finita. Os mesmos parâmetros (i) e (ii) explicam também a formação de parentéticas originadas de matrizes de sentenças subjetivas. As duas formações diferem, entretanto, nos seguintes parâmetros de parentéticas originadas de matrizes de orações subjetivas: (i) *alto grau de certeza epistêmica*; e (ii) *dispensabilidade de cópula da construção matriz*. Numa generalização de seus resultados, os autores concluem que a construção parentética emerge de um contexto de subordinação sentencial, se, e somente se, existir uma construção matriz epistêmica que lhe dê origem, desfazendo, como consequência, a relação de subordinação sentencial anteriormente existente.

No capítulo "A subordinação adjetiva", Edvaldo Balduíno Bispo e Angélica Furtado da Cunha tomam em conta diferentes aspectos dessa estrutura. Os autores apresentam uma caracterização das propriedades formais, semânticas e pragmáticas da oração adjetiva e descrevem os modos de codificação dessa oração. Em seguida, abordam questões de variação e mudança com base em estudos sincrônicos e diacrônicos sobre o tema. Examinam ainda as motivações cognitivas e discursivo-pragmáticas responsáveis pelo uso das estratégias de relativização. Os autores consideram, ainda, as chamadas relativas livres e as estruturas desgarradas e finalizam o capítulo, discutindo o estatuto gramatical do *que* prefaciador desses padrões oracionais.

Em "Orações de tempo, causa e condição ao longo dos séculos XVIII a XIX", Maria Luiza Braga e Maria da Conceição de Paiva analisam os subsistemas dos conectivos temporais, causais e condicionais a partir de algumas propriedades morfossintáticas e discursivas das orações que estes elementos encabeçam. Inicialmente, as autoras circunscrevem o quadro teórico adotado, caracterizando, com base em Halliday (1994), a noção de oração hipotática e nuclear. As orações foram identificadas a partir de critérios formais e semântico-pragmáticos. Todas são conectivas e foram examinadas à luz de variáveis como posição da oração hipotática face à sua nuclear, correlação modo-temporal e correferencialidade entre os sujeitos das orações hipotática e nuclear. A análise permite mostrar relativa estabilidade das orações de tempo, causa e condição no período compreendido entre os séculos XVIII a XXI. Para todas as relações semânticas, destaca-se o uso preferencial de um conector em particular e a sua polifuncionalidade. Mudanças mais significativas puderam ser depreendidas na posição da oração e na forma de realização do sujeito das hipotáticas. Os resultados apontam para uma oscilação maior entre anteposição e posposição para as de tempo e condição. Para as hipotáticas causais, por sua vez, a posposição à oração núcleo é a forma de ordenação preferencial em todos os períodos, excetuando-se as orações encabeçadas pelo conector *como*. No nível morfossintático, a alteração mais significativa é a diminuição da categoria vazia como sujeito da oração hipotática, principalmente a partir do século XIX. No que se refere à configuração modo-temporal, destacou-se no capítulo a predominância da correlação entre formas verbais de presente do indicativo. Mudanças mais significativas nas correlações modo-temporais foram depreendidas para as hipotáticas condicionais, em particular o decréscimo das formas verbais de subjuntivo.

No capítulo "A gramaticalização das orações de gerúndio no português brasileiro do século XVIII ao século XX", José da Silva Simões investiga as orações de gerúndio sob uma perspectiva multissistêmica da língua. Na primeira parte do estudo, o autor estabelece critérios para uma definição dos variados tipos de orações de gerúndio do PB a partir de suas propriedades sintáticas. A quantificação dos dados revelou aspectos interessantes a respeito da gramaticalização das orações de gerúndio no PB: (i) redução significativa das orações adverbiais reduzidas de gerúndio do século XVIII ao XX, o que mostra que estas estruturas devem estar em competição com outros recursos sintáticos (orações conjuncionais e outros processos de junção de enunciados) e (ii) a problemática que envolve a redução das orações adverbiais de gerúndio e o aumento das perífrases de gerúndio. No sistema do Discurso, o autor verificou que as orações de gerúndio (i) exibem a propriedade pragmática de articulação tópica, (ii) são mais frequentes em textos de maior planejamento como as *memórias*, as *cartas da administração privada* e as *cartas oficiais*, enquanto as perífrases são mais usadas em textos menos formais como as *cartas particulares* e textos mais próximos da oralidade, como os diálogos de *teatro*, bem como os *inquéritos de língua falada* (século XX). No sistema da Semântica, o capítulo mostra que essas orações apresentam-se num processo de dessemanticização, por exibirem menos relações proposicionais, se comparadas às construções absolutas. Estas últimas mostram uma maior produtividade de relações proposicionais e nelas mantêm-se mais preservadas as propriedades discursivas específicas de cada gênero ou tipo de texto, comprovando que os critérios associados ao modelo de tradições discursivas são bastante pertinentes na análise dos processos de mudança linguística nos três subsistemas investigados.

Finalmente, no capítulo "Diacronia da concordância", Ataliba T. de Castilho, Bruno Maroneze, Célia Maria Moraes de Castilho, Edilaine Buin, Flávia Orci Fernandes, Janaina Olsen e Marcel Caldeira estudam as diversas possibilidades de concordância nominal e verbal no português do Brasil, do século XIX até o século XXI, com fundamento em cartas oficiais e cartas particulares. Os autores concebem a concordância como um compartilhamento de traços entre os elementos envolvidos, e não como uma relação de dependência de um elemento a outro. A teoria adotada no capítulo é a abordagem multissistêmica: Castilho (2009). São analisados três tipos de concordância: concordância plena (CP), concordância zero (CØ) e concordância por reanálise (CR). Os autores procuraram identificar as categorias gramaticais, lexicais, semânticas e discursivas que se correlacionam com a expressão da concordância.

i. Léxico e concordância: as classes dos substantivo, adjetivo, artigo, pronomes, verbo expressam concordância, ao passo que as conjunções, preposições e advérbios não exibem esse comportamento, embora exista marca de gênero, como em *menas pessoas*, e de plural em *ques pessoa*. Substantivos que apresentam gênero natural coocorrem na CP de gênero; substantivos que apresentam gênero arbitrário coocorrem com a CØ de gênero; substantivos coletivos e expressões quantificadoras relacionam-se com a CØ de número.
ii. Gramática e concordância: a posição de termos interfere nas relações de concordância. Assim, a anteposição do termo X ao termo Y relaciona-se com a CP; a posposição e o distanciamento relacionam-se com a CØ. As categorias gramaticais de gênero e número têm um comportamento assimétrico: mantém-se com mais vigor a CP de gênero; os Especificadores, principalmente na primeira posição, mantêm os traços de número e pessoa quando as outras classes os perdem.
iii. Semântica e concordância: adjetivos e verbos predicativos relacionam-se com a CP. As representações da categoria cognitiva de QUANTIDADE assumem um papel crucial nas regras de concordância.
iv. Discurso e concordância: o tópico discursivo, os participantes do discurso e os gêneros discursivos correlacionam-se com as regras de concordância.
v. Papel regulador do dispositivo sociocognitivo: os três tipos de concordância analisados (CP, CR e CØ) decorrem desse dispositivo; a CP se mantém majoritária e a CR é um fenômeno bastante complexo que indicia a alteração das regras de concordância; já o funcionamento da CØ parece não ser um fator decisivo para o desaparecimento das regras de concordância.

Neste, e nos demais volumes da *História do Português Brasileiro,* concentra-se a atenção na Romània Nova. O leitor encontrará aqui novos temas e novas formas de estudar a diacronia de uma língua natural.

INTRODUÇÃO

Ataliba T. de Castilho

Este volume 5 da série *História do Português Brasileiro* publica pesquisas sobre a mudança sintática das construções do português brasileiro (PB), elaboradas sob uma perspectiva funcionalista, concentradas nos seguintes polos:

1. Semântica de *Frames*;
2. Abordagem multissistêmica da mudança linguística.

Essas opções serão brevemente examinadas a seguir, juntamente com a metodologia da pesquisa e o *corpus* de análise. Agradeço a Janaina Olsen pela ajuda na elaboração da seção "Semântica de *Frames*".

SEMÂNTICA DE *FRAMES*

Desenvolvida por Fillmore (1975, 1976, 1977, 1979, 1982, 1985) ao longo de mais de quatro décadas, a Semântica de *Frames*, um projeto de pesquisa sobre Semântica empírica, tem alcance do léxico às construções gramaticais e ao discurso a partir da noção central de *frame*, sustentada por, pelo menos, quatro conceitos-chave: (i) expectativa, (ii) experiência, (iii) protótipo e (iv) perspectiva.

O conceito (i), atrelado à "estrutura de expectativa", pode ser encontrado, na literatura, relacionado a: esquema, cenário, script, modelo cognitivo, moldura, enquadre, bem como é contemplado por diferentes áreas do conhecimento: Psicologia Cognitiva, Psicologia Social, Inteligência Artificial, Sociologia, Antropologia, entre outras áreas. Os estudiosos desses diferentes campos variam na utilização dos termos, tendo, em comum, a crença em modelos de organização do conhecimento.

Na Semântica de *Frames*, as "estruturas de expectativa" são resultado da organização do conhecimento dos seres humanos com base em suas experiências no mundo (Tannen, 1993: 16) e em sua cultura. Tais estruturas são fundamentais para a construção do sentido do material linguístico uma vez que são responsáveis pela ativação de cenas prototípicas que instanciam o contexto de ocorrência, isto é, de uso, de um determinado item ou de uma expressão lexical.

Um EVENTO COMERCIAL, por exemplo, ativa, através da expectativa, pautada nas experiências dos falantes, uma cena prototípica em que as entidades ou os elementos "vendedor", "comprador", "mercadorias" e "dinheiro" e as ações a eles relacionadas "vender", "comprar", "ser comprada" ou "ser vendida" formam, em conjunto, os melhores representantes desse evento, contribuindo, portanto, para a construção do sentido de evento comercial: Fillmore (1982: 116). De modo análogo, "pai" e "filho" se interdefinem em uma cena prototípica por haver uma expectativa de existência de um perante a existência do outro, dada a representatividade desses itens no *frame* FAMÍLIA: Fillmore (1985: 224).

Caracterizada como uma Semântica da Compreensão (*U-Semantics*: Fillmore, 1985: 222), e considerando a existência de uma Semântica da Verdade (*T-Semantics*), a Semântica de *Frames* tem como ponto de partida, de um lado, a insuficiência das *checklists*, lista de condições para a descrição do significado de um item ou expressão lexical e, de outro, a importância da continuidade entre linguagem e experiência.

A propósito, as experiências, conceito-chave para Fillmore (1977, 1979, 1982), são ativadas pelo falante com o objetivo, em um dado contexto, de compreender determinada construção linguística através de seu conhecimento de mundo e de sua cultura, conforme já dito. Para exemplificar, cita uma situação em que uma fruta é descascada e cortada em duas partes, mais especificamente, ao meio, tal como, geralmente, se corta uma laranja: Fillmore (1975: 128). Tal atitude, parte constituinte da experiência e do conhecimento envolvido, motivou a evocação do item lexical "laranja", mesmo a fruta sendo, na verdade, uma uva, demonstrando, portanto, a importância da experiência na evocação de *frames*.[1]

A ativação de um determinado item lexical ("laranja") dentro da categoria FRUTA, e não de outro, também põe em relevo a prototipicidade, outro processo incluso na Semântica de *Frames*. Tendo em vista a noção de protótipo desenvolvida por Eleanor Rosch (1973, apud Fillmore, 1982: 117), o protótipo, na Semântica de *Frames*, é aquele tradicionalmente concebido como o mais facilmente reconhecido em uma categoria, sendo o seu "melhor exemplo" (Rosch, 1973).

Apropriando-se desse conceito, a Semântica de *Frames* considera, na composição de um *frame*, as cenas prototípicas, isto é, as melhores representantes do uso de uma construção linguística. Dessa forma, as entidades e os elementos mais representativos de uma categoria são evocados em uma cena, consequentemente, prototípica, contribuindo para a construção de sentidos dos itens lexicais pertencentes a um *frame*.

Como exemplo, Fillmore (1975: 128) utiliza o item lexical *bachelor*, passível de ser traduzido para o português como "solteirão". A expectativa é de que esse item lexical não seja utilizado para fazer referência, por exemplo, ao papa ou a um homem divorciado, isso porque há uma cena prototípica de homens que se casam no início da vida adulta, uma única vez e permanecem, geralmente, casados a vida toda. "Papa" e "homem divorciado" não fazem parte dessa cena prototípica, sendo, nesse contexto, atípicos e, portanto, não se enquadrando no *frame* SOLTEIRÃO.

No processo de descrição dos sentidos através da evocação de cenas prototípicas baseadas em uma expectativa que, por sua vez, é criada pela experiência dos falantes, Fillmore destaca a existência de perspectivas sobre tais cenas prototípicas.

O conceito (iv), de perspectiva, emerge do fato de cada cena não ser representada em sua totalidade, mas ser perspectivada, tendo uma parte focalizada, havendo, assim, uma "ancoragem perspectival particular" (1977: 59) entre as entidades ou os elementos envolvidos em um mesmo *frame*.

Para exemplificar, voltemos à cena prototípica evocada por EVENTO COMERCIAL. Nessa cena, o verbo "comprar" focaliza as ações do comprador em relação à mercadoria ("coisas compradas"), colocando em segundo plano o vendedor e o dinheiro; o verbo "vender" focaliza as ações do vendedor em relação à mercadoria ("coisas vendidas"), colocando em segundo plano o comprador e o dinheiro; o verbo "pagar" focaliza as ações do "comprador" em relação ao dinheiro e ao vendedor, colocando em segundo plano a mercadoria, e assim por diante: Fillmore (1982: 116). Dessa forma, o *frame* estrutura o sentido de itens lexicais que são passíveis de ser tomados em diferentes perspectivas.

Cabe ainda destacar que, além de propor um programa teórico em Semântica empírica que destaca a continuidade entre linguagem e experiência através dos conceitos-chave explicitados, a Semântica de *Frames* também embasa a criação de um conjunto de ferramentas analíticas de cunho linguístico-computacional impulsionada pela base on-line de dados lexicais *FrameNet*[2] de Berkeley.

A partir da ideia central da Semântica de *Frames* de que o significado de itens e expressões lexicais podem ser descritos através de *frames* (Fillmore et al., 2003), a *FrameNet* norte-americana tem por objetivo organizar, em suporte eletrônico, uma descrição lexicográfica de propriedades semânticas e sintáticas de Unidades Lexicais (construções linguísticas que evocam um *frame*) da língua inglesa, baseada em *corpora*.

Essa rede de *frames* é motivadora na medida em que vem estimulando a construção, de modo similar, de bases multilíngues, tal como a versão brasileira (Salomão, 2009), a alemã (Boas, 2005), a espanhola (Subirats, 2009), a japonesa (Ohara e Hiroaki, 2003), entre outras, contribuindo para o aumento, na última década, do interesse pelo uso da Semântica de *Frames*. O sexto capítulo deste volume se vale em parte da Semântica de *Frames*.

ABORDAGEM MULTISSISTÊMICA DA MUDANÇA LINGUÍSTICA

A abordagem multissistêmica da mudança linguística inclui-se no modelo funcionalista-cognitivista, mas dele se diferencia por partir da epistemologia da ciência dos domínios complexos. Postula-se a língua como uma entidade multilinear, cujas categorias operam simultaneamente, integrando quatro sistemas, sem regras de determinação entre eles, rejeitando-se a ideia de que um sistema deve ser assumido como central e os demais como periféricos. Centralidade e periferia são conceitos de interesse para o estudo dos produtos, não dos processos de criação linguística, que é o objeto da abordagem multissistêmica.

Na agenda de pesquisas dessa abordagem, a gramaticalização é entendida como um processo linguístico entre outros, ou seja, a lexicalização, a semanticização e a discursivização, demandando-se um trabalho necessariamente interdisciplinar para sua execução. A postulação dessa abordagem decorreu da interpretação das pesquisas brasileiras sobre a língua falada.

Os projetos que elegeram a língua falada como seu objeto empírico, desenvolvidos nos últimos 40 anos em nosso país, modificaram nossos hábitos científicos, numa dimensão ainda não avaliada pela Historiografia Linguística.

Focalizando a atenção no Projeto Nurc e no Projeto de Gramática do Português Falado, nota-se que eles encararam uma modalidade linguística mais reveladora dos processos de criatividade e mudança linguística que a língua escrita.[3] A documentação, a transcrição e a análise da língua falada aí empreendidas forneceram os fundamentos para a abordagem multissistêmica aqui caracterizada.

Essa abordagem postula uma língua natural como um sistema de sistemas, dinâmico e complexo, deixando-se de lado o entendimento da gramaticalização como um epifenômeno: Castilho (2007a-b, 2009a-b).

Ela assenta nas seguintes premissas:

(1) *Do ângulo de sua produção, as línguas serão definíveis como um conjunto de processos mentais, pré-verbais, organizáveis num multissistema operacional.*

Os estudos da oralidade levantaram o véu da língua-enquanto-processo. As pesquisas sobre a gramaticalização tratam de um dos processos linguísticos, mas fazia falta enquadrá-la entre os outros processos de criação linguística, empreendimento aqui tentado.

Os processos que organizam as línguas entendidas em seu dinamismo operam (i) simultaneamente, não sequencialmente, (ii) dinamicamente (não são entidades estáticas), (iii) multilinearmente (não são entidades unilineares). Esses processos podem ser razoavelmente articulados e concentrados nos quatro domínios mencionados: (1) lexicalização, (2), discursivização, (3) semanticização e (4) gramaticalização.

(2) *Do ângulo dos produtos, as línguas serão apresentadas como um conjunto de categorias igualmente organizadas num multissistema.*

A língua-enquanto-produto é um conjunto de categorias agrupadas ao mesmo tempo em quatro sistemas: (1) léxico, (2) discurso, (3) semântica e (4) gramática.

Esses sistemas serão considerados autônomos uns em relação aos outros, não se admitindo que um sistema derive de outro, nem se proporá uma hierarquia entre eles. Isto significa que não se postulará a exis-

tência de sistemas centrais e de sistemas periféricos. Reformulo com isto Castilho (2003), em que tinha proposto o Léxico como o módulo central das línguas naturais, violando assim o princípio da indeterminação intersistêmica. Qualquer expressão linguística exibe *ao mesmo tempo* características lexicais, discursivas, semânticas, gramaticais.
Como um conjunto de processos ou como um conjunto de produtos ordenados em sistemas, a língua depende de uma articulação intersistêmica que assegure a eficácia de seu uso. O dispositivo sociocognitivo promove essa articulação. Esse dispositivo tem uma dimensão cognitiva e uma dimensão social.
O dispositivo é "cognitivo" porque se fundamenta em categorias e subcategorias cognitivas, além dos traços semânticos inerentes delas derivados. Algumas dessas categorias e subcategorias são enumeradas a seguir, lembrando que estes construtos não são exclusivos nem negativos, antes problemáticos e integrativos:

- A categoria de PESSOA é representada pelos pronomes e pelas flexões pessoais do verbo.
- A categoria de COISA é representada pelos substantivos, pelas flexões de número, e pelas subcategorias (i) contável (= descontínuo, limitado)/não contável (= massa, ilimitado), (ii) definido/indefinido etc.
- A categoria de ESPAÇO e TEMPO são representadas pelos pronomes, adjetivos e advérbios circunstanciais, pelas preposições, e pelas subcategorias (i) espaço referencial/espaço mental, (ii) posição no espaço (= verticalidade/horizontalidade/transversalidade), (iii) distância/proximidade no espaço (= distal/proximal), (iv) disposição espacial num recipiente real ou fictício (= continente/conteúdo), (v) posição no tempo (= passado, presente, futuro), (vi) distância/proximidade no tempo (= remoto, próximo) etc.
- A categoria de VISÃO é representada (i) pelo aspecto perfectivo/imperfectivo, (ii) pelas relações discursivas de fundo/figura, (iii) pela perspectiva estática/perspectiva dinâmica dos EVENTOS etc.
- A categoria de MOVIMENTO é representada pela deslocação de constituintes fonológicos, morfológicos e sintáticos no enunciado, compreendendo as subcategorias de (i) movimento factual, (ii) movimento fictício (Talmy, 2000, v. 1: 99 e ss.) etc.

- A categoria de EVENTO é representada pelos verbos e pelas subcategorias de (i) telicidade/atelicidade, (ii) semelfactividade/iteratividade, (iii) causatividade/resultatividade etc.

Mas o dispositivo sociocognitivo é também "social" porque sua postulação assenta nas estratégias da conversação, entendida como uma atividade linguística básica.

Castilho (2000) hipotetizou que o momento crucial da mudança se localiza nos atos conversacionais. Quanto mais heterogênea é a comunidade, maior o distanciamento sociolinguístico entre falante e ouvinte, obrigando-os a um esforço correspondentemente maior para a manutenção da conversação – e a língua acelera sua mudança. Inversamente, quanto mais homogênea é a comunidade, maior a aproximação sociolinguística entre os interlocutores, menor será esse esforço – e a língua diminui seu ritmo de mudança.

Por outras palavras, a heterogeneidade social deve acarretar o inovadorismo, ao passo que a homogeneidade deve acarretar o conservadorismo linguístico. O exame da estrutura sociolinguística brasileira a partir desses parâmetros poderá mostrar por que tivemos momentos de aceleração ou de vagarosidade na mudança do PB. Vários capítulos reunidos neste volume apontam para esses ritmos de mudança.

Interpretando os achados da Análise da Conversação e do Projeto de Gramática do Português Falado (PGPF), é possível notar que o falante ativa, reativa e desativa propriedades lexicais, semânticas, discursivas e gramaticais no momento da criação de seus enunciados, constituindo dessa forma as expressões que pretende "pôr no ar".

Segue-se uma breve apresentação desses princípios.

Princípio da Ativação ou Princípio de Projeção

Quando conversamos, tentamos o tempo todo prever os movimentos verbais do interlocutor, isto é, se ele completou sua intervenção, se ela ainda está em curso, se devemos antecipar o momento de nossa entrada no curso da fala etc. Para dar conta desse mecanismo, que assegura a manutenção da conversação, Sacks, Schegloff e Jefferson (1974: 702) postularam um "componente de construção de turnos" cujas unidades-tipo, isto é, palavras, sintagmas e sentenças com os quais o falante constrói seu turno, "projetam a próxima unidade-tipo", numa sorte de antecipação da atuação verbal do interlocutor.

Castilho (1998) considerou que sobre essas afirmações assenta o Princípio de Projeção, responsável pela ativação das propriedades lexicais, semânticas, discursivas e gramaticais. O Princípio de Ativação assegura a vigência do Princípio de Cooperação formulado por Grice (1982).

Princípio da Reativação ou Princípio da Recursão

Quando conversamos, temos frequentemente de mudar o rumo da interação, corrigindo nossas próprias intervenções (= autocorreção), ou corrigindo a intervenção do interlocutor (= heterocorreção). O sistema de correção conversacional busca eliminar os erros de planejamento.

Assentado na estratégia de correção pragmática, o Princípio de Recursão das propriedades lexicais, semânticas, discursivas e gramaticais explica muitos fenômenos encontrados nos documentos de língua.

Princípio da Desativação ou Princípio da Elipse

Na conversação também se observam movimentos de abandono ou desativação de uma estratégia em curso, e consequente reativação de outra. Isso explica as *despreferências*, termo proposto por Marcuschi (1983). A estratégia da "despreferência" consiste em verbalizar o que não é esperado, violando-se o princípio de projeção pragmática. Isso ocorre quando respondemos a uma pergunta com outra pergunta, quando recusamos um convite, etc. Nestes casos, cria-se na conversação um "vazio pragmático": Marcuschi (1986, 1991). Proponho que o Princípio de Elipse assenta sobre a estratégia de despreferência.

A desativação é, portanto, o movimento que ocasiona o abandono de propriedades que estavam sendo ativadas. Gera-se um silêncio no planejamento verbal, a que se seguem simultaneamente as ativações e as reativações.

É importante enfatizar que esses princípios operam ao mesmo tempo, não sequencialmente, numa forma prevista por Lakoff (1987). Assim, a desativação ocorre simultaneamente com a ativação, e esta com a reativação, o que compromete o princípio da unidirecionalidade, se estivermos considerando os mecanismos de produção linguística.

Os princípios sociocognitivos agem por acumulação de impulsos, e somente assim poderemos dar conta da extraordinária complexidade da linguagem.

É digno de nota constatar-se que os pesquisadores das redes neurais chegaram aparentemente a uma conclusão semelhante, assim descrita por Cilliers (2000: 67, grifos nossos):

> *Uma rede neural consiste numa grande coleção de nós interconectados, ou "nêurons". Cada nêuron recebe contribuições de muitos outros [nêurons]. Cada conexão tem certa "força" associada a ela, chamada "peso" dessa conexão.* Esses pesos têm valores reais que podem ser ou positivos (excitatórios), negativos (inibitórios) ou zero (implicando em que os dois nêurons respectivos não estão conectados).[4]

Avesso aos princípios apriorísticos e mais afeito às pesquisas indutivas, o Funcionalismo em sua vertente cognitivista parece mais apto a encarar a complexidade linguística. A busca do equilíbrio dos sistemas é uma quimera. Marchar ao encontro das instabilidades, incluí-las no modo de fazer ciência, são as tarefas aqui preconizadas.

A agenda de pesquisas da abordagem multissistêmica sobre a mudança linguística desenvolve indagações sobre lexicalização e léxico, discursivização e texto, semanticização e semântica, gramaticalização e gramática. A pesquisa pode começar por qualquer sistema, desde que não se detenha num deles, donde o caráter necessariamente coletivo do empreendimento.

Aparentemente, a compartimentação científica que testemunhamos no século passado está por desaparecer. O século atual aponta para uma ciência transdisciplinar (não para uma simples interdisciplinaridade) que demandará o concurso de cientistas dotados de várias habilidades.

Esse alto grau de exigência já vinha ocorrendo no campo da Linguística Histórica, cujos limites foram claramente alargados no final do século passado, segundo Lightfoot (2006: 11):

> [...] um linguista histórico moderno precisa ser generalista e entender de diferentes subáreas – teoria gramatical, variação, aquisição, uso de gramáticas e análise do discurso, segmentação e compreensão da fala, análise textual, e história das línguas.[5]

Passamos a caracterizar sumariamente a agenda da abordagem multissistêmica.

Lexicalização e léxico

O léxico é aqui entendido como léxico mental, cujo objeto são matrizes cognitivas armazenadas no cérebro, associadas à sua representação linguística. Estuda-se o léxico mental focalizando a associação dessas matrizes e as formas e os significados lexicais e gramaticais ativados durante a produção e a compreensão da língua.

A lexicalização é o processo de criação de itens lexicais, (i) por etimologia (lexicalização ocorrida já na língua-fonte), (ii) neologia (lexicalização ocorrida na língua-alvo), (iii) derivação (lexicalização ocorrida na língua-alvo, por meio de desdobramentos de itens preexistentes), (iv) ou por empréstimo (lexicalização por contato linguístico). Os itens agrupam-se nas seguintes **categorias lexicais**: substantivo, pronome, verbo, adjetivo, advérbio, artigo, conjunção, preposição. Cada item disposto nessas classes representa a lexicalização de uma determinada matriz de traços, não sendo o caso de admitir que um substantivo gera um advérbio, e este uma preposição, e assim por diante, como se lê na literatura sobre gramaticalização.

Na aquisição do léxico, provavelmente adquirimos em primeiro lugar as categorias e subcategorias cognitivas, tanto quanto a habilidade de combiná-las em diferentes padrões, reunidos por convenção social nas palavras.

Lexicalização e léxico, em suma, podem ser entendidos nos quadros de um *continuum* que vai da cognição pré-verbal para a expressão verbal, da *língua-energeia* para a *língua-ergon*, para retomar a clássica distinção formulada por Humboldt (1990 [1886]).

Durante a interação, locutor e interlocutor tomam decisões sobre como lexicalizar, que propriedades lexicais ativar, reativar ou desativar. Essa administração configura um conjunto de momentos, termo que aqui tomo em seu sentido etimológico de "movimentos" mentais.

A ativação lexical (*lexicalização*) é o movimento mental de escolha das categorias cognitivas e de seus traços semânticos e seu misterioso agrupamento nas palavras. Para uma exemplificação, ver Castilho (2004a).

A reativação lexical (*relexicalização*) é o movimento mental por meio de que rearranjamos as propriedades lexicais e as palavras que as representam, renovando o léxico. Assim, o latim vulgar relexicalizou a preposição *ante*, surgindo, assim, *abante, deante, exante, inante.* O português preservou quase todos esses itens, de que resultaram também por relexicalização: (i) o pronome-advérbio *antes*, com *-s* paragógico, (ii) as preposições *avante,* *diante* [< *de in ante*], *adiante* [< *ad de in ante*], a segunda das quais deu surgimento a adverbiais complexos como *de hoje em diante*, e (iii) o prefixo *ante-*, que aparece em substantivos (*antanho, antecipação, antebraço, avanguarda/vanguarda* etc.), em pronomes adverbiais de tempo (*antes-de-ontem, anteontem, antemanhã*), e em verbos (arc. *avantar, antevir, avançar* [<**abantiare*]): Machado (1956), s.v. *ante*.

A desativação lexical (*deslexicalização*) é a morte das palavras. Crystal (2000: 22) mostra que a perda lexical é maior em determinados campos semânticos que em outros, afetando inicialmente as palavras que designam as partes do corpo humano. Alguns autores admitem que as seguintes preposições estão em processo de substituição no PB: *a* por *em/para*, *em* por *ni*, *de* por *desde*, *ante* por *diante de* e *após* por *depois de*. O item que sai e o item que o substitui entram inicialmente em variação, assumindo uma das variantes um valor mais geral, e outra um valor mais específico, até que a troca lexical seja consumada. Quando uma preposição A é trocada por uma preposição B, é de supor-se que A esteja morrendo.

Semanticização e Semântica

A semanticização é o processo de criação, alteração e categorização dos sentidos. Esse processo compreende a semanticização léxica, a semanticização sintática e a semanticização discursiva.

Na semanticização, o dispositivo sociocognitivo desencadeia diversas estratégias por meio das quais (i) emolduramos os participantes via criação de *frames*, scripts e cenários, (ii) hierarquizamos os participantes via fixação de perspectivas, escopos, figura/fundo, (iii) estabelecemos e combinamos espaços mentais, (iv) predicamos e "verificamos" os participantes por meio de processos tais como inclusão/exclusão, afirmação/negação, focalização, (v) movimentamos os participantes, real ou ficticiamente etc.

A ressemanticização, ou alteração de sentidos, decorre da mudança de nossa perspectiva sobre os participantes, via metáfora, metonímia, especialização, generalização etc. Dada a natureza constitutivamente dinâmica da língua, a alteração dos sentidos é um processo contínuo, que suscita muitas perguntas.[6]

A Semântica é o domínio gerado pela semanticização, caracterizado pelas **categorias semânticas** (i) lexicais: referenciação ou designação, paráfrase e sinonímia, contradição e antonímia, polissemia, hiperonímia, hiponímia, meronímia; (ii) gramaticais: metonímia, predicação e papeis temáticos, apresentação, verificação, junção preposicional e conjuncional; (iii) discursivas: metáfora, foricidade (anáfora e catáfora), dêixis locativa e temporal, inferência e pressuposição, paráfrase, articulação tema-rema. Para um detalhamento, ver Castilho (2014).

Em seus primeiros momentos, a Semântica se ocupou da mudança e da categorização dos sentidos, concentrando-se na Semântica Lexical.

A Semântica Gramatical ocupa-se dos processos de troca de propriedades de itens dispostos em contiguidade sintagmática. Como esse ramo das pesquisas lida com o **significado** resultante da incidência de umas palavras sobre outras, ele pode também ser integrado na Semântica Sintática.

A Semântica Discursiva trata das **significações** geradas no espaço que medeia entre os locutores e os signos linguísticos, em que surgem significados não contidos nas palavras nem nas construções gramaticais.

A ativação semântica (*semanticização*) corresponde à criação dos significados, de que resultam as categorias semânticas mencionadas anteriormente. Para retomar o exemplo da preposição, *ante* e *perante* predicam seu complemento preservando seu valor prototípico quando o PONTO DE REFERÊNCIA é lexicalizado por OBJETO, seja /concreto/, como em *"foi condenável seu comportamento* ***ante*** *o tribunal"*, seja /abstrato/, como em *"não poderemos ficar mudos* ***ante*** *o espetáculo de quebra de ética em nosso parlamento"*.

A reativação produz na semântica as *ressemanticizações*, alterando-se sua representação das categorias cognitivas.

A desativação semântica (*dessemanticização*) está por trás das alterações de sentido provocadas pelas metáforas, pelas metonímias, pela especialização e pela generalização, por meio dos quais "silenciamos" o sentido anterior e simultaneamente ativamos novos sentidos. A literatura denomina o primeiro processo de "desbotamento de sentido" (inglês *bleaching*).

A Semântica Histórica poderá encontrar nas ressemanticizações e nas dessemanticizações seu grande campo de pesquisas.

Discursivização e texto

O termo "discurso" envolve realidades bastante diversas. Ele será tomado aqui, simplificadoramente, como conversação e como o texto que daí resulta.

A discursivização, portanto, é o processo de criação do texto. Nele se abriga um conjunto de atividades de negociação conversacional em que se envolvem o locutor e o interlocutor (ou o autor e o leitor), através das quais (i) se instanciam as pessoas do discurso e se constroem suas imagens, (ii) se organiza a interação através da elaboração do tópico conversacional, objetivando agir sobre o outro, informar ou exteriorizar sentimentos, (iii) se reorganiza essa interação através dos procedimentos de correção sociopragmática, (iv) se abandona o ritmo em curso através de digressões e parênteses, que passam a gerar outros tópicos discursivos, e (v) se estabelece a coesão textual por meio de expedientes vários.

O produto da discursivização é o texto e sua ordenação em gêneros discursivos. Os achados dos pesquisadores do Projeto de Gramática do Português Falado permitem propor as seguintes **categorias textuais-discursivas**:[7] (i) unidades tópicas, (ii) quadro tópico, (iii) reformulação do quadro tópico (repetição, correção, parafraseamento), (iv) descontinuação do quadro tópico (hesitação, interrupção, parentetização) e (v) conexão textual (marcadores discursivos, conectivos textuais).

Os estudos sobre discursivização revelam o desconforto dos pesquisadores quando tratam os temas citados como casos de gramaticalização, visto que se estaria fazendo confluir numa mesma dimensão processos linguísticos de variada ordem.

No sistema discursivo, o princípio de ativação (*discursivização*) produz a construção das unidades tópicas, a hierarquização dos tópicos e sua conexão, estudadas em Castilho (1989), Jubran e Koch (2006).

O princípio de reativação (*rediscursivização*) abre caminho à repetição dos enunciados, à sua correção e parafraseamento, que asseguram a coesão do texto, alterando seu eixo argumentativo, entre outras estratégias.

A desativação produz no sistema discursivo a *desdiscursivização*, de que resulta o abandono da hierarquia tópica, que ocorre quando os locutores desenvolvem estratégias tais como os parênteses e as digressões.

Gramaticalização e gramática

Dos quatro processos de constituição da língua, a gramaticalização é de longe o mais estudado. Na abordagem multissistêmica, a atuação da gramaticalização circunscreve-se à criação e às alterações da estrutura fonológica das palavras (fonologização), à criação e às alterações da estrutura da palavra, seu radical e seus afixos (morfologização) e à criação e às alterações que afetam a estrutura da sentença, sua reanálise e seus arranjos sintagmáticos e funcionais (sintaticização).

A gramática é o sistema daí resultante, constituído pelas estruturas em processo de cristalização, dispostas em três subsistemas: a Fonologia, que descreve as estruturas fônicas, a Morfologia, que descreve a estrutura da palavra, e a Sintaxe, que descreve as estruturas sintagmática e funcional da sentença. Para ordenar as reflexões sobre a gramática têm sido consideradas (i) as diferentes classes que a compõem, (ii) as relações estabelecidas entre essas classes e (iii) as funções que elas desempenham no enunciado. São **categorias gramaticais** o fonema, a sílaba, o morfema, a palavra, o sintagma e a sentença.

A ativação das propriedades gramaticais (*gramaticalização*) é responsável pela construção dos sintagmas e das sentenças, pela ordenação dos constituintes no enunciado, pela concordância, pela organização da estrutura argumental etc. Três processos constituem o campo da gramaticalização: (i) a fonologização, (ii) a morfologização, (iii) a sintaticização.

A reativação das propriedades gramaticais produz a *regramaticalização* das construções, captada na literatura por meio dos termos *poligramaticalização* e *reanálise*. A reanálise e a repetição constituem tipos de regramaticalização. Reanalisam-se sintagmas e as sentenças, o que acarreta mudanças da fronteira sintática. Repetem-se as palavras, para criar a constituência sentencial, fato que examinei em Castilho (1997a-b). O redobramento sintático, cujas consequências na organização da gramática do português brasileiro foram examinadas em Moraes de Castilho (2013), é igualmente um caso de reativação de propriedades gramaticais. Também a concordância ilustra a reativação de propriedades gramaticais: ver capítulo "Diacronia da concordância" deste volume.

A desativação das propriedades gramaticais (*desgramaticalização*) é responsável pela categoria vazia, de que se encontram exemplos na Fonologia ("erosão" fonética, omissão do núcleo silábico etc.), na Morfologia (morfema flexional zero) e na Sintaxe (elipse de constituintes sentenciais, ou categoria vazia). Capitula-se aqui igualmente o fenômeno da ruptura da adjacência estrita, minuciosamente estudado pelos pesquisadores do PGPF.

Em seu livro de introdução à Linguística, Bagno (2014: 23-27) integra esta proposta entre outras teorias linguísticas.

NOTAS

1 Situação descrita por Fillmore com base em uma situação vivida por Mary Erbaugh.

2 framenet.icsi.berkeley.edu

3 A interpretação teórica desses achados tem motivado Nascimento (1993; 2005), Castilho (1998; 2003c, 2004) e Kato (2006), os quais desenvolveram reflexões fundadas nos mais de duzentos ensaios preparados, debatidos e publicados pelo Projeto de Gramática do Português Falado.

4 "*A neural network consists of a large collection of interconnected nodes or 'neurons'. Each neuron receives inputs from many others. Every connection has a certain 'strength' associated with it, called the 'weight' of that connection. These weights have real values that can be either positive (excitatory), negative (inhibitory) or zero (implying that the two respective neurons are not connected)*" (ênfase acrescentada).

5 "[...] a modern historical linguist needs to be a generalist and to understand many different subfields – grammatical theory, variation, acquisition, the use of grammars and discourse analysis, parsing and speech comprehension, textual analysis, and the history of languages".

6 Heine, Claudi e Hünnemeyer (1991a) fornecem um quadro de interesse para captar as translações de sentido e partir de categorias cognitivas de base.

7 Essas categorias estão calcadas em Castilho (1989, 1998: CAP. III) e em Clélia C. S. Jubran e Ingedore G. V. Koch (2006).

A COORDENAÇÃO

Sanderléia Roberta Longhin
Erotilde Goreti Pezatti
Norma Novaes Marques

SUMÁRIO

APRESENTAÇÃO

O propósito deste capítulo é descrever aspectos da história das construções de coordenação do português, um domínio predisposto à mudança, particularmente no que se refere às renovações no âmbito dos juntores (conjunções, perífrases conjuncionais, advérbios juntivos, preposições, perífrases preposicionais), com perdas e ganhos.

O português herdou do latim poucas conjunções coordenativas. Segundo Maurer Jr. (1959: 215), enquanto o latim clássico dispunha de um conjunto extenso de conjunções, capaz de distinguir finas nuanças semânticas, as variedades vernáculas de latim, por outro lado, faziam uso de poucos juntores – *et, aut, nec, magis, ca, post* –, sendo os três últimos de natureza adverbial. Desse conjunto reduzido resultaram em português: *e, ou, nem, mas, porque* e *pois*.

As transformações no quadro dos juntores constituem, portanto, o tema central deste capítulo. Procuraremos explicitar tendências nos processos de mudança de juntores, focalizando os principais canais de derivação histórica, bem como seus contextos condicionadores. O processo de criação de juntores frequentemente se apresenta como instâncias de processos de gramaticalização, tipo especial de mudança linguística em que itens e construções já disponíveis na língua sofrem reinterpretações de forma e de conteúdo, tornando-se habilitadas para a sinalização de relações oracionais. Discutiremos casos em que advérbios alimentam a classe das conjunções e outros em que intervém *que* combinado com palavras de diferentes classes, para constituição de perífrases conjuncionais.

O capítulo está dividido em quatro seções. Na primeira, definimos coordenação enquanto modo de composição de construções complexas, à luz de um quadro teórico funcionalista. Nas outras três seções, para o estudo da sintaxe e da semântica histórica das coordenadas, elegemos como eixo condutor a *relação semântica*, de modo que teremos contemplados os sistemas de coordenação *alternativo*, *aditivo* e *adversativo*, os principais tipos reconhecidos na literatura sobre coordenação (Ramat e Mauri, 2011). As tradicionalmente denominadas coordenadas explicativas e conclusivas, que muito se aproximam das subordinadas causais, serão abordadas em outra edição. Finalizamos o capítulo com uma sistematização das características formais e funcionais dos juntores coordenativos e das principais tendências evolutivas que afetaram os três sistemas de coordenação na história do português.

Dado o viés diacrônico da obra, para cada seção, recuperamos a etimologia dos itens conjuncionais, frequentemente recorrendo a dados do latim e/ou do português europeu arcaico e, na sequência, descrevemos as construções coordenadas do português brasileiro, considerando as articulações entre termos e entre orações, em perspectiva longitudinal. Todas as ocorrências foram extraídas de textos de tipologia variada, oriundos de diferentes sincronias do português, conforme o Quadro 1:

Quadro 1 – Referência dos textos que compõem o *corpus*

14 LA:	*Livro das Aves*
14 CGE:	*Crônica Geral de Espanha*
14 BMP:	*Medieval Portuguesa*
14 DSG:	*Demanda do Santo Graal*
14 OE:	*Orto do Esposo*
15 CTC:	*Crônica da Tomada de Ceuta*
15 CDF:	*Crônica D. Fernando*
15 LO:	*Livro dos Ofícios de Marco Tullio Ciceram*
16 CSD:	*Colóquio dos Simples Drogas e cousas medicinais da Índia*
16 HSC:	*Historia da prouincia de Sãcta Cruz a que vulgame[n] te chamamos Brasil...*
16 CDM:	*Crónica do Felicíssimo Rei D. Manuel*
17 ATAJ:	*Primeiro livro de Atas da Câmara da Vila de Jundiaí*
17 ATAV:	*Atas de Vereança de Mogi das Cruzes*
17 FLS:	*Vida de Dom Fr. Bartolomeu dos Martyres*
17 CGVV:	*A Camara e Gouerno da notauel Villa de Viana*
17 STC:	*Sumario de todas as Cousas succedidas em Berberia*
17 PL:	*Prologo do Avthor aos Leitores*
17 CS:	*Primeira parte da Chronica de Cister*
17 SMD:	*Sermão do Menino Deus*
17 SS:	*Sermão da Sexagésima*
18 DH:	*Do fundamento que os Olandezes tiueraõ pera tratar*
18 DV:	*Diário de Viagem (Caminhando mato dentro, documentos de ouro do século XVIII)*
18 DV_VBMT:	*Diário de Viagem, Vila Bella de Matto Grosso*
18 DCSA:	*Dissertação sobre as Capitanias de Santo Amaro e São Vicente*

18 TT:	*Comédia Acertos de hum Disparate* (peça teatral)
18 CAP:	*Carta de Aldeamento de Índios*
18 CMD:	*Corpus Caminhando mato dentro: documentos de ouro do século* XVIII
18 NA:	*Necessario Aviso acerca da Igreja e Doutrina dos Papas em Roma*
18 CO:	*Cartas oficiais*
19 CP:	*Correspondências particulares do Fundo Rafael Tobias de Aguiar*
19 RNG:	*Relatório da repartição dos negócios da guerra*
19 SL:	*Sangue limpo* (peça teatral)
19 CP:	*Correspondência passiva de Washington Luiz*
19 CL:	*Cartas de Leitores de Jornais*
19 TT:	*Casadinha de fresco* (peça teatral)
19 CP:	*Cartas pessoais da família Otoni*
19 CR:	*Cartas de redatores de jornais*
19 LJ:	*Corpus de Jornais Paulistas* (org. Alessandra Castilho)
19 PPA:	*Phisiologia das paixões e affecções*
19 MMV:	*Materia médica vegetal*
20 CMA:	*Cartas de Mario de Andrade*
20 RV:	*Corpus de textos da revista Veja*
20 CRB:	*Cartas a Rui Barbosa*
20 CJP:	*Corpus de Jornais Paulistas* (org. Alessandra Castilho)
20 CE:	*Cartas de editores de jornais*
20 CL:	*Cartas de leitores de jornais*
20 CENSO:	*Amostra Censo, Rio de Janeiro*
20 CP:	*Correspondência passiva de Lima Barreto*
20 RFD:	*Revista da Faculdade de Direito*
21 IBORUNA:	*Banco de dados Iboruna: amostra do português falado na região noroeste do Estado de São Paulo*
21 LPFSP:	*A língua portuguesa falada em São Paulo: amostra da variedade culta do século* XXI

Há diferenças cruciais entre os juntores dos três sistemas de coordenação e essas diferenças, que não se restringem ao português, mas são também comuns às demais línguas românicas, estarão refletidas no próprio roteiro de descrição que apresentamos, determinando escolhas e exclusões e justificando particularidades nas abordagens de um e de outro sistema. São três as diferenças mais salientes que separam as construções aditivas e alternativas, de um lado, e as adversativas, de outro (Ramat e Mauri, 2011):

i. Os juntores adversativos mostram um grau elevado de variação linguística, em que, em uma mesma língua, é possível verificar um elenco de opções, com várias nuanças semânticas e sobreposição de funções. Os juntores aditivos e alternativos, por outro lado, não mostram essa variação nas línguas;
ii. Os juntores adversativos se renovam muito frequentemente, ao passo que os aditivos e alternativos mostram estabilidade no tempo. Evidências são encontradas na história das línguas românicas, que preservam do latim *et* para adição (conforme, Fr. *et*; It. *e*; Esp. *y*) e *aut* para alternância (conforme, Fr. *ou*; It, Esp. *o*), mas que nada herdaram dos adversativos latinos. Para composição do quadro dos juntores adversativos foram disparados novos desenvolvimentos a partir da reinterpretação de material das próprias línguas.
iii. Os juntores adversativos estão fortemente relacionados com o potencial expressivo dos falantes e, portanto, há nas línguas uma necessidade constante de buscar maneiras inovadoras e mais expressivas para expressão da adversidade, o que promove variações e renovações mais rápidas; enquanto os aditivos e alternativos, estando mais relacionados à organização e à descrição de estados de coisa, mostram urgência menor de renovação.

Nesses termos, a maior instabilidade que se verifica no sistema de adversidade e que será salientada neste capítulo justifica-se, ao menos em parte, pelo potencial de subjetividade inerente aos juntores desse tipo. Os adversativos são decisivos para sinalização da atitude subjetiva dos usuários da língua. Esse valor subjetivo os torna suscetíveis a constantes variações e renovações no tempo e especialmente interessantes para investigações diacrônicas (Meillet, 1912).

A COORDENAÇÃO

A Gramática Funcional (Dik, 1997b) trata a coordenação sob a forma de *expansão* de elementos da estrutura em séries coordenadas de elementos similares. O seguinte esquema fornece uma representação formal desse processo:

$$\alpha \rightarrow \alpha^1, \alpha^2, ..., \alpha^n \ (n \geq 2)$$

Essa representação opera sobre algum elemento α, expandindo-o numa série n-ária de elementos coordenados do mesmo tipo. Assim, a construção coordenada consiste em dois ou mais membros, funcionalmente equivalentes, combinados no mesmo nível estrutural por meio de mecanismos de ligação. Isso implica que nenhum dos membros de uma construção coordenada é subordinado aos demais, embora possam mostrar relações de dependência maior ou menor. Eles estão todos par a par e são membros iguais da coordenação (CO), tendo, portanto, equivalência funcional.

(1)

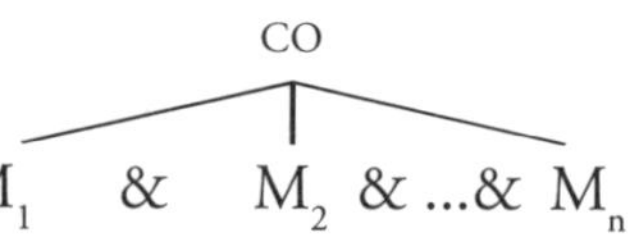

Na coordenação nenhuma unidade é constituinte da outra, ou seja, cada uma pode ocorrer sozinha, mas a combinação delas constitui uma única unidade formal, podendo ser representada como em (2), em que cada *relatum* representa um membro da combinação e R, o mecanismo de ligação.

(2) [*Relatum*] R [*Relatum*]

O mecanismo de ligação pode não ser evidente, havendo, então, a colocação lado a lado, sem qualquer conectivo, e os elementos separados por uma pausa, que se indica na escrita por vírgula, ponto e vírgula ou dois pontos, o que caracteriza uma *justaposição*, modo de composição de coordenação frequente em muitas línguas, de que (3) e (4) são exemplares:

(3) [19,1 CL BA] *As Leis sanccionadas pelos Imperantes, protegem* ***a Sociedade, a Monarchia****, e a Religião.*

(4) [19,2 PT SP] *E os cães da vizinhança, reparou? Uivaram a noite inteira.* ***Peguei um chinello do pé esquerdo, bati tres pancadas no chão.***

A justaposição não será tratada neste estudo, uma vez que se pretende verificar as renovações no âmbito dos juntores coordenativos. O que nos interessa aqui é a **conexão simples**, ou seja, os casos em que o mecanismo de ligação está expresso, indicando o tipo de relação coordenada entre os membros, tal como em (5), (6), (7) e (8):

(5) [18,2 DV_VBMT SP] *Dez Caxoeiras passei hoje alem de muitas sirgas, e correntezas, onde os que seguem para o Cuyabá descarregaõ as canoas* ***ou*** *em todo,* ***ou*** *em parte Conforme está o Rio mais, ou menos possante.*

(6) [19,1 CL BA] *interesses da Patria; que deve só ser servida por honrados,* ***e*** *benemeritos Cidadãos.*

(7) [18,2 DV_VBMT SP] *Dez Caxoeiras passei hoje alem de muitas sirgas, e correntezas, onde os que seguem para o Cuyabá descarregaõ as canoas* ***ou*** *em todo,* ***ou*** *em parte Conforme está o Rio mais, ou menos possante.*

(8) [19,1 CL BA] não se responsabilizando este por modo nenhum *em caso de fuga,* ***ou*** *obito do referido preto.*

A coordenação por conexão simples pode ocorrer entre dois membros ou entre mais de dois membros. Os coordenadores adversativos *mas* e *porém* são binários, admitindo apenas dois membros, como (9) e (10):

(9) [19,2 CP RJ] *Desta vez naõ me disseste se escreveste sem revisaõ ou auxilio extranho:* ***mas*** *eu o supponho.*

(10) [19,2 TT SP] *Chorando me desarmas! De ti quero fugir,* ***porém*** *a essas armas não posso resistir*!

Os coordenadores *aditivo* ***e*** e alternativo ***ou***, diferentemente dos adversativos, podem ser usados para unir dois ou mais membros oracionais ou não oracionais, sendo, então, n-ários, como mostram (11), (12), (13) e (14):

(11) [17 FLS] *Ria o Papa da efficacia e ansia com que o Arcebispo requeria, & rindo dissimulava, & mudava o proposito.*

(12) [17,2 AT RJ] *E que a dita Capitania do rio de ianero* **E** *as de Saõ uisente* **E** *doespirito santo* **E** *todas as mais daquele destrito estaõ he aõ de estar sobornada E sogeita as orden E iurdisois E do gouernador E Capitaõ yeral do estado do brazil.*

(13) [19,2 CJP SP] *Em solução ás duvidas que Vmo. trouxe ao meu conhecimento em officio de 12 do mez findo, se me offerece a dizer-lhe que a bagagem dos officiaes, e empregados publicos, quer seja conduzida em animaes proprios, alugados,* ***ou*** *nacionaes,*

(14) [19,2 CJP SP] *Tosses, defluxos* ***ou*** *constipações.*

Mais importante na definição é que os membros da coordenação devem ser *funcionalmente equivalentes*, ou seja, os membros exercem as mesmas funções pragmática, semântica e sintática. Assim, a estrutura *categorial in-*

terna dos membros coordenados pode diferir desde que a *função externa* seja a mesma, como em (15) e (16), em que são coordenados, respectivamente, um pronome pessoal e um termo plural, ambos com função sujeito da oração, e um pronome oblíquo e um termo plural, ambos objetos diretos. Em (17), a função semântica de finalidade é expressa por meio de um sintagma (*para o levantamento das referidas apólices*) e por uma oração reduzida de infinitivo (*para com ellas realizar qualquer transação*):

(15) [19,1 CR BA] *não demos um só pásso, só porque não somos nós,* ***ou*** *nossos amigos, os que vão á frente dos que querem andar o mesmo caminho?*

(16) [19,1 CR BA] *o filho do pobre, o da viuva, o Çapateiro, o Alfaiate, o Orfão, o desprotegido são presos, e metidos em carceres, no momento em que vão comprar a carne, o peixe, a farinha, com que deveriam alimentar-se,* ***e*** *às suas familias, nesse dia ou se dirigem ao trabalho jornaleiro.*

(17) [19,2 CP RJ] *Para evitar difficuldades, é preciso* [p.2] *que me remettas <ainda> uma outra procuração para o levantamento das referidas apolices,* ***ou*** *para com ellas realizar qualquer transação,* si entenderes conveniente.

Casos como os de (18a-c) mostram que termos com funções semânticas diferentes não podem ser coordenados; da mesma maneira, termos com a mesma função semântica, mas com diferentes funções sintáticas, conforme mostra (19), ou com funções pragmáticas distintas, como em (20), também não podem ser coordenados.

(18) a. **Vera foi* ***à faculdade*** (Dir) *e* ***de moto.*** (Inst)
b. **Vera cortou a roupa* ***com a tesoura*** (Instr) *e* ***no quarto.*** (Loc)
c. **Vera estudou* ***toda a noite*** (Dur) *e* ***uma apostila.*** (Pac)

(19) ****Vera*** (AgSuj) *e* ***pela mulher*** (Ag) *beijou a criança.*

(20) A: *Quem Vera encontrou no cinema?*
B: *Vera* (Top) *encontrou o NAMORADO* (Foc) *no cinema.*
B: **Vera* (Top) *e o NAMORADO* (Foc) *encontraram-se no cinema* (?)

A exceção a esse princípio da equivalência funcional, segundo Dik (1997b), ocorre com *palavras-Q*, já que podem ser coordenadas mesmo quando têm diferentes funções semânticas, como se observa em (21) e (22).

(21) a. *Quando e onde você o encontrou?*
b. **Eu o encontrei a semana passada e na livraria.*

(22) a. *Por que e com quem você foi a Paris?*
b. **Eu fui a Paris porque eu precisava de um tempo e com minha esposa.*

É possível que o fato de palavras-Q indicarem ilocução *interrogativa* parcial,[1] e não a função pragmática *foco* como comumente é entendida, torne possível essa exceção sistemática a esse princípio.

Considerando o princípio de equivalência funcional, podem ser coordenados desde atos discursivos até operadores de diferentes naturezas. A coordenação de atos discursivos, entendidos como orações plenas, não é problemática. Simplesmente duas ou mais orações, que conservam sua integridade, estabelecem uma relação coordenada por conexão explícita, conforme exemplificam (23) a (25), em que se coordenam duas orações simples; (26) a (28), em que há combinação de uma oração simples e uma complexa; e (29), a coordenação de duas ou mais orações complexas:

(23) [19,1 CR RJ] *faremos vosso elogio,* ***e*** *advogaremos vossos serviços*

(24) [19,1 CR BA] *todos, com pequenas excepções, devem ser soldados,* ***ou*** *se considerarem promptos ao primeiro appello.*

(25) [19,2 CP RJ] *Nós estamos em Petrópolis;* ***mas*** *ninguém se-tem divertido.*

(26) [19,1 CR BA] *Aqui o chamão,* ***e*** *elle gosta de ouvir o titulo de Napoleão Mexicano*

(27) [19,2 CJP SP] *Tomae a minha proposta no ponto de vista que vos parecer,* ***ou*** *mesmo considerae-a como um negocio...*

(28) [19,2 CP RJ] *A tua cartinha última naõ tem data,* ***mas*** *pelas outras que vieraõ vejo que foi escripta no dia 1º.*

(29) [19,1 CL MG] *Conheço, excelentíssimo senhor, que o meu procedimento, e dos officiaes do meu commando, que vossa excelência apprecia, foi um tributo ao dever;* ***mas*** *nem por isso eu deixo de avaliar em grão subido as expressões lisonjeiras, que leio na referida carta de vossa excelência, documento para mim de muito primor.*

A coordenação pode ser efetuada entre orações dependentes (subordinadas), desde que tenham o mesmo estatuto semântico-sintático, como em (30), com duas orações completivas nominais reduzidas de infinitivo; (31), em que são coordenadas duas orações adjetivas; e (32), em que são coordenadas duas orações predicativas reduzidas de infinitivo:

(30) [19,1 CL BA] *Diz Domingos Antonio Zuanny, Emprezario do Theatro de São João desta Cidade que tendo-se espalhado o boato* de se acharem

fendidas as paredes da Casa do mesmo Theatro, ***e*** *ameaçarem ruina, por este motivo, entregando os Assiguantes as chaves dos Camarotes deixou de haver representação na noite 8 do corrente,*

(31) [19,1 CR CE] *naõ fica prohibido a força publica prender um criminoso, que apparece, nem recolher a alguém,* que desobedece, ***ou*** *insulta as patrulhas.*

(32) [19,1 CP SP] *Bem avalio o dia da chegada a essa, causadas, e com certesa com bem dores de cabeça terem de attenderem a grande manifestação* que tiveraô, *deveria sêr bem dificil de suportal-a* ***mas*** *ao mesmo tempo agradável* por vêr nisso como és querido pelas pessoas d'ahi.

Como já observado no início desta seção, é possível a coordenação de termos simples, o que caracteriza uma *listagem*, nos termos de Hengeveld e Mackenzie (2008). Para Dik (1989), a coordenação de termos (ou listagem) representa um modo abreviado e econômico de expressar que diferentes entidades se relacionam da mesma maneira com o predicado, mecanismo que permite manifestar dois estados de coisas com uma única oração. Visto que cada um dos termos estabelece uma relação independente com o predicado, esse tipo de coordenação pode facilmente ser explicado por multiplicação direta, como se verifica em (33), em que são coordenados dois modificadores (*por si* e *por outros*); em (34), dois complementos locativos (*loja* e *tipografia*), e em (35), dois complementos circunstanciais (*sem novidade* e *com saudade*):

(33) [19,1 CL CE] *Arremata em juizo por si* ***e*** *por outros bens que vaõ a praça com desmarcada lei zaõ e escândalo em prejuizo das partes.*

(34) [19,1 CR BA] *póde derigir-se á Loja da Gazeta á Santa Barbara,* ***ou*** *á Typographia da Viuva Serva e Filhos que ahi lhe dirão a quem se deve derigir.*

(35) [19,1 CP SP] *Passamos sem novidade,* ***mas*** *com sincera saudade de voces.*

Na coordenação de predicados, os predicados coordenados juntos se fundem em uma única unidade semântica e conceitual, como se observa em (36), em que os predicados *comparar* e *julgar* compartilham do mesmo argumento sujeito e o mesmo objeto (*a differença entre 300 annos*), em (37), já que os predicados *fazendo* e *consertando* compartilham dos mesmos argumentos sujeito e objeto (*quatro oficiais* e *uma casa do senhor Jose Joaquim da Silva Braga*), e em (38), em que os predicados nominais *nobre* e *estúpido* se referem ao mesmo argumento sujeito:

(36) [19,1 CL BA] *então quando a rasão tiver succedido á paixão [ilegível] comparar **e** julgar a differença entre 300 annos de [ilegível],*

(37) [19,1 CL CE] *um art., em que se diz que quatro dos officiaes, que tem trabalhado na Matris, se achaõ fazendo, **ou** consertando uma casa do senhor Jose Joaquim da Silva Braga.*

(38) [19,2 TT SP] *Foste muito nobre, **mas** um tanto estúpido.*

Com constituintes lexicais há ainda a coordenação de modificadores de núcleos nominais, tal como se observa em (39), (40) e (41); ou modificadores de estados de coisas, como em (42), em que são coordenados dois modificadores adverbiais (*isoladamente* e *esporadicamente*), assim como em (43) (*a torto* e *a direita*):

(39) [19,1 CR RJ] *porque sendo Juiz Velho **e** com pratica, e conhecendo a tanta precisão dos Codigos, ninguem melhor do que elle, podia desempenhar esse trabalho*

(40) [19,2 CJP SP] *e, no caso de resposta negativa **ou** evasiva, annullar a bulla*

(41) [19,2 CL SP] *Senhor Redactor, quando vão morrer estão enfeleados, da maneira, que jamais pode ser boa a carne, **mas** até muito pernecioza a quem a come.*

(42) [19,1 CL BA] *Desde então só mostrou-se isoladamente, **ou** antes, esporadicamente, em certos lugares, e de maneira a não attrahir grande attenção.*

(43) [20,1 CR PE] *Para ganhar eleições á custa de certas generosidades, desde que de outro modo, não seria possível, distribuiu a torto **e** a direito, "auxilios" aos prefeitos, aparentemente para a inversão em obras municipais.*

Além de constituintes lexicais, é possível a coordenação de operadores gramaticais, como os demonstrativos *este* e *aquele*, em (44); os numerais *um* e *dois*, em (45), ou mesmo operadores expressos por palavras independentes, que tomam o mesmo tipo de complemento, como os auxiliares modais *dever* e *poder* em (46):

(44) [19,1 CL BA] *e nem hade constar que elle fizesse caballas para obter este **ou** aquelle Commando.*

(45) [19,2 CJP SP] *a bem de verem que um **ou** dous contos de réis para estradas de quatro, seis e mais leguas não chegam para reparal-as completamente.*

(46) [19,1 CL BA] *Seguir-se-ha daqui, que os Imperantes devão **ou** possão imitar á risca, e inalteravelmente todos os exemplos que encontramos em todas as paginas da revelação?*

A seguir, descrevemos o sistema de coordenação alternativa expressa pelo juntor *ou*, derivado da partícula latina *aut*.

MUDANÇA NO SISTEMA DE COORDENAÇÃO ALTERNATIVA

Construções alternativas com *ou*

Pezatti (1999) observa que, desde praticamente as primeiras descrições gramaticais, reconhece-se uma diferença nítida entre construção coordenativa "associativa" e construção coordenativa "dissociativa". A primeira engloba a coordenação copulativa (aditiva) e, para alguns, as que incluem dentro das coordenadas, as adversativas e as causais; a segunda, a disjuntiva. É evidente que a base desta classificação bipartida está na classificação das conjunções coordenativas, estabelecida já na época clássica e que permaneceu na Idade Média, em conjunções que uniam (copulativas, adversativas e causais) e conjunções que "separavam" (disjuntivas), conforme afirma Juliá (1986).

Segundo Juliá (1986), o sistema de conjunções e, particularmente das conjunções disjuntivas, na evolução do latim para o português, apresentou uma redução no seu inventário. Havia, no latim, duas conjunções fundamentais para indicar a disjunção, *aut* e *vel*. A primeira expressava a contraditoriedade ou disjunção exclusiva (A ou B, mas não AB) e a ausência de associação em todos os termos, seja como conjunção simples (A ou B), seja como dupla (ou A ou B). *Vel*, por sua vez, expressava disjunção inclusiva ou simples alternância. Observa Juliá (1986: 164) que, apesar de os significados de *aut* e *vel* estarem bem diferenciados como disjunção exclusiva e inclusiva, respectivamente, a relação entre elas não era a de uma oposição equipolente e não neutralizada. Enquanto *aut* era uma partícula específica de coordenação com âmbito funcional bem delimitado, *vel* tinha um valor mais disperso e, possivelmente por isso, uma posição mais débil no sistema dos nexos de coordenação, indicando possibilidade de eleição. Essa debilidade de valor significativo impediu que fosse utilizada como conectivo disjuntivo, o que precipitou seu desaparecimento, sendo, desse modo, gradativamente substituído por *aut*.

Rubio (1976), por seu turno, observa que, dentre as possibilidades de disjunção em latim, a partícula *aut* era a forma geral, usada para expressar a disjunção alternativa entre dois termos, tanto para os que se excluem como para os semanticamente unidos e até equivalentes ou indiferentes à eleição. *Vel*, pelo contrário, não podia ser usada para expressar a disjunção exclusiva, tornando-se, portanto, o termo marcado da oposição, com um significado puramente inclusivo. Apesar dessa delimitação funcional, há ocasiões em que, devido tanto ao limite impreciso entre exclusão e inclusão quanto ao progressivo enfraquecimento de *vel*, com a consequente perda da consciência de seu âmbito funcional por parte dos falantes, registram-se usos pouco adequados dessa partícula, principalmente quando se distancia do período clássico. De qualquer modo, tudo indica que, apesar de certas exceções, os valores semânticos de *aut* e *vel* estavam relativamente bem delimitados em latim clássico.

Há que se observar, no entanto, que *vel* não existia no latim vulgar (Maurer Jr., 1959: 167), ou seja, *aut* e *vel* existiam em variedades sociais diferentes. Como se sabe, o português, assim como as demais línguas românicas, deriva essencialmente das variedades vulgares de latim, em que só existia a forma *aut*. Dessa maneira, das conjunções disjuntivas latinas, o português só conserva, do ponto de vista do significante, a geral *aut*. Dado o valor disjuntivo "exclusivo" de *aut*, tudo parece indicar que, em princípio, *ou* (< *aut*) português foi considerado pelas gramáticas como dotado de um valor equivalente ao de seu étimo latino, isto é, fundamentalmente "exclusivo". Mais tarde, sem dúvida, as gramáticas corrigiram seu valor, atribuindo à partícula *ou* tanto o sentido específico como o "inclusivo", pertencente a *vel*. Por isso, passou-se a considerar que o português não dispunha de duas marcas diferentes para indicar relações de exclusão e inclusão e que estavam ambas representadas pela conjunção *ou*, cabendo ao contexto a responsabilidade de determinar se se trata de um ou outro sentido. Como no caso das conjunções latinas, sempre se considerou, em português, que a repetição reiterada da conjunção *ou* apenas introduzia certa ênfase ou algum outro tipo de alteração estilística no significado disjuntivo, sendo a especificação de seu valor exclusivo ou inclusivo um traço unicamente contextual (Pezatti, 1999).

Todas as descrições da coordenação disjuntiva, segundo Pezatti (1999), tendem a apresentá-la como um tipo uniforme de construção, com variantes puramente contextuais. Tudo parece indicar que, no tratamento da coordenação disjuntiva, subjaz a convicção generalizada de que o sistema português supõe uma redução de uma distinção semântica existente em latim, ao desaparecer um dos dois significantes diferenciados, com a consequente ampliação semântica da partícula que se manteve com o fim de expressar com uma só forma o significado do que antes era expresso por duas. O que parece apresentar-se como uma redução do sistema funcional latino em sua evolução para o português é, na verdade, uma sobrevivência do sistema, com mudança parcial dos recursos significantes.

Se em latim culto a disjunção exclusiva e a inclusiva tinham como traço expressivo duas partículas distintas, sendo o recurso da repetição delas antes de cada membro coordenado uma mera variante estilística, o latim vulgar dispunha de apenas uma forma para indicar exclusão e inclusão. O português, dele derivado, com uma única partícula disjuntiva (variantes à parte), utiliza o recurso de repetição da conjunção não como uma variante enfática (ou de algum outro matiz), mas com um valor distintivo equivalente ao que opunham as duas partículas latinas. Os significados "disjuntivos" exclusivo e inclusivo estão perfeitamente delimitados em português em sequências como (47) e (48), respectivamente:

(47) [19,1 CL SP] *Ora, Senhores Redactores, Vossas mercês,* ***ou*** *são muito simples,* ***ou*** *andão no Mundo [corroído] tencia da Sociedade auxiliadora da amortisação da divida publica com o seu apendice qual é o de libertar os escravos?*

(48) [19,1 CL CE] *Relevem portanto, Senhores Redactores, que por meio de sua folha, chamemos a attenção da camara municipal, para o que levamos dito, afim de que activem os Senhores fiscaes* ***ou*** *demittão-os no caso de reincidirem no seu proverbial deleixo.*

Esclarece Pezatti (1999) que uma análise do valor funcional do que se pode considerar dois nexos (disjuntivos) em português, *ou* (simples) e *ou... ou* (duplo), permite comprovar a existência de duas formas diferentes que têm como significados diferenciados a inclusão e a exclusão respectivamente. Diferentemente do sistema latino, no português, a partícula não marcada é a que comporta o significado primário inclusivo. A forma *ou* pode representar tanto a inclusão quanto a exclusão; já *ou... ou*, somente a exclusão (Oliveira, 1995). Essa distribuição é, na realidade, a situação normal na maioria das línguas e está em conexão com o tipo de relação lógica que implica o conteúdo inclusivo com respeito ao exclusivo: a disjunção inclusiva, ou alternativa, encerra em si mesma a possibilidade de uma exclusão, superando-a.

Como já observa Pezatti (1999), a relação de coordenação de termos tem sido relegada a uma condição de pouco interesse por parte dos estudiosos. Neste capítulo tratamos da relação de termos e de orações, pois acreditamos que, apesar dos pontos em comum, apresentam também divergências conforme explicitaremos.

A coordenação de termos pode ocorrer entre pares de itens em qualquer lugar da estrutura sentencial. Um par de termos ligado por coordenação funciona como um elemento complexo singular da estrutura, com a mesma função que a dos elementos simples equivalentes (Pezatti, 1999). Segundo Halliday e Hasan (1976), dois ou mais elementos coordenados estruturalmente constituem um único termo na estrutura de nível superior de que fazem parte. As ocorrências em (49), (50) e (51), dos séculos XVII, XVIII e XIX, nessa ordem, mostram respectivamente coordenação de paciente/objeto direto (*algua leviandade* e *movimento pueril*), de instrumento/modificador (*por algum Decreto* e *Alvará precedente*), e de locativo/complemento (para um *sanatorio* e *casa de saúde*):

(49) [17 FLS] *quiz como prudente meter mais a mão nelle, & ver se lhe descubria algua leviandade, **ou** movimento pueril debaixo daquella composição.*

(50) [18,2 DCSA SP] *á Doaçaõ a signada em Evora em 20. deJaneiro de1535, precedeo outra deque naõ temos noticia; pois naõ havia Sua Magestade chamar a Martim Affonso Senhor deterras noBrazil, nem dar Fo- ral ásua Capitania, se elle anaõ tivera por algum Decreto, **ou** Alvará precedente.*

(51) [19,1 CP SP] *Não póde ir para um sanatorio **ou** casa de saude, porque teria que ficar sob a direcção do medico do estabelecimento, de cuja competencia, n'este caso, é licito duvidar-se.*

A coordenação pode ocorrer também entre modificadores de núcleos nominais, como o que acontece entre os termos *alugados* e *nacionais*, em (52), que se referem a *animais*:

(52) [19,1 CJP SP] *Em solução ás duvidas que Vmo. trouxe ao meu conhecimento em officio de 12 do mez findo, se me offerece a dizer-lhe que a bagagem dos officiaes, e empregados publicos, quer seja conduzida em animaes proprios, alugados, **ou** nacionaes, quer em carros, não deve pagar taxa á barreira.*

A coordenação com *ou* é ainda usada para indicar alternância entre termos singular e plural, conforme mostram ocorrências como (53).

(53) [17 ATAJ] *Edo reino azeite Evinagre para que nenhuma pessoa pudesse vender mais que apessoa **ou** pessoas que neste Contrato Lanssasse na forma do termo atrás feita Em o proprio dia dessetenbro Erequerimento*

Se houver mais de dois, o conjunto pode ainda ser estruturado em camadas de diferentes níveis de inserção sintagmática, como se observa em (54), em que os três elementos coordenados (*bronchites, sufocações e ataques bronquiaes*) se juntam em dois grupos: *bronchites* de um lado e *sufocações/ ataques bronquiaes*, de outro:

(54) [19,2 CL SP] *Possue uma efficacia bem extraordinaria para curar, as tosses de toda a natureza, constipações e defluxos, quando affectam a garganta ou os pulmões. Bronchites, e suffocações* ***ou*** *ataques bronquiaes.*

O total de ocorrências investigadas nos séculos XVII, XVIII e XIX corresponde a 126 casos de coordenação de termos, com predominância de *ou* simples (124 casos) contra apenas quatro casos de *ou* duplo, expressos em (55) a (58). Tanto os casos de *ou* simples quanto o de *ou* duplo são inclusivos, ou seja, não há obrigatoriedade de escolha entre as alternativas propostas, o que não ocorre com a coordenação de orações, conforme veremos na próxima seção.

(55) [17 FLS] ***Seja*** *humildade,* ***ou*** *pejo natural de celebrar cousas que tornão em louvor proprio:* ***seja*** *confiança sobeja,* ***ou*** *generosidade de animos:*

(56) [17 FLS] *Assi determinou ter espias nas estradas: &* ***ou*** *fosse pola medida que tinha tomado ao caminho & ao tempo:* ***ou*** *a caso, despedio aquella manhã dous criados a cavallo com ordem que sahissem pola porta & caminho de Sena hum bom espaço.*

(57) [17 ATAJ] *dente de Cana a tostam a medida E aguarden te de milho asseis vinteis a medida azeite do reino a pataqua a medida vinagre atos tam a medida e que nenhum ssobrador de Cana* ***ou*** *quem fizesse aguardente demi lho* ***ou*** *outra qualquer pessoa que trouChesse os ditos generos a Estavilla os não po dessem vender.*

(58) [18,2 DV_VBMT SP] *Dez Caxoeiras passei hoje alem de muitas sirgas, e correntezas, onde os que seguem para o Cuyabá descarregaõ as canoas* ***ou*** *em todo,* ***ou*** *em parte Conforme está o Rio mais, ou menos possante.*

Nota-se em (55), que, em vez de *ou... ou*, há a conjunção dupla formada por *seja* e *ou*. Não se verifica, no entanto, esse tipo de construção nos dois séculos seguintes do *corpus* investigado.

Desde o século XVII, a conjunção alternativa *ou* é usada em expressões prontas, como *mais ou menos*. Essa expressão pode ser usada com sentido denotativo, como exemplificam as ocorrências (59), (60) e (61). A presença da vírgula entre *mais* e *menos*, nos dois últimos exemplos, indica a ocorrência de uma pausa, o que dá à expressão o sentido próprio de aproximação.

(59) [17 ATAV] *testemunha luis de faria homẽ sidadaõ desta sidade de idade quedi se ser de sinquo Entaheseis anos pouquo mais* ***ou*** *menos.*

(60) [18,2 DV_VBMT SP] *e muito principalmente o Rio Pardo, em que saõ ordinariamente mordidas varias pessoas quando sobem por gastarem nelle 60 dias pouco mais,* ***ou*** *menos.*

(61) [18,2 DV_VBMT SP] *Dez Caxoeiras passei hoje alem de muitas sirgas, e correntezas, onde os que seguem para o Cuyabá descarregaõ as canoas ou em todo, ou em parte Conforme está o Rio mais,* ***ou*** *menos possante.*

Essa expressão, no entanto, pode ser usada interpessoalmente, já que representa uma ação do falante na interação para alcançar seu objetivo comunicativo. Em ocorrências como (62), por exemplo, a expressão *mais ou menos* evidencia o não comprometimento do falante com a exatidão do momento de ocorrência do estado de coisas (*ás 11 horas da noite*) expressa anteriormente. Em outras palavras, indica a intenção do falante de suavizar, mitigar uma informação expressa no conteúdo comunicado, visando à correta interpretação por parte do ouvinte.

(62) [20,1 CJP SP] *Tendo ido na noite de 25 para 26 de Janeiro, ás 11 horas da noite, mais* ***ou*** *menos, Luiz Augusto do Belém, acompanhado de seus capangas Luciano Ramos da Silva e Joaquim Lourenço da Costa, á casa de João Januario de Souza, e contra a vontade deste penetraram no interior da dita casa, ameaçando-o de prender.*

A coordenação de termos por meio de *ou* tem também outros usos especificamente interpessoais, uma vez que permite ao falante, preocupado com o alcance de seu objetivo comunicativo, retificar ou esclarecer o termo anteriormente expresso. Em (63), a expressão introduzida por *ou* corrige o termo anterior emitido equivocadamente, como confirma o parêntese *pera melhor dizer*, acrescentado pelo falante. Já em (64), *ou* serve para indicar a incerteza com relação ao verdadeiro nome da pessoa, conforme se esclarece no parêntese que se segue (*não entendi o sobrenome, que o escrivão sempre põe em breve com muita má letra*).

(63) [17 FLS] *Offereço a Vs. Ms. neste livro a vida do nosso,* ***ou*** *pera melhor dizer do seu santo Arcebispo Dom frey Bertolameu dos Martyres.*

(64) [18,2 DCSA SP] *Quando pois, Jorge Ferreira governava hũa e outra Capitania, concedeo ao Ferreiro Rodrigo Luis,* ***ou*** *Rodrigo Alvares naõ entendi o sobre nome, que o Escrivaõ sempre poem em breve com muita má letra hua data de terras na Ilha de Santo Amaro de Guaibe, por Carta passada em Santos aos 13 de Agosto de 1557.*

A retificação pode indicar ainda a intenção do falante de oferecer ao interlocutor uma informação mais precisa e adequada, considerada importante para chegar ao seu objetivo comunicativo, como demonstra (65) e (66).

(65) [19,2 CJP SP] *são preparadas com as mais finas, e superiores qualidades de raizes medicinaes, hervas e plantas, depois de se haver chimicalmente extrahido e separado os pincipios activos,* ***ou*** *aquellas partes que convém ao verdadeiro valor medicinal, daquellas porções fibrosas, inertes e agrestes inteiramente destinadas da menor virtude.*

(66) [19,1 CJP SP] *Ha nos Estados-Unidos 120.000 medicos,* ***ou*** *1 para cerca de 600 habitantes; lá morrem 3.000 medicos por anno* ***ou*** *25 por 1.000, mortalidade esta que é muito intensa para a classe e mais ainda quando comparada com a mortalidade geral do paiz.*

Outras vezes o termo anterior é repetido por um sinônimo para indicar que se trata da mesma entidade referencial, com denominações distintas, conforme se pode observar em (67) e (68):

(67) [17 FLS] *As quartas & sestas feiras comia* CO *seus capellães em refeitorio,* ***ou*** *tinello (como agora chamão com nome Italiano) com lição, & silencio a uso monastico.*

(68) [18,2 DCSA SP] *Entrou a dizer que a Ilha de Guaibé,* ***ou*** *Santo Amaro, demorava na data de Pedro Lopes, e por este modo conseguio, que seus parentes, e familiares, moradores na Ilha, o reconheceSsem por Governador, negando aos Capitaẽs de Martim Affonso a obediencia, que lhes haviaõ dado até esse tempo.*

O levantamento no *corpus* analisado aponta para um total de 28 ocorrências de orações coordenadas por meio da conjunção *ou*. A grande maioria (24 ocorrências) constitui ocorrências com articulação de uma única oração alternativa. Há apenas quatro casos, representados em (69), (70), (71) e (72), em que há uma sequência de orações alternativas:

(69) [17 FLS] *Olhe V. S. q a rezão quer q* ***ou*** *não faça tanto por nós,* ***ou*** *seja mais humano, & se dè melhor cõ nosco.*

(70) [17 FLS] *Algus tinhão a honra por custosa, outros acudião cõ gosto, pollo que tinhão de o vere, & ouvirem, porque sobre a lição que sempre avia à mesa, movia questões de materias curiosas,* ***ou*** *resolvia algum caso de conciecia,* ***ou*** *dava doutrina de edificação, & sempre avia que aprender delle.*

(71) [18,2 DCSA SP] *Pedem a Sua Alteza estes povos, que os tome por seus, porquanto Martim Affonso se esquece desta terra muito,* ***ou****-lhe mande, que venha em pessoa regernos, e defender-nos,* ***ou*** *mande filho seu, porque para os Francezes hé necessario isso.*

(72) [19,2 CJP SP] *Ora visto que eu fui o autor do artigo additivo impugnado e que exerci toda a minha influencia para assegurar a sua adopção-afrontando para esse fim o riso de pessoas que,* ***ou****, não conhecem a provincia,* ***ou*** *recusão acreditar factos cujas provas se offerecem desgraçadamente á cada canto, penso que convém que diga duas palavras á esse respeito.*

Diferentemente do que ocorre na disjunção entre termos, o uso de *ou* duplo indica obrigatoriedade de escolha entre as duas alternativas implicadas, caracterizando o que tem sido denominado de alternativa exclusiva. Em outras palavras, a disjunção exclusiva só ocorre entre estados de coisas, representados por orações, por meio de *ou* duplo. Essa é uma distinção importante entre coordenação de termos e de orações. Como já observado na primeira seção, *ou* pode combinar diferentes tipos de orações, tanto orações independentes como orações dependentes (subordinadas).

Orações independentes constituem, na verdade, a unidade básica do discurso, ou seja, atos discursivos. Um ato discursivo envolve uma ilocução, que indica a finalidade do ato verbal, um falante, um ouvinte e um conteúdo comunicado, que contém tudo que o falante deseja evocar na sua interação com o ouvinte. São exemplos de coordenação de atos discursivos as ocorrências (73), (74) e (75). Observe que as orações coordenadas em (73) e (74) constituem atos declarativos, enquanto em (75) os atos são imperativos.

(73) [17 FLS] *ouvia o com attenção. & como se conversara com hum igual seu, huas vezes lhe dava cõselho,* ***ou*** *remetia o remedio das cousas ao Concilio, agradecendo-lhe sempre as lembranças.*

(74) [17 FLS] *Rezava suas horas polla manham cedo, & sempre sò, senão era quando nesse dia avia de prègar, porque então se ajudava de hum capel-*

lão; às oyto dizia sua Missa, ***ou*** *a ouvia, & dava licença que entrassem a ella todos os negoceantes & requerentes que o buscavão.*

(75) [19,2 CJP SP] *Um destes segredos de donzella, que um homem delicado nunca deve dar á sua noiva o tempo de acabar. Demais ajuntei: Tomae a minha proposta no ponto de vista que vos parecer,* ***ou*** *mesmo considerae-a como um negocio.*

Orações dependentes, por seu turno, apresentam-se como constituintes de uma oração principal, o que caracteriza o processo de subordinação, que pode ocorrer numa relação núcleo-dependente ou núcleo modificador. A relação núcleo-dependente ocorre entre um predicado e seus argumentos, que estão em uma relação de equipolência determinada pelo molde de predicação e juntos constituem um núcleo. Já a relação núcleo-modificador refere-se à expansão de um núcleo com um modificador opcional. A coordenação por meio de *ou* pode combinar diferentes tipos de orações subordinadas, desde que tenham a mesma funcionalidade, como bem observa Dik (1997b). Assim, na relação núcleo-dependente, podem ser coordenadas orações argumentos de verbo, como (76) e (77), ou de nome, como (78) e (79), e orações predicados, como (80):

(76) [17 FLS] *Ao levãtar inclinouse S. Santidade como q o queria abraçar,* ***ou*** *ajudar a levantar: & mãdou o assentar & cobrir.*

(77) [17 ATAV] *me acharaõ Muy prompto em todas As oCazioẽns que Viuer de Seu Seruisso. E porque Nos ocorre obrigacaõ deuezitar,* ***Ou*** *Mandar deuezitar conforme Os sagrados canones concelho tridentino*

(78) [18,2 DCSA SP] *Sem que soponhamos injustíssimo El Rey Dom João 3º,* ***ou*** *insensato a o prudentissimo Martim Affonso, não havemos de acreditar que as Illhas, de Saõ Vicente, e Santo Amaro, pertençaõ a Pedro Lopes.*

(79) [19,1 CJP SP] *Os pedidos de assignaturas devem ser fe[[ ]]os ao mesmo representante geral,* ***ou*** *dirigidos directamente ao escriptorio da folha.*

(80) [19,2 CP SP] *O unico competente para tractar d'esse negocio, isto é, entrar com a differença* ***ou*** *provar a não existencia da mesma, é o Doutor Lousada, como nosso procurador e possuidor dos documentos relativos a collectoria.*

Na ocorrência (81), há a coordenação de duas orações ([*concertá-lo*] e [*desmanchá-lo*]) que, embora não constituam de fato argumento de verbo, são classificadas como substantivas e denominadas apositivas pela tradição gramatical:

(81) [19,2 CP SP] *as condições em se [sic] acham casa e machinismos, só existem, a meu ver, dous meios: concertal-o* ***ou*** *desmanchal-o;*

Em (82), por outro lado, a coordenação ocorre entre duas orações pertencentes a uma construção existencial. A construção existencial se caracteriza por conter apenas uma unidade semântica, que não se constitui como argumento de nenhum predicado, já que o verbo *haver* é apenas o suporte das categorias verbais necessárias para a formação de uma construção existencial em português. Assim, as orações [*quem saiba*] e [*ouvisse dizer*] constituem uma unidade semântica complexa cuja existência é afirmada.

(82) [18,2 DCSA SP] *Hoje naõ há quem saiba,* ***ou*** *ouviSse dizer, como devedio o Provedor as duas Capitanias;*

Na relação núcleo-modificador, por outro lado, podem ser coordenadas pelo juntor *ou* orações que restringem núcleos nominais, como (83), (84) e (85), denominadas adjetivas, e orações que modificam estados de coisas, denominadas adverbiais, conforme se verá adiante.

(83) [19,2 CJP SP] *tenho por conveniente declarar-lhe, 1º que no lazareto devem haver algumas camas com seus aprestos, assim como os utensilios necessarios para os que vierem doentes,* ***ou*** *ahi adoecerem.*

(84) [19,1 CR BA] *em quanto que o filho do pobre, o da viuva, o Çapateiro, o Alfaiate, o Orfão, o desprotegido são presos, e metidos em carceres, no momento em que vão comprar a carne, o peixe, a farinha, com que deveriam alimentar-se, e às suas familias, nesse dia* ***ou*** *se dirigem ao trabalho jornaleiro.*

(85) [19,1 CR CE] *Ora, suppomos nós, que em dias de eleiçaõ naõ fica prohibido a força publica prender um criminoso, que apparece, nem recolher a alguém, que desobedece,* ***ou*** *insulta as patrulhas.*

As orações adverbiais coordenadas por *ou* podem ter diferentes funções semânticas, como mostram (86) e (87), em que são coordenadas respectivamente duas orações temporais ([*que tanto que* [*quando*] *vier o primeiro dia de janeiro pela manhã*] e [*quando se puder*]) e duas finais ([*para se não alagar com o movimento [e o] impulso das ondas*] e [*molhar as cargas*]). Em (88), (89), (90) e (91), há a coordenação de orações condicionais, o tipo mais produtivo no *corpus* investigado:

(86) [17 ATAV] *mando a todos os yuzes eyustisas Es temeu mandado ser aprezentado E o consetimento dele com direito pertenser que tanto que viEr o primero diadeianero pola menha* ***ou*** *quando ser puder mandem chamar os sobre ditos os metaõ depose dos ditos ofisio E cargos*

(87) [18,2 DV_VBMT SP] *Com tudo foi precizo descarregar a canoa para senaõ alagar com o movimento e o impulso das Ondas,* ***ou*** *molhar as cargas*

(88) [18,2 DCSA SP] *Dizem na sua disjunctiva, que ElRey tome para si a Capitania de Saõ Vicente, se Martim Affonso naõ vier,* ***ou*** *mandar filho seu, e a rezaõ, que para isso alegaõ, He que se esquece da terra.*

(89) [18,2 DCSA SP] *pois como tenho mostrado, a Barra da Bertioga foi o Rio primitivo de Saõ Vicente, e a de Santos tambem se chamava de Saõ Vicente, quando ElRey asignou a Carta, algũa força teria o argumento, se o nome de Rio de Saõ Vicente não fora cõmum a todos os Canaes;* ***ou*** *ninguẽ conheceSse por Rio de Saõ Vicente a Barra de Bertioga, quando o Senhor Rey Dom Joaõ o 3º asignou a Carta de Pedro Lopes;*

(90) [18,2 DV_VBMT SP] *Se o plano do Rio fosse taõ inclinado como nos dias passados,* ***ou*** *houvesse alguã Caxoeira naõ poderia seguir viagem.*

(91) [19,2 CP SP] *Caso não aches conveniente o pretendido logar* ***ou*** *não aches probabilidades de obtel-o, communica-me para o governo do meu amigo.*

Um caso inusitado encontra-se no *corpus* do século XIX. Em (92), como se pode observar, são coordenadas por meio de *ou* duas orações principais ([*não se entenda daqui*] e [*não pretendam o maus*]), o que é de fato incomum:

(92) [19,1 CL BA] *Com tudo, não se entenda daqui,* ***ou*** *não pertendão os máos, (que he a quem convém a errada consequencia do principio estebelecido) que os Imperantes podem deixar impunes as maldades.*

Como se vê, a coordenação alternativa em português brasileiro preserva as mesmas propriedades no período investigado, do século XVII até XXI.

A seguir é apresentado o sistema de coordenação aditiva expressa pelo juntor *e*, além de uma análise da partícula *nem*, que contraria a da tradição linguística, uma vez que não a entendemos como um juntor aditivo.

MUDANÇA NO SISTEMA DE COORDENAÇÃO ADITIVA

A coordenação aditiva é formada por uma estrutura em que um ou mais membros estabelecem com um primeiro elemento uma relação de acréscimo, como em (93) e (94):

(93) [20,1 CJP SP] *Henrique estava são **e** salvo, o duque estava ferido.*

(94) [20,1 CR PE] *Fazemos aqui um apelo acloroso ás duas classes para que entrem num entendimento amistoso **e** em nome de toda a coletividade pernambucana concitamos daqui ao Governo, para que diga quais as suas disposições perante um conflito de consequenciastão serias.*

Em (93), o termo *salvo* combina-se com *são* por meio da conjunção *e*, formando um todo que expressa a condição física de Henrique, enquanto em (94), ao período compostos por subordinação *Fazemos aqui um apelo acaloroso às duas classes para que entrem num entendimento amistoso* é acrescentado um outro período composto por subordinação *em nome de toda a coletividade pernambucana concitamos daqui ao Governo, para que diga quais as suas disposições perante um conflito de consequências tão sérias*, por meio da conjunção *e*.

Segundo a tradição gramatical, os elementos que estabelecem essa ligação entre os membros variam desde conjunções propriamente ditas, como *e* e *nem*,[2] até perífrases conjuncionais, como *não só... mas também* e *não somente... mas ainda*, por exemplo. O segundo grupo é considerado caso de correlação, tendo em vista a interdependência entre as partes que compõem a relação (Oiticica, 1952; Módolo, 2009), que, no entanto, não serão aqui abordados, visto que, por escolha metodológica, nos concentramos no juntor simples *e*.

Como já observado na "Apresentação" deste capítulo, a coordenação aditiva, bem como a alternativa, é expressa por um número limitado de juntores, sem nuanças semânticas e sobreposição de funções, mostrando-se estáveis no tempo, como bem revela a história das línguas românicas, ao preservarem o *et* latino para adição, conforme se verifica no *et* francês, no *y* espanhol, e no *e* italiano e português; e *aut* para alternância, conforme *ou* no francês, italiano e português, e *o* no espanhol, e sem renovações e variações (Ramat e Mauri, 2011).

Nos materiais dos séculos XVII, XVIII, XIX e XX investigados, não há mudança no uso da conjunção aditiva *e*, permanecendo as mesmas propriedades ao longo desse período. A única alteração observada refere-se à grafia de *e*, que, no início do século XVII é grafado com *&*, sendo abandonado nos séculos seguintes.[3] A ocorrência (95) mostra essa flutuação no uso de *&* e de *e*.

(95) [18 DH]: *Porque se a Rainha Dona Tareja não casou, nem deu padrasto a seu filho, nem auia porque seu filho a prendesse, nem causa por onde virem a batalha, **&** o Infante D. Afonso vencer o padrasto, **e** desterrala, **&** prender a mãy, **&** se não prendeo a mãy.*

Construções aditivas com e

Conforme já salientado na seção anterior, a coordenação copulativa ou aditiva, desde praticamente as primeiras descrições gramaticais, é entendida como uma construção coordenativa "associativa", em oposição à construção coordenativa "dissociativa" ou disjuntiva (Juliá, 1986). A coordenação aditiva é estabelecida por conjunção que liga membros de uma construção complexa, indicando acréscimo.

Essa ligação entre membros, tal como na coordenação alternativa, pode ocorrer entre pares de itens em qualquer lugar da estrutura sentencial; o que significa que pode ocorrer entre constituintes oracionais de qualquer natureza, denominada, como já vimos, listagem. Conforme mostram as ocorrências em (96) a (99), dos séculos XVII, XVIII, XIX e XX, nessa ordem, há respectivamente coordenação de objeto direto (*confusão* e *tumulto*), de predicativo (*incapacidade do sítio* e *o pouco fundamento que se lhe fez*), de sujeito (*a hipocrisia,* e *maledicência*) e de complemento nominal (*ao valor* e *ao merito*).

(96) [17 ATAV] *Bem se deixa ver a confusaõ, & tumulto em que ficaria aquella Cidade*

(97) [18,1 CO PE] *A principal cauza da Ruina desta fortalleza foý a incapacidade do Sitio, emq. Se fundou* ***e*** *o pouco fundmo. q' Se lhe fez, sem grade nem estacaria, principioandose os alicerces em huã area pouco Segura, e com pedra, naõ mto.*

(98) [19,1 CL BA] *Porque então a hypocrisia,* ***e*** *maledicencia de mãos dadas, deixariam de afflictas morderem a retrocida cauda, e n'um ou outro bote desmascarar'se.*

(99) [20,1 CL BA] *e termina como sempre com uma apotheose ao valor* ***e*** *ao merito da gente do bando.*

A coordenação pode ocorrer também entre modificadores de núcleos nominais, como o que acontece entre os sintagmas *de pedra* e (*de*) *cal*, em (100), que se referem a *apoteose*, e as palavras *vil* e *infame* que restringem *autor*, em (101):

(100) [18,1 CO PE] *assim, como o mar arruinou huã fortalleza de pedra,* ***e*** *Cal, milhor arruinarâ esta pedra sequa q'.*

(101) [19,1 CL CE] *e com quanto eu tenha toda a presumpção de quem seja o vil* ***e*** *infame author de semelhante pasquim, todavia naõ quero e nem me convem romper contra o mesmo.*

Se houver mais de dois termos coordenados, o conjunto pode ainda ser estruturado em camadas de diferentes níveis de inserção, como se observa em (102), em que os três elementos coordenados (*eles*, *tardança*, *negligência*) se juntam em dois grupos: *por eles* de um lado e *por sua tardança e negligência*, de outro. Observe que *tardança* e *negligência* formam um único conjunto.

(102) [17 ATAV] *Como temdo 16r. ho brigasaõ deos arecadarem heos ditos dizimos estarem sempre Emdepozito esperando por Elles* ***E****por sua tartansa* ***E*** *neglligensia de arecadar aEm mundisia*

A conjunção aditiva *e* é usada ainda para indicar quantia, como em (103). É também encontrada no século XIX para juntar sobrenomes de pessoas como atesta a ocorrência (104), e em expressões prontas como *cobras e lagartas*, em (105).

(103) [19,1 CL SC] *Está pois demonstrado que o tal contrato prejudicava os cofres Provinciaes em ais de um conto* ***e*** *quinhentos mil rèis;*

(104) [19,1 CL BA] *Quem no mesmo dia 21 espalhou por todo o Arraial de Santo Estevão aos emissarios Manoel Joaquim Soares, Vicente Ferreira Soares, José Joaquim Soares, Francisco José de Moura, Felippe de São Tyago* ***e*** *Sousa, Sevirino Gomes de Asevedo, Antonio Joaquim de Santa Anna, Josè Ricardo de Normandia, Pedro de tal, Antonio Joaquim, (morador em São Felix), Manoel de Oliveira* ***e*** *Sou sa, (ao qual chamam por appelido o Comêta).*

(105) [20,1 CR CE] *Um bello dia porém, como não conseguiu expulsar da Bibliotheca seu irmão zé-mattos, de quem dizia então cobras* ***e*** *lagartos.*

Outro uso de *e* refere-se a construções compostas pela preposição *entre* e a partícula *e*, indicando dois pontos de limite, como em (106), (107), (108) e (109).

(106) [17 SS] ***Entre*** *o semeador,* ***&*** *o que semèa ha muyta differença:*

(107) [18,2 DV_VBMT SP] *Correo hoje oRio* ***entre*** *Este,* ***e****Sul obrigado talves dehuã Cordilheira, que aoLonge sedivizou desde ontem quando aproa tendia para Este.*

(108) [19,1 CJP SP] *O presidente da provincia, em solução á duvida proposta pela camara municipal da cidade de Campinas, em officio de 21 de julho ultimo, ácerca do conflito de jurisdicção que entende haver* ***entre*** *a mesma camara,* ***e*** *o juiz municipal sobre a tomada de contas ao fabriqueiro da matriz, remette-lhe por copia e parecer que a respeito deu o Dr. procurador fiscal da fazenda provincial...*

(109) [20,1 CJP SP] *Acabou de se trocar telegrammas de felicitações* ***entre*** *banqueiros Rotschild* ***e*** *o ministro da fazenda, pelo brilhante sucesso alcançado na emissão do novo emprestimo brazileiro.*

Observa-se, porém, que nos séculos XVII e XVIII a preposição *entre* é mais usada para indicar "no meio de", como em (110) e (111); o que não significa que isso não aconteça nos séculos XIX, XX e XXI, conforme exemplificam (112) e (113), embora mais raramente.

(110) [17 JVC] *Foy grande* ***entre*** *elles o sentimento da desgraça,*

(111) [18,2 DV_VBMT SP] *Com grande trabalho áforsa de varejoens, que já no dia precedente se tinhaõ armado deespontoons deferro, acrescendo aisto onavegar por* ***entre*** *montanhas de Consideravel altura.*

(112) [19,2 CJP SP] *Um dever de cortezia nos obriga a eppôr ao Diario de S.Paulo mais argumentos e provas em abono das opiniões que temos sustentado com referencia aos assumptos debatido* ***entre*** *nós.*

(113) [20,1 CJP SP] *Vende se pelo custo um esplendido terreno situado em magnifica rua ligada á rua Duque de Caxias. Mede 20m. de frente por 47m. de fundo, está murado, tem passeio feito e está situado* ***entre*** *dous prédios de primeira ordem. Informações no escriptorio desta folha.*

Como já observado na seção "A coordenação", essa partícula, tal como a alternativa *ou*, pode combinar tanto orações independentes quanto orações subordinadas. No primeiro caso, constituem atos discursivos, já que envolvem uma ilocução, indicando a finalidade do ato verbal. As ocorrências (114), (115) e (116) exemplificam casos de coordenação de atos discursivos.

(114) [18,1 CAP SP] *comtudo melhor doque lle naó há naAldea;* **e** *por tanto deve ser conservado.*

(115) [20,1 CR CE] *Levantemo-nos barbalhenses, ao tom marcial do "O Clarim", que num assomo de indignação e de revolta vem despertar-nos deste somno lethargico em que vivemos mergulhados,* **e** *reunamos os nossos esforços para podermos cohesos commungar os nobres e dignificantes ideaes,*

(116) [20,1 CR CE] *Correi pressurosos aos institutos de educação, cultivai a vossa intelligencia, educai o vosso espirito, illuminai a vossa fronte com a aureola dos conhecimentos;* **e** *um futuro bello e honroso vos aguardarà.*

A ocorrência (114) exemplifica os casos mais comuns de coordenação de oração, ou seja, os que expressam atos declarativos. Em (115), há a coordenação de dois atos exortativos, expressos pelos verbos na primeira pessoa do plural com omissão do sujeito, *levantemo-nos* e *reunamos*. Em (116), após uma sequência de três atos imperativos, marcados pelos verbos *correi*, *cultivai* e *educai*, segue o ato declarativo *um futuro bello e honroso vos aguardarà.*

A coordenação de orações subordinadas é também possível com a conjunção *e*. Como constituintes de uma oração principal, podem ocorrer numa relação de equipolência núcleo-dependente (predicado e seus argumentos), determinada pelo molde de predicação. Assim pode ocorrer a coordenação de orações objetivas, como em (117), em que *estava criminoso* e *não podia votar, nem ser votado* constituem complementos do verbo *dizer* presente na oração principal; de orações principais, como em (118), em que as orações *teremos compreendido os nossos deveres* e *enfecharemos a obra do nosso renascimento* são principais da condicional *se assim fizermos*. É possível também coordenarem-se orações complementos de nome, conforme exemplifica (119), em que são coordenadas duas orações complementos do adjetivo *capaz*.

(117) [19,1 CL BA] *do Juiz Presidente regeitar-lhe as suas Cedulas, disendo-lhe que estava criminoso,* ***e*** *que como tal, não podia votar, nem ser votado;*

(118) [20,1 CR CE] *Se assim fizermos, teremos teremos, comprehendido os nossos deveres,* ***e*** *enfecharemos a obra do nosso renascimento.*

(119) [20,1 CR CE] *É ella a fonte primordial e inexgotavel de todas as riquezas; é ella como disse alguem "que desenvolve o espirito, e dilata a liberdade de cada cidadão, moraliza e fortifica a rasão e a consciencia, tornando o homem* ***capaz*** *de dirigir-se* ***e*** *ajudar-se a si mesmo,*

Já a relação núcleo-modificador, como vimos, refere-se à expansão de um núcleo com um modificador opcional. Assim, na relação núcleo-modificador, podem ser coordenadas por meio de *e* orações adverbiais causais, como em (120), em que as orações *porque o sonho foi dobrado* e *visto per duas vezes* restringem o estado de coisas expresso na principal *demostra afirmamento de verdade*. Em (121), por outro lado, ocorre a coordenação de duas orações modificadoras de núcleos nominais, *começou a correr em primeiro de janeiro de 1710* e *acabou no último de dezembro do dito ano de 1710*, que modificam o núcleo *contrato* expresso na oração principal. Esse tipo de coordenação pode também ocorrer com orações reduzidas, como demonstra (122):

(120) [14 BMP] *porque o sonho foi dobrado,* ***e*** *visto per duas vezes demostra afirmamento de verdade*

(121) [18,1 CO PE] *O dito contrato da vintena E PaSagens dos Rios queCo-mesou a correr em o primeýro deJaneiro de 1710* ***e*** *acabou no vltimo de Dezembro dodito anno de 1710 Se rema tou a Antonio Alueres deCar-valho por duzentos etrita etrez mil Rs forros para a fazenda Real como consta do dito liuro das Remataçoez*

(122) [19,1 CL CE] *He verdade, que esses officiaes estiveraõ na obra da Matriz, mas naõ sendo obrigados,* ***e*** *podendo deixal-a, assim o fizeraõ*

Uma questão muito discutida na literatura linguística refere-se às várias relações semânticas que podem ser estabelecidas entre os segmentos coordenados por *e*, a que Camacho (1999: 397) denomina "função de coringa do juntivo *e*", já que pode ocorrer em contextos tipicamente adversativos e conclusivos. Neves (2000) exemplifica o fenômeno em (123) e (124), relacionados, respectivamente, a casos de contraste e causa-consequência.

(123) *Depenava frangos* ***e*** *não ganhava nada.* (p.739)

(124) *O antigo proprietário morreu* ***e*** *seus herdeiros atuais perderam a mão na condução do hotel.* (p.740)

No *corpus* analisado, foram encontradas ocorrências conforme as exemplificadas em (125 a 128):

(125) [17 FSL] *& não sei se diga, vergonha aos que por hirmandade de habito & profissão deviamos no mesmo aventajarnos, quando estremos não fizeramos.* ***E*** *não peço perdão aos meus de fallar assi.*

(126) [18,1 CO PE] *Mostrando de pois o tempo as Ruinas, q'. ameaçavaõ esta Fortalleza, por cauza do mar q'. lhe vinha chegando, mandaraõ os Engenros. fazer huã pequena (ilegível) ou Arcen, por aquella parte por onde o mar a cometia,* ***e*** *vendo eu q'. nem isto era bastante, pa. a Segurança da da. Fortalleza, com o parecer do Sargto. e os engenros., e de alguãs pessoas praticas, mandeý fazer huã estacada por fora da fortalleza alguã couza distante della.*

(127) [19,1 CL CE] *Foi de que fosse o referido Ouvidor Manoel Pedro de Moraes Mayer para o Crato, cabeça de sua Comarca, até a decizaõ de Sua Majestade Imperial: o tal Mayer que naõ he mole,* ***e*** *vio que o naõ suspenderaõ, e nem lhe mandaraõ formar crime, mangou, mangou, e longe de estar pela deliberaçaõ do Governo, sahio para Queixeramobim*

(128) [20,1 CR CE] *Se assim fizermos, teremos teremos, comprehendido os nossos deveres,* ***e*** *enfecharemos a obra do nosso renascimento.*

A justificativa dos autores para referendar a argumentação de que se trata de valores não aditivos é a possibilidade de se efetuarem paráfrases por um juntor típico de outra relação (Camacho, 1999: 397). De fato, as ocorrências em (125), (126), (127) e (128) admitem as paráfrases, expressas em (125 a) e (126 a), com juntores adversativos; (127 a), com um juntor conclusivo; e (128 a e b), respectivamente, com um juntor adversativo e uma conjunção temporal.

(125) a. *& não sei se diga, vergonha aos que por hirmandade de habito & profissão deviamos no mesmo aventajarnos, quando estremos não fizeramos.* ***Mas*** *não peço perdão aos meus de fallar assi.*

(126) a. *Mostrando de pois o tempo as Ruinas, q'. ameaçavaõ esta Fortalleza, por cauza do mar q'. lhe vinha chegando, mandaraõ os Engenros. fazer huã pequena (ilegível) ou Arcen, por aquella parte por onde o mar a cometia,* ***no entanto*** *vendo eu q'. nem isto era bastante, pa. a Segurança da da. Fortalleza, com o parecer do Sargto. e os engenros., e de alguãs pessoas praticas, mandeý fazer huã estacada por fora da fortalleza alguã couza distante della.*

(127) a. *Se assim fizermos, teremos teremos, comprehendido os nossos deveres,* ***portanto*** *enfecharemos a obra do nosso renascimento.*

(128) a. *Foi de que fosse o referido Ouvidor Manoel Pedro de Moraes Mayer para o Crato, cabeça de sua Comarca, até a decizaõ de Sua Majestade Imperial: o tal Mayer que naõ he mole,* ***mas*** *vio que o naõ suspenderaõ, e nem lhe mandaraõ formar crime, mangou, mangou, e longe de estar pela deliberaçaõ do Governo, sahio para Queixeramobim*

b. *Foi de que fosse o referido Ouvidor Manoel Pedro de Moraes Mayer para o Crato, cabeça de sua Comarca, até a decizaõ de Sua Majestade Imperial: o tal Mayer que naõ he mole,* ***quando*** *vio que o naõ suspenderaõ, e nem lhe mandaraõ formar crime, mangou, mangou, e longe de estar pela deliberaçaõ do Governo, sahio para Queixeramobim*

Como bem mostram tais paráfrases, o que leva a uma relação semântica de contraste ou de conclusão/causa-consequência é o contexto, ou seja, o conteúdo comunicado nos segmentos justapostos. Em (125) e (126), o conteúdo expresso na primeira oração (*deviamos no mesmo aventajarnos* e *mandaraõ os Engenros. fazer huã pequena Arcen, por aquella parte por onde o mar a cometia*, respectivamente) contrasta, de fato, com o conteúdo expresso na segunda oração (*não peço perdão aos meus de fallar assi* e *mandeý fazer huã estacada por fora da fortalleza alguã couza distante dela*, respectivamente). Em (127), o conteúdo da oração *teremos, comprehendido os nossos deveres* desencadeia a conclusão *enfecharemos a obra do nosso renascimento*. Já em (128), os conteúdos justapostos podem levar tanto a um contraste como ao momento de ocorrência do estado de coisas.

Além disso, em (128 a e b), a possibilidade de substituição de *e* tanto por *mas* quanto por *quando* mostra tratar-se de interpretação, que pode ser efetuada, ou pelo analista ou pelo leitor. As propriedades dos enunciados linguísticos são adaptáveis aos objetivos comunicativos que o falante ou escrevente, na interação com outros usuários da língua, procura alcançar ao usar tais enunciados. Isso significa que o falante ou escrevente detém o conhecimento tanto das unidades (lexemas, auxiliares, fonemas, constituintes sintáticos) quanto do modo como essas unidades podem ser combinadas. Em outras palavras, o produtor do enunciado linguístico é que escolhe a forma mais adequada para expressar o seu pensamento e assim atingir o seu propósito comunicativo. Consideramos, portanto, que a escolha efetuada na produção do enunciado é que deve ser considerada e não a interpretação que pode ser feita pelo interlocutor ou analista, pois "cada cabeça é uma sentença". Dessa forma, entendemos que o uso de *e* em detrimento de qualquer outro juntor mostra a verdadeira intenção do produtor e deve ser assim considerada.

Deve-se observar ainda ocorrências como (114), repetida aqui por conveniência, em que há a sequência de *e* e de *portanto*, ambos considerados juntores coordenativos pela tradição gramatical. Segundo Bybee, Perkins e Pagliuca (1994), no entanto, a possibilidade de coocorrência de dois elementos gramaticais implica tratar-se de membros de classes diferentes, ou seja, *e* pertence a uma classe, a de conjunção, que marca a função semântica aditiva, e *portanto*, a de operadores discursivos, que evidenciam, no exemplo, a função pragmática conclusão, que ocorre entre uma premissa (*melhor do que ele não há na aldeia*) e uma conclusão (*deve ser conservado*), conforme propõem Novaes-Marques e Pezatti (2016).

(114) [18,1 CAP SP] *comtudo melhor doque lle naó há naAldea;* ***e por tanto*** *deve ser conservado.*

Outro aspecto a ser destacado, relativo à conjunção *e*, é seu uso especificamente interpessoal, que constitui uma estratégia de organização do texto, como se observa em (129). Nessa ocorrência pode-se observar que *e* (&), ao ser parafraseado por *além disso*, mostra-se como um marcador discursivo, uma vez que relaciona partes do texto, adicionando informação considerada pelo escrevente importante para a interpretação, pelo destinatário, de sua real intenção comunicativa, conforme revela a paráfrase em (129)a.

(129) [17 PL] *Todos estes fundamentos são de pouco momento, como se pode ver em o que tratamos desta materia no segundo & terceiro capitulo deste nono liuro. A doação do Porto ja atras fica referida, della não se proua cousa algua contra o casamento da Rainha, pois nem o Conde Dõ Fernando se nomea como seu vassalo (o que em outras escrituras temos visto):* ***&*** *por outra parte ainda que o casamento não estiuesse celebrado neste anno de 1120. se podia celebrar em algum dos seguintes.*

(129) a. *Todos estes fundamentos são de pouco momento, como se pode ver em o que tratamos desta materia no segundo & terceiro capitulo deste nono liuro. A doação do Porto ja atras fica referida, della não se proua cousa algua contra o casamento da Rainha, pois nem o Conde Dõ Fernando se nomea como seu vassalo (o que em outras escrituras temos visto):* ***além disso,*** *por outra parte, ainda que o casamento não estiuesse celebrado neste anno de 1120. se podia celebrar em algum dos seguintes.*

Na próxima seção, o objeto de estudo é a partícula *nem*, e, como se verá, contrariando a tradição linguística, não tratamos essa partícula como um juntor aditivo, mas sim como um operador de negação enfático.

Construções com o marcador de polaridade negativa *nem*

A partícula *nem* originou-se do latim *nec*, que significava, segundo Castilho (2010a), *e também*, *e mesmo*, *e mais*, *e então*, com função de acrescentar informações adicionais a algo já dito. Da passagem do latim para o português, sofreu apócope do *-c* e acréscimo de *m*, um efeito do *n* inicial, com sentido de *nem*, *não* e *e não* (Houaiss, 2001).

Embora tradicionalmente *nem* tenha sido considerado uma conjunção aditiva, pois se entende que estabelece com um primeiro elemento uma relação de acréscimo, assumimos, seguindo Novaes-Marques e Pezatti (2016), que *nem* não representa um juntor aditivo, mas sim um marcador de polaridade negativa enfático. É isso que procuraremos demonstrar nesta seção.

O material dos séculos XVII ao XX mostra que *nem* ocorre em diferentes tipos de construções no português, conforme (130 a 133):

(130) [17 DH] *De sorte que não ouue da parte dos Combatentes,* ***nem*** *dos defensores, proezas que relatar neste papel; mais que a felicidade huns, & a mofina de outros; entrarem huns sem resistencia, outros fogirem sem honra.*

(131) [18,2 CO PE] ***Nem*** *seinformar seashavia fundado emque nam assistira naveriassam no tempo emque adita postura sefizera por ir poucas vezes aCamara faltando ao que devia como presidente parecendo aodito senado que era desnecessaria adita assistencia procedendosse conforme eu ordenava.*

(132) [19,1 CL CE] *Defendi os meus direitos com bastante energia, creio que ate taxei de despotismo adenegaçaõ absoluta, que fez o meo collega á quanto requeria; porem naõ usei de semelhantes expressões contra elle,* ***nem*** *era capas.*

(133) [19,1 CR CE] *Mas se a censura consite unicamente na liberdade de dizer cada hum francamente a sua opiniaõ, faz apparecer a verdade no meio do contraste, sem degradar,* ***nem*** *insultar a authoridade do legislador, ou do magistrado.*

Em (130), há a junção de dois sintagmas, *dos combatentes* e *dos defensores.* Em (131), a oração com *nem* não se encontra relacionada a outra oração, sendo, portanto, uma oração independente. Em (132), há duas orações independentes, *naõ usei de semelhantes expressões contra elle* e *nem era capas*, formando o assim denominado período composto por coordenação. Já em (133), ocorre a combinação de duas orações subordinadas, reduzidas de infinitivo, *sem degradar* e *nem insultar a authoridade do legislador.*

Com exceção de (131), todas as outras ocorrências ilustram casos de coordenação, uma vez que indicam um processo de expansão de elementos com um mecanismo de ligação, em que nenhuma unidade é constituinte da outra, já que cada uma pode ocorrer sozinha, mas a combinação delas constitui uma única unidade formal.

Conforme aponta Dik (1997b), no entanto, o mecanismo de ligação pode não estar evidente, e os membros da coordenação são colocados lado a lado, sem qualquer conectivo, e separados por uma pausa, que se indica, na escrita, por vírgula, ponto e vírgula ou dois pontos, caracterizando a justaposição.

Como pode ser observado pelas paráfrases de (130), (132) e (133), em (130)a, (132)a e (133)a, a relação de adição entre os membros coordenados é efetuada por justaposição, sendo possível a inserção da conjunção *e* no lugar da vírgula para estabelecer, sem qualquer prejuízo, a relação aditiva pretendida.

(130) a. não ouue da parte *dos Combatentes,* **e nem** *dos defensores,* proezas que relatar neste papel

(132) a. porem *naõ usei de semelhantes expressões contra elle* **e nem** *era capas.*

(133) a. faz apparecer a verdade no meio do contraste, *sem degradar* **e nem** *insultar a authoridade do legislador*, ou do magistrado.

Essas paráfrases, bem como ocorrências semelhantes a (134) e (135), mostram que *e* e *nem* podem coocorrer. Conforme argumentamos com base em Bybee, Perkins e Pagliuca (1994), a possibilidade de coocorrência de dois elementos gramaticais implica tratar-se de membros de classes diferentes. Isso indica que, que no caso de *e* e *nem*, *e* é o elemento juntor entre *naõ é* e *nem podia ser*, em (134), e entre *paredes fendidas* e *desaprumadas*, em (135). Dessa forma, resta a *nem* indicar apenas a negação, o que corrobora a afirmação de Neves (2000: 753) de que "*é evidente o estatuto de advérbio de* NEM *nas construções em que esse elemento vem precedido de **e***".

(134) [19,1 CL CE] *Todos ainconservaõ na memoria o motivo da imaginaria tentativa do assás bem conhecido Simplicio Luiz da Rocha, que outro naõ foi,* ***e nem*** *podia ser, que o dezejo constante de fazer encaixar na vigairaria das Lavras, em meu lugar, a seu sobrinho o padre Manoel da Silva e Souza, entaõ protegido pela influencia do dia, o secretario Pinto de Mendonça, contra quem por essa vez tive de lutar á par do finado coronel Agostinho nas eleições do Icó, pelo que pode ob, e subrepticiamente alcançar provizaõ de vigario.*

(135) [19,1 CL BA] *Em vertude do respeitavel despacho supra examinamos cuidadosamente a Casa, e paredes do Theatro, e conseguintemente cingindo-nos á letra do requerimento attestamos: que não estão as* paredes fendidas, ***e nem*** desaprumadas.

Os exemplos mostram ainda que a coocorrência de *e* e *nem* pode ser observada tanto entre orações subordinadas, conforme (134), como entre palavras, em (135), e também entre orações independentes, como em (136):

(136) [19,1 CR BA] *Ainda nos recordamos com jubilo do tempo, em que servimos sob o Commando em Chefe do General do Exercito Pacificador, no Reconcavo da Bahia;* ***e nem*** serà possivel esquecer aos valentes defensores da Independencia do Brasil, nesta e outras Provincias, os relevantes serviços de tão digno General.

A possibilidade de substituição da vírgula por *e* e a coocorrência de *e* e *nem* indicam que *nem* é, na verdade, um elemento de negação de orações (independentes ou subordinadas), como os casos anteriores (136, 132 e 133), de sintagmas, como (137), (138), (139), e de palavras, conforme (140):

(137) [17 CGVV] *No vestido, como na cama, não admitia nenhum genero de linho,* ***nem*** outro lenço.

(138) [18,2 DV SP] ***Nem*** nanoite passada ***nem*** nesta *permitio otempo fazer observaçaõ alguma.*

(139) [19,1 CP RJ] *Adias náo tenho noticias suas. Eu desde fim de Fevereirossofro muito, tenho estado no estadode náo ir* a Rua ***nem*** a roça.

(140) [19,1 CR PE] *E naõ se diga que art. 76 do citado Codigo do Processo não admite* queixas ***nem*** denuncias *contra os membros das duas Camaras Legislativas pelos discursos nellas proferidos.*

Como mostram essas ocorrências, uma propriedade importante de *nem* é a possibilidade de negar qualquer categoria semântica, desde estados de coisas (cf. 136) e propriedades (cf. 135) até indivíduo (cf. 137), tempo (cf. 138), lugar (cf. 139), o que não é possível com *não*, que só pode negar estados de coisas ou propriedades. Note-se a impossibilidade de paráfrases com *não* em (137)a, (138)a e (139)a, casos de indivíduo, lugar e tempo, respectivamente:

(137) a. *No vestido, como na cama, não admitia nenhum genero de *linho*, **não** outro lenço.

(138) a. ***Nem** nanoite passada **não** nesta permitio otempo fazer observaçaõ alguma.

(139) a. *Eu desde fim de Fevereirossofro muito, tenho estado no estadode náo ir a Rua **não** a roça.

Ao fazer uso de *nem*, em vez de *não*, o falante ou escrevente estrategicamente intensifica uma informação que julga importante para atingir seu propósito comunicativo. Em outras palavras, *nem* representa uma estratégia para enfatizar um constituinte oracional ou toda a oração. É a essa propriedade de *nem* que os autores se referem ao afirmarem que construções com *nem* têm um significado "denso, marcado" (Neves, 2000) ou "é marcada" (Rosário, 2009). A intensificação, por meios lexicais ou gramaticais, de um constituinte ou de toda a expressão linguística caracteriza a ênfase.

Em construções em que *nem* ocorre em uma oração independente, como em (141), é possível perceber que o falante pretende negar enfaticamente o conteúdo comunicado *sabe que tal é o estado d'essa estrada*. Nesses casos, *nem* pode ser substituído por *sequer*, como mostra (141)a, considerado pela tradição gramatical como indicador de ênfase.

(141) [19,1 CL SP] *entretanto Sua Excelência o Senhor Presidente parece que* **nem** ao menos sabe, que tal é o estado d'essa estrada, *por onde diariamente tantas tropas transitão!*

(141) a. entretanto Sua Excelência o Senhor Presidente parece que **sequer** ao menos sabe, que tal é o estado d'essa estrada.

Em estruturas de coordenação de sintagmas, como em (137) a (140) apresentadas anteriormente, e em (142), (143) e (144) a seguir, o caráter de intensificador do segundo membro veiculado por *nem* pode ser claramente constatado.

(142) [18,2 DV SP] *Havia de reprezentar sua justiça allegando, que ao Donatario competia aForteficaçaõ daCapitania, eque elle naõ era Senhor daIlha,* **nem** *daterrafirme da Bertioga, comoSua Magestade supunha.*

(143) [20,1 CE PE] *Sua vitória, no entanto, estava longe de representar a vontade da maioria: só puderam votar homens maiores de 21 anos que não fossem mendigos, analfabeto, praças,* **nem** *padres.*

(144) [18,2 DV SP] *Porelle estar, erezedir nadita Fortaleza deSaõ Felipe com sua mulher efilhos sem haver morador,* **nem***Povoador nadita Ilha, senaõ elle dito supplicante.*

Em (142), *nem* nega enfaticamente o segundo membro da listagem (*da terrafirme da Bertioga*); em (143), o termo *padres*, relacionado a vários outros anteriormente apresentados (*mendigos, analfabeto, praças).* Em (144), *nem* e *sem*, usados no mesmo contexto, têm a mesma propriedade, a de negação, o que reforça a ideia de que *nem* não é um juntor.

Uma exigência na combinação principalmente de orações independentes ou subordinadas é a de que haja um elemento negativo no primeiro membro da relação aditiva, como *não*, em (145); *sem*, em (146), *nunca*, em (147), e *nada*, em (148). Essa exigência só vem confirmar o argumento de que uma propriedade de *nem* é reforçar a negação já expressa no primeiro membro da coordenação.

(145) [17 DH] *De sorte que* ***não*** *ouue da parte dos Combatentes,* ***nem*** *dos defensores, proezas que relatar neste papel; mais que a felicidade huns, & a mofina de outros; entrarem huns sem resistencia, outros fogirem sem honra.*

(146) [17 SS] *He tanta a força da diuina palauram que* ***sem*** *cortar,* ***nem*** *despontar espinhos, nace entre espinhos. He tanta a força da diuina palaura, que* ***sem*** *arrãcar,* ***nem*** *abrandar pedras, nace nas pedras.*

(147) [17 SS] ***Nunca*** *na Igreja de Deos houue tãtas prégaçoens,* ***nem*** *tantos Prégadores como hoje...*

(148) [19,1 CE PE] *Fizeste bem em escrever aquele Sancto varão tão nosso amigo. E o Jerônimo, quando puder – escrevo-lhe, dando os parabens por já estar elle [inint.] e por saber que o incommodo* ***nada*** *teve,* ***nem*** *de grave*

Há ainda a possibilidade de esse elemento negativo do primeiro membro da coordenação ser a forma *nem*, como em (149), e assim formam-se estruturas com *nem... nem*, consideradas como correlação, por autores como Rosário (2009) e Rodrigues (2014). Como se pode observar, no entanto, em (149), a relação entre as duas partes não implica que a presença de um dos elementos prepara para a enunciação de outro, estabelecendo uma relação de interdependência no nível estrutural, como o entendem Oiticica (1952) e Módolo (2009). Em (149), é possível a expansão com mais enunciados introduzidos por *nem*, como mostra a paráfrase em (149a).

(149) [19,1 CR PE] *Não somos nós da opiniaõ dos que pensaõ que a povoaçaõ de Portugal tenha progressivamente diminuido; antes cuidamos bem que desde a [[a]] do-minaçaõ romana nunca ella foi muito maior do que hoje he. Porem essa questão* ***nem*** *he d'este lugar* ***nem*** *de primeira importancia para o nosso ca [ilegível].*

(149) a. *Porem essa questão* ***nem*** *he d'este lugar* ***nem*** *de primeira importancia para o nosso caso,* ***nem*** *necessária,* ***nem*** *relevante.*

Não se trata, portanto, de correlação, mas sim de coordenação por justaposição como bem atestam construções como (150), em que ocorrem várias orações coordenadas assindéticas, iniciadas por *nem*: *podia ir desbaratado, deixar sete Condes presos* e *podia tornar outra vez a pôr outro tal cercom*:

(150) [17 DH] *não auia para que vir el Rey de Castella, & tornar armado cercar ao Infante,* ***nem*** *podia ir desbaratado,* ***nem*** *deixar sete Condes presos,* ***nem*** *podia tornar outra vez a pôr outro tal cercom & Egas Moniz fazelo tornar com preito, & omenagem que lhe fez, & por o não cumprir, ir nù cõ sua molher, & filhos despidos com baraços ao pescoço ante el Rey de Castella.*

Essas constatações nos levam a propor que *nem* não representa um juntor aditivo como comumente se afirma, mas sim um operador de ênfase e de polaridade negativa. O que diferencia as partículas morfossintáticas *nem* e *não* é o fato de a primeira acumular uma categoria pragmática (ênfase) e outra semântica (polaridade negativa), enquanto *não* representa apenas a categoria semântica de polaridade negativa. Em outros termos, enquanto *não* especializou-se como advérbio de negação, *nem* é usado como um advérbio de negação enfático. Assim, assumimos que *nem* não constitui uma conjunção aditiva, como comumente se afirma na literatura; portanto, não será tratado como tal neste capítulo.

Como este estudo mostra, a coordenação aditiva em português ocorre por meio de conexão simples com o juntor *e*, que traz as mesmas propriedades durante todo o período investigado.

MUDANÇA NO SISTEMA DE COORDENAÇÃO ADVERSATIVA

A coordenação adversativa consiste em uma construção estritamente bimembre, na qual são cotejadas duas entidades ou dois eventos de algum modo incompatíveis. Desse cotejo resulta um sentido de **adversidade**, que se especializa contextualmente em uma variedade de nuanças, que inclui desde uma oposição, instaurada no domínio sócio-físico, até uma quebra de expectativas, instaurada no domínio das crenças e suposições.

As construções adversativas podem se realizar por meio de juntores, categoria heterogênea que abriga conjunções propriamente ditas (*mas*), perífrases conjuncionais (*senão que, só que, enquanto que*) e palavras gramaticais de estatuto flutuante, como advérbios juntivos (*porém, no entanto, contudo, entretanto, todavia, agora*), que têm a propriedade da junção, mas ainda preservam traços da construção adverbial de origem. Sempre que presentes, os juntores ocupam o segundo membro da construção adversativa, porção que comporta a informação argumentativamente mais decisiva, que pode se conformar a uma refutação, a uma correção, a uma ressalva, a uma diferença, a uma surpresa ou a uma contra-argumentação, frente ao conteúdo do primeiro membro. Nesses termos, as adversativas são construções que têm um valor fortemente argumentativo e a manobra argumentativa em jogo depende, em grande parte, do tipo de juntor selecionado.

O sistema de adversidade do português, tal como o de outras línguas românicas, tem um histórico de contínua remodelação. A herança latina é diminuta. Embora o latim clássico dispusesse de um elenco considerável de juntores para a sinalização da adversidade (*sed, uerum, at, atqui, immo, autem, uero, tamen, quidem, nihilominus*), sabemos que o português nada herdou desse sistema, mesmo porque convivia com ele (Maurer Jr., 1959; Câmara Jr., 1975). Por outro lado, nas variedades vulgares de latim, que conviviam com o clássico, tornou-se especializado o emprego de *magis*, advérbio comparativo de superioridade, para marcação de adversidade, do que resultou a emergência de *mais/mas*, a conjunção adversativa mais antiga e a mais prototípica do português (Maurer Jr., 1959; Ilari, 1999; Barreto, 1999; Neves, 2006). No mais, todos os juntores adversativos são criações vernáculas, produto do reaproveitamento e da reanálise de material da própria língua, via processos de mudança por *gramaticalização*, que afetam a categoria e os sentidos, ou processos de mudança *semântico-pragmática*, que afetam exclusivamente os sentidos.

Nesses processos de mudança, alguns canais de derivação são mais produtivos e continuam férteis ainda hoje, ampliando o paradigma dos juntores em português. Do ponto de vista categorial, são várias as classes de palavras que podem estar na origem da constituição de juntores, contudo, como se verá, a derivação a partir de advérbios e de locuções adverbiais apresenta-se como uma das mais produtivas. Há produtividade também na formação de perífrases em *x* + *que*, em que a variável *x* é preferencialmente ocupada por advérbios. Do ponto de vista dos sentidos, há evidências de que a mudança no âmbito dos juntores é alimentada por crescentes abstratizações e subjetivizações, com acréscimo de traços de significado que mostram maior envolvimento do locutor com os conteúdos enunciados. A *adversidade*, entendida aqui, à maneira de Schwenter (2000: 259), como um tipo de contraste entre diferentes pontos de vista tal como são construídos no uso da linguagem, é uma instância de maior abstratização e subjetivização. Dentre os canais mais fecundos de alteração dos significados, destaca-se o macrodomínio de *tempo* como fonte para sentidos adversativos, a partir de reinterpretações induzidas pelo contexto.

Nas subseções que seguem, focalizaremos a história dos juntores adversativos juntamente com a história das construções que eles ajudam a formar, à luz de um quadro teórico sobre mudança semântica que valoriza o papel dos contextos na emergência das polissemias (Traugott e Dasher, 2002). Priorizaremos uma abordagem histórico-diacrônica, fundamentalmente qualitativa, em que recuperamos inicialmente a etimologia do item, latina ou portuguesa, e, na sequência, descrevemos aspectos do processo de constituição gradual das categorias e dos sentidos. As descrições morfossintáticas se pautam em um protótipo de conjunção adversativa, que será exposto na subseção "Construções adversativas com *mas*" a seguir; as descrições semântico-pragmáticas se pautam, por um lado, na diversidade de nuanças de sentidos adversativos veiculada pelos juntores e, por outro, no papel dos contextos na motivação das mudanças e na composição dos sentidos.

Para descrição dos casos de constituição mais remota, tomamos dados do português europeu (PE, daqui em diante), ao passo que, para os casos que representam instâncias mais recentes de mudança lançaremos mão exclusivamente de dados do português brasileiro (PB, daqui em diante) produzidos nos séculos XX e XXI. Todos os dados que exemplificam as discussões deste capítulo são provenientes de textos de enunciação falada ou escrita, dos mais diversos gêneros textuais e de diferentes períodos do PE e do PB. A relação completa dos textos, com seus respectivos códigos de identificação, encontra-se no final deste capítulo.

Construções adversativas com *mas*

A conjunção *mas* é a adversativa mais frequente nos textos examinados e seu emprego não parece sofrer restrições nos diferentes gêneros textuais. O processo de gramaticalização de *mas*, já consolidado no português arcaico, é bem conhecido. Como mencionado anteriormente, num cenário de desuso das construções adversativas clássicas, as variedades vulgares de latim recorreram a um processo de "reposição" de conjunções, recrutando para a adversidade o advérbio *magis*, que era empregado na formação de comparativos perifrásticos indicadores de quantidades e qualidades, em particular comparativos de superioridade, em que conduzia implicitamente as noções de inclusão e de preferência, presentes já na própria língua literária, como sugere a seguinte passagem de Virgílio: "*Non equidem invideo, miror magis*" (port. *eu não tenho inveja, antes/mas espanto*).

Segundo Ernout e Meillet (1951), no latim vernáculo, *magis* coocorria com *sed*, com sentido de "antes, de preferência", para indicar a prioridade de uma ação sobre outra. Com o tempo, defendem os autores, *magis* passou a ser empregado sozinho, com valor adversativo. Desse uso de *magis* resultou a conjunção coordenativa adversativa *mais-mas*, do português antigo, e também adversativas de outras línguas românicas. Na documentação arcaica do PE, verificamos o emprego frequente de *mais-mas* como conjunção adversativa, conforme os exemplares de (151) a (154).

(151) [14 BMP] *E os Judeus aviam por custume de guardar os corpos, que non eram untados, ataa sete dias, e os untados ataa trinta dias, que os non soterravam; e porem guardarom o corpo de Jacob ataa sateenta dias, os trinta segundo o custume dos Judeus, e os quareenta segundo o custume do Egito;* ***mais*** *os fiees Christãaos dizem que os seus mortos som untados de fé e virtudes, e trinta dias os choram, quer dezer, que fazem orações, e dizem Missas ataa trinta dias.*

(152) [14 CGE] *A oytava batalha foy cõ Claudyo Marcelo, consul de Roma, como quer que Anybal nõ foy hi pello corpo.* ***Mas*** *foy hi sua hoste e foy hy vençuda a hoste de Anybal.*

(153) [14 LA] [...] *quẽ deu ao galo entẽdimento? Come se dissesse: as obras que o galo faz, por que son tã certas que nũca sse errã, assi come se fossẽ feytas d'algũa creatura que entẽdimento ouvesse? Faz a Escritura demanda [nõ] pera dar a entẽder que o galo aja entẽdimento,* ***mais*** *porque as obras que faz nũca as erra e tã certas sõ come se as fezesse algũa creatura que entẽdimento ouvesse.*

(154) [15 CDF] – *Amigos, disse elle, nom curees da bamdeira, que he huum pouco de pano que se vai,* ***mas*** *curaae do meu corpo que aqui está, em que devees teer moor esforço que neela.*

Em (151), a adversidade que *mas* ajuda a estabelecer decorre de uma sinalização de diferença entre os costumes tradicionalmente adotados por judeus e por cristãos, no que concerne aos mortos. Diferentemente, em (152), a manobra adversativa decorre de uma contraposição, em que o exército estava presente, mas não seu comandante. Os exemplos (153) e (154), ainda que representativos de sincronias distintas, são ambos fundados na refutação de uma informação, seguida de correção, com consequente destaque da informação comunicativamente mais saliente do segundo membro da construção.

Considerando que *mas* é a conjunção adversativa por excelência (Neves, 2006; Pezatti e Longhin-Thomazi, 2008) e considerando também que, no terreno das adversativas, há itens de classificação fluida, que tangenciam mais de uma categoria, decidimos, como recurso analítico, apelar à noção de categorização prototípica, que pressupõe o reconhecimento de membros mais e menos representativos de uma categoria. Assim, a partir da análise das construções com *mas*, elencamos traços (ainda que a série não seja exaustiva) de ordem sintático-semântica que ora dizem respeito ao próprio juntor, ora aos demais aspectos da construção, sendo, portanto, traços relevantes que participam da caracterização geral de um protótipo de construção adversativa, o qual irá nortear, pelo menos em parte, a descrição das demais construções adversativas:

1. o juntor ocupa posição inicial na unidade em que ocorre;
2. o juntor não admite anteposição de outro juntor;
3. o juntor pode articular unidades de dimensões várias: sintagmas, orações simples e complexas, porções maiores de texto;
4. a construção é estritamente binária;
5. a ordem das unidades é fixa;
6. a construção veicula relações semântico-pragmáticas de adversidade.

Os traços (1) e (2), que são complementares, dizem respeito à propriedade do juntor de não aceitar a coocorrência com outro item linguístico de mesma categoria. O traço (3) se refere ao fato de que a articulação pode se dar entre unidades de dimensões variáveis, que envolvem desde sintagmas até porções de texto, conforme (155)-(156) e (158)-(159). Esse traço reforça o pressuposto de que a coordenação consiste em um mecanismo semântico-discursivo que excede os esquemas da sintaxe e que tem papel relevante na organização do próprio texto (Neves, 2006). Os traços (4), (5) e (6) estão estreitamente relacionados: dada a relação de adversidade, sustentada por manobras de fundo semântico-pragmático, em que o conteúdo do segundo membro é o responsável por gerar oposição ou quebra de expectativas com relação ao conteúdo do primeiro membro, a ordem rígida e o binarismo da construção são constitutivos. As ocorrências (160), (161), (162) e (157), todas do PB, ilustram, respectivamente, algumas das nuanças da relação de adversidade, a saber: compensação, restrição, diferença, contra-argumentação.

(155) [19,2 CR SP] *A nossa pouca saúde nos tem privado de cumprir religiosamente como era dever nosso, e desejavamos, a promessa, que fizemos de dar a historia da Sessão do Corpo Legislativo d'este prezente anno,* ***mas*** *logo que o possamos fazer o faremos.* Articulação de oração complexa.

(156) [19,1 CL SP] *O meu azedume é contra o estilo conciso com que Sua Excelência fez as suas des- pedidas. E como póde qualquer saber se na alta mente de Sua Excelência foi ou não incluido entre as pessoas que tem direito a semelhante obsequio? como hão-de saber se este direito se comprava com uma só visita a Sua Excelência? ou com a frequencia em sua casa? ou finalmente com testemunhas do mais abjecto servilismo? Se ao menos Sua Excelência? tivesse especificado = todas as pessoas que tiverem a graduação de tal posto para cima, e todos aquelles não militares (vulgo*

paizanos) que rodarem com estas altas patentes, ja cada-um poderia fazer juizo, e dizer = Eu fui incluido = Fuão não foi = Beltrão seria ou não e nas conversações teria alguns dados para agitar esta questão. ***Mas*** *assim tão genericamente, Senhor Redactor, é o mesmo que não querer obrigar a ninguem.* Articulação de porções textuais.

(157) [19,2 CL SP] *E será isto verdade, Senhor Redactor? não sei, mas o povo nomêa esses atravessadores, e a sua fama é pública Que providencias terá dado a Camara? ouvi dizer, que accordou que se levantasse o preço da carne a 960 réis;* ***mas*** *que isto não foi bastante, porque os atravessadores, que eu reputo criminosissimos estão a impor tacitamente condições a um povo inteiro, e ás auctoridades, a quem incumbe zelar dos direitos d'esse mesmo povo?* Contra-argumentação.

(158) [20,2 CL SP] *Repito, com o eminente magistrado, uma "verdade sabida e quase sempre desprezada" – O que o Estado faz pela Magistratura não entra na categoria de gastos,* ***mas*** *de investimentos".* Articulação de sintagmas.

(159) [20,1 CP SP] *O autor mandou-te por meu intermédio (10). Recebi as tuas cartas e os recortes. Muito bom o do conde. Hei de transcrever na Revista os melhores. Por aqui já se vende alguma coisa,* ***mas*** *a saída grande há de ser no Rio. Se pilhas um bom artigo no Estado, como aquêle do Oliveira Lima, era ótimo.* Articulação de oração simples.

(160) [20,2 CL SP] *E não tem um livro do Érico Veríssimo com esse título? Com todo o respeito pelo pessoal da agência da Gradiente, cujo nível de criação é dos melhores do nosso mercado, eu arriscaria um palpite, de colega para colega. Será que "O resto é silêncio" é a melhor forma para a propaganda de aparelhos de som? Talvez fosse mais adequado e mais competitivo, mais real, dizer "O resto é ruído" ou "O resto é chiado". Afinal, a concorrência pode ter seus hisses, wows, hums e outros defeitos do gênero,* ***mas*** *toca, sempre faz seu barulhinho. Também não me parece conveniente que a agência publique o anúncio de gozação, reproduzindo todas as peças que usaram "O resto é ...".* Compensação.

(161) [20,1 CP SP] *A* Revista do Brasil *deseja ardentemente vê-lo entre os seus colaboradores. Ninho de medalhões e perobas, ela chama por gente interessante, que dê coisas que caiam no gôto do público. E Lima Barreto, mais do que nenhum outro, possui o segredo de bem ver o melhor dizer, sem nenhuma dessas preocupaçõezinhas de toilette gramatical que inutiliza metade de nossos autores. Queremos contos, romances, o diabo,* ***mas*** *à moda do* Policarpo Quaresma, *da* Bruzundanga, *etc. a confraria é pobre, mas paga.* Restrição.

(162) [20,1 CP SP] *Aguardo com verdadeira ansiedade o teu novo trabalho. Escreve como Balzac,* ***mas*** *no teu feitio, uma série de romances sôbre a vida da cidade.* Diferença.

Construções adversativas com *porém*

Gramáticas históricas (Ali, 1964; Coutinho, 1972; Câmara Jr., 1976) e dicionários etimológicos e glossários da língua portuguesa (Cunha, 1986; Machado Filho, 2013) são unânimes ao reconhecer que o português arcaico fez uso da locução prepositiva *porende* e de sua forma abreviada *poren*, ambas filiadas ao advérbio latino *proinde*[4] (< *per īnde*). Da fonte adverbial latina, *poren~porende* preservou o sentido de explicação/conclusão (*por causa disso, por isso*). Ali (1964: 187), em particular, afirma que "*o uso geral deu preferência ao termo mais curto, de modo que porende, cada vez mais raro, acabou por extinguir-se, ficando desconhecido no português moderno*". Ali (1964) afirma ainda que *poren* sofreu transformações semânticas, nas quais gradativamente deixou de veicular explicação ou conclusão e passou a estabelecer oposição de ideias, tornando-se, mais tarde, uma conjunção adversativa. Nesse processo de mudança, estão claros os sentidos fonte e alvo, mas o vínculo entre eles não é evidente. Desse modo, o desafio maior repousa na compreensão desse trânsito de sentidos que parte do domínio da causalidade.

Mattos e Silva (1984) analisa os processos de alteração semântica sofridos por *pero* e *poren* na fase arcaica do português, mostrando que, embora ambos compartilhem o valor etimológico conclusivo-explicativo, e tenham adquirido com o tempo o valor adversativo, tais processos não se deram simultaneamente. Partindo do exame dos contextos de uso desses itens, a autora constatou que, no caso de *pero*, houve um rápido avanço do valor adversativo, que suplantou o valor explicativo. Por volta do século XV, também desapareceu o valor adversativo: *pero* é hoje, em português, um arcaísmo. Já a trajetória de *poren* é parcialmente diferente. A princípio, o item mostra um caráter mais estável, como conclusivo-explicativo, e só mais tarde assimila o valor adversativo que persiste até hoje.

Dos contextos que teriam favorecido o trânsito de um sentido conclusivo-explicativo para aquele de adversidade, destacamos, segundo nossos dados, o papel de *poren* como correlativo enfático. Com base em dados do PE arcaico, verificamos que *poren* atuava como advérbio que comumente enfatizava construções do domínio da causalidade, contexto de uso compatível com seu significado fonte conclusivo-explicativo, conforme ilustra a ocorrência em (163), em que *poren* é correlato enfático de *porque*:

(163) [14 CGE] *Contado avemos ja ẽ os prymeiros cadernos deste livro, onde falla das poboaçõoes das terras, como e por que razõ foy chamado Portugal. Mas, por que os que leessem ẽ este logar e nõ em aquelle outro ficariam dovidosos,* ***porẽ*** *queremos aqui dizer algũa cousa como foy achado este nome.*

Mais relevantes, contudo, são os contextos em que *poren* generaliza analogicamente a função de correlativo enfático e passa a figurar como correlato não de uma construção causal, mas de uma concessiva. Esse é o caso de (164), em que *poren* é ambíguo, prestando-se a uma leitura causal/explicativa (*por isso*) e também a uma leitura adversativa (*apesar disso*), inovadora naquele período. A leitura adversativa, em (164), é fortemente sugerida pelo contexto contrastivo mobilizado pela concessiva com *posto que* que, aliada à negação explícita, promove a frustração de uma sequência causa-efeito, que habilita uma inferência de adversidade entre uma causa e a negação do seu efeito esperado.

(164) [14 OE] *E dise-lhe o tirãno que, se nõ cessasse de chamar o nome de Jhesu, que lhe mãdaria talhar a língua, e dise-lhe Sancto Ignácio: Posto que me talhes a língua, nõ cessarey* ***poren*** *de chamar o nome de Jhesu, porque o tenho scripto emno meu coraçom.*

Em usos mais recentes, circunscritos ao PB, *porém* só admite leitura adversativa, e esta se especializa em nuanças várias, podendo envolver uma marcação de diferença entre eventos ou entre entidades, conforme (165), (166) e (168), e uma contra-argumentação às conclusões obtidas a partir do primeiro membro da construção, conforme (167):

(165) [18,2 CO RJ] *Todas as diferenças, e disputas saõ prohibidas sob pena de rigoroza prizam, mas se succeder a qualquer Soldado ferir o seu Camarada atraiçaõ será condemnado ao carrinho perpetuamente, ou castigado com pena de morte conforme as circunstancias;* ***porem*** *aquelle que matar o seu Camarada, ou qualquer outro á traiçaõ, sera punido Compena de morte sem remissam.*

(166) [19,2 CL RJ] *Olhe do Papagaio não terão que dizer, porque he animal de boa memoria, e dá bem a ver que estudou com proveito, pois se explica como gente, e a natureza o dotou de lingua propria para isso:* ***porém*** *o Macaco só tem aprendido a fazer mogigangas.*

(167) [19,2 CP SP] *A casa Numero 94 deve vagar por estes dias,* ***porém*** *já arrangei inquilino para a mesma.*

(168) [20,1 CP RJ] *A Inglaterra em todas as suas grandes cidades, mantem mais de uma fabrica de gaz; o mesmo acontece na Allemanha, Austria, Italia, e Estados Unidos; no Brasil,* ***porem****, onde se põe de lado a previdencia, as cousas se passam de outro modo, porque tudo se espera da divina providencia.*

Mas, se houve, por um lado, um processo de mudança semântico-pragmática em direção à codificação de adversidade, por outro, não se efetivou um processo completo de mudança categorial, e *porém* ainda preserva traços da fonte adverbial, atuando como um juntor não prototípico, capaz de coocorrer com *mas*, conforme (169), capaz de figurar em várias fronteiras de constituintes, ora encabeçando o segundo membro da construção, conforme (170), ora em posições flutuantes dentro do predicado, conforme (171) e (172):

(169) [19,2 CL SP] *Diz-me um dos meus filhos, o Quincas - que anda na escola e já entende de virgulas, que esta careza é por via desses atravessadores. Não sei que historia é essa lá,* ***mas porém*** *seja como fôr eu não sei com que malevolencia se ha de agora atravessar o feijão.*

(170) [19,2 CP SP] *Mamãe esteve 3 dias no Guarujá,* ***porem*** *foi infeliz pois que logo que lá chegou cahio doente,* ***porém*** *agora está bôa.*

(171) [19,2 CP SP] *Como brevemente entrarei na oral que me falta, vim antes para ver se havia alguma diferença e estar prevenido para o que désse e viésse, sendo* ***porem*** *os exames de agora a mesma cousa que as do fim do anno, deixei-me estar porque já estou amollado de tanto ler a mesma cousa.*

(172) [19,1 CL RJ] *O Jumento da rossa era melhor, que por lá deixasse estar, sem nos vir zurrar, á cidade com tanto encommodo; se quizer* ***porem*** *dar coices, sim pode dar quantos quizer; visto que hão de ser no vento.*

Construções adversativas com *contudo*

O emprego juntivo de *contudo* surge, no PE arcaico, a partir da reanálise entre itens já disponíveis na língua: a preposição *com* e o pronome *tudo*. O ponto de partida parece ter sido a expressão adverbial[5] *cõ todo esso/esto*, encapsuladora, no sentido de que engloba anaforicamente uma porção extensa de informação, ligando-a à porção subsequente, conforme exemplifica (173), em que a leitura de *cõ todo esto* é ainda composicional e *todo esto* se refere ao fato, relatado no contexto prévio, de ter conquistado e povoado vários territórios.

(173) [14 CGE] *E tolheulhes aquelle ãno o pã e o vynho e todollos outros fruytos e assy todallas outras terras em redor; e esto lhes fez quatro annos hũu empos outro. E, por que elle tiinha ja ẽ termo de Tolledo aquelles logares que dissemos, começou de pobrar ẽ na Estremadura as villas que estavã hermas. E as villas forõ estas: Sallamãca, Avilla, Medyna del Campo, Olmedo, e Hiscar, e Quelhar, e Segoyva, e Sopulvega. E,* ***cõ todo esto****, cada dia lhes fazia a guerra.*

Desse ponto de vista, a **foricidade**, um dos pilares da junção (Raible, 2001), está na origem da constituição histórica de *contudo* enquanto juntor. Mas há um detalhe importante: pela foricidade da expressão dá-se a junção de orações que remetem a situações que, em alguma dimensão, são avaliadas como conflitantes. Em (173), o primeiro segmento comporta informações suficientes para sustentar, com base nas expectativas acerca do mundo, o fim das guerras, afinal, foram anos de destruição e de conquistas de territórios e não foram poucos os territórios povoados. No contexto de (173), esses argumentos, retomados e encapsulados na expressão *cõ todo esto,* não têm efeito, pois *a guerra é feita a cada dia*. Em outras palavras, a expressão anafórica *cõ todo esto* está no centro de um conflito, construído linguisticamente por meio de uma manobra concessiva, com evocação e frustração de expectativas. Esse contexto tipicamente dialógico, no sentido de abrigar mais de um ponto de vista ou expectativa, parece ter sido o gatilho para a constituição do sentido adversativo de *contudo.*

A transparência semântica de *com todo esso* foi sendo perdida, ao mesmo tempo em que se processou o desuso de *esso/esto* e a justaposição de *com* e *tudo*, ainda que a escrita tenha demorado a consolidar a composição, sendo comum a grafia segmentada até nos documentos do século XIX.

Os dados da fase clássica da língua portuguesa trazem indícios de que a expressão fórica *com tudo* tinha emprego frequente em dois tipos de contextos: como advérbio enfático posposto à conjunção adversativa *mas* e como correlato enfático de oração concessiva, conforme, respectivamente, as ocorrências em (174) e (175), extraídas do PE. Em ambos os casos, há o envolvimento de *com tudo* com contextos contrastivos, à semelhança de (173) acima. Essa informação é relevante da perspectiva de mudança linguística da qual nos aproximamos, em que o contexto tem papel primordial no gatilho e na condução da mudança (Traugott e Dasher, 2002). Em (174), *com tudo* reforça a ressalva sinalizada por *mas*, e, em (175), reforça a contrariedade instaurada por *posto que*, a saber, de um lado, o desejo de não ser visto e, de outro, a recepção e companhia até a câmara do rei.

(174) [16 CSD] *Se neſta terra vuira os ſimples q ha na voſſa terra de Europa, eu vos tirara deſta duuida,* ***mas com tudo*** *vos direy ho que neſte caſo ſoube neſta India: porque eſtes modernos eſcritores dezião nã ſe poder fazer ha tiriaca por falta de amomum.*

(175) [16 CDM] *Ho dia q dom George cheguou a Monte mòr, posto que fosse com tanta tristeza, quanta se bem pode crer que elle teria, & viesse mais desejoso de nam ser visto, que de ho verem,* ***cõ tudo*** *hos mais dos prelados, senhores, & fidalguos que ali estauam ho foram reçeber, & ho acompanharam atte camara onde ho elRei estaua sperando.*

Em dados mais recentes, extraídos de textos do PB, constatamos a coexistência de usos mais e menos transparentes de *com tudo~comtudo*. Há usos absolutamente transparentes, que constituem índices da suposta origem histórica de *contudo* como, por exemplo, a expressão fórica *com tudo isso* empregada em contextos de conflito, conforme (176). Há também usos como correlato enfático de concessivas, conforme (177) e (178), em que o sentido de adversidade é fortemente dependente do contexto de concessão; há casos em que coocorre com *e* e estabelece uma articulação entre termos, conforme (179); e há ainda usos que se aproximam do estatuto de conjunção adversativa, conforme (180), nos quais *contudo* encabeça o segundo membro da construção e estabelece nuanças variadas de adversidade, sem necessitar da sustentação de correlatos contextuais concessivos. Nesse caso, o sentido está convencionalizado em *contudo*.

(176) [19,2 PPA RJ] *Quel vós sois homem e choraes? Eu não tenho menos « motivos do que vós, para me affiigir, sou mãi de família, vou separar-me para sempre de meus filhos, tenho aqui meu pai, minha mãi, e minha irmã, que vão soffrera mesma sorte, e* ***com tudo isso*** *não me afflijo com um acontecimento, que me reuue para sempre "a elles, e que nos leva á uma habitação, ondo viveremos juntos para não nos "apartarmos nunca".*

(177) [19,2 PPA RJ] *Ainda que os costumes européos, no assumpto da castidade, não sejam dos mais regulares,* ***com tudo*** *não tem ainda chegado ao ponto de que uma rapariga namoradeira e uma mulher libertina não sejam desprezadas por todos àquelles, que não são complices de seus desregramentos.*

(178) [19,1 CR SP] *Recebemos uma 2ª correspondencia do Senhor Soldado da bicha dirigida unicamente contra o Senhor Desapaixonado que a pesar de ser concebida em termos assaz decentes, e de fazer justiça ao Senhor Governador das Armas d'esta Provincia, não inserimos* ***comtudo****, por naõ gostarmos de que as questões vaõ adiante em a nossa folha.*

(179) [19,2 MMV RJ] *Herva branda e* ***comtudo*** *adstringente, usada no interior de Minas contra os embaraços de ventre e a dyspepcia.*

(180) [20,1 CP RJ] [...] *vejo-me agora na dura necessidade de recorrer a emprestimos para poder me manter na posição a que estava acostumado, meo cunhado que muito me deve nada me tem dado, o negocio do M. pasado, pelo estado das cousas, um outro recebimento que tinha do Nasareth, tambem sem receber, como pois, me mover e muito menos faser uma viagem, sem contar com recursos, seria collocar-me ainda em circunstancias precarias, eis pois a minha situação, meo melhor amigo ausente, avalie agora os meos sofrimentos,* ***contudo*** *não esmoreço continuo a trabalhar, afim de conseguir pôr-me em condições que possa mover-me.*

Construções adversativas com *entretanto*

O uso juntivo de *entretanto* decorre da combinação da preposição *entre* com o pronome *tanto*. Juntos constituem a expressão adverbial *entre tanto*, cujo sentido original se refere à coexistência de algo no tempo, sendo parafraseável por *entre tantas coisas, entrementes, nesse meio tempo, enquanto isso sucede* (Cunha, 1986). Trata-se de mais um caso de junção adverbial, de base pronominal, que conecta semanticamente por meio de referência. O sentido original se aproxima da soma dos significados das partes componentes: a espaço-temporalidade medial de *entre* somada à referenciação anafórica encapsuladora de *tanto* (o encapsulamento anafórico é traço partilhado com *contudo*, descrito anteriormente) para sinalizar que algo ocorre simultaneamente a outros eventos.

Nos dados do PE do século XV prevalece o sentido de tempo simultâneo. Como exemplificado em (181), a construção indicia que dois eventos se passam no mesmo intervalo de tempo. Nessa ocorrência, em que *entretanto* coocorre com *e*, não há leituras de contraste.

(181) [15 CTC] *E porem vos vos hy pera vossas casas e cada hum em sua parte consire quaaesquer duuidas que se possam seguir açerqua de seruiço de nosso Senhor Deos. e* ***entre tanto*** *mandarey chamar meu confessor e assi outros alguũs letrados e falarey com elles toda a ordenança deste feito.*

Já na documentação dos séculos XVII e XVIII, ainda do PE, o sentido de tempo concomitante de *entre tanto* passa a conviver com inferência de adversidade, em contextos em que a concomitância é permeada por algum tipo de incompatibilidade ou contrariedade entre pessoas, fatos ou situações. Esse é o caso das ocorrências em (182) e (183). Em (182), há um contexto de concessão, com a indicação de um obstáculo natural que, embora represente dificuldade, não é suficiente para impedir uma ação. Nesse contexto, interpretamos *entre tanto* – ainda representado graficamente com o espaço em branco – como um correlato enfático da concessiva. Equivalendo a *em meio a todas essas coisas*, *entre tanto* tem potencial para retomar todo o conteúdo prévio e acenar, projetivamente, para o conteúdo subsequente, informacionalmente relevante. Em (183), a contrariedade é mais evidente no contexto linguístico, sobretudo em razão da negativa explícita. Nesse caso, *entretanto* participa da junção entre *juízes infalíveis* e *seus erros notórios em todo mundo*, reforçando a adversidade.

(182) [17 FLS] *Era já bom latino: acudia lhe o Senhor com santas inspiraçoes: & estava resoluto em buscar a Deos na Religião: detinhao sòmente hum pejo natural de acometer por si tamanho negocio:* ***entre tanto*** *continuava cõ grande affeição no nosso Convẽto, & cõ os Religiosos.*

(183) [18 NA] *Deſte modo hũa obediencia cega forçadamente he impoſta na ditta Igreja a o povo, e nella taes ſaõ louvados por bons Chriſtaõs, que aſſim ſem examinaçaõ algũa daõ credito a tudo o que a Igreja cré; ao qual credito cego os Padres Romanos chamaõ a Fè, perſuadindo muy abſurdamente a ſeus ignorantes Chriſtaõs, que os Papas com ſeus Concilios ſaõ Juizes infalliveis, inſpirados do Eſpirito Santo, e que elles em ſeus decretos naõ podem errar, ſendo* ***entre tanto*** *ſeus groſſos erros delles notorios em todo o mundo.*

Em dados do PB, extraídos dos séculos XIX a XXI, a presença de *entretanto* no segundo membro da construção é índice de adversidade, estando seu sentido original temporal já bastante opaco. A ocorrência em (184) é uma evidência dessa opacidade, pois o sentido de *enquanto isso sucede*, que está na origem de *entretanto,* é incompatível com o sentido da locução *logo depois* (tempo posterior imediato) que coocorre com esse juntor. A exceção fica restrita às construções perifrásticas com *entretanto que*, conforme (185), que preservam ainda o sentido de coexistência temporal juntamente com a acepção adversativa (Ali, 1964; Houaiss, 2001).[6]

(184) [19,2 CL SP] *Mas, quando fiz tal pagamento, alleguei que tinha de mudar-me d'aquelle predio e combinamos por eu o sublocar para minha couta:* ***entretanto*** *logo depois disse-me elle que já estava comprometido com alguem sobre a dita casa, mas que me repunha os 300$000, cujas palavras foram ou- vidas por pessoas dignas desta capital. Parece incrível!*

(185) [19,2 CL SP] *Na rua do Imperador igualmente existe um Eden bem semelhante ao de que acima fallamos; reside ali n'uma taberna um allemão que assentou, por mais commodidade, dever fazer na rua o despejo de tudo quanto lhe encommodasse em casa, e mais ainda a estribaria de seu cavalo, de sorte que não é possivel achar-se esse lugar em peior estado de immundicie e porcaria.* ***Entretanto que*** *estas e outras muitas cousas vê todo mundo, os Senhores fiscaes não as enxergão; assentão de suas casas, cuidando de seus negocios, podem fiscalizar a cidade!*

Como índice de adversidade, *entretanto* atua como reforço de *mas*, conforme (186), mas, em outros casos, ele é a única marca. Em (187), (188) e (189), as orações envolvidas apontam para conclusões distintas, gerando contrariedade. Portanto, a relação de adversidade já está presente e o juntor é uma pista a mais dessa adversidade. O que se ganha com a inserção de *entretanto,* ou de outros juntores adversativos, nesses contextos, é a indicação explícita, para o interlocutor, de que o segundo membro da construção traz uma informação que, de algum modo, quebra expectativas. Além disso, as ocorrências de (186) a (189) permitem entrever, do ponto de vista morfossintático, o caráter ainda adverbial de *entretanto,* que se revela sobretudo na ordem variável dentro do segundo membro.

(186) [18,1 CAP SP] *Em consequencia da Directoria dos Indios e nova Aldea de Quelúz de que Vossa Excelencia fes me a honra encarregar por Portaria de 28 de outubro de 1808, vou por na respeitavel prezenca de Vossa Excelencia o estado de aumento em que axei a mesma Aldea pella disperçaõ de alguns Indios que por faltas de provisoens, ou mesmo por inertes, e preguiçozos, e pouco amantes de sugeiçaõ se subtrahiraõ ao trabalho, desempararaão a Povoaçaõ,* ***mas entretanto*** *procurei todos os meios suaves, e grangeantes para os reunir, e empregallos nos trabalhos de que necescitaõ.*

(187) [19,2 CP SP] *As pernas estão se fortalecendo, não sendo* ***entretanto*** *provavel que elle consiga andar ainda este mez.*

(188) [19,1 CL SP] *[...] acha-se aquella estrada no mais deploravel estado; pontes cahidas, pantanos, caldeirões, é o que n'ella se observa;* ***entretanto*** *Sua Excelência o Senhor Presidente parece que nem ao menos sabe, que tal é o estado d'essa estrada, por onde diariamente tantas tropas transitão!*

(189) [20,2 CL SP] *O sistema bancário brasileiro tem um desempenho assimétrico. De um lado, tem um sistema de pagamentos moderno e eficiente, comparável aos melhores do mundo.* ***Entretanto****, tem um desempenho fraco na questão do crédito. Sua relação crédito/PIB é baixa quando comparada com outros países.*

Construções adversativas com *todavia*

O uso juntivo de *todavia* é proveniente da reanálise do sintagma nominal latino *tota via* em expressão adverbial, anafórica, cuja significação *em todo caminho* (Magne, 1944) era fortemente fundada na soma dos significados das partes do sintagma. Em português arcaico, o significado espacial de *via* já estava enfraquecido e *todavia* atuava como advérbio tempo-modal, no sentido de *de toda maneira, constantemente, sempre*. O valor adversativo é mais tardio, e parece ter emergido por volta do século XV (Magne, 1944; Nascentes, 1955).

Na documentação do PE arcaico, *todavia* é advérbio modo-temporal, conforme (190). Confirmando expectativas, traços de adversidade só aparecem nos dados do século XV. Nesse período, a leitura de adversidade não é inerente a *todavia*, mas é sustentada por dois tipos de contexto. No primeiro, *todavia* funciona como advérbio correlativo enfático de uma construção concessiva, conforme (191), no segundo, *todavia* coocorre com a conjunção adversativa *mas*, em função típica de reforço, conforme (192).

(190) [14 DSG] *E Galvam, que estava ante el-rei em giolhos,* ***todavia*** *rogava-lhe por Deus e por misericordia que lhe perdoasse sa morte.*

(191) [15 LO] [...] *<u>ainda que</u> fosse huũ pouco alevantado,* ***todavia*** *era doce, em tal guisa que bem o poderias conhecer por dicipolo de Theofrasto.*

(192) [15 LO] *Como assi seja que em duas maneiras se faça a alguem enjuria: hũa per engano, e outra per força, o engano perteece aa rraposa, e a força ao liom, e cadahũa delas he muy estranha da natureza do homem.* ***Mas todavia*** *o engano he mais digno de sseer avorrecido.*

Os usos adverbiais anafóricos enfáticos de *todavia* continuam coexistindo com os usos adverbiais tempo-modais. Nas ocorrências de (193) a (195), ainda do PE, a inserção de *todavia* no segundo membro da construção, que traz alguma circunstância conflituosa, aponta para nuanças adversativas de ressalva, indiciando a constituição incipiente da adversidade:

(193) [16 CSD] *Tirayme de hũa duuida, ſe as meezinhas que leuam Alloes, ſe ham de tomar em jejuum, ſe ſobre comer, e ſe ſobre comer, ſe tardara muyto ho cibo ſobre ellas. Nam me pergunteis iſſo pois ho ſabeis là milhor todos q eu qua hũ ſoo.* ***Toda via*** *qro voſſo parecer e ſaber a pratica q vſais.*

(194) [16 HSC] *Eſte he o mantimento a que chamão farinha de pao, com que os moradores & gentio deſta prouincia ſe mantem. Ha* ***todauia*** *farinha de duas maneiras: hũa ſe chama de guerra, & outra fresca.*

(195) [16 HSC] *Iunto dellas auia muitos Indios, quando os Portugueſes começaram de as pouoar: mas porque os mesmos Indios ſe leuantauam contra elles & faziam lhes muitas treições, os gouernadores & capitães da terra diſtruiramnos pouco a pouco & mataram muitos delles: outros fugiram pera o ſertão, & aſsi ficou a terra deſoccupada de gentio ao longo das pouoações. Algũas aldeas deſtes Indios ficáram* ***todauia*** *orredor dellas, que ſam de paz & amigos dos Portugueſes que habitam eſtas capitanias.*

Nos dados do PB, a acepção de *todavia* é sempre adversativa. Há casos em que o juntor continua envolvido em construções correlativas enfáticas, como em (196) e (197), mas também há outros contextos em que é empregado sozinho para sinalização de adversidade, podendo ocupar várias fronteiras de constituintes, o que denuncia seu estatuto misto de advérbio juntivo, como em (198) e (199).

(196) [17 STC] *e q as palavras ditas com ira, nam eram de tanta injuria, como as queriam fazer, nem elle desesperava de lhas El Rey emmendar a todos com grandes favores, e mercês; mas ainda q~ o mestre de Campo tratasse do negocio por estes termos,* ***todavia****, dentro em seu animo, estava gravissimamente magoado, e querendo valer ao soldado.*

(197) [19,1 CR SP] *Desejaramos alèm d'isto que a nossa Folha não fosse o meio de manter a desavença em parte alguma da Provincia, e por tanto ainda que a imparcialidade com que escrevemos nos obrigue por agora a admitir o desafogo do Senhor Ouvidor,* ***todavia*** *esperamos que para o futuro os Senhores que acharem lesada a sua reputação, recorrão de preferencia aos meios que a lei outorga, e não nos considerem obrigados a inserir tudo quanto quizerem escrever.*

(198) [19,1 CP SP] [...] *assim pois meo compadre nesta intiligenca fassa o que puder a respeito: e quanto ao [ ], a carta que elle me pedio só tenha por fim que meo Compadre lhe facilitace meios de justificar-se com o Senhor Paulo Soza, sem* ***todavia*** *pretender reintegração se quando me disse.*

(199) [19,1 RNG RJ] *O estado das finanças do Paiz não tolerão que se emprehendão obras que não sejão da mais urgente necessidade: fôra por isso ocioso informar-vos do estado de ruina em que se achão os poucos Quarteis que temos, ou antes que quasi nenhuns existem que mereção este nome:* ***todavia*** *he impossivel manter a disciplina sem aquartelamentos adequados, e esta necessidade he mais sensivel na Capital do Imperio.*

O exame dos textos que constituem o *corpus* sugere que a opção por *todavia* no quadro dos juntores adversativos é sensível ao gênero textual, ficando restrito àqueles gêneros com grau maior de formalidade. No material referente aos séculos XX e XXI, instâncias de *todavia* foram frequentes, por exemplo, em textos do universo jurídico, de que (200) é exemplar, mas não nos inquéritos de enunciação falada. Em (200), *todavia* encabeça o segundo membro da construção, articulando porções discursivas, excedendo assim os limites da sintaxe da oração.

(200) [20,2 RFD SP] *Diferentemente da regra aplicável no quadro do direito de autor, conviria estabelecer o princípio da liceidade da exploração, sob uma forma modificada, das obras que não são mais protegidas pelo direito de autor.* ***Todavia****, estas modificações devem satisfazer a uma condição geral: a preservação da integridade da obra exige a da intenção, do sistema de representação e dos outros meios artísticos com a ajuda dos quais esta intenção deve e fazer sentir.*

Construções adversativas com *no entanto*

O advérbio juntivo *no entanto* é fruto de um processo de reanálise entre preposição (*em*) e o advérbio latino *intantum-entanto* (Ali, 1964; Cunha, 1986; Machado Filho, 2013). Textos representativos do PE arcaico trazem evidências de que o advérbio *entanto* era frequente para sinalização de um sentido temporal de simultaneidade, como em (201), caso em que admitia paráfrase com as expressões temporais *nesse meio tempo*, *nesse ínterim*.

(201) [14 BMP] *E depois que foy creçudo Sela, temeu-se Judas de o dar por marido a Tamar, e non lho dava.* ***Entanto*** *morreu a molher de Judas, e depois que se Judas confortou, foy hũu dia a trosquiar as ovelhas, e Tamar soube-o.*

Além do uso adverbial temporal, nos textos do PE arcaico e ainda do PE clássico também são comuns construções perifrásticas com *entanto* + *que*, de que as ocorrências de (202) a (204) são ilustrativas. Nesse padrão perifrástico, *em tanto que* estabelece um sentido de consecução, que mais tarde foi assumido por construções conjuncionais e correlativas com *tanto*, a saber, *tanto que* e *tanto... que*. Nos dados do PE, não verificamos índices da constituição da adversidade de *no entanto*, o que corrobora a posição de Houaiss (2001), de que o uso como "conjunção adversativa" é restrito ao PB.

(202) [14 CGE] *E, aos doze, começou este rey Ugerigo, que era aryano como seu padre, de atormentar os cristaãos que erã verdadeyros catolicos per toda a terra de Africa,* ***em tanto que*** *elle matou quatro mil e novecentos e vynte e seis cristaãos con muytos e desvairados tormentos.*

(203) [15 CDF] *Era muito graada e liberal a quaaesquer que lhe pediam;* ***em tanto que*** *numca a ella chegou pessoa por lhe demandar merçee, que dant'ella partisse com vaã esperamça.*

(204) [17 CS] *Vim eu cõ meu exercito ao tẽpo assinado, & estiue sobre ella, Janeiro, Feuereuro, Março, Abril, Maio, Junho, e quãdo chegamos a Julho, não tinhamos pão, nẽ q comer, fora de hũa pouca quãtidade,* ***em tãto, q*** *eu e meus soldados, ẽtrouxamos nossa bagagẽ, e com nossos criados, & caualgaduras, mandamos que encaminhasẽ a viagem pera a cidade de Lião.*

As ocorrências a seguir trazem dados do PB, provenientes de textos produzidos nos séculos XVIII, XIX e XX. O primeiro, em (205), ilustra o sentido fonte de simultaneidade temporal, enquanto os demais habilitam uma leitura adversativa e permitem apreender traços morfossintáticos constitutivos da construção. Em (206), *no entanto* atua como advérbio juntivo, contíguo à conjunção *e*, num contexto em que há contraposição de eventos. De modo similar, em (207), também o contexto linguístico alimenta a relação de adversidade, em que pares lexicais antagônicos (*o mesmo objeto* vs *objetos formais diferentes*) constroem explicitamente uma contraposição, por meio da marcação de uma diferença. Nesses dois casos, *no entanto* preserva o valor etimológico de simultaneidade temporal, ainda que mais opaco. O sentido de adversidade parece estar correlacionado à relação temporal ou, mais precisamente, à coexistência, no tempo, entre situações ou eventos discrepantes.

(205) [18,2 CO RJ] *Mandareis logo fazer huma Relaçaõ individual de todas, e cada huma das referidas Merces; declarandose nellas os titulos porque foram concedidos, os encargos; que pelos mesmos titulos lhe foram impostos, a importancia do Capital, e do Rendimento annual de cada huma das ditas Merces no estado presente; para Euâ vista destas claras informaçoens poder tomar a Resoluçaõ, que me parecer: Recolhendose* ***no em tanto*** *os rendimentos destes bens em hum segundo Cofre, similhante ao que deixo acima estabelecido, e com a mesma arrecadaçaõ, para delle se fazerem os pagamentos, que por Mim vos forem ordenados.*

(206) [19,1 CL SP] *julguei que minha tão justa quão razoavel advertencia produziria todo o effeito desejado; porém hoje soube que continuava no mesmo desleixo, dando Aula de 15, em 15 dias; outras vezes concedendo ainda maiores ferias, de maneira que o pequeno estudo (que ao meu ver, não é nem-um) dos meninos com umas tão longas, e continuadas ferias, ficão no mesmo estado como que nunca estudassem, e* ***no entanto*** *a soffredora Nação concorrendo com os 150:000 réis annuaes sem que d'elles provenha-lhe o menor bem. Parece isto abusar da bondade do publico, ou alias, julgar tão froxa a Auctoridade que deve velar sobre estes objectos, que não se receie resultado algum.*

(207) [20,2 RFD SP] *A diferenciação das ciências entre si pode ser feita não só pelo objeto material (o conjunto de seres ou de realidades sobre que incide) como, também, pelo objeto formal (o peculiar ponto de vista sob o qual analisam esse conjunto). Nestes termos, duas ciências podem ter o mesmo objeto material e,* ***no entanto****, objetos formais diferentes. É o caso, por exemplo, da História e da Política.*

A ocorrência em (208) é singular nos dados do PB, trata-se da perífrase *no entanto que*, de uso frequente no PE arcaico. Nessa ocorrência do século XIX, *no entanto que* participa do sentido adversativo juntamente com os demais correlatos contextuais. Nesse caso, o que está em jogo é o questionamento acerca de uma posição conflitante na qual as mulheres odeiam suas noras, ao mesmo tempo em que amam os genros. Em (209), que também envolve uma contraposição, temos uma ocorrência que ilustra o potencial das construções com *no entanto* na articulação de porções textuais maiores.

(208) [19,2 PPA RJ] *Como se explica com effeito, as mais odearem quasi sempre sua nora,* ***no entanto que*** *muitas vezes amam seu genro?*

(209) [20,2 CL SP] *O Rio de Janeiro é motivo de orgulho nacional. Há poucas cidades no mundo tão belas. Nenhuma com a harmonia impecável de praias, morros e florestas. Internamente, só para o Brasil, a importância do Rio é ainda maior. Ex-capital, sempre foi um centro irradiador, uma cidade decisiva para a política, a cultura, os costumes, para a História do Brasil. O jeito carioca de ser é imediatamente reconhecido. Talvez como nenhuma outra cidade brasileira, o Rio serve de síntese e símbolo do país. O Rio é o Brasil. Nos últimos anos,* ***no entanto****, toda a sorte de problemas nacionais, que se foram acumulando sem ser atacados, parece ter-se concentrado no Rio de Janeiro. Pobreza, recessão, falta de planejamento, migrações desordenadas, explosão populacional e a erosão dos serviços prestados pelo Estado são dificuldades brasileiras que, no Rio, tiveram um peso ainda maior.*

Construções adversativas com *senão (que)*

O juntor *senão* é fruto de um processo de mudança que levou o condicional *se* e o advérbio *não* a serem reanalisados como uma palavra gramatical (Cunha, 1986; Nascentes, 1955). Dessa reanálise resultaram pelo menos três padrões funcionais de junção, conforme (210) a (212). Embora os esquemas sintáticos não sejam os mesmos, já que (210) e (212) são conjuncionais e (211) é preposicional, a relação de adversidade é comum aos três padrões de *senão*.

(210) *Não recebeu elogios,* ***senão*** *(mas) críticas*

(211) *Todos,* ***senão*** *(exceto) o João, foram aprovados no concurso*

(212) *Coma,* ***senão*** *(ou/do contrário) ficará de castigo*

Nos dados do PE arcaico, *senão~senam~se nõ* funciona essencialmente para sinalizar uma exceção. Trata-se de um emprego preposicional em que *senão* se articula com uma oração não finita ou com um nome, conforme, respectivamente, as ocorrências em (213) e (214). Nesses casos, há uma estrutura que é recorrente, em que o primeiro membro da construção traz uma negativa explícita e o segundo membro, encabeçado por *senão*, acrescenta a exceção.

(213) [14 CGE] *Quando esto foy sabudo, todos ficarõ assi desconselhados que nõ sabyam aver outro acordo* ***se nõ*** *fugir aas fortes serras e despoboar as villas.*

(214) [14 CGE] *E nõ ficaron con el rei* ***se nõ*** *quatrocentos cavalleiros, seus vassallos, que elle avya ãte que o fezessen rey. E nõ ficaron na villa* ***se nõ*** *os velhos.*

Nesse mesmo período, identificamos um uso conjuncional perifrástico, *senão que*, conforme (215), que constitui uma construção adversativa do tipo exclusiva. Nesse caso, a construção parece preservar marcas de seu processo histórico de constituição, de modo que coexistem com a adversidade os significados de condição e de alternância, como indiciado pelas paráfrases (*senão que/do contrário/ou*). A interpretação composicional de *se* e *não* permite que *se,* no seu papel de condicional, mobilize uma hipótese, cuja negação (*se não defender a terra*) traz uma consequência desfavorável (*buscaremos quem defenda*). Trata-se, nessa instância, de uma condição necessária e, quando entendidas como necessárias, as condicionais disparam inferência de *exclusão*. Portanto, em (215), o traço de exclusividade que se depreende da condicional, em termos de condição necessária, dispara as leituras de alternância (*ou defendem a terra ou buscamos quem defenda*) e de contraste (*defenda a terra, do contrário buscamos quem defenda*). A exclusividade é, portanto, o elo entre os sentidos.

(215) [14 CGE] *[...] e elle nom se trabalhando de defender sua terra nẽ se sentindo do seu mal, ajuntaronsse todos e forom a elle e diseronlhe que ou elle defendesse a terra,* ***se nõ que*** *elles buscariam quẽ os defendesse.*

A partir do material do século XVI, verificamos o emprego de *senão* como conjunção adversativa, instaurando uma contraposição, o que corrobora os registros de Cunha (1986) acerca da emergência desse padrão conjuncional. É o caso da ocorrência em (216) a seguir, em que a adversidade se sustenta em uma manobra argumentativa de refutação e retificação. Estruturalmente, a construção apresenta um esquema sintático que se realiza com uma negação explícita no primeiro membro e uma correção, no segundo. É esse padrão juntivo de *senão* que predomina, por exemplo, nos sermões de padre Vieira, produzidos no século XVII, conforme (217) e (218):

(216) [16 CDM] [...] *& ho mesmo pedio aho Papa per suas cartas, sobelo que ho Cardeal. que e tudo desejaua seruir elRei, fez tanto, que lhe alcançou ho que pedia, ha qual graça não conçedeo ahos que ja eram commendadeores,* ***senam*** *ahos q dali por diante ho fossem.*

(217) [17 SS] *A definição do pregador he a vida, & o exemplo. Por isso Christo no Evangelho não o comparou ao semeador,* ***senaõ*** *ao que semea. Reparae. Não diz Christo: Sahio a semear o semeador,* ***senaõ****, sahio a semear o que semea.*

(218) [17 SMD] *Naõ dizem, esta palavra dita,* ***senaõ*** *esta palavra feita; e porisso consequentemente naõ disséraõ ouçamos,* ***senaõ*** *vejamos.*

Nos dados do PB, desconsiderando os usos preposicionais, verificamos que coexistem usos conjuncionais adversativos de *senão*, perifrástico e não perifrástico. No PB contemporâneo, contudo, as ocorrências são pouco frequentes e a decisão em favor dos esquemas conjuncionais com *senão/senão que*, em lugar de outras adversativas possíveis, parece sensível ao tipo textual e às condições gerais de produção dos textos. As construções com *senão que* introduzem uma exceção, conforme (222). Já as construções não perifrásticas seguem dois padrões diferenciados em forma e sentido: um padrão em que prevalece a manobra de refutação e retificação, com negação explícita no primeiro membro, como em (219) e (221), parafraseáveis por *mas*; o outro padrão envolve algum tipo de *ameaça* e realiza-se por meio de atos de fala, ficando evidente a atitude do locutor de impedir ou de instigar uma ação do outro, pela ênfase nas consequências negativas, conforme (220), parafraseável por *mas*. Nesse padrão, o segundo membro da construção, aquele que é evidenciado por *senão*, traz a informação comunicativa e pragmaticamente mais saliente, no contexto em questão.

(219) [18,1 CAP SP] *e com huá faca de ponta boa na maõ pi<o>s junto do Padre o que vendo Eu gritei lhe e o Padre entrou a Sella [a]buscar hu' faconete sem ponta, como se tem visto para Se defender; e a pegando tambem no Padre, naõ para que imaginaSse Eu offend[e]ria ao Indio como se colhe da boa Rezaõ,* ***Senaó*** *para que naó chegaSse o Indio a ofendello.*

(220) [18,2 TT] *Não, eu supponho que antes me querem tirar, do que dar. Ay, oh aquelles? Estejão quietos,* ***senaõ*** *eu grito. Aque delRey.*

(221) [20,2 RFD SP] *Conclui Goldschmidt seu pensamento esclarecendo que devem diferenciar-se as presunções legais das presunções naturais, cuja força probatória não repousa na Lei,* ***senão*** *nas normas da experiência.*

(222) [20,1 CP RJ] *Por aqui não há novidade,* ***senão que*** *a sua carta ao "Jornal de Noticias" tem sido muito comentada.*

Construções adversativas com *só que*

A perífrase *só que* é constituída a partir da reanálise entre o advérbio focalizador restritivo *só* e o complementizador *que*. Trata-se de mais uma instância da fórmula *x* + *que*, mecanismo de constituição de conjunções que, conforme referido anteriormente, era produtivo nas variedades vulgares de latim e hoje é generalizado nas línguas românicas.

Só que é uma criação relativamente recente no PB, as primeiras ocorrências só foram verificadas no material dos séculos XX e XXI, tanto em textos de enunciação escrita, como (223), quanto de enunciação falada, como (224).

(223) [20,2 RFD SP] *Em face disto, a disputa em casos pouco nemorosos é aberta. Na maior parte deles é semi-aberta. E nalguns é fechada. Mas sempre existe. Mudam-se os métodos e as técnicas contudo ocorre a disputa mesmo nos Estados totalitários, **só que** nestes a disputa é restrita aos membros de uma cúpula e não depende de votações formais e sim de intrigas e manobras, ou barganhas.*

(224) [20,2 CENSO RJ] *É o estrogonofe – do mesmo jeito que faz o estrogonofe. **Só que** em vez de você colocar o creme de leite, você coloca o requeijão.*

Nas construções com *só que*, temos a junção de dois enunciados sucessivos, em que o segundo é introduzido por intermédio do primeiro, para quebrar expectativas. Entendemos a "quebra de expectativas" como produto não só da incompatibilidade semântica existente entre dois segmentos, mas também da consideração de aspectos ligados ao contexto pragmático, que inclui avaliações, crenças e suposições dos locutores. O sentido de quebra de expectativas, no caso de *só que*, é particularizado segundo condições contextuais, do que resultam diferentes acepções adversativas (Longhin-Thomazi, 2003). Por exemplo, nas ocorrências em (223) e (224) acima, a quebra de expectativas se fundamenta em uma estratégia de marcação de diferença. A manobra argumentativa que subjaz essa estratégia consiste em uma generalização inicial, no caso de (223), ou em uma comparação por similaridade, no caso de (224), que é trazida pelo primeiro membro da construção. Na sequência, o enunciado encabeçado por *só que* quebra as expectativas geradas pelo enunciado prévio, por meio do acréscimo, exclusão ou permuta de parte de informação. Os exemplares em (225) e (226) também são representativos dessa manobra.

(225) [20,2 CL SP] *Os sintomas da chamada gripe australiana são semelhantes aos de qualquer outra – febre alta, dores por todo o corpo e mal-estar geral. **Só que** mais fortes.*

(226) [21,1 LPFSP] *eu digo que antes eu vinha pra USP às... sete... oito da manhã... voltava pra casa de noite... descanSAva ainda aniMAda pra fazer coisas... hoje eu continuo fazendo isso... **só que** eu volto pra casa tô cansada realmente entendeu?*

Em outros contextos, contudo, a quebra de expectativas mobilizada por *só que* é realizada por meio de uma *ressalva*, como em (227), de uma *contra-argumentação*, como em (228), ou envolve uma *refutação*, como em (229). Em todos os casos, *só que* preserva de algum modo um traço do advérbio fonte *só*, a saber, a propriedade de "pôr em foco". Nessa perspectiva, *só que* tem o estatuto de elemento gramatical que acrescenta uma circunstância nova, apresentando-a como sendo a única que se justifica adicionar; essa circunstância contrasta com tudo mais no tipo de conclusão que autoriza e é suficiente para tornar inválida uma generalização previamente considerada.

(227) [20,1 CP SP] *Fiquei contentíssimo de você e o Lúcio virem aqui, faremos a festa juntos, comeremos bom presunto.* ***Só que*** *veja si é possível me avisarem uns dois ou três dias antes da chegada, pra que eu disponha as coisas.*

(228) [21,1 LPFSP] *e:: o Rumo ... suspendeu as atividades em noventa e dois... daí:: eu continuei compondo... ::e lidando com música... usando o mesmo estilo (num é) como se estivesse continuando o Rumo...* ***só que*** *daí::... com outras ban::das .. gravando por conta própria e tal né...*

(229) [21,1 LPFSP] *o B. é um escritor... ele...ele REALmente é... o homem... em que a::...a linguagem é a morada do ser mesmo... ele é um escritor...* ***mas só que*** *ele é um poeta... ele é um escritor...( )... não é essa...essa bobagem de tecnicazinha... que a gente escre::ve... pra acerta::... e a proposição que junta com outra proposição...*

As ocorrências mencionadas anteriormente exemplificam mais uma propriedade das construções com *só que*: a possibilidade de articular termos, conforme (225); de articular orações simples, conforme (228); e até de articular orações complexas e porções maiores de texto, conforme (223), (227) e (229). A ocorrência em (229) sinaliza ainda a possibilidade de coocorrência de *só que* com *mas*, em que *mas*, sendo o juntor mais prototípico, necessariamente ocupa posição inicial.

Construções adversativas com *enquanto (que)*

Enquanto é fruto de uma reanálise entre a preposição *em* e o pronome *quanto,* do latim clássico *quantus/a/um* "quão grande, quão numeroso", do que resultou a expressão temporal *inquantum*, já comum nos textos latinos de Santo Agostinho (Nascentes, 1955: 175), o que evidencia a origem culta da palavra. No PE arcaico, *en quanto-em quanto-ẽ quanto,* ainda segmentado graficamente, apresentava valor conjuncional temporal, como no excerto em (230) a seguir:

(230) [14 CGE] *E, logo que foron percebidos, guysou el rey Teuderigo sua hoste e foysse pera Ytallya. Mas,* ***ẽ quanto*** *elle vay per seu caminho, torna a estoria a cõtar dos Suevos.*

No PB, *enquanto* atua como conjunção subordinativa temporal, com nuanças várias (*ao mesmo tempo em que; durante o tempo em que; até que; à medida que*) (Houaiss, 2001; Borba et al., 2004). Das relações abrigadas no macrossistema de tempo, *enquanto* parece se correlacionar fortemente com *simultaneidade,* conforme ilustra (231). Nesse caso e nas demais ocorrências, é possível reconhecer nas construções o traço aspectual de duração com limite (parafraseável por *até que*), no sentido de que a duração de *p* tem implicação para *q*, construindo-se, assim, um vínculo causativo.

(231) [19,2 CP SP] *[O Chico...] Não póde ir para um sanatorio ou casa de saude, porque teria que ficar sob a direcção do medico do estabelecimento, de cuja competencia, n'este caso, é licito duvidar-se. Assim, ficando elle na referida casa de pensão, onde irei dormir* ***emquanto*** *seu estado exigir.*

Nas ocorrências datadas a partir do século XVIII, verificamos que, além do sentido de tempo simultâneo, as construções com *enquanto* começam a habilitar leituras de condição, conforme as ocorrências em (232), e leituras de adversidade, conforme as ocorrências em (233). As construções com *enquanto* seguem, portanto, duas trajetórias de mudança semântico-pragmática. A acepção condicional é construída frequentemente a partir das formas futuro do subjuntivo, ao passo que as adversativas se constroem somente com indicativo.

(232) [19,2 CL SP] *Em nossa opinião ha ahi gravissimo erro de economia que convém supprimir.* ***Enquanto*** *a provincia não despender quasi exclusivamente no preparo das estradas geraes, naquellas que convergem para as estradas de ferro, quantias sufficientes; e* ***emquanto*** *esse importante serviço não fôr feito de preferencia por arrematação, continuará a ser defeituosissimo, ficando sempre muito áquem das exigencias publicas.*

(233) [19,2 CL SP] *São e salvo achou-se em Buenos-Aires o sr. Custodio de Mello, no momento em que a lucta estava mais encarniçada. Não relembremos*

as tragedias da Lapa, de Coritiba, de Hygienopolis e de Campo Osorio, porque ellas só estão apagadas do espirito do seu unico e responsavel autor. ***Emquanto*** *a morte arrebatava Gumercindo e Saldanha;* ***emquanto*** *em Lisboa e no Rio da Prata os revoltosos luctavam com as maiores necessidades e as familias, em toda a parte por onde a revolta passou, não tinham com que adquirir o lucto e o pão, o sr. Custodio de Mello, que nem dos seus companheiros se acercou, para não lhes dar o minimo auxilio, passeava o seu luxo na Capital Porteña, como um touriste feliz e despreocupado.*

Concentrando-nos nas ocorrências que têm leitura adversativa, constatamos que, nos dados mais recentes do PB, não só as construções com *enquanto*, mas também as perifrásticas com *enquanto que* podem mobilizar leituras de adversidade. Os dados sugerem que, em ambos os casos, o significado de adversidade emerge a partir de uma comparação entre fatos ou eventos que ocorrem concomitantemente. Dessa comparação sobressai uma *desigualdade* que, em alguns casos, ganha um viés conflituoso, que torna opaco o sentido de tempo e fortalece o sentido de contraste.

Há, contudo, uma diferença essencial entre as construções com *enquanto* e *enquanto que*, já sinalizada em Neves (2011):[7] as construções com *enquanto que* são fortemente adversativas, conforme (234) e (235), ao passo que aquelas com *enquanto* ainda se mostraram ambíguas entre tempo simultâneo e adversidade, conforme (236) e (237).

Em (234), já não é a simultaneidade temporal que está em jogo, mas a marcação de uma desigualdade entre os procedimentos de dois países (*Inglaterra vs. Estados Unidos*), que apontam para direções conflitantes (*ditadura vs. direito de participação*). Em (235), também a marcação de desigualdade é o cerne da significação adversativa, mas a construção é incompatível com o significado fonte temporal. Nesse caso, não é mais a simultaneidade temporal que está em jogo, mas sim uma sequencialidade temporal entre um antes (*trabalhar com ensino superior*) e um agora (*trabalhar com educação básica*), na atuação do Ministério da Educação e Cultura (MEC).

(234) [20,2 RFD SP] *Entre a experiência norte-americana e a inglesa registra-se uma importante diferença, segundo Loewenstein.* ***Enquanto que*** *na Inglaterra o Primeiro-Ministro e o Gabinete de Guerra exerceram uma verdadeira ditadura constitucional, nos Estados Unidos o Congresso jamais alienou totalmente o seu direito de participar na determinação das decisões políticas.*

(235) [21,1 LPFSP] *PELA priMEIra vez... na História brasileira o* MEC *tem um papel mais protagonista em relação à educação básica né...* ***enquanto que*** *até agora praticamente ele só éh::... trabalhava com o ensino superior...*

O cenário é um pouco diferente quando se trata da articulação com *enquanto*. Como mostram os exemplares em (236) e (237), também há sinalização de desigualdade: no primeiro caso, situações desiguais em lugares diferentes; no segundo, reunião de pessoas em espaços diferentes. Contudo, em ambos, a simultaneidade temporal ou significado fonte é que está em primeiro plano e a desigualdade é inferida a partir dela, a partir das diferenças existentes em cada evento.

(236) [19,2 CL SP] ***Em quanto*** *na Criméa e no Kerson entrarão os elligerantes em quartéis de inverno, na Armenia, reanimou-se a luta. Omer-Bachá a quem fôra confiado a tarefa de salvar a praça Kars, e os restos do exercito de Achmet Bey, derrotado em Guedliker em novembro de 1853 o refugiado n'aquella fortalesa, iniciou brilhantemente a sua campanha.*

(237) [21,1 IBORUNA SP] *[...] eu, a minha cunhada, a minha mãe ficou conversando na sacada,* ***enquanto*** *meu irmão e meu pai e meu sobrinho... ficou conversando na sala.*

Do ponto de vista categorial, o estatuto conjuncional coordenativo de *enquanto* (*que*) não é consensual, ainda assim optamos por incluir tais construções entre as coordenadas adversativas. Pezatti e Longhin-Thomazi (2008: 931), que investigaram enunciados contrastivos do português falado culto, argumentam que *enquanto que* articula períodos sintaticamente paralelos, estabelecendo entre eles um tipo de oposição que emerge da concomitância temporal entre eventos incompatíveis. Neves (2006: 267), também a partir de dados do português falado, defende que as construções com *enquanto* e *enquanto que* se aproximam da parataxe. Braga e Paiva (2013: 120), que investigam conectores temporais em textos produzidos nos séculos XVIII ao XXI, constataram que, nas ocorrências mais recentes de *enquanto*, prevalece o sentido de quebra de expectativa, que, segundo elas, decorre da diferença de polaridade das orações e/ou da contraposição de referentes dos sintagmas nominais.

Construções adversativas com *agora*

O padrão de *agora* como juntor adversativo decorre da extensão de usos do advérbio *agora* para novos contextos linguísticos. Etimologicamente, o advérbio *agora,* com acepção de *neste momento*, *atualmente*, é herança da expressão latina *ac hora*, *nesta hora* (Nascentes, 1955; Magne, 1944). A consideração de dados do PB contemporâneo, especificamente de enunciação falada, permite apreender aspectos da constituição de *agora* como juntor adversativo. Os dados sugerem que coexistem pelo menos dois padrões, um menos e outro mais gramaticalizado.

No padrão que entendemos menos gramaticalizado, conforme as ocorrências de (238) a (241), prevalece o sentido temporal de *agora*, equivalente a *atualmente*, aliado a uma inferência de adversidade, que é legitimada, em grande parte, por fatores do contexto linguístico. Trata-se de uma construção polissêmica. O contexto que habilita a leitura de adversidade é aquele fundado em uma comparação de desigualdade entre eventos que sucederam no passado e outros que se sucedem no presente. Nesses termos, no centro de uma relação temporal entre um antes e um depois está uma desigualdade, que é justamente o que permite a inferência de adversidade. Do ponto de vista categorial, há indícios da preservação do caráter adverbial, como na coocorrência com *mas*, em (241).

(238) [21,1 IBORUNA SP] *Eu tinha um professor só,* ***agora*** *eu vou ter vários.*

(239) [21,1 IBORUNA SP] *Antes eu pegava uma folha e punha do lado,* ***agora*** *eu já faço sem olhar.*

(240) [21,1 IBORUNA SP] [...] *num sei o nome daquilo... e:: aonde eu sempre fico é lá no FUNdo mesmo que é bem gostoso tem::... um jardim:: assim cheio de grama... tem a ducha lá que é onde... ia ter pisCIna...* ***agora*** *num vai mais.*

(241) [21,1 IBORUNA SP] *Não era muito boa não a casa, era bem pequena, mas* ***agora*** *é bem melhor.*

No padrão que entendemos mais gramaticalizado, *agora* atua como juntor adversativo, contribuindo para o estabelecimento de desigualdades que não mais se sustentam em recortes temporais distintos. Nesse caso, a relação temporal de *agora* é opaca e o sentido de adversidade é que está em evidência, como nos exemplares de (242) a (244). Em (242), a desigualdade é avaliada em torno da educação oferecida em dois colégios; em (243), o foco da desigualdade está nos modos distintos de se relacionar e, em (244), nos modos de pescar. Em todos os casos, a adversidade é instaurada predominantemente no domínio da oposição sócio-física.

(242) [21,1 IBORUNA SP] ... *porque a educação que tem lá não é muito legal não... não:: ter uma educação física é uma coisa pra brincar...* ***agora*** *lá no Equilíbrio não... era educação física mesmo... jogava já handebol.*

(243) [21,1 IBORUNA SP] *ah:: esse menino ele não... ah ele é muito lerdo num sei o quê, ele não chega na menina conversa...* ***agora*** *aquele lá* NÃO *aquele lá já fica com monte de menina, ele conversa.*

(244) [21,1 IBORUNA SP] *nós... pescava mais de anzol...* ***agora*** *os outros pescava de rede.*

Como evidenciam as ocorrências anteriores, nesse padrão, o sentido de adversidade ainda depende fortemente de correlatos contextuais, tais como o paralelismo estrutural, o preenchimento da estrutura paralela com itens lexicais de algum modo antagônicos (*de anzol vs. de rede)* e a negativa explícita (*aquele lá não; lá no equilíbrio não*), o que permite afirmar que, embora se trate de ocorrências em estágio mais adiantado de mudança, o sentido de adversidade ainda não está convencionalizado em *agora*.

CONSIDERAÇÕES FINAIS

O retrato da história das coordenadas adversativas, esboçado neste capítulo, fornece elementos que nos aproximam de uma generalização sobre as trajetórias de mudança na constituição dos significados, sobre a natureza das categorias-fonte e sobre os contextos condicionadores.

Quanto às trajetórias de mudança, os dados deram evidências de que a adversidade pode derivar da contiguidade com outras construções de algum modo já contrastivas, como no caso de *porém,* e pode derivar também de relações temporais, principalmente tempo simultâneo envolvendo eventos discrepantes, como nos casos de *enquanto, entretanto* e *no entanto*.

Quanto à natureza da fonte, os advérbios e as locuções adverbais, sobretudo fóricos, são fontes preferidas para a constituição de novos juntores e, portanto, para mobilização de novas construções.

Quanto aos contextos condicionantes, a correlação enfática em construções concessivas, o reforço adverbial à conjunção *mas*, a negação explícita, bem como contextos dialógicos diversos, que reúnem pontos de vista ou expectativas conflitantes, constituem terrenos férteis para a emergência de adversidade.

O exame dos traços caracterizadores de adversativas prototípicas, tal como elencado a partir das construções com *mas,* reforça os pressupostos sobre a remodelação contínua no paradigma das adversativas e revela, por meio de índices referentes à flutuação categorial e semântica, que vários dos juntores adversativos são, na realidade, elementos que consolidaram apenas parte de um conjunto de alterações possíveis.

O Quadro 2, resultante da avaliação dos traços, sistematiza, em perspectiva gradiente, informações sobre a aplicação (representada por +), a não aplicação (representa por _) ou a aplicação parcial (representada por ±) de cada traço. Considerando que as construções com *mas* são as mais prototípicas e atingem grau máximo 6, é possível verificar que: (i) *senão (que)* se enquadra nesse protótipo, também com grau 6; (ii) *só que* se aproxima desse protótipo, com grau 5; (iii) *porém, contudo, entretanto, todavia, no entanto* e *agora* têm comportamento similar, todas com grau 4,5, distanciando-se relativamente de *mas*; e (iv) *enquanto (que)* é a que mais se distancia de *mas*, exibindo grau 4.

Quadro 2 – Gradiente de traços definidores de construção adversativa

Construções adversativas com	1	2	3	4	5	6	Grau
Mas	+	+	+	+	+	+	6
Senão (que)	+	+	+	+	+	+	6
Só que	+	_	+	+	+	+	5
Porém	±	_	+	+	+	+	4,5
Contudo	±	_	+	+	+	+	4,5
Entretanto	±	_	+	+	+	+	4,5
Todavia	±	_	+	+	+	+	4,5
No entanto	±	_	+	+	+	+	4,5
Agora	+	_	+	+	+	±	4,5
Enquanto (que)	+	+	±	+	_	±	4

NOTAS

1 Na literatura linguística, ilocuções interrogativas parciais, ou Interrogativa-Q, são consideradas casos de Foco, em que o constituinte interrogado, representado pela partícula Q, assume a posição inicial da oração. Há razões para não compartilharmos dessa concepção. Em primeiro lugar, a Interrogativa-Q se contrapõe à própria definição de Foco, já que não atualiza a informação do Destinatário, mas sim a do Falante. Em segundo lugar, a posição do constituinte Foco, em português, é a posição final (P^F), e representa uma maneira de contrabalançar o peso informacional dado pelo Tópico, que se coloca em sição inicial (P^I). Na verdade, a posição inicial assumida pelo operador interrogativo Q se deve ao fato de ele codificar ilocução Interrogativa e não a função Foco.

2 Apesar de o estatuto de *nem* ser questionado adiante, as conjunções aditivas *e* e *nem*, conforme mencionado na "Apresentação", fazem parte de um grupo reduzido de conjunções latinas que não desaparecem no português (Câmara Jr., 1975; Coutinho, 1971; Ali, 1964).

3 O símbolo & foi apropriado pelo comércio: a parte superior da abreviatura indica o **e**, e a parte inferior, o **t**.

4 Segundo Ernout e Meillet (1951:952), *proinde, proin* era advérbio: "por causa", "em consequência".

5 Conectivos adverbiais complexos do tipo *com todo isso*, que têm um componente pronominal em sua constituição histórica, conectam semanticamente por meio da referência, sobretudo anafórica (Blühdorn, 2008).

6 Segundo Ali (1964), o português antigo conheceu *entretanto* com caráter de conjunção equivalente a *enquanto*. Para ele, *entretanto* é redução de *entretanto que*, que ainda perdura no português.

7 Segundo Neves (2011: 800), a simultaneidade de *enquanto* enfraquece o valor temporal em favor da emergência de um valor de contraste, que pode inclusive ganhar o primeiro plano, em função da configuração modo-temporal das orações. Já o comportamento da perífrase *enquanto que*, segundo a autora, é diferente, pois mobiliza uma construção essencialmente contrastiva.

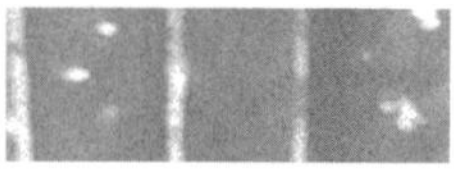

A SUBORDINAÇÃO SUBSTANTIVA: MODALIDADE EPISTÊMICA E GRAMATICALIZAÇÃO DE CONSTRUÇÕES MATRIZES

Sebastião Carlos Gonçalves
Marize Dall'Aglio Hattnher
Gisele Cássia de Sousa

SUMÁRIO

APRESENTAÇÃO

Tratamos neste capítulo da subordinação sentencial substantiva na história do português brasileiro (séculos XVIII a XX), focalizando o fenômeno da modalização e as mudanças que afetam construções complexas substantivas que expressam modalidade epistêmica. Inscrevemos nossa investigação no campo da modalidade, em razão de este constituir um domínio funcional propício à identificação de processos de mudança que afetam o complexo oracional como um todo (Casseb Galvão, 1999; Gonçalves, 2003; Castilho, 2009d, Fortilli, 2012; dentre outros). As construções matrizes com predicados modais são responsáveis por algum tipo de qualificação do conteúdo proposicional codificado na sentença subordinada, expressando, assim, uma avaliação subjetiva do usuário da língua.

Nos estudos linguísticos, parece consensual que a modalidade representa um domínio funcional de difícil delimitação, pela falta de biunivocidade entre forma e função e também pelo fato de avaliações subjetivas do usuário da língua acerca de conteúdos comunicados permitirem a inclusão de julgamentos de naturezas muito distintas, desde qualificações modais mais prototípicas circunscritas ao campo do saber e do dever, como é o caso das qualificações epistêmicas e deônticas, até qualificações de conteúdos menos afeitas ao campo da modalidade, como é o caso de volição, de desejo, de habilidade, além de outros tipos de avaliações não modais. Por essa razão, nos restringimos, neste capítulo, ao exame das qualificações modais epistêmicas, aqui entendidas, de modo geral, como recurso que permite ao usuário da língua expressar atitudes proposicionais em relação a sua crença dentro de uma situação comunicativa real na qual se envolvem enunciador, enunciatário e um conteúdo a ser comunicado.[1] Exemplificam tipos de construções matrizes com predicados epistêmicos as ocorrências apresentadas em (1) e (2), agrupadas em dois tipos morfossintáticos diferentes de sentenças complexas:

(1) Construções matrizes epistêmicas de sentenças subjetivas

a. [18,1 CP RJ] *Sam tantas as comfuzonz, que em todo ultra mar sucedem que | **parece** que não tem eztes homens, nem justisias, que os castiguem, | nem Rey, que os governem*

b. [19,2 CL SC] ***É verdade*** *que os avizos de 18 | de Junho e n° 323 de 26 de Ju-| lho de 1861 dizem que o Promo-|tor publico não pode deixar de ac-|cuzar assumindo o caracter de de-|fensor, mas... ora bolas!*

c. [20,1 CP RJ] *As observaçoes de Papae nao tem cabimento (...). Ora* ***è claro*** *que si elle vier para cà a meu chamado nao vae andar nu nem descalço, nem passar sem comer ou morrer por falta de medico.*

(2) Construções matrizes epistêmicas de sentenças objetivas

a. [18,2 CO PE] *Trez saõ os fins porque esta obra se devia fazer, primeyro a defença de alguma| barra, segundo, impedir o dezembarque, ou penetrar o paiz os inimigo, treceyro defender| a povoaçaõ de alguma invazaõ Repentina, e de se Recolher a ella algum preciozo para o| Livrar do saque; para nenhum destes fins* ***acho*** *que pode servir.*

b. [19,2 CL PR] ***julgo*** *ser do meu | dever explicar a razão porque nos program- | mas vinha annunciado a comedia Lata do | Mel e que o critico no seu artigo diz ter fi- | cado no tinteiro. (...)*

c. [20,1 CP BA] ***Creio*** *ter explicado bem, que a operação/ consiste em entrar com cautella e vigília/ no mercado, comprar o dinheiro letras/ promissorias do banco e entregall-as nas/ respectivas ephocas com amortização/ os debitos de Estado./*

Como mostram os dois agrupamentos anteriores, a segunda restrição de nossa investigação diz respeito aos tipos morfossintáticos de subordinação sentencial substantiva. Nossa opção recai sobre sentenças finitivas e/ou infinitivas que ocorrem em posição argumental de sujeito, como em (1), e de objeto, como em (2) – tradicionalmente reconhecidas como *orações subordinadas substantivas subjetivas* e *objetivas*, respectivamente –, por serem esses os dois tipos oracionais que mais frequentemente são acionados para a expressão da modalidade epistêmica.

Os predicados das construções matrizes a que a subordinada se conecta integram tipos categoriais variados: verbos, nomes e adjetivos, como em (1a), (1b) e (1c), respectivamente, no caso de sentenças subjetivas, e somente verbos, nos casos das objetivas, como em (2). Além disso, como nos restringimos à análise da expressão da modalidade epistêmica, conforme anteriormente definida, para os casos de sentenças objetivas, consideramos tão somente construções matrizes cujos predicados claramente codificam a atitude epistêmica do enunciador (primeira pessoa do discurso, portanto), a qual ocorre concomitantemente ao seu ato de enunciação (tempo presente, portanto), como bem exemplificam as ocorrências em (2). Para o caso das sentenças subjetivas, é pertinente apenas a verificação de tempo presente da avaliação epistêmica codificada na construção matriz, como mostram as ocorrências em (1). Fora dessas condições de performatividade, o enunciador apenas descreve uma atitude proposicional atribuível a outro enunciador, como em (3a), ou a si próprio, como em (3b), não concomitante ao tempo da enunciação.

(3) Construções matrizes descritivas de atitude proposicional
   a. [20,1 CP RJ] *Marieta me disse que você* ***achava*** *bom vendermos a casa, eu approvo*
   b. [18,2 CO BA] *Porém ponderando nós, ean-| tevendo os graves inconvenientes que provavelmente Resultarám a esta Repu-| blica da conservaçaõ do tal provido no Referido officio,* ***nos pareceo*** *p[el]| la obrigaçaõ das nossas ocupaçoes, que atinhamos de Representar, com| com a mais Rendida submissaõ e devido acatamento*

Mais especificamente, o alvo da nossa discussão no presente capítulo diz respeito à gramaticalização de construções matrizes formadas por predicados epistêmicos, como as mostradas em (1) e (2), as quais passam a funcionar como construções parentéticas epistêmicas, transformando, assim, o complexo oracional de que se originam de bioracional a mono-oracional. Em outras palavras, procuraremos mostrar, nos dados históricos do PHPB referentes aos séculos XVIII a XX, como essas construções matrizes se desvinculam de suas subordinadas e assumem estatuto mais gramatical semelhante ao de advérbios epistêmicos, porque maior é sua liberdade de colocação no interior do complexo oracional que ajuda a formar. Exemplificam esses usos mais gramaticalizados as ocorrências em (4).

(4) Construções parentéticas epistêmicas
   a. [20,1 CL PE] *E tal succedeu,* ***eu creio,*** *por cau- |sa das occorrencias a que me refiro.*
   b. [20,1 CL BA] *Problema complexo, a depen-|der de causas etnicas, sociais e| climortéricas,* ***é claro,*** *sua solu-|ção não se dará por medidas| policiais mais ou menos ener-|gicas.*
   c. [19,2 CR PE] *Muito paz o Excelentíssimo ex-presidente, e muito deixou ainda a fazer ao seu succes-|sor, a quem fica cabendo empreza menos | dura,* ***he verdade,*** *mas consoladora e ani-|madora.*
   d. [18,2 CO BA] *Este antigo Dezertor, mais próprio pa-| ra hum Hospital, do que para oSer-| visso de Sua Magestade, se me apre-| zenta, para eu o acompanhar com| este Oficio aVossa Excelencia, na| esperança, de que aSua Natural| Bondade se esercite com elle, naõ só,| com operdaõ do seo delicto, mas ain-| da com a Excusa do Real Servisso,| que* ***parece,*** *exigem as suas enfer-| midades.*

Sob a abordagem da gramaticalização de sentenças (Hopper e Traugott, 2004; Lehmann, 1988) e/ou da gramática de construções (Traugott, 2008), vários outros autores já trataram de sentenças matrizes que adquirem *status* de advérbio ou de parentético epistêmico. Citem-se, como exemplo, para o português brasileiro (PB), o trabalho de Gonçalves (2003), sobre a gramaticalização dos verbos *parecer*, *achar* e *crer*, o de Casseb Galvão (1999, 2002), sobre a gramaticalização dos verbos *achar* e *dizer*, o de Fortilli (2012), sobre a gramaticalização e dessentencialização de predicados matrizes epistêmicos de sentenças subjetivas, o de Castilho (2009d), sobre a gramaticalização dos verbos *dizer*, *achar* e *acreditar* de sentenças matrizes, e o de Gonçalves (2015), sobre a formação de construções parentéticas epistêmicas originadas de um esquema construcional formado por sentença matriz com predicador adjetival e sentença encaixada em posição argumental de sujeito. Para o inglês, citem-se, a título de exemplificação, os trabalhos de Thompson e Mulac (1991) e de Traugott e Dasher (2002), sobre a gramaticalização da construção *I think* e da construção *I promisse*, respectivamente.

Embora nem sempre explicitado, subjaz a todos esses trabalhos o *Princípio icônico de proximidade*, que, segundo Givón (1985: 202), prediz que quanto maior a proximidade semântica e funcional entre dois conceitos, maior a vinculação morfossintática entre suas formas de codificação. Esse princípio, no âmbito da subordinação sentencial, conduz à verificação do grau de vinculação sintática entre construção matriz e subordinada como reflexo do grau de vinculação semântico-cognitiva entre elas.

Como mostra a literatura, construções matrizes com predicados epistêmicos, como as mostradas em (1) e (2), favorecem a formação de construções parentéticas, como as mostradas em (4), por apresentarem fraca vinculação no complexo oracional que forma, à medida que esse tipo semântico de construção matriz constitui informação adicional acerca de atitudes epistêmicas do enunciador em relação ao conteúdo proposicional comunicado na sentença encaixada (Noonan, 2007: 124). Esse tipo de formação se explica observando-se mudanças contextuais no complexo oracional, quando se confrontam ocorrências de construções matrizes epistêmicas com seus respectivos usos como construções parentéticas (Gonçalves, 2015).

Diferentemente de construções matrizes epistêmicas, tipos oracionais que expressam outros tipos de modalidade e de avaliação não modal, como os exemplificados em (5), revelam em geral grau maior de vinculação entre os eventos codificados no complexo oracional, refletido principalmente na forma infinitiva preferencial da oração completiva (Lehmann, 1988; Gonçalves, 2011; Gonçalves e Sousa, 2013). Uma vez que o modo de gramaticalização é diferente nesses tipos, eles não foram incluídos em nossas análises.

(5) Construções matrizes com outros tipos de predicados modais e avaliativos
  a. [18,2 CO PB] ***Ordeno*** *a Vossa Senhoria que no seu destrito faça tirar, eme remeta com-amayor brevidade humalistadetodos os nossos Solteiros, desembaraçados, eidoneosparao Real Serviço*
  b. [19,1 CL PE] *todavia naõ* ***quero*** *e nem me* ***convem*** *| romper contra o mesmo*
  c. [20,2 CL RN] ***Gostaria*** *de denunciar a | mordomia dos vereadores de | Maxaranguape que foram || para o Rio de Janeiro com tu- | do pago pela Câmara.*
  d. [20,2 CL SC] *É um* ***absurdo*** *dei-|xar a mercê daqueles aquela fon-|te ilegal de conseguir dinheiro.*
  e. [201 CP RJ] *É* ***bom*** *telegraphar ao Alexandresabendo se ja recebeu para você dar providencias.*

Além de qualificações epistêmicas, são variados os tipos semânticos de predicados que qualificam o conteúdo de sentenças subordinadas objetivas e subjetivas, como mostram as ocorrências em (5): deôntico, para os predicados *ordenar* e *convir*, volitivo, para os predicados *querer* e *gostar*, outros tipos de avaliação não modal, para os predicados *absurdo* e *bom*, apenas para exemplificar alguns tipos.[2]

Conciliando pressupostos teórico-metodológicos de diferentes correntes da Linguística Funcional (Hopper e Traugott, 2003; Lehmann, 1988; Croft, 2001; Traugott, 2008), assumimos aqui que as construções parentéticas epistêmicas mostradas em (4) constituem um novo pareamento de forma e sentido, o que as torna uma unidade de certo modo diferente das construções matrizes das quais elas se originam.

Com o objetivo de verificar a distribuição de construções parentéticas epistêmicas circunscritas ao período de três sincronias da história do PB (século XVIII ao XX), a investigação empírica que sustenta os resultados apresentados neste capítulo toma por base o *corpus* mínimo compartilhado do PHPB.[3] A análise dos dados pressupõe, portanto, uma interpretação diacrônica de tais construções, à medida que procuramos contemplar extensões contextuais de uso típicas de um processo de gramaticalização. Assim, para um entendimento mais completo das motivações pragmáticas, semânticas e morfossintáticas desse processo, e com base em estudos diacrônicos anteriores envolvendo a subordinação sentencial (Gonçalves, 2012; Gonçalves e Sousa, 2013), consideramos em nossas análises os seguintes parâmetros: (i) *tipos específicos de predicados epistêmicos*; (ii) *grau de certeza epistêmica* (alto e baixo); (iii) *categoria morfossintática do predicado epistêmico* (nome, verbo e adjetivo); (iv) *formato da sentença encaixada* (finita e infinitiva); e (v) *posição argumental da sentença subordinada* (subjetiva e objetiva). Tais parâmetros nos permitiram alcançar os padrões construcionais mais suscetíveis à mudança, já que nem todos os tipos de construções matrizes com predicados epistêmicos são propícios a se gramaticalizarem em construções parentéticas. Ainda como parte dos parâmetros de análise, é importante dizer que, para o fenômeno de mudança investigado, a origem geográfica dos textos históricos não se mostrou fator de relevância, e apenas os gêneros discursivos "carta privada", "carta de redator" e "carta de leitor" parecem favorecer mais a manifestação da modalização epistêmica do que os outros gêneros ("carta oficial" e "anúncio"), hipótese que aventamos em determinados momentos de nossas análises, por falta de representatividade de outros gêneros discursivos no *corpus* mínimo com o qual operamos.

Feitas essas explanações gerais, este capítulo segue estruturado nas seguintes partes: na primeira seção, apresentamos os aspectos gerais da subordinação substantiva nas amostras do PHPB, focalizando, a partir dos parâmetros de análise anteriormente descritos, apenas os tipos que expressam modalidade epistêmica; na segunda seção, analisamos as construções parentéticas epistêmicas originadas de construções matrizes de sentenças objetivas e de sentenças subjetivas, procurando identificar quais fatores pragmáticos, semânticos e morfossintáticos intervêm na formação dessas construções; reservamos a última seção às nossas considerações finais.

PANORAMA GERAL DA MODALIZAÇÃO EPISTÊMICA NA SUBORDINAÇÃO SUBSTANTIVA NA HISTÓRIA DO PB

Tendo em vista o fenômeno de mudança que descrevemos neste capítulo, interessa-nos mostrar, nesta seção, o quadro geral da modalização epistêmica em sentenças substantivas levantado no *corpus* histórico do PHPB, o que significa dizer que, neste momento, entram em evidência somente os complexos oracionais envolvidos na modalização que se manifestam nas diferentes sincronias do PB aqui consideradas, mas não as construções-alvo da mudança que esses mesmos complexos oracionais proporcionam. Interpretações diacrônicas possíveis sobre as construções parentéticas serão oferecidas na próxima seção.

Como mencionado, nos dados históricos analisados a modalização epistêmica em sentenças substantivas ocorre mais frequentemente por recurso aos dois tipos principais de sentenças substantivas: *objetivas* e *subjetivas*. Essencial para a noção de subordinação aqui assumida, que aproxima esses dois tipos, é a relação argumental existente entre o núcleo predicacional de uma construção matriz e a construção oracional que expande o seu sentido, casos típicos de subordinação sentencial, marcados pela integração entre uma sentença núcleo e uma sentença margem, em termos de dependência e encaixamento (cf. Hopper e Traugott, 2003).

A diferença básica entre esses dois tipos oracionais diz respeito, primeiramente, à estrutura argumental e à natureza categorial do predicado modal que ocorre na construção matriz: enquanto predicados verbais de sentenças objetivas selecionam argumento nominal, na função de sujeito, e oracional, na função de objeto, predicados verbais, adjetivais e nominais de sentenças subjetivas subcategorizam apenas argumento oracional na função de sujeito e sobre o qual eles predicam.

Restritas ao campo da modalidade, as diferenças estruturais entre esses dois tipos oracionais se acomodam dentro dos mesmos níveis de representação semântico-pragmática. Sobre o conteúdo da construção subordinada incide sempre uma avaliação do enunciador, possível de ser reconhecida a partir da natureza semântica do predicado que ocorre na construção matriz. Assim, como unidade semântico-funcional, a sentença encaixada nas construções matrizes será sempre interpretada como *proposição*, entidade de segunda ordem que, nos termos de Lyons (1977), representa um construto mental do enunciador e, como tal, não tem lugar nem no tempo nem no espaço, podendo ter seu estatuto avaliado em termos de verdade ou falsidade. São essas restrições semântico-pragmáticas que levam ao reconhecimento de atitudes proposicionais que se alojam num *continuum* do *certo* ao *provável*, caracterizando, assim, os diferentes pontos de vista que o enunciador assume perante seu enunciado e seu interlocutor, como veremos mais adiante.

No Quadro 1, com base no *corpus* de análise, apresentamos os diferentes padrões de modalização epistêmica encontrados nas amostras do PHPB analisadas, levando em conta os dois tipos oracionais considerados, associados aos tipos específicos de predicados que compõem as construções matrizes e ao formato da sentença subordinada.

Quadro 1 – Padrões de modalização epistêmica em sentenças substantivas nas amostras do PHPB

Tipo de sentença	Tipo categorial do predicado da construção matriz		Séculos / Formato da subordinada					
			XVIII		XIX		XX	
			FIN	INF	FIN	INF	FIN	INF
Objetiva	Verbo	*Achar*	+		+		+	
		Acreditar			+		+	
		Assegurar	+		+		+	
		Calcular			+			
		Confiar			+		+	
		Considerar			+			
		Constatar			+			
		Crer	+		+		+	
		Desconfiar			+		+	
		Duvidar	+	+	+	+	+	
		Entender	+	+	+	+	+	+
		Garantir					+	
		Imaginar			+			
		Julgar	+		+	+	+	+
		Pensar			+	+	+	+
		Presumir			+		+	
		Supor	+		+	+	+	
Subjetiva	Adjetivo	*Certo*	+	+	+	+	+	
		Claro			+		+	
		Evidente			+			
		Impossível			+	+	+	+
		Inacreditável					+	
		Incontestável			+		+	
		Indubitável	+					
		Lógico					+	
		Natural	+		+		+	
		Óbvio					+	
		Possível	+	+	+	+	+	+
		Provável	+		+	+	+	
	Verbo	*Parecer*	+	+	+	+	+	+
		Presumir (é de)			+			
	Nome	*Verdade*	+		+		+	
		Dúvida (é sem)			+			

Para os diferentes padrões que se apreendem da leitura do Quadro 1, podemos alcançar dois esquemas construcionais complexos, conforme mostramos em (6) a seguir, nos quais os constituintes entre parênteses são mutuamente exclusivos, indicando as condições morfossintáticas e semântico-pragmáticas para a expressão da modalidade epistêmica.

(6) Esquemas construcionais complexos da modalidade epistêmica
a. $[\text{Predicado}_{\text{V}\cdot\text{1P(S)(PL).PRES.IND}}]_{\text{matriz/epistêmica}} + [\text{Sentença}]_{\text{(finita)/(infinitiva)/objeto}}$
b. $[(\text{ser})_{\text{3PS.PRES.IND}}\text{Predicado}_{\text{(V)/(N)(A)}}]_{\text{matriz/epistêmica}} + [\text{Sentença}]_{\text{(finita)/(infinitiva)/sujeito}}$

O que diferencia os dois esquemas construcionais da modalidade epistêmica é o fato de (6a) ser mais esquemático do que (6b), por apresentar invariabilidade no tipo categorial de predicado da construção matriz. Enquanto a construção matriz de sentenças objetivas realiza-se unicamente por recurso a predicados verbais (V), flexionados em primeira pessoa (1P), singular (S) ou plural (PL), e no tempo presente do indicativo (PRES.IND), a de sentenças subjetivas pode se realizar por recurso a predicados verbais (V) ou por recurso a predicados nominais (N) ou adjetivais (A) antecedidos de cópula SER, esses três últimos constituídos por construções matrizes em terceira pessoa do singular (3PS) e no presente do indicativo.

A variabilidade de tipos específicos de predicados matrizes, entretanto, não é relevante para os dois tipos oracionais, uma vez que o número de predicados de construções matrizes de um e outro tipo oracional é praticamente o mesmo nas diferentes sincronias e aumenta em igual proporção de uma sincronia para outra. Entretanto, é razoável supor que, numa dada sincronia, um esquema construcional abstrato, como os mostrados em (6), pela frequência de uso, atraia para si novos construtos (*tokens*), levando à ampliação, de uma sincronia para outra, do quadro de predicados que podem ocupar a posição (*slot*) reservada para si na construção. Como se pode observar, a partir do século XIX ocorre, para os dois tipos oracionais, uma expansão da classe semântica dos predicados epistêmicos das construções matrizes, o que significa dizer que a todos aqueles que foram localizados na amostra analisada do século XVIII (*achar*, *assegurar*, *crer*, *duvidar*, *entender*, *julgar*, *sentir*, para sentenças objetivas, e *certo*, *natural*, *possível*, *provável*, *parecer*, *verdade*, para sentenças subjetivas) se acrescentam outros identificados no século XIX (*acreditar*, *calcular*, *confiar*, *considerar*, *constatar*, *desconfiar*, *imaginar*, *pensar*, *presumir*, para sentenças objetivas, e *claro*, *evidente*, *impossível*, *incontestável*, *presumir (é de)*, *dúvida (é sem)* e ainda outros no século XX (*garantir*, para sentença objetiva, e *inacreditável*, *lógico*, para sentenças subjetivas).

Importante distinção entre os predicados matrizes de modalidade epistêmica encontrados para os dois tipos oracionais refere-se ao grau de certeza que eles projetam sobre o conteúdo da sentença que tomam por escopo. Nos termos de Castilho e Ilari (2008), esses predicados podem expressar necessidade/certeza epistêmica, representada *"pelo predicador abstrato 'eu sei com certeza que P', em que P corresponde ao conteúdo sentencial"* (2008: 427), ou possibilidade/dúvida, representada *"pelos predicados abstratos 'eu acho', 'eu suponho', 'é provável que"* (2008: 434). No Quadro 2, a seguir, apresentamos a distribuição dos predicados mostrados no Quadro 1, quanto ao grau de certeza epistêmica que expressam.

Quadro 2 – Predicados matrizes, tipos oracionais e graus de certeza epistêmica

Graus de certeza	Sentenças objetivas	Sentenças subjetivas
Alto (= certeza / necessidade epistêmica)	5 tipos	12 tipos
	Assegurar, Confiar, Considerar, Constatar, Garantir	*Certo, Claro, Evidente, Impossível, Inacreditável, Incontestável, Indubitável, Lógico, Natural, Óbvio, Verdade, Dúvida (é sem)*
Baixo (= possibilidade epistêmica)	12 tipos	4 tipos
	Achar, Acreditar, Calcular, Crer, Desconfiar, Duvidar, Entender, Imaginar, Julgar, Pensar, Presumir, Supor	*Possível, Provável, Parecer, Presumir (é de)*

Como se pode observar, parece haver uma correlação, ainda que sutil, entre tipos oracionais e grau de certeza que os predicados das construções matrizes expressam. Enquanto construções matrizes de sentenças objetivas são mais acionadas para expressar possibilidade/dúvida, construções matrizes de sentenças subjetivas são mais empregadas para expressar certeza. Esses dois tipos de qualificações proposicionais revestidos de graus de certeza epistêmica variável são exemplificados por meio das ocorrências em (7) e (8).

(7) Possibilidade epistêmica (grau baixo ou médio de certeza)

a. [19,2 CP RJ] *Comquanto quasi inutilisado das pernas* ***acho*** *que | a molestia não é de grande gravididade de acordo com a opinião dos medicos inclusive tio Torquato e outros.*

b. [19,2 CL PE] *Pelo contrato recentemente celebrado,* ***parece que*** *| o governo terá de pagar pelo tempo medio de 7 ho- | ras a quantia de 210 rs. e pela de 8 horas 240 rs.*

c. [20,2 CL SC] ***É bem possível que*** *esta população | necessitada, que desejamos servir, não esteja | ainda suficientemente familiarizada com a | existência da recem-nascida Fename em Join-|ville*

d. [19,2 CP RJ] ***É muito provavel que*** *eu não possa ir porque |sou gerente aqui na Salina e agora é que | se está fasendo callxitas*

(8) Necessidade epistêmica (alto grau de certeza)

a. [19,2 CL PE] *Ora, sendo certo, como sou tesmunha ocular, | de que todos os mezes vão de 20 a 30 wagons com lenha,* ***é evidente que*** *só nos fretes da [l]nha | tem a companhia um rendimento mensal de 200 | a 300 $ 000*

b. [20,2 CR CE] *É* ***indiscutível que*** *o Governo con- | quistou algumas vitórias em sua politi- | ca econômico-financeira em 1981.*

c. [19,2 CP BA] ***É verdade que*** *o meo filho/ não é conhecido no magistério d'a-/qui, más lhe posso affirmar o-/ seu preparo,*

Em (7) e (8), podemos verificar a instauração de efeitos de sentido diferentes a depender do tipo de predicado epistêmico que figura nas construções matrizes. Predicados de possibilidade epistêmica, ao atenuar a asseveração da proposição, revelam baixo grau de adesão do enunciador a ela, descomprometendo-o na sua relação com a verdade do conteúdo proposicional, enquanto predicados de necessidade epistêmica, na direção contrária, reforçam a adesão do enunciador à verdade do conteúdo proposicional que apresenta e com o qual ele se mostra comprometido (Castilho e Moraes de Castilho, 2002). Deve-se, observar, entretanto, que o fato de alguns predicados matrizes adjetivais de possibilidade epistêmica, como *possível* e *provável*, em (7c) e (7d), poderem ser modificados por advérbios intensificadores como "bem" e "muito", coloca a proposição em um grau intermediário de certeza epistêmica.

Ainda com base no Quadro 1, no que se refere ao formato das sentenças subordinadas, podemos notar a tendência de as qualificações epistêmicas incidirem sobre conteúdos proposicionais expressos mais fortemente por meio de sentenças finitas do que de infinitivas, qualquer que seja a sincronia considerada. Raríssimos são os casos de construções matrizes que ocorrendo com sentença infinitiva não ocorram também com sentença finita.

Quando as sentenças encaixadas são finitas, praticamente não se observam dependências temporais estritas entre a construção matriz e a encaixada, uma vez que a proposição, cujo conteúdo está em julgamento por parte do enunciador, pode incluir estado de coisas localizado em dimensões temporais variadas. Em outras palavras, a projeção de graus de certeza do enunciador – certeza, possibilidade ou dúvida – pode incidir sobre eventos passados, presentes ou futuros, como mostram as ocorrências em (9), exemplificativas de diferentes correlações modo-temporais entre a construção matriz e a subordinada.

(9) Avaliação epistêmica e referência temporal independente da sentença encaixada

a. [19,2 A BA] ***Cremos que*** *o que* ***deu*** *motivo á | pronuncia foram os barbaros casti-|gos infligidos por este magistrado a | uma sua escrava, dos quaes veio el-|a fallecer.*
→ referência temporal de "o motivo da pronúncia ser os bárbaros castigos...": passado

b. [20,2 CL RJ] ***Garanto que*** *| muita gente* ***anda*** *por aí sem | documentos porque já sabe a | dificuldade que vai encontrar.*
→ referência temporal de "muita gente andar por aí sem documento": presente

c. [20,1 CL RN] ***Confiamos que*** *o inteme- | rato governador da Parahyba |* ***saberá*** *levar ao extermínio | o ultimo desses bandidos*
→ referência temporal de "o governador da Paraíba saber levar ao extermínio o último dos bandidos": futuro

d. [18,2 CO BA] *contra esse Moço, não rezulta indi- | cio algum, pois* ***hé certo que*** *veio aesta | Villa para conduzir alguãs partidas de sóca*
→ referência temporal de "esse moço vir a esta Villa para conduzir partidas de sóca": passado

e. [20,1 CP BA] ***é claro que*** *não* ***estou*** *apaixonada, | apenas "impressionada".*
→ referência temporal de "eu não estar apaixonada": presente

f. [20,1 CR PE] ***É obvio**, porém, **que**, | desprezando-se qualquer delles, a somma | **enfraquecerá**.*
→ referência temporal de "a soma enfraquecer": futuro.
g. [19,2 CR BA] *essas cousas **parece que foram** bani- | das, que constituiram se um anachronysmo | so proprio de outras epochas que não esta.*
→ referência temporal de "essas coisas ser banidas": passado
h. [19,1 CP RJ] *me **parece que** o Codigo **prohibe** quando diz = podem ser Promotores, os que podem ser jurados, e não podendo ser Jurado o Secretario do Governo*
→ referência temporal de "o Código proibir": presente.
i. [19,2 CL PE] ***parece que** | o governo **terá de pagar** pelo tempo medio de 7 ho- | ras a quantia de 210 rs. e pela de 8 horas 240 rs.*
→ referência temporal de "o governo ter de pagar ...": futuro
j. [19,1 CR CE] ***He verdade**, | que ainda paixões politicas nos **dividem***
→ referência temporal de "paixões políticas nos dividir": presente
k. [20,2 CR PE] ***É verdade** que **levaram** os dois | consigo, seus projetos destinados a con- | cretização para o caso da vitória pelas | urnas.*
→ referência temporal de "os dois levar consigo seus projetos": passado

Restrições de modo, entretanto, podem ser observadas, a depender do tipo de predicado da construção matriz e do grau de certeza que ele veicula. A tendência é sempre a de que quanto maior o grau de certeza, maior a probabilidade de a sentença encaixada ocorrer no modo indicativo, como mostram todos os exemplos anteriores, e quanto menor o grau de certeza, maior a probabilidade de a sentença encaixada ocorrer no modo subjuntivo, como mostram as ocorrências em (10), cujos predicados da construção matriz expressam probabilidade/possibilidade.

(10) Avaliação epistêmica e restrição de modo da sentença encaixada
a. [19,2 CR PE] ***é possivel que** entre esta redacção e os escriptores do partido conservador **appareçam** divergencias*
b. [19,2 CP RJ] ***He provavel que** por estes dias| se **publiquem** as nomeações feitas*
c. [19,2 CP RJ] ***E' muito provavel que** eu não **possa** ir porque |sou gerente aqui na Salina*

Sentenças encaixadas infinitivas apresentam total dependência da referência temporal da construção matriz e/ou do significado do predicado que nela figura, o que significa dizer que o tempo presente e/ou o significado do predicado da construção matriz acabam se tornando referência para a interpretação temporal da proposição encaixada, como exemplificam as ocorrências em (11).

(11) Avaliação epistêmica de referência temporal dependente da sentença encaixada

a. [20,2 CL RJ] ***Cremos haver algum engano*** *nessa | informação, pois, pelo que sabemos, não | se trataria do primeiro vocábulo eslavo a | ser aportuguesado*
→ referência temporal de "haver algum engano nessa informação": presente

b. [20,1 CP RJ] *Podia tambem escrever a seo Pae, e Doutor João |Pinheiro porem* ***entendo não ser necessa| rio***
→ referência temporal de "não ser necessário escrever a seu pai": presente

c. [18,2 CO BA] ***He certo hauer nesta Freguezia****, Segundo o meo Rol da des obriga da Quares-| ma do prezente anno de 1794,* ***cento, quarenta, e quatro Cazaes***
→ referência temporal de "haver na freguesia cento e quarenta e quatro casais": presente

d. [19,2 A BA] *criôlo, de idade de 18 annos, bastante alto, penas compridadas, olhos grandes, e quando falla* ***parece ter a boca cheia de lingua****.*
→ referência temporal de "ele ter a boca cheia de língua": presente

e. [20,1 CL RJ] ***É possível viver | sem o sol, sem a luz, sem o pão.*** *| Mas como resistir sem saber ao | certo se se deve escrever Brasil | com "s" ou um "z"?*
→ referência temporal de "viver sem sol...": presente

Diante desse quadro descritivo, a variação sincrônica acerca de tipos específicos de predicados das construções matrizes e de formato da sentença encaixada permite afirmar muito pouco, em termos de mudança acerca do modo de expressão de modalidade epistêmica em sentenças substantivas. Nem mesmo a expansão da classe de predicados de construções matrizes na amostra do século XVIII para as dos séculos XIX e XX pode ser tomada como indício de mudança. A presença ou ausência de um tipo específico de predicado em uma dada sincronia pode ser atribuída aos gêneros discursivos particulares considerados na composição do *corpus*, mas não à sua emergência ou ao seu desaparecimento num dado estado de língua, até mesmo porque vários desses mesmos tipos de predicados são atestados em sincronias ainda mais pretéritas ou futuras do português (cf. Gonçalves e Sousa, 2013; Gonçalves, 2012; Fortilli, 2012). Nesse sentido, cabe, por último, observar, que os gêneros "carta privada", "carta de leitores" e "carta para redatores", por conterem mais sequências argumentativas e narrativas nas quais impera o ponto de vista do enunciador no julgamento de fatos e eventos, favorecem muito mais a presença da modalização epistêmica do que o gênero "anúncio", no qual prevalecem mais sequências descritivas para a caracterização de objetos e/ou pessoas "coisificadas" (como escravos foragidos), e do que o gênero "cartas oficiais", no qual prevalecem sequências narrativas e descritivas de atos administrativos, apresentados sob um ponto de vista menos subjetivo por parte do enunciador.

Desse panorama geral da modalização epistêmica, a partir dos parâmetros de análise investigados, destacamos: (i) a forte combinação de construções matrizes com sentenças finitas; (ii) um certo equilíbrio nos materiais das três sincronias analisadas entre sentenças objetivas e subjetivas na expressão do tipo de modalidade investigado; (iii) os esquemas construcionais semelhantes para os dois tipos de padrões oracionais, considerando-se suas formas e suas funções; (iv) os graus variados de modalidade epistêmica correlacionados a tipos oracionais específicos: possibilidade epistêmica, mais característica de orações objetivas, e necessidade epistêmica (certeza), mais de orações subjetivas. Verificamos, com isso, uma estabilidade sintático-semântica na codificação da modalidade epistêmica por meio da subordinação sentencial substantiva envolvendo orações objetivas e subjetivas.

DE CONSTRUÇÕES MATRIZES A CONSTRUÇÕES PARENTÉTICAS EPISTÊMICAS

Mostramos, na seção anterior, que o complexo oracional envolvendo sentenças subjetivas e objetivas apresenta certa estabilidade sintático-semântica nas amostras do PHPB analisadas. Entretanto, é possível hipotetizar que um novo esquema construcional de codificação de modalidade epistêmica surge a partir das construções matrizes desses dois complexos oracionais distintos. É o que pretendemos mostrar nesta seção.

Não diferentemente do já constatado em outras línguas, construções matrizes epistêmicas, dado seu caráter acentuadamente pragmático, podem, com o tempo, se desvincular de suas sentenças subordinadas e passarem a assumir estatuto de construções parentéticas epistêmicas modificadoras de conteúdo sentencial, um processo que se identifica com a gramaticalização tanto do predicado matriz quanto da construção que ele ajuda a formar. Essa nova construção constitui, assim, um novo pareamento de forma e sentido, alcançado por meio de um fortalecimento pragmático decorrente de um processo crescente de (inter)subjetivização, rumo à marcação de atitudes subjetivas do falante em relação tanto a seu enunciado quanto a seu interlocutor, o que torna essa nova construção uma unidade de forma e sentido de certo modo diferente das construções matrizes das quais ela se origina, mais típicas de uma análise que consideraria a relação de subordinação existente entre as partes constituintes do complexo oracional mais amplo.

Com base nos tipos e padrões oracionais identificados na seção anterior, apresentamos no Quadro 3 os padrões de construções parentéticas epistêmicas que ocorrem no *corpus* de análise originados das construções matrizes correspondentes.

Quadro 3 – Padrões de construções parentéticas nas amostras do PHPB

Construção de origem	Tipo categorial e semântico do predicado da construção parentética		Séculos		
			XVIII	XIX	XX
Matriz de sentença objetiva	Verbo	*Acreditar*		+	
		Crer		+	+
		Garantir		+	+
		Imaginar			+
		Julgar	+	+	+
		Pensar		+	+
Matriz de sentença subjetiva	Adjetivo	*Certo*		+	+
		Claro			+
		Lógico			+
	Verbo	*Parecer*	+	+	
	Nome	*Verdade*		+	+

Como se observa no Quadro 3, foram identificados no *corpus* 11 padrões de construções parentéticas, seis originados de construções matrizes de sentenças objetivas e cinco, de sentenças subjetivas. A diferença básica entre esses dois padrões diz respeito à própria constituição interna das construções matrizes de que cada construção parentética se origina, como já mostrado nos respectivos esquemas construcionais em (6). Além disso, entram na formação de construções parentéticas originadas de construções matrizes de sentenças objetivas predicados que, à exceção de *garantir*, expressam grau baixo de certeza epistêmica (*acreditar*, *crer*, *imaginar*, *julgar* e *pensar*), ao passo que na formação das construções parentéticas originadas de construções matrizes de sentenças subjetivas, à exceção de *parecer*, entram predicados que expressam grau alto de certeza epistêmica (*certo*, *claro*, *lógico*, *verdade*). O predicado *parecer* aproxima-se mais das construções parentéticas originadas de construções matrizes de sentenças objetivas não só pela sua natureza verbal como também pelo grau de certeza epistêmica que expressa. Assim, a tendência mais geral é a de que, de um lado, colocam-se as construções parentéticas formadas por predicado verbal, expressando grau baixo de certeza epistêmica, e de outro, as formadas por predicados adjetivais e nominais, expressando grau alto de certeza epistêmica. Há, entre esses dois tipos de construções parentéticas, particularidades que serão mais bem exploradas nas duas subseções seguintes, nas quais procuramos responder às seguintes questões: (i) da interação entre construção matriz e construção subordinada originais, quais fatores motivam a formação da construção parentética?; e (ii) quais extensões contextuais são apreensíveis diacronicamente nas transformações ocorridas na sentença complexa original?

Construções parentéticas epistêmicas originadas de construções matrizes de sentenças objetivas

Conforme indicado anteriormente, as construções matrizes epistêmicas de orações objetivas identificadas no *corpus* expressam predominantemente incerteza epistêmica (possibilidade) e se realizam preferencialmente com a sentença objetiva em formato finito, introduzida pelo complementizador *que*. No tocante ao seu formato, conforme também já descrito, as sentenças objetivas exibem, portanto, o mesmo padrão de comportamento das subjetivas ocorrentes nos dados. No que se refere ao grau de certeza epistêmica indicado na construção matriz das sentenças objetivas, porém, o comportamento das objetivas se mostra contrário ao das subjetivas, cujos predicados matrizes nas ocorrências analisadas são acionados preferencialmente para a expressão de certeza epistêmica.

Nas ocorrências de sentenças objetivas investigadas, a incerteza epistêmica foi identificada em 12 tipos distintos de predicados, e a certeza epistêmica, por meio apenas de 5 tipos de predicados, todos eles verbos morfológicos, conforme esquematizado no Quadro 2. Evidentemente, essa variabilidade de expressões faz supor a existência de nuances de sentido ligadas à expressão tanto de necessidade quanto de possibilidade epistêmica nas diferentes construções matrizes de sentenças objetivas. Essas nuances supostamente associam-se a processos de mudança e de gramaticalização do complexo oracional que poderiam ser descritos individualmente para cada tipo de predicado identificado, empreitada que ultrapassa os limites deste capítulo, especialmente em razão das restrições impostas pelo *corpus* adotado, como já apontado. A título de exemplificação das nuances de sentido veiculadas por diferentes predicados e indicativas de graus de postura epistêmica (certeza ou incerteza) do falante mediante a proposição encaixada, comparem-se as orações complexas em (12a-b) a seguir, em cujas matrizes ocorrem os predicados *achar* e *entender*.

(12) a. [20,1 CP RJ] ***Eu acho*** *que no planeta terrestre não |existe aparelho capaz de medir a extensão | de meu amor*

b. [20,1 CP RJ] ***entendo*** *que deves levar em conta os orde-|nados do mesmo que estão por receber*

Observe-se que, embora em ambas as construções matrizes se possa falar em indicação de incerteza epistêmica do falante, esse grau de incerteza é pouco maior com *achar* do que com *entender*, que indica que a racionalidade (o entendimento) é a fonte do conhecimento sobre o qual o falante sustenta sua avaliação. Diferenças dessa natureza possivelmente justificariam a variabilidade de predicados matrizes disponíveis à expressão de avaliações epistêmicas em sentenças objetivas.

De acordo com o que também se sintetizou no Quadro 1, com os vários tipos de predicado da construção matriz identificados, a sentença objetiva pode ocorrer em formato finito ou infinitivo, embora, nos dados coletados, predomine, com praticamente todos os tipos de construção matriz, o formato finito da sentença objetiva. Entre as ocorrências do *corpus*, as construções matrizes que se mostraram restritas à complementação com sentença objetiva finita foram as formadas por quatro tipos de predicados indicativos de certeza epistêmica, quais sejam, *constatar*, *garantir*, *considerar* e *confiar*, e cinco, por predicados indicativos de incerteza epistêmica, que são: *acreditar*, *calcular*, *desconfiar*, *imaginar* e *presumir*. Não foram observadas, nos dados analisados, construções matrizes que ocorram exclusivamente com sentença objetiva infinitiva. Excetuando-se as construções matrizes com os predicados mencionados, portanto, com as demais, a sentença objetiva pode aparecer tanto em forma finita quanto infinitiva e, de modo geral, a avaliação epistêmica indicada pela construção parece não se alterar quando a sentença objetiva assume um desses dois formatos, conforme se pode verificar a partir das ocorrências dispostas em (a) e (b) de (13) a (19).

(13) a. [20,1 CP SC] ***Creio que*** *o Sr.Intendente, por sua bondade,* ***se tem collocádo****| em posição pouco invejável*

b. [19,2 CP BA] ***Creio ter cumprido*** *suas ordens; resta-me| agora pedir á Vossa Excelência que por sua bondade me| recommende ao Sr. seu Marido.*

(14) a. [18,2 CO PE] *Trez saõ os fins porque esta obra se devia fazer, primeyro a defença de alguma| barra, segundo, impedir o dezembarque, ou*

penetrar o paiz os inimigo, treceyro defender| a povoaçaõ de alguma invazaõ Repentina, e de se Recolher a ella algum preciozo para o| Livrar do saque; para nenhum destes fins ***acho que pode servir*****.**

b. [18,2 CO PE] *A planta que semeapresenta Com o despaxo de V. Exa Rubrica | da com asua Rubrica, aqual planta pertense O Rdo pe Ga-'briel de Malagrida Messionario Apostolico por Em execução | nava de Igarassû naõ se Excedendo ao Risco daplanta e perfil | aprezentado* ***acho naõ ter*** *forma de hospicio,nem Comvento| p'q' careça de Igreja e Claustro e só* ***acho ser*** *hum Edeficio | de Casas Ordinárias ao uso do Pay.*

(15) a. [19,2 CP RN] ***Desconfio que****|* ***está fazendo*** *agora ao Olinda, o mesmo que| fez a VossaExcelência em relação ao Rio Grande.| Parece que apoia surdamente a elei-|[cão]*

b. [20, 1 CP BA] *Assim, pois, encontrará Vossa Excelência o| momento de me ser util, e ou de,| com o prestigio sufficiente que|* ***desconfio possuir****, não só ser-|vir a causa publica, como| tambem aos interesses políticos*

(16) a. [19,2 CL BA] ***Entendo que*** *o Doutor Jacobus* ***merece*** *por este facto | sinceros comprimentos, nomeadamente da imprensa | noticiosa.*

b. [20,2 CL SC]*devo esclarecer que* ***entendo*** *|* ***ser*** *o IPTU um imposto justo e dos mais | úteis à sociedade. Notadamente em Joinvil-|le, onde as obras públicas estão à vista de | todos. Também* ***entendo ser*** *ilegítima a pré-|tensão da União em cobrar impostos sobre | terras que não lhe pertençam.*

(17) a. [19,1 CL MG] *como sou hum dos | habitantes da Freguesia d'Antonio | Dias destta Cidade* ***julgo que*** *tãobem | me* ***devo contemplar*** *no numero dos | elogiados nesse Soneto que lhe re | metto*

b. [20,1 CP BA] *"É uma vila insípida, estacionária, situada junto à extremidade de uma serra, que* ***julgo ser*** *a última ao norte, de uma cadeia de serras que vem dos lados de Monte Santo*

(18) a. [19,2 CL PR] ***Penso que sou*** *o competente para deci- | dir tal questão e não o author do artigo | inserto no Paranaense de 27.*

b. [20,1 CP SP] *Estimamos que | já esteja bom das dores | da cabeça o que* ***penso*** *|* ***ser*** *devido a qualquer indis| posição do estomago e ao pezo do seu chapéo de palha.*

(19) a. [19,2 CR PE] ***Supomos que*** *o Senhor Aleixo não'o* ***obrou*** *com muito acerto, si e' que não' veio somente para gosar da nossa bella athmosfera, e tomar alguns banos do Capibaribe*

b. [19,2 A SC] *No dia 21 do mez passado fugirao ao a|baixo assignado um casal d'escravos por nomes Antonio e Maria, sendo o preto casado | com esta, os quaes foram escravos do fina|do Thome da Rocha de São Miguel, para on|de* ***suponho terem*** *ido*

Nos dados coletados, *duvidar é* o único predicado cujo significado se altera conforme o formato da sentença objetiva. Note-se, a partir do confronto entre as ocorrências em (20a-c), que a expressão de avaliação epistêmica é associada a esse predicado apenas com a sentença objetiva em formato finito, em (20a).

(20) a. [19,2 CP MG] *Não confiando no mesmo Capitam, faço| acompanhar essa gente ate o Juiz de Fora, ou| mais adiante, conforme for perciso, de uma escol=|ta de 20 Policiais, e um Tenente de Policia; ape|sar do que,* ***duvido que não hajão*** *muitas deserções em| caminho.*

b. [19,2 CL BA] *O Excelentissimo Senhor | Macedo em Londres, leo-me as cartas da | Bahia, e* ***não duvido appellar*** *para Sua Excelencia, | como testemunha das deligencias, que fiz | para chegar ao fim desejado.*

c. [19,2 CR PE] *naõ se espere de nós outra marcha, que não seja a da circunspecçaõ. Afastaremos desta Folha (nós o dizemos francamente á face Universo) tudo o que puder concorrer para a destruiçaõ, e anarchia. Naõ* ***duvidaremos pugnar*** *pelas Authoridades, que por meio do Prélo foram ultrajadas sem razaõ, e só por que saõ Authoridades.*

Em (20b) e em (20c), em vez de incerteza epistêmica, a indicação é mais próxima de uma atitude subjetiva de hesitação do falante diante do evento expresso na sentença objetiva, como revelam as seguintes construções em (20b') e (20c'), paráfrases possíveis das respectivas ocorrências.

(20) b'. *O Excelentíssimo Senhor Macedo em Londres leu-me as cartas da Bahia, e* ***não hesito*** *(por isso)* ***em apelar*** *para Sua Excelência, como testemunha das deligências que fiz para chegar ao fim desejado.*

c'. *não se espere de nós outra marcha que não seja a da circunspecção. Afastaremos desta Folha (nós o dizemos francamente à face Universo) tudo o que puder concorrer para a destruição e anarquia.* ***Não hesitaremos em pugnar*** *[empenhar-nos em luta] pelas Autoridades, que por meio do Prélo foram ultrajadas sem razão, e só por que são Autoridades.*

O fato de, nos dados analisados, a construção matriz com o predicado *duvidar* indicar avaliação epistêmica apenas quando associada à sentença objetiva finita pode ser indicativo de que, até o século XIX,[4] a incerteza epistêmica expressa por meio de *duvidar* era aplicada especialmente a proposições, em vez de a eventos, e a sentenças em formato finito, em vez de a sentenças com verbo na forma infinitiva. Isso também pode ser indício de que, para *duvidar*, sua atuação em construções matrizes de avaliação epistêmica se encontrava, na amostra desse período, menos espraiada, porque restrita a um menor conjunto de contextos sintáticos, do que a atuação dos outros predicados analisados.

Essa atuação de *duvidar* em construções matrizes com valor epistêmico restrita a contextos de complementação oracional finita mostra-se convergente com as propriedades do primeiro registro desse predicado em uma construção parentética no *corpus* investigado. A ocorrência em questão, única entre os dados com o predicado *duvidar*, e pertencente também a texto representativo da segunda metade do século XIX, é a mostrada em (21).

(21) [19,2 CL SP] *Senhor Vianna, morador na | rua Casinhas: é elle, que dizendo ser | natural de Portugal, (**o que duvido** | e muita gente, porque parece gallego) | intumesse as bochecha, com o pala- | vrão de – estrangeiro – por ter-se á | pouco segundo dizem, naturalisado | brasileiro*

Observe-se que, na ocorrência de (21), a indicação de incerteza epistêmica aplica-se a uma sentença finita, único tipo de sentença objetiva a que o predicado *duvidar* com valor epistêmico se associa. Além disso, o predicado encontra-se em uma construção relativa parentetizada, e não ocorre em posição parentética independentemente, como seria em: *é ele que, dizendo ser natural de Portugal, **eu duvido**, intumesse as bochechas...* Assim, o fato de *duvidar* não ocorrer, nos dados analisados, como um parentético e ser complementado exclusivamente por oração finita pode ser considerado indícios de seu desenvolvimento incipiente como avaliador epistêmico comparativamente aos demais predicados.

Do mesmo modo que se mostrou para construção com *duvidar*, a ocorrência das construções matrizes com sentenças finitas exibe estreita correlação com a possibilidade de elas ocorrerem em posição parentética nos dados investigados. Entre os tipos de construções matrizes coletados, há algumas que se comportam como epistêmicas associadas apenas a orações finitas, sem que tenham sido encontrados registros dessas mesmas construções com sentença infinitiva ou em posição parentética. Outras construções matrizes funcionam como epistêmicas apenas ligadas a sentenças objetivas finitas e quando em posição parentética, sem que se registrem para elas ocorrências com sentença infinitiva. Construções matrizes pertencentes à primeira classe, restritas ao padrão com sentenças finitas, são as formadas pelos predicados *assegurar, confiar* e *considerar,* todos indicativos de grau alto de certeza epistêmica, como exemplificamos a seguir:

(22) a. [20,1 CP BA] ***Asseguro-te*** *com toda a franca expressão da | minh'alma* ***que*** *emquanto existires | para mim, não saberei amar a outra | mulher comquanto que o meu amor seja | mutuamente correspondido.*
b. [19,2 CP BA] ***Confio que*** *me considerará sempre no rol daqueles [...] | que são dedicados aos bons sentimentos de quem tanto tem| se esforçado sem outro enteresse a cauza publica*
c. [19, 2 A BA] *As vezes* ***considero,*** *Senhor Redactor, -* ***que,*** *nem sempre a riquesa constitue a influencia.*

No grupo do segundo tipo de construções matrizes, as que ocorrem com sentenças objetivas finitas e se encontram em posições parentéticas, estão as formadas pelos predicados *imaginar* e *acreditar*, ambos relativos à expressão de baixo grau de certeza epistêmica. Exemplos com esses tipos extraídos dos dados são mostrados em (23) e (24).

(23) a. [20,1 CP PE] ***Imagino|*** ***que*** *has de estar curioso, como o Henrique quando,| de palleta em punho, me chama para ver esse| quadro, que acabou de esboçar, na nova chapa pho-|tographica revelada de fresco.*
b. [20,1 CP BA] *Fico pensando no que ela pode me dar e antecipada-| mente sofro os choques que* ***imagino*** *estejam reservados para mim.*

(24) a. [20,2 A CE] ***Acredito que*** *os extratos das contas | de luz e água teriam seus custos reduzidos | se não houvesse o canhoto (anexo) para pa- | gar a contribuição.*
b. [19,2 CL SC] *Corre como certo,* ***e devo acreditar,*** *| que em todas as provincias do império | foi acolhida com grande enthusiasmo a | noticia do procedimento honroso do go-|verno e as manifestações patrioticas do | povo fluminense.*

Resguardadas as limitações dos dados impostas por restrições do *corpus* já referidas, essa correlação entre o formato da sentença objetiva e o tipo de funcionamento da construção matriz faz supor que a ocorrência de predicados epistêmicos em posição parentética esteja associada à sua realização com sentenças objetivas finitas e seja independente da ocorrência desse predicado com sentenças infinitivas. Pode-se deduzir ainda dessa suposição a hipótese, que também carece de comprovação a partir de conjunto maior de dados, de que o desenvolvimento das construções matrizes epistêmicas de sentença objetiva para contextos de maior gramaticalização tenha uma mesma fonte, isto é, o contexto de construção matriz com oração objetiva finita. Postula-se, porém, a existência de dois possíveis percursos de desenvolvimento distintos: a ampliação para contextos de oração objetiva infinitiva ou a atuação da construção matriz em posição parentética, com função de advérbio modalizador, conforme esquematizado no Quadro 4.

Quadro 4 – Hipótese de contextos de desenvolvimento de construções matrizes epistêmicas de sentenças objetivas

[construção matriz epistêmica] + [sentença objetiva finita]

[construção parentética epistêmica] [construção matriz epistêmica]
+
sentença objetiva infinitiva

Assim como se observou para construções matrizes com o predicado *duvidar*, também para as formadas com os predicados *presumir* e *supor* a ocorrência em posição parentética não se dá independentemente, mas no contexto de outras construções. Enquanto para *duvidar*, conforme exemplificado em (21), esse contexto é de uma oração relativa que retoma todo o enunciado expresso anteriormente, para os predicados *presumir* e *supor*, o contexto é o de uma adverbial conformativa, como mostram as ocorrências em (25). Considerando-se que não houve, nos dados analisados, outro tipo de ocorrência desses predicados em posição parentética, pode-se supor que o contexto de orações relativas e de adverbiais conformativas seja propício à parentetização pelo menos de alguns predicados em construções matrizes epistêmicas, como é o caso de *duvidar*, *presumir* e de *supor*:

(25) a. [19,1 CR RJ] *ora se nós te- | mos demonstrado (**como presumimos**) incontesta- | velmente, que o Senhor Feijó não era amante do im | perio da Lei, e da Justiça, por isso, que a despre- | sava como poderemos julgar, e mesmo convir, que | elle he republicano de coração?*

b. [18,2 CO BA *E havendo, **como suponho**, madeira de | sóbra para a prezente Carga do Na- || 1v. Do Navio, que ahade transportar para | Lisboa, será muito conveniente, que se sus- penda alaboração d'alguns córtes*

No que diz respeito aos períodos em que se registraram as primeiras ocorrências dos predicados em construções epistêmicas parentéticas, "descolados" de sentenças objetivas, o século XIX foi o período de primeiro registro da maior parte das construções parentéticas investigadas. Em textos representativos desse século, foram identificadas as primeiras ocorrências de construções parentéticas com *acreditar*, *crer*, *garantir* e *pensar*, mostradas a seguir:

(26) a. [19, 2 CL SC] *Corre como certo, **e devo acreditar**, | que em todas as provincias do império | foi acolhida com grande enthusiasmo a | noticia do procedimento honroso do go-|verno e as manifestações patrioticas do | povo fluminense.*

b. [19,2 A RJ] *A Academia de Medicina de Paris he um dos cor-| pos sábios o mais aváro de recommendaçães e de es | timulo, e tanto he que já ha alguns annos que ne-| nhum medicamento novo receb[rasura] a sua approveição. || Devem logo serem accolhidas com toda a benevo-| lencia pelos Senhores medicos, as preparações que | mererecerão tal distincção, e **cremos** presta-lhe um | verdadeiro serviço.*

c. [19,2 CP BA] *O Terencinho está em casa do/ Pai na Estação do Sitio do Meio, **posso/ lhe garantir**.*

d. [19,2 CP PR] *E todas estas es- | peranças, **penso**, não será um sonho.*

Construção parentética com o predicado *imaginar* foi localizada em amostra mais tardia, em texto representativo da primeira metade do século XX. A ocorrência em questão é a que transcrevemos a seguir:

(27) [20,1 CP BA] *Fico pensando no que ela pode me dar e antecipada-| mente sofro os choques que **imagino** estejam reservados para mim.*

O registro mais antigo entre os dados pertence à construção com o predicado *julgar*, em ocorrência parentética presente em texto da segunda metade do século XVIII, transcrita a seguir:

(28) [18,2 CO RJ] *mostro, entrando neste numaro aCappitam de Fragatta,| deEscarbuto, o Tenente do Mar Francisco de Paullo com Sezóis, fican=| do só o Tenente do Mar Joaquim Pedro, para fazer aguarda Cos |tta que* ***julgo*** *hoje receberei o Resto dos mantimentos ea | manhem premetindo=a otempo mefarei avella |[espaço][espaço]Do Porto de São Paulo de Assump= |ção tive a honra de participar a Vossa Excelência o estado daFragata Lo=|anda.* ***ejulgo*** *ja estará em Benguella, por que a deichei Cre=| nada, e aparelhando,[espaço]Com guarnição que me pareceu |competente para servir como embarcação de Guerra.*

Conforme foi esquematizado no Quadro 1 da segunda seção deste capítulo, um conjunto maior de construções matrizes de sentenças objetivas não ocorre em posições parentéticas; elas têm sua ocorrência restrita, nos dados, a construções com sentença objetiva apenas finitiva, ou tanto finita quanto infinitiva. Pertencem a esse conjunto construções matrizes com os seguintes predicados: *achar*, *assegurar*, *calcular*, *confiar*, *considerar*, *constatar*, *desconfiar*, *entender* e *sentir*.

A não ocorrência de algumas dessas construções matrizes em posição parentética pode parecer contraintuitiva tendo em vista a possibilidade de esses tipos ocorrerem no PB contemporâneo, a exemplo de construções parentéticas com o verbo *achar*. Acreditamos, mais uma vez, que em parte esse resultado pode se dever aos tipos de textos disponíveis no *corpus* analisado, possivelmente pouco favoráveis a ocorrências com predicados epistêmicos e em posição parentética. Por outro lado, essa ausência total de dados não deixa de ser indicativa de baixa produtividade dessas construções em função parentética. Para o predicado *achar*, por exemplo, esse fato é ratificado pelos estudos de Casseb Galvão (1999) e de Gonçalves (2003) sobre a gramaticalização de *achar*. Conforme demonstram esses autores, na história do português, o funcionamento de *achar* com valor epistêmico e em posição parentética é o último a se desenvolver e representa, de fato, os casos menos frequentes e mais incipientes de gramaticalização de *achar*. Comparando a evolução diacrônica dos predicados *parecer*, *achar* e *crer*, Gonçalves (2003) mostra que *parecer* e *crer* com valor epistêmico datam respectivamente dos século XIII e XV, e os primeiros registros, para ambos, em construção parentética, são do século XVI, ao passo que o valor epistêmico de *achar* só emerge no século XVIII, e seu funcionamento em construção parentética, somente no século XX.

Embora não se possa captar, com este estudo, detalhes da gradualidade certamente envolvida no desenvolvimento de construções com predicados epistêmicos a funções parentéticas, dois aspectos presentes nos dados chamam a atenção como possíveis resquícios de estágios de desmembramento da construção matriz em função parentética para uma atuação independente da sentença objetiva. Um desses aspectos é a existência de ocorrências, como as ilustradas em (29), nas quais se observa a presença de vírgula entre o predicado da construção matriz e o complementizador *que*, certamente um registro representativo da forte pausa que poderia estar presente entre esses elementos na modalidade falada: um prenúncio da futura separação entre a construção matriz e a sentença objetiva.

(29) a. [19,1 CL PE] ***Achamos,*** *que huma Collonia, que infinitamente excede a Mãe-Pá- | tria em riquezas, em população, e exten- | cão possui em si mesma, huma poderosa | attração para o Soberano.*

b. [19,2 CR PE] *Nào serei um especulador, como os outros?* ***Creio, que*** *estou fóra desta imputação vergonhosa, nào só porque nào preciso do povo, no sentido em que esta precisão aqui se deve tomar, como porque quero a paz, a tranquilidade, a moralidade do povo, a reflexào do povo, e nestas condições o povo saberá bem distinguir os especuladores d'aquelles que o não são.*

c. [19,2 CL CE] *o | coronel Campello, soffreo prisão poucos dias, | cuja captura promovida por autoridade superior á minha, na quelle tempo, effectua- | ra- se* ***creio, que*** *pelo juiz municipal, ou de | direito, que então exercia interinamente, | o negociante Luiz Antonio Ferreira d'Al- | buquerque.*

d. [18,2 CO BA] *Eu me retiro d'esta Villa | no dia 7. do corrente, e não [ilegível] os tante as aper- | tádas ordens, que deixo para serem prezos, | e a carta de oficio, que aeste respeito | fiz em Nome de Vossa Excelencia ao | Capitam Mór d'esta Villa para os prender, | e remeter,* ***duvido*** *muito,* ***que*** *assim seja.*

e. [19,2 CR CE] *Ora,* ***suppomos nós, que*** *em | dias de eleiçaõ naõ fica prohibido a for- | ça publica prender um criminoso, que | apparece, nem recolher a alguém, que | desobedece, ou insulta as patrulhas.*

O segundo aspecto observado, possivelmente ligado ao desenvolvimento como parentético dos predicados epistêmicos em construções matrizes, é a presença de construções nas quais o predicado se conserva na posição de matriz da oração finita, em anteposição imediata a ela, sem que entre ele e a oração, porém, apareça o complementizador *que*, como exemplifica (30), uma ocorrência identificada no século XIX, com o predicado *crer*.

(30) [19,2 CP BA] *Estando Membros d' | alguã Villas, ainda assim tenho feito, que se naõ tenha installado | a Junta, a espera de Sorocaba, que ainda naõ o quiz mandar (apezar | de que está tambem com bons sentimentos) e por que* ***creio naõ devem*** *|* ***tardar*** *as Providencias da Corte, certo porem, que se ellas tardarem, ea | Facçaõ tiver arte, pode tudo attrapalhar, emquanto a Comarca naõ | estiver centralizada devo dar a V. Exa. uma ligeira idea disto ca, e | do mizeravel estado da Capital, e suas dependencias, a concluir, pedindo | se esforce a cooperar por a brevidade dos remedios, e sobre tudo por a es- | colha delles, e sobre as terriveis consequencias, se elles tardarem.* ||

Voltando, por fim, à questão principal que motivou a análise dos dados nesta seção, acerca dos contextos sintáticos e semântico-pragmáticos que favoreceriam o desenvolvimento de construção matriz de sentença objetiva a construção parentética epistêmica, pode-se dizer, em síntese, que um desses contextos é a expressão de baixo grau de certeza epistêmica. Em termos morfossintáticos, esses contextos tendem a ser particularmente contextos de sentença objetiva finita, acompanhada, ou não, a depender do tipo de predicado e do desenvolvimento específico em que se envolve cada construção, de: (i) uso do predicado em construções adjetivas ou adverbiais (especialmente conformativas) em posições parentéticas; (ii) pausa bem delimitada entre o predicado da construção matriz e o complementizador *que*; e (iii) não realização do complementizador entre a construção matriz e a sentença objetiva.

Construções parentéticas epistêmicas originadas de construções matrizes de sentenças subjetivas

As construções epistêmicas com orações subjetivas e objetivas encontradas no *corpus* apresentam comportamento semelhante na medida em que tanto as orações objetivas quanto as subjetivas realizam-se preferencialmente em formato finito e são introduzidas pelo complementizador *que*.

Entre os 16 predicados da construção matriz de sentenças subjetivas encontrados no *corpus*, apenas 5 ocorreram também com sentenças subjetivas infinitivas (*certo, impossível, possível, provável* e *parecer*), enquanto 11 ocorreram exclusivamente com sentenças subjetivas finitas (*claro, evidente, incontestável, inacreditável, lógico, natural, óbvio, [é de] presumir, verdade* e *[é sem] dúvida*). Não foram encontrados nos dados predicados exclusivamente com sentença infinitiva. Como se verifica nas ocorrências de (31) a (35), a avaliação epistêmica permanece a mesma quando a sentença subordinada subjetiva assume o formato finito (casos em (a)) ou infinitivo (casos em (b)).

(31) a. [18,2 CO BA] *contra esse Moço, não rezulta indi- | cio algum, pois* ***hé certo que*** *veio aesta | Villa para conduzir alguãs partidas de sóca*

b. [18,2 CO BA] ***He certo hauer*** *nesta Freguezia, Segundo o meo Rol da des obriga da Quares-| ma do prezente anno* *de 1794*, *cento, quarenta, e quatro Cazaes.*

(32) a. [19,1 CR PE] ***He impossível que*** *huma mudança Politi-|ca operada sob principios taõ solidos naõ continue sempre na mesma direção que | tomou ao principio.*

b. [19,2 CP PE] ***É impossivel*** *em cur|to pedasso de papel* ***nar-|rar*** *tudo quanto tenho sofrido.*

(33) a. [20,2 CR CE] *Como é óbvio, êsses jovens já haviam feito o curso cien- | tífico a fim de poder habilitar-se aos examaes vestibula- | res. Ao matricular-se em cursos que exigem prova de | conclusão apenas de ciclo ginasial estão refazendo o ca- | minho já percorrido.* ***É possível que*** *experimentem um | sentimento de perda, pois três anos é muito demais | para quem não dispõe de muitos recursos para estudar.*

b. [20,2 CR CE] *Os jovens que agora retornam são a melhor prova | de que* ***é possível encontrar*** *alternativas de formação | profissional.*

(34) a. [19,2 CP RJ] ***He provavel que*** *por estes dias| se publiquem as nomeações feitas.*

b. [19,2 CP BA] *o correio- de Domingo,* ***é provavel levar*** *sem| correspondência.*

(35) a. [19,2 CL PE] *Pelo contrato recentemente celebrado,* ***parece que*** *| o governo terá de pagar pelo tempo medio de 7 ho- | ras a quantia de 210 rs. e pela de 8 horas 240 rs.*

b. [18,2 CO BA] *Em comprimento daordem exposta Fis-| Cumprir namesma Forma que Vossa Excelencia me ordena porém a | Respeito dajurisdiçaõ de ouvidor que Vossa Excelencia me comfere,* ***paresse | naõ ser pocivel, que*** *eu possa con tinuar com aseita-| saõ de Vossa Excelencia.*

As construções epistêmicas com sentenças subjetivas caracterizam-se, no entanto, por serem mais empregadas para expressar certeza (necessidade), enquanto as sentenças objetivas são mais acionadas para expressar dúvida (possibilidade). Como já apontado na seção "De construções matrizes a construções parentéticas epistêmicas", dos 16 predicados matrizes de sentenças subjetivas identificados, 12 expressam um alto grau de certeza. Esse traço caracterizador das construções matrizes de sentenças subjetivas se mostra relevante para a análise do comportamento das construções parentéticas delas originadas.

Dos 5 padrões de construções parentéticas epistêmicas localizadas no *corpus*, 4 deles servem à indicação de certeza epistêmica: aqueles originados de sentenças matrizes de orações subjetivas com predicado adjetival (*certo*, *claro* e *lógico*) e com predicado nominal (*verdade*), como mostram as ocorrências em (36).

(36) a. [19,2 A SP] *O pranto* ***é certo*** *nos minora.*

b. [20,1 CP PE] *O dr. Pernambucano | chegará às 15 hrs.; à vista do que o almoço não si realizará, sim o jantar. | Para o qual –* ***é claro*** *– fica mantido o | convite que lhe foi | feito por Ivone.*

c. [20,1 CL CE] *A "Gazeta", que tem em | seu programma a defesa | de todas as classesmdos pó- | bres, dos humildes, dos ne-| cessitados, não poderá, –* ***é lógico***, *– ser indifferente á | precária situação do func-| cionalismo estadoal.*

d. [19,2 CP RJ] *O Sr. Visconde de Tamandaré fal-|tou-me,* ***é verdade***, *em um Aviso, que na opi-|nião d'aquelle Visconde, parecia derogatorio| do ajuste anterior.*

O único caso de construção parentética epistêmica indicadora de possibilidade encontrado no *corpus* tem sua origem em uma construção matriz com o predicado verbal *parecer*, como mostrado em (37).

(37) [20,2 CR BA] *Tudo o quanto se escrever| acerca de Locutores & Ouvin-| tes...* ***parece-me***, *deve ser apre-|ciado em bom sentido.*

Uma primeira observação pode ser feita em relação a esses padrões construcionais: qualquer que seja o tipo categorial do predicado da construção matriz da qual a construção parentética se origina, a perda do complementizador é categórica. Com essa desvinculação das sentenças do complexo oracional, a sentença encaixada torna-se livre, e a construção parentética passa a ocorrer em todas as posições típicas de modificadores adverbiais. Assim, a posição que essas construções ocupam no enunciado determina seu escopo, que pode ser todo o conteúdo proposicional quando ocorrem em posição inicial (38) ou final (39), ou apenas parte dele quando ocorrem em posição medial (40).

(38) [19,2 CR PE] ***é claro***, *dizemos, que se não póde contestar de fórma nenhuma a necessidade da concessão ou de negação do beneplacito*.

(39) [20,1 CP BA] *Dei a Mãinha a carta para ela ler. Não toda,* ***é claro****!*

(40) [20,1 CP PE] *O dr. Pernambucano | chegará às 15 hrs.; à vista do que o almoço não si realizará, sim o jantar. | Para o qual –* ***é claro*** *– fica mantido o | convite que lhe foi | feito por Ivone*.

Como resultado da função modificadora que a construção parentética passa a exercer, observa-se que a mudança de posição revela não só uma mudança de escopo, mas também um encarecimento da sua função interpessoal. Como também já apontado nesta seção, o novo pareamento de forma e sentido constituído pelas construções parentéticas aqui analisadas resulta de um fortalecimento pragmático decorrente de um processo crescente de (inter) subjetivização. Nos termos de Gonçalves (2015), entendemos que construções desse tipo servem a um enunciador que busca dividir com o enunciatário a responsabilidade pela verdade do conteúdo proposicional que veicula. Nesse sentido, as construções parentéticas instauram uma negociação com o enunciatário: ao indicarem diferentes graus de certeza, promovem a adesão do enunciador, e ao indicarem diferentes graus de possibilidade promovem o distanciamento do enunciador; em ambos os casos, busca-se envolver o enunciatário naquilo que Witchmann et al. (2010) denominam *solidariedade no discurso.* Essas construções preservam a função subjetiva dos predicados matrizes de que se originam e ainda somam uma função intersubjetiva, entendida, nos termos de Traugott (2010), como uma expressão de crenças e atitudes do enunciador relativas à imagem que tem de si e de seu enunciatário.

A natureza dialógica dessa nova função que as construções parentéticas assumem deixa marcas prosódicas no enunciado. Como aponta Brinton (1996 apud Traugott e Dasher, 2002) em análise de ocorrências semelhantes do inglês, para demonstrar que o conteúdo é um conhecimento compartilhado, construções desse tipo marcam a saliência de uma parte da informação. Essa porção mais saliente pode ser justamente aquela que o enunciador julga ser conhecida de seu interlocutor, no caso das construções epistêmicas de certeza, ou aquela sobre a qual reside a dúvida do enunciador e para a qual se busca uma aceitação relativizada do enunciatário, no caso das construções epistêmicas de possibilidade.

Em termos prosódicos, a saliência que a construção parentética marca vem representada, na escrita, pelo recurso a vírgulas (41), a travessões (42) ou a reticências (43), que buscam reproduzir as pausas, o aumento de tessitura e a ênfase presentes na fala. É o que se observa nas seguintes ocorrências:

(41) [19,2 CR PE] *A sua carreira politica, **é certo**, foi encetada como adherente ás idéas conservadoras, para as quaes o levaram principalmente as influencias de sua respeitavel familia.*

(42) [20,1 CL CE] *A "Gazeta", que tem em | seu programma a defesa | de todas as classesmdos pó- | bres, dos humildes, dos ne-| cessitados, não poderá, – **é** | **lógico**, – ser indifferente á | precária situação do func-| cionalismo estadoal.*

(43) [20,2 CR BA] *Tudo o quanto se escrever| acerca de Locutores & Ouvin-| tes... **parece-me**, deve ser apre-|ciado em bom sentido.*

No caso das parentéticas originadas de predicados adjetivais e nominais, ainda se observa a possibilidade de a cópula ser dispensada, como mostram as ocorrências em (44) e (45).

(44) [20,1 CL CE] *Desvinculada dos gru-| pos partidarios, - na vossa | expressão, com uma fei-| cão sympathica e inde- | pendente, é que surgiu o | vosso jornal, que virá de, | **certo**, popularizar-se*

(45) [20,1 CL PA] *A uzina de electrecidade que serve a | população com um serviço pessimo, é | uma das taes que consomem a lenha da | municipalidade, sem retribuição oa me- | nos do imposto devido recebendo, ain- | da a quota de centecentos e poucos mil | réis mensalemente ! || Um dos cortumes tambem entra nes- | te ròl. E **claro** com furos assim nas | rendas... não pode ser... E' preciso | providenciar*

Registra-se, nesse sentido, que a possibilidade de dispensa da cópula também ocorre na construção matriz de sentenças subjetivas, como se vê nas ocorrências (46) e (47).

(46) [19,2 CL PR] *Na aurora da vida publica, e completamente bisonho | nas justas parlamentares, **certo que** não supriria pelo | talento a estreitesa da representação do Paraná.*

(47) [20, 2 CL PE] ***Claro** | **que** o prefeito não é culpa- | do, mais é responsável.*

Esses dados nos permitem supor, nos mesmos moldes do que já foi relatado para as sentenças objetivas, que a ocorrência de construções parentéticas epistêmicas esteja associada à sua ocorrência com sentença subordinada finita e seja independente da ocorrência desse predicado com sentenças subordinadas infinitivas. Configura-se, dessa forma, a hipótese, também a ser comprovada em um conjunto maior de dados, de que o desenvolvimento do predicado da construção matriz de sentença subjetiva para contextos de maior gramaticalização tenha uma mesma fonte, com dois possíveis percursos mostrados no Quadro 5.

Quadro 5 – Hipótese de contextos de desenvolvimento de predicados da construção matriz epistêmica de sentenças subjetivas

[construção matriz epistêmica] + [sentença subjetiva finita]

[construção parentética epistêmica]   [construção matriz epistêmica]
+
[sentença subjetiva infinitiva]

No caso específico das construções com predicados adjetivais e nominais, é possível identificar, ainda, um estágio intermediário, em que a construção matriz epistêmica dispensa a cópula, como nas ocorrências (46) e (47).

Embora as restrições do *corpus* não permitam a comprovação dessa hipótese, é fato que esse percurso se coaduna com os períodos de primeiro registro das diferentes construções, como se vê no Quadro 6, em que o aparecimento da construção parentética é sempre antecedido pelo aparecimento da construção intermediária sem cópula, quando presente, e pelo aparecimento da construção matriz epistêmica de sentença subjetiva finita.

Quadro 6 – Primeiro registro das construções parentéticas epistêmicas no *corpus* do PHPB

Predicado (X)		Primeiro Registro					
		Séc. XVIII		Séc. XIX		Séc. XX	
		I	II	I	II	I	II
Certo	[É X] + que	+					
	[X] + que			+			
	Parentética				+		
Claro	[É X] + que			+			
	[X] que					+	
	Parentética					+	
Lógico	[É X] + que				+		
	Parentética				+		
Verdade	[É X] + que		+				
	Parentética					+	
Parecer	[X] + que	+					
	Parentética		+				

Retomando a questão acerca dos contextos que provavelmente favorecem o aparecimento das construções parentéticas epistêmicas originadas de construções matrizes de orações subjetivas, podemos considerar, em termos semânticos e pragmáticos, que as construções parentéticas são, em sua grande maioria, originadas de predicados epistêmicos de certeza. Esses predicados passam a exercer uma função modificadora, estendendo seu escopo da relação subjetiva entre o enunciador e o conteúdo enunciado para a relação intersubjetiva entre o enunciador e o enunciatário, mediada pelo conteúdo enunciado. Em termos morfossintáticos, o contexto favorecedor do aparecimento das construções parentéticas é a construção matriz epistêmica com uma sentença subjetiva finita.

CONSIDERAÇÕES FINAIS

Neste capítulo, apontamos como, na amostra analisada do PHPB, o complexo oracional envolvendo a modalização epistêmica em dois tipos de subordinação substantiva – sentenças subordinadas objetivas e subjetivas – sofre mudanças identificadas com a gramaticalização de suas construções matrizes, cuja natureza semântico-pragmática de seus predicados é o principal fator que as torna construções parentéticas epistêmicas.

Identificamos trajetórias de mudanças muito semelhantes para as construções matrizes dos dois tipos oracionais considerados, a partir de extensões contextuais que tomam por base parâmetros de ordem morfossintática, semântica e pragmática. Para tanto, oferecemos, antes, um panorama geral da modalização epistêmica na subordinação substantiva, a partir do qual mostramos haver uma forte propensão de construções matrizes epistêmicas se combinarem mais com sentenças finitas do que com infinitivas. Identificamos certo equilíbrio, em todas as sincronias, para os dois tipos oracionais na expressão da modalidade epistêmica, além da presença de graus variados de expressão de certeza dependente do tipo oracional considerado: enquanto "possibilidade epistêmica" se correlaciona mais fortemente com construções matrizes de sentenças objetivas, "necessidade epistêmica" ocorre mais em construções matrizes de sentenças subjetivas. Todos esses parâmetros se mostraram relevantes para a formação de construções parentéticas epistêmicas.

Na formação de construções parentéticas epistêmicas originadas de construções matrizes de sentenças objetivas, os seguintes contextos se mostraram favorecedores dessa mudança: (i) a presença de objetivas finitas; (ii) a não realização de complementizador entre a construção matriz e a sentença objetiva, o que confere à construção parentética epistêmica a função de modificadora da sentença ou de apenas parte dela, semelhante à função exercida por advérbios epistêmicos, que gozam de certa liberdade de colocação na sentença; (iii) o uso de alguns mesmos predicados em construções adjetivas ou adverbiais também em função parentética; (iv) o baixo grau de certeza epistêmica expresso pelos predicados das construções matrizes; e (v) a demarcação prosódica da construção matriz, representada, na escrita, por vírgula separando-a da sentença objetiva finita que ela modifica. Os mesmos parâmetros morfossintáticos (i) e (ii) atuantes na formação de construções parentéticas originadas de construções matrizes de sentenças objetivas são coincidentes com a formação das construções parentéticas originadas de construções matrizes de sentenças subjetivas. Diferem, entretanto, as duas formações, nos seguintes parâmetros das construções parentéticas epistêmicas originadas de construções matrizes de orações subjetivas: (i) alto grau de certeza epistêmica; e (ii) dispensabilidade de cópula da construção matriz.

As diferenças apontadas para essas duas origens de construções parentéticas no *corpus* mínimo do PHPB não parecem constituir impedimento para se hipotetizar desenvolvimentos semelhantes para os complexos oracionais de que cada uma das construções se origina, com base, sobretudo, em extensões contextuais graduais, quais sejam: (i) *[construção matriz epistêmica]* + *[sentença finita (objetiva/subjetiva)]* > *[construção parentética epistêmica]* + *[oração independente]*; (ii) *[construção matriz epistêmica]* + *[sentença finita (objetiva/subjetiva)]* > *[construção matriz epistêmica]* + *[sentença infinitiva (objetiva/subjetiva)]*. Na trajetória (i), atuaram parâmetros de gramaticalização que modificam o estatuto categorial da construção matriz, afetando, por consequência, o complexo oracional como um todo, que deixa de constituir relação de subordinação. Na trajetória (ii), atuaram parâmetros que estreitam a vinculação sintática entre as duas construções, em razão da dessentencialização da sentença subordinada.

Em resumo, para o que, de fato, constitui o alvo da mudança principal discutido neste capítulo, deve-se observar que uma construção parentética emerge de um contexto de subordinação sentencial, se, e somente se, existir uma construção matriz epistêmica que lhe dê origem, desfazendo, como consequência, a relação de subordinação sentencial anteriormente existente.

NOTAS

1 Para os propósitos do presente capítulo, tanto as indicações da avaliação do falante feitas a partir do conhecimento (modalidade) quanto as indicações da fonte do conhecimento acionada pelo falante para fazer a avaliação (evidencialidade) estão sendo consideradas como expressão da modalidade epistêmica. Para a discussão sobre as interseções entre modalidade epistêmica e evidencialidade em língua portuguesa, ver Dall'Aglio Hattnher (2007) e Gonçalves (2003).

2 Para uma relação mais completa de tipos semânticos de predicados de sentenças subordinadas substantivas, confira Gonçalves, Sousa e Casseb-Galvão (2008).

3 À época da coleta dos dados, o *corpus* mínimo compartilhado incluía textos impressos, representados por "carta de leitores"(CL), "carta de redator/editoriais" (CR) e "anúncios"(A), e textos manuscritos, representados por "carta privada" (CP) e "carta oficial" (CO). Os autores desses textos são provenientes de 12 localidades do Brasil: Alagoas, Bahia, Ceará, Minas Gerais, Pará, Paraíba, Paraná, Pernambuco, Rio Grande do Norte, Rio de Janeiro, Santa Catarina e São Paulo.

4 Não há ocorrências relativas ao século XX do predicado *duvidar* com sentença infinitiva.

A SUBORDINAÇÃO ADJETIVA

Edvaldo Balduíno Bispo
Angélica Furtado da Cunha

SUMÁRIO

APRESENTAÇÃO

A subordinação adjetiva constitui campo fértil de investigação nos estudos linguísticos. Isso porque ela está presente nas mais variadas línguas existentes no mundo (pelo menos naquelas estudadas), sendo considerada, portanto, um universal linguístico.

Segundo Comrie (1989), a pesquisa sobre universais linguísticos está ligada à descoberta daquelas propriedades que são comuns a todas as línguas humanas. Em sentido estrito, o termo "universal linguístico" refere-se a uma propriedade que todas as línguas têm, como é o caso de elementos que são foneticamente vogais. Mais recentemente, admite-se que os universais linguísticos não são absolutos, mas uma questão de grau ou tendência, de modo que refletem uma propriedade que se manifesta na maioria das línguas (Trask, 2004; Matthews, 1997; Greenberg, 1966). É sob essa perspectiva mais atual que tomamos aqui a oração relativa como um universal linguístico, por entender que ela constitui um recurso de que se valem os usuários das mais variadas línguas para codificar linguisticamente uma necessidade de delimitar, especificar ou comentar o conteúdo de um elemento nominal.

É a universalidade dos usos a que a linguagem serve, nas sociedades humanas, que explica a existência dos universais linguísticos. Como argumenta Bybee (2010), na medida em que as condições de uso da língua são semelhantes de uma cultura para outra, a substância e a forma da gramática também serão semelhantes; na medida em que essas condições diferem, as línguas podem ter gramáticas de diferentes tipos. Nesse sentido, as construções conhecidas como universais linguísticos parecem refletir universais psicológicos e socioculturais que contribuem para o entendimento da natureza do pensamento humano e da interação social (Slobin, 1980).

Neste capítulo, tratamos das diferentes formas de codificação da subordinada adjetiva, de suas propriedades sintáticas, semânticas e pragmáticas e de aspectos cognitivos implicados em seu uso. Consideramos a recorrência às diferentes formas de organização da oração adjetiva em diferentes sincronias do português brasileiro (PB), compreendendo, notadamente, os séculos XVIII, XIX e XX, conforme disponibilidade de dados do PHPB.

Inevitavelmente, revisitaremos a tradição gramatical para apreciarmos o tratamento dispensado ao tópico de que nos ocupamos aqui. Não menos atenção receberão os linguistas e estudiosos que também se debruçaram sobre as subordinadas adjetivas. Nortearão as discussões feitas neste capítulo os seguintes pontos: i) formas de organização da adjetiva empregadas no PB; ii) frequência de uso de cada uma delas em diferentes momentos históricos do PB; iii) motivações semântico-cognitivas e discursivo-pragmáticas implicadas nesses usos; iv) processo de mudança do PB quanto às estratégias de relativização.

Conforme ficou explicitado na "Introdução" deste volume, e segundo indica a sua denominação, a mudança sintática é o foco dos capítulos nele reunidos. Nossa discussão pauta-se, especificamente, na mudança via gramaticalização. Analisamos, assim, se e como a subordinação adjetiva passou por mudança sintática em sua configuração estrutural, considerando as várias estratégias em que ela pode materializar-se.

CARACTERIZAÇÃO DA ORAÇÃO ADJETIVA

Apresentamos nesta seção as propriedades formais, semânticas e pragmáticas da oração adjetiva. Fazemos isso com base no que já se discutiu na literatura linguística sobre o assunto, contemplando tanto gramáticos tradicionais quanto linguistas de variadas orientações teóricas.

Em termos formais, a oração adjetiva, em sua versão desenvolvida, é encabeçada por um pronome relativo (daí a comum denominação oração relativa),[1] podendo ele ser precedido ou não de preposição. Conforme registrado por Perini (2010: 189), essa estrutura oracional compõe-se de

> [...] um nominal (que pode ser acompanhado de determinante e/ou modificador), seguido de um relativo (*que, quem, onde*), seguido de uma estrutura oracional aparentemente incompleta, isto é, faltando um dos complementos. E essa sequência nominal + relativo + estrutura oracional incompleta forma um sintagma nominal.

O trecho destacado em (1) ilustra essa estrutura oracional.

(1) [20,2 D&G Niterói] *Esta estória* ***que eu vou contar*** *aconteceu com um colega de trabalho. Ele era "boy" na firma que eu trabalho, e tinha sempre o costume de chegar cedo no serviço.*

Considerando a composição referida por Perini (2010), temos um nominal (*esta história*) seguido de um relativo (*que*), seguido de uma oração aparentemente incompleta (*eu vou contar*), pois lhe falta o objeto direto. Toda a estrutura forma um SN (*Esta história que eu vou contar*) o qual funciona como sujeito do verbo *acontecer*.

Essa visão de que a oração adjetiva contém uma estrutura “aparentemente incompleta” se alinha ao tratamento gerativista ao interpretar que, nesse tipo oracional, existe uma lacuna na posição original do objeto direto. No caso de (1), essa relação gramatical é desempenhada pelo relativo *que*, movido da posição pós-verbal para o início da oração, deixando um vestígio na posição original. No quadro teórico que adotamos, porém, não há movimento do *que*; a oração já é produzida com a ordenação [relativo + SN + SV]. Desse modo, não há lacuna no exemplo em questão.

Como ilustração de casos em que o pronome deve ser precedido de preposição, segundo a orientação normativa, vejamos (2) e (3):

(2) [19,2 CP RJ] *Os officiaes* ***de que se compo=|em o meo aristocratico Quartel| General,*** *são os Tenentes Coroneis| José Antonio Correa da Camara,| e José Antonio da Silva Lopes; a=|quelle Deputado do Quartel Mes|tre General, e este do Ajudante| General, tendo cada<um> tres officiaes| subalternos empregados nas suas| respectivas repartições; e no meo| Estado Maior, como Ajudantes| d'ordens, o Coronel do Estado| Maior de 2.ª Classe Pedro Pinto| d'Araujo Correa, e Capitão do| 3.º Regimento de Cavalaria Li=|_geira Manoel Antonio da Cruz| Brilhante; Ajudante de Com=|andante do Estado Maior=|*

(3) [20,1 CP RJ] [...] *hoje fui ao cartorio do Gilberto onde encontrei-/me com o Doutor [Gomensoro], e elle mostrou-me a petição* ***que o juiz não podia dar outro despacho,*** *de acordo com o que manda a lei.*

Em (2), o relativo *que* é precedido da preposição *de*, regida pelo verbo *compor-se*. Já em (3), embora o verbo *dar* implique um complemento objeto indireto, a preposição não foi utilizada antes do relativo que desempenha essa função gramatical. Assim sendo, apesar de a tradição normativa prever o emprego de preposição antes do relativo em determinadas funções sintáticas, a exemplo de objeto indireto, complemento relativo e adjunto adverbial, essa preposição não é comumente utilizada, como acontece nesse exemplo.

Quanto à função sintática da própria oração relativa, as gramáticas da língua portuguesa são unânimes em afirmar que ela exerce a função de adjunto adnominal de um substantivo ou pronome antecedente: Cunha e Cintra (1985), Bechara (2009), Rocha Lima (1994), Neves (2000), Mateus et al. (2003). Eis uma amostra:

(4) [19,2 CL RJ] *O Illustrissimo Senhor Doutor Madureira escrevendo- | me varias vezes para Londres forneceu-me | os dados* ***que havia colhido sobre o terreno****, | producção etc. procurando animar-me para | dar começo á empresa.*

A oração destacada em (4) serve como modificador do núcleo nominal a que se vincula (*dados*), especificando-o. Ela atua como elemento periférico no SN de que faz parte, funcionando como adjunto.

Outra questão estrutural apontada por alguns gramáticos diz respeito à presença ou ausência de pontuação separando a subordinada adjetiva do nome antecedente. Essa propriedade é comumente associada à distinção entre adjetivas restritivas e explicativas. Desse modo, a subordinada adjetiva separada por vírgula (ou, mais raramente, por travessão) na escrita é classificada como explicativa/apositiva[2] enquanto a restritiva não se separa do antecedente por sinal de pontuação. Mais do que aspecto formal, essa distinção, contudo, envolve questões semântico-pragmáticas, como veremos adiante.

Com relação à caracterização semântica, destaca-se o valor adjetivo dessas orações subordinadas, uma vez que se enfatiza a possibilidade de equivalência entre um adjetivo simples e uma oração relativa. Assim, por exemplo, encontramos, em Rocha Lima (1994: 268), o seguinte: "*Estas orações,* ***que valem por adjetivos****, funcionam* [...]".[3] Vejamos um exemplo apresentado pelo autor:

(5) *A água é um líquido /* ***que não tem cor****.*

Notemos que a oração destacada equivale ao adjetivo *incolor*, que expressa a mesma ideia que ela.

Outros gramáticos também fazem alusão ao aspecto semântico no trato das adjetivas, mas apenas quando abordam a classificação delas em restritivas e explicativas. Em Cunha e Cintra (1985: 588-589), por exemplo, encontramos as seguintes definições para esses tipos de orações adjetivas:

> **As explicativas** acrescentam ao antecedente uma qualidade acessória, isto é, esclarecem melhor a sua significação, [...] por isso mesmo, não são indispensáveis ao sentido essencial da frase.
>
> **As restritivas**, como o próprio nome indica, restringem, limitam, precisam a significação do substantivo (ou pronome) antecedente. São, por conseguinte, indispensáveis ao sentido da frase.

Assim, no exemplo (6), a oração destacada limita/restringe a significação do antecedente, no caso o vocábulo *homem* (o qual, por sua vez, já vem delimitado pelo determinante *os* e pelo modificador *raros*, além da oração adjetiva); desse modo, a oração em negrito passa a ser necessária à compreensão da cláusula principal no sentido de que informa ao leitor/interlocutor a que grupo de homens se está referindo: aqueles que têm o mundo nas mãos. Em (7), porém, a situação é outra: o antecedente do relativo (*Tio Cosme*) já tem seu campo de significação restrito, por se tratar de nome próprio de pessoa, o que faz com que a relativa que a ele se liga torne-se acessória, servindo apenas para apresentar uma informação a mais (esclarecer melhor a significação do antecedente): Cunha e Cintra (1985: 589).

(6) *És um dos raros homens / **que têm o mundo nas mãos**.*
(7) *Tio Cosme, **que era advogado**, confiava-lhe a cópia de papéis de autos.*

Ainda sob uma perspectiva tradicional da classificação das orações adjetivas, Bechara (2009: 467) faz notar que "*a adjetiva explicativa alude a uma particularidade que não modifica a referência do antecedente e que, por ser mero apêndice, pode ser dispensada sem prejuízo total da mensagem*".

E apresenta o seguinte exemplo:

(8) *O homem, **que vinha a cavalo**, parou defronte da igreja.*

Ao comentar o exemplo, o autor afirma que a oração adjetiva *que vinha a cavalo* denuncia haver um só homem em questão, de modo que a declaração contida na oração destacada pode ser dispensada "sem prejuízo total da mensagem" (Bechara, 2009: 467). No caso de (8a), porém, a situação é outra, como diz o próprio Bechara (2009: 467), pois a relativa demonstra que havia mais de um homem na narração, mas apenas aquele *que vinha a cavalo* parou diante da igreja. Nesse caso, a oração seria *restritiva*, já que delimita ou define melhor seu antecedente.

(8a) *O homem **que vinha a cavalo** parou defronte da igreja.*

Um ponto a ser questionado diz respeito ao fato de que, a rigor, não é a oração adjetiva em si, nesses exemplos, que identifica a existência de um ou mais homens, já que elas são estrutural e semanticamente idênticas. A diferença está no modo como elas são enunciadas, o que corresponde, na escrita, ao uso de sinal de pontuação, no caso a vírgula.

Quanto à caracterização semântica apresentada por linguistas, ela coincide com o que descrevem os gramáticos. Kenedy (2002: 2) mostra que

> [...] a cláusula relativa é uma construção de valor adjetivo ou apositivo que faz referência a um elemento nominal, com o objetivo de lhe delimitar a extensão significativa, restringindo ou comentando o conteúdo semântico nele contido.

Mateus et al. (2003: 655) corroboram o que afirma Kenedy ao dizer que "*as restritivas contribuem para a construção do valor referencial da expressão nominal*". Para as autoras, as adjetivas são explicativas quando explicitam "*um comentário do locutor acerca duma identidade denotada por um SN, o antecedente da relativa*" (2003: 671).

Neves (2000: 375) registra que a oração relativa restritiva introduz uma informação que serve para identificar um subconjunto dentro de um determinado conjunto, como ocorre, por exemplo, em (9); já a explicativa encabeça uma informação que é suplementar, não servindo para identificar nenhum subconjunto dentro de outro conjunto, conforme se verifica em (9a).

(9) *De acordo com um levantamento da Trevisan, as empresas* ***que trabalham em setores mais competitivos*** *conseguiram reduzir seus preços entre 15% e 22% nos últimos dois anos.*

(9a) *De acordo com um levantamento da Trevisan, as empresas****, que trabalham em setores mais competitivos,*** *conseguiram reduzir seus preços entre 15% e 22% nos últimos dois anos.*

Podemos notar que, em (9), não se faz alusão a quaisquer empresas, mas a um grupo específico delas: as que trabalham em setores mais competitivos; ou, nas palavras da própria autora, "*dentre todas as empresas existentes, só teriam conseguido reduzir seus preços, nos últimos dois anos, as que trabalham em setores mais competitivos*". (Neves, 2000: 375). Já em (9a) o mesmo não ocorre: "*não se predica um grupo determinado (particular) de empresas, mas (se) introduz uma informação adicional [...] acerca daquelas empresas de que se fala*". Na verdade, o conteúdo da oração relativa, nesse caso, não está servindo para caracterizar um tipo de empresa em relação a outros, mas para opor as empresas a outra(s) instituição(ões).

Oliveira (2002: 8), em oposição à classificação tradicional das relativas em categorias prototípicas bem definidas (restritivas e explicativas), opta pelo tratamento gradiente delas. Segundo a autora, "*as duas classes – explicativas e restritivas – passam a ser interpretadas como eixos centrais em torno dos quais se situam, em maior ou menor grau, o vasto contingente das adjetivas*".

Propõe ela uma análise das categorias relativas numa escalaridade, partindo de uma estrutura com maior nível de integração sintático-semântica, que apresentaria um maior grau de encaixamento – a restritiva –, até uma estrutura menos integrada do ponto de vista sintático-semântico, e por isso com menor grau de encaixamento em relação à oração principal – a relativa explicativa. Oliveira (2002) trata desse *continuum* em termos de quatro variáveis, que representariam uma escala de integração das relativas, envolvendo tanto aspectos semânticos quanto sintáticos. São elas: informatividade do SN antecedente, fundidade[4] da relativa, pausa e inserção.

Constatamos que a abordagem às relativas feita pelos linguistas mencionados anteriormente não diverge do que dizem os gramáticos tradicionais. Kenedy (2002), Mateus et al. (2003) e Neves (2000) destacam a delimitação da extensão semântica do elemento nominal a que a oração adjetiva se vincula; Oliveira (2001), por sua vez, introduz outro aspecto à caracterização semântica das adjetivas: a ideia de escalaridade na classificação dessas orações.

Com relação ao aspecto pragmático, os compêndios gramaticais costumeiramente não o utilizam na caracterização de elementos linguísticos, incluindo-se nesse grupo as orações relativas.

Segundo Rocha Lima (1994: 268), "*o emprego das orações adjetivas permite que juntemos ao substantivo características mais complexas, para as quais, muita vez, não existem na língua adjetivos léxicos*".

Para ilustrar sua afirmação, ele faz referência à oração relativa presente no exemplo (5), dizendo que ela corresponde, com precisão, ao vocábulo *incolor*. Entretanto, continua o autor, "*debalde [...] procuraríamos um adjetivo isolado, capaz de traduzir exatamente a ideia global contida na oração 'que no vosso espelho caiu', de um período de Ribeiro Couto*":

(10) *Dizei-me, águas mansas do rio / Para onde levais essa flor /* ***Que no vosso espelho caiu****?*

Com efeito, não há adjetivo que possa substituir adequadamente a oração destacada do exemplo anterior, de forma a reproduzir-lhe o conteúdo semântico. Assim, ao mencionar a questão do emprego (uso) da relativa, Rocha Lima (1994), ainda que indiretamente, aborda o caráter pragmático da adjetiva.

Vemos, então, que, do ponto de vista pragmático, há duas situações envolvidas no emprego da oração relativa: no primeiro caso, a relativa poderia, em princípio, ser substituída por um adjetivo equivalente, como em (5); já no caso de (10), não haveria na língua um elemento correspondente ao significado da oração adjetiva. Note-se que, nos dois casos, a oração adjetiva, por tratar-se de uma proposição, acrescenta informações mais abrangentes que um adjetivo.

Numa perspectiva funcionalista do tratamento de fenômenos linguísticos, Kenedy (2002: 3) também registra que a função desempenhada pela cláusula relativa no funcionamento das línguas humanas é a de atribuição de informação a um elemento nominal. Acrescenta o autor:

> Essa função atributiva tem sua motivação nas estratégias de comunicação utilizadas pelos falantes de uma língua, quando se torna necessário codificar, nas formas linguísticas, a informação que se queira transmitir a respeito de um elemento nominal.

Dessa forma, como podemos observar em (11), o informante, ao comentar a mudança na programação da televisão brasileira, mais especificamente das telenovelas, pretende fazer uma avaliação acerca de uma determinada novela (*Pantanal*), e o faz por meio do uso de uma construção relativa. Nesse caso, a oração destacada codifica linguisticamente essa necessidade e intenção do produtor do texto em esclarecer melhor o elemento nominal que ele, provavelmente, julga merecedor de detalhamento.

(11) [20,2 D&G Natal] *Se dermos uma olhada no ano de mil novecentos e noventa, deparar-nos-emos com a novela "Pantanal"* ***que parece ter sido como um marco inicial para essa onda de qualidade*** *que, de repente, vimos passar através de nossos aparelhos.*

Considerando o par restrição/explicação, é possível identificar funções distintas para cada uma das adjetivas. O uso da restritiva atende a uma necessidade de delimitação, especificação do elemento a que o usuário da língua se refere, evitando, por exemplo, que seu interlocutor selecione um elemento diverso daquele em questão. É assim que, em (9), a relativa destacada restringe o conjunto de empresas a que se faz alusão, não permitindo que se imagine tratar, na ocasião, de todas que existem ou de outro grupo de empresas qualquer.

A relativa explicativa traz uma informação que o enunciador considera relevante no contexto da comunicação, como ocorre em (11): para construir sua argumentação sobre a melhoria na qualidade das telenovelas brasileiras, o informante emprega uma oração relativa explicativa[5] de modo a situar uma determinada novela (*Pantanal*) como referência dessa mudança. Seu propósito parece ser persuadir o interlocutor a compartilhar de sua opinião quanto à qualidade da programação exibida pela televisão brasileira.

ESTRATÉGIAS DE RELATIVIZAÇÃO NO PB

Estudos tipológicos sobre as orações adjetivas, a exemplo de Keenan e Comrie (1977), Keenan (1985) e Comrie (1989) apontam quatro possibilidades ou estratégias de que dispõem as diferentes línguas do mundo para codificar a oração adjetiva. São elas: (i) de lacuna (*gapping*), (ii) de retenção pronominal (*pronoun-retention*), (iii) de pronome relativo (*relative pronoun*) e (iv) de não redução (*non-reduction*). No caso do português, são utilizadas as três primeiras estratégias.

A estratégia de lacuna é assim chamada por implicar a ausência, na oração adjetiva, da função relativizada, conforme entendem os gerativistas. Essa estratégia é denominada variante com lacuna por Tarallo (1983) e corresponde à adjetiva da variedade padrão nas funções de sujeito e objeto direto, conforme ilustram (12) e (13):

(12) [20, 2 D&G Rio de Janeiro] *O trunfo serve para cortar o jogo **que está na mesa**, mas só pode ser usado quando o jogador não tiver nenhuma carta do naipe que está sendo jogado.*

(13) [20,2 D&G Rio de Janeiro] *Toda a decoração sou eu quem está fazendo, e eu acho que está ficando legal apesar da grana **que meu pai está gastando**, os móveis são todos da Tok Stok, as luminárias são todas com lâmpadas dicroicas, etc...*

Na interpretação formalista, em (12) e (13), há uma lacuna nas posições de sujeito e objeto direto, respectivamente, dado o não preenchimento, nas orações destacadas, pelos antecedentes *o jogo* e *a grana*. Diferentemente dessa visão, entendemos que essas funções sintáticas, nas adjetivas em foco, são desempenhadas pelo pronome relativo que as encabeça. Referimo-nos a essa estratégia como padrão sem preposição.

Outro tipo de adjetiva de lacuna ocorre quando a função relativizada é preposicionada. Nesse caso, é comum a ausência da preposição regida pelo verbo ou nome. Corresponde ao que Tarallo (1983) denominou *relativa cortadora*, designação amplamente empregada na literatura linguística em língua portuguesa. Nela, segundo o autor, estão ausentes o SN relativizado e a preposição. Em (14), temos ocorrências dessa estratégia.

(14) [20,2 D&G Rio de Janeiro] *Descrever um lugar* ***que gosto****. A sala de minha casa, porque tem um som maravilhoso particularmente adoro música, um aquário* ***que eu mesmo cuido****, com muita presteza* [...]

Em (14), nas duas orações em negrito, não aparece a preposição *de*, regida tanto por *gostar* quanto por *cuidar*. Quanto à função relativizada (complemento relativo, no caso), entendemos que ela é desempenhada pelo pronome introdutor da adjetiva.

A estratégia de retenção pronominal, denominada por Tarallo (1983) de *copiadora* ou de *pronome lembrete*, caracteriza-se por apresentar, na posição do elemento relativizado, um pronome anafórico correferente ao SN núcleo da relativa, como se pode observar em (15).

(15) [20,2 D&G Natal] *... aí tinha uma ... uma vidente ... uma espírita ...* ***que ela ... enrolava o povo sabe?*** *aí ... tem uma parte que ela tá ... falando assim ... tá com os clientes ... né?*

Note-se que, nesse caso, o pronome *ela* reproduz, na oração adjetiva, o antecedente do relativo (*uma espírita*), copiando-o.

Por fim, a chamada estratégia de pronome relativo corresponde, em português, tanto aos casos em que o elemento introdutor da adjetiva é antecedido de preposição, denominada por Bispo (2009) relativa padrão preposicionada (RPP), quanto às estratégias cortadora e copiadora, ilustradas em (14) e (15), respectivamente. Em (16) e (17), ilustramos a RPP.

(16) [20,2 D&G Rio de Janeiro] *... o futuro do país... pô... quem faz... entendeu? somos nós... porque nós é que... botamos as pessoas...* ***em quem nós confiamos lá...*** *entendeu? só que::... não sei o que acontece... sabe? eles... prometem mundos e fundos...*

(17) [20,2 D&G Rio de Janeiro] [...] *então a diretora mandou que ela se calasse e aí aconteceu a discussão* ***da qual se originou a tão falada suspensão****, a garota foi até ao gabinete da diretora só retornando à sala de aula para pegar seu material e sair logo após.*

Observe-se que, tanto em (16) quanto em (17), o pronome relativo funciona como complemento relativo do verbo da adjetiva, daí a anteposição da preposição. Essa estratégia é comumente conhecida na literatura em língua inglesa como relativa "*pied-piping*" (*prepositional pied-piping*). O uso dessa estratégia parece limitar-se a situações de uso mais monitorado da língua, como é o caso da escrita culta formal. Kennedy (2007), a propósito, defende a antinaturalidade de *pied-piping* em português. Segundo o autor, o uso dessa forma de organização da adjetiva resiste por pressão da escola.

Na seção "Motivações cognitivas e interacionais no uso das adjetivas", trataremos de motivações interacionais e cognitivas para o uso de cada uma das estratégias caracterizadas.

VARIAÇÃO E MUDANÇA NAS ESTRATÉGIAS DE RELATIVIZAÇÃO DO PB

Nesta seção, revisamos algumas pesquisas que focalizam as estratégias de relativização no PB. Agrupamos esses estudos em função do viés sincrônico e/ou diacrônico que eles adotam.

Estudos sincrônicos das adjetivas

Coube a Mollica (1977) o pioneirismo do tratamento das relativas no Brasil. Sob a perspectiva da Sociolinguística laboviana, a pesquisadora fez uma investigação das ocorrências de estruturas relativas no português falado na cidade do Rio de Janeiro, mais especificamente por alunos do Curso Mobral.[6]

Objetivando investigar a recorrência à estratégia de relativização com retenção pronominal, ou melhor, relativa copiadora, Mollica (1977) tomou como unidade de análise o uso variável da anáfora pronominal do SN antecedente, conforme ocorre em *O menino* ***que*** *<u>ele</u> estuda aprende.*

Para descrever contextos linguísticos favoráveis ou não ao uso desse tipo de construção, a pesquisadora considerou o apagamento do pronome cópia como regra de aplicação, controlando fatores semânticos e sintáticos. Além disso, para efeito de testagem, reduziu as estratégias de relativização (padrão, copiadora e cortadora) a duas possibilidades: a relativa com cópia e a relativa com apagamento, ou seja, a copiadora e a cortadora.

Como resultado da investigação, Mollica (1977) verificou que, em 92% dos casos, a regra foi aplicada. Contudo, uma vez que ela optou por reunir numa só categoria as estratégias padrão e cortadora, não houve registro de percentuais específicos para cada uma delas, não sendo possível, com isso, saber, por exemplo, se os mobralenses pesquisados produziram relativas padrão, quando em situação de sintagmas preposicionados, ou se eram as cortadoras as que eles preferiam. Entretanto, é possível supor ter havido maior ocorrência da segunda opção, por razões de natureza cognitiva e pragmática, conforme discutiremos na seção "Motivações cognitivas e interacionais no uso das adjetivas".

Mais tarde, a pesquisadora (Mollica, 1977), retomando o estudo sobre as relativas, faz uma investigação comparativa do uso dessas construções no PB em tempo real, considerando um intervalo de quase vinte anos, com dados de 1980 e 2000. Constata a tendência de os sujeitos estarem sendo progressivamente preenchidos, sendo a oração relativa um contexto favorável para a não existência de sujeitos nulos, ou seja, uma tendência de uso da estratégia copiadora com o pronome relativo nessa função. Além disso, ela confirma ainda, com os dados analisados, a tendência de emprego das cortadoras nas funções preposicionadas, como forma de evitar estruturas mais estigmatizadas, como a copiadora, e em conformidade com as conclusões de Gomes (2003) de que o PB vem sofrendo perda no sistema preposicional de alguns verbos, ajustando-se ao sistema de complementação direta.

Em 1983, Tarallo ampliou a investigação feita por Mollica (1977). Em sua tese de doutorado, discutiu o uso das estratégias de relativização, por meio de um estudo baseado na fala de informantes da cidade de São Paulo agrupados em diferentes níveis de escolaridade, destacando, sobretudo, a recorrência às relativas não padrão. Postulou o linguista duas hipóteses básicas para a ocorrência dessas estruturas: uma possível perda de movimento na origem da estrutura e a perda de propriedades pronominais do relativo, que parecia estar assumindo apenas o papel de conectivo.

Numa perspectiva sociolinguística de abordagem do fenômeno, Tarallo (1983) também ampliou o alcance da investigação iniciada por Mollica (1977), contemplando tanto dados sincrônicos quanto diacrônicos. O *corpus* sincrônico compunha-se de dados de fala de quarenta informantes estratificados por sexo, classe social, faixa etária e nível de escolarização, coletados a partir de entrevistas dirigidas e espontâneas. Além desses, Tarallo coletou dados em programas de TV (novelas, documentários, entrevistas, mesas-redondas e bate-papos esportivos).

Para a análise dos dados, além das variáveis sociais, o pesquisador considerou as estruturas de relativização sob três grupos de fatores linguísticos: sintáticos, semânticos e existencialidade/não restrição.

Quanto aos resultados obtidos, os dados sincrônicos mostram os índices mais elevados da estratégia padrão nas posições de sujeito e objeto direto

(89,7% e 97,4%, respectivamente). Isso porque, como ressalva o pesquisador, nessas posições, não se aplica a estratégia cortadora, visto que ela pressupõe função preposicionada. Já neste último ambiente, predomina a cortadora, com 82,2% e 75% para as funções oblíquas e de objeto indireto, respectivamente.

Também sob a perspectiva da Sociolinguística laboviana, foram desenvolvidos estudos sobre as relativas em outras regiões brasileiras. Barros (2000) estudou o uso da relativa cortadora na fala pessoense, tomando como *corpus* uma amostra extraída do projeto Variação Linguística da Paraíba (VALPB), definida na década de 1990. Compõe-se ela de textos produzidos por sessenta informantes, de várias idades e diferentes anos de escolarização, variando de não escolarizados a universitários. A amostra foi colhida em situação de entrevista, a qual consistia de indagações sobre particularidades de cada informante, constantes de uma ficha social previamente distribuída.

A pesquisa considerou uma variável dependente (apagamento da cópia) e sete variáveis independentes, sendo três extralinguísticas (faixa etária, escolaridade e sexo) e quatro linguísticas (animacidade do SN antecedente, especificidade do SN antecedente, distância e função sintática do relativo).

Dos resultados encontrados, interessa dizer que, das 413 ocorrências das relativas no *corpus* pesquisado, 52 (12,6%) eram copiadoras, 164 (39,7%) representavam a estratégia padrão e 197 (47,7%) consistiam de cortadoras. Como é possível ver, tais números mostram a maior recorrência à cortadora sobre as demais estruturas, o que já havia sido encontrado por Tarallo (1983: 207), em seus dados diacrônicos referentes à segunda metade do século XIX, quando as ocorrências daquela estratégia, com o relativo em função preposicionada, haviam entrado em competição com a estrutura padrão, superando-a.

Ainda numa abordagem variacionista, Burgos (2003) empreendeu uma investigação das estratégias de relativização em Helvécia, uma comunidade rural de descendentes afro-brasileiros, localizada no extremo sul do estado da Bahia. O autor se propôs a verificar se os resultados obtidos por Tarallo (1983) se confirmavam na comunidade estudada, partindo, entre outras, das seguintes hipóteses: a relativa cortadora é uma evolução da copiadora e esta uma evolução da relativa padrão ou essas variantes são estruturas de relativização independentes.

O *corpus* analisado constitui-se de dados de fala e faz parte do projeto Vertentes do Português Rural da Região da Bahia e Sergipe. A coleta se deu por meio de entrevista informal, com duração de aproximadamente uma hora, conduzida por um pesquisador auxiliado de um membro da comunidade. A escolha dos informantes considerou, entre outros, os seguintes critérios: o fato de eles serem filhos de falantes nativos e terem nascido na comunidade ou morarem nela pelo menos 75% de suas vidas, além de se encontrarem em faixas etárias distintas, variando de 20 a acima de 60 anos, com escolarização mínima ou não escolarizados e representantes de sexos diferentes. O material de análise tomado por Burgos (2003) se constitui da fala de 18 informantes.

À semelhança de Barros (2000), o autor trabalhou com variáveis linguísticas (tipo da relativa, função sintática do antecedente e do relativo, distância entre o antecedente e a relativa, caráter humano do antecedente, posição da relativa em relação à oração matriz, tipo de relativo empregado) e extralinguísticas (idade, sexo, escolaridade, estada na comunidade).

O pesquisador verificou, no *corpus* investigado, a ocorrência de 569 orações relativas, das quais 366 (64%) eram do tipo padrão, 185 (33%) cortadoras e apenas 18 (3%) copiadoras. Considerando o papel sintático assumido pelo relativo, os resultados encontrados foram os seguintes: nas funções de sujeito e objeto, predominou a estrutura padrão, respectivamente, com 98% e 97% das ocorrências; nas demais funções, preponderou a recorrência à estratégia cortadora, com destaque para os casos de objeto indireto, em que essa estratégia representou 100% de uso.

Da mesma sorte, Pinheiro (1998) estudou o uso das relativas em contextos preposicionados na fala culta de Fortaleza, também sob o olhar da Sociolinguística Variacionista. O pesquisador tomou como variável dependente a estratégia padrão e a relativa cortadora. Como varáveis independentes, foram considerados os seguintes grupos de fatores: função do SN relativizado, preposição requerida pelo verbo ou nome, tipo de verbo quanto à estrutura do complemento, posição da relativa em relação à cláusula matriz, distância da relativa em relação à matriz, posição do vazio na relativa, traços semântico e mórfico do antecedente e estado de ativação do antecedente. O *corpus* utilizado foi o Português Oral Culto de Fortaleza (Porcufort), que consiste num banco de dados constituído nos anos de 1991-1992, nos moldes do projeto Nurc.

No que diz respeito aos resultados obtidos, Pinheiro (1998) constatou a seguinte realidade: do universo de 325 relativas em contextos preposicionados encontradas no *corpus*, 40% foram da estratégia padrão, enquanto a cortadora respondeu por 60% das ocorrências. O autor enfatiza o baixo percentual do emprego da relativa padrão, uma vez que todos os falantes eram cultos. Segundo o mesmo autor, os dados revelam um grau considerável de resistência a esse tipo de construção no português falado em Fortaleza.

Adotando o suporte teórico da Linguística Sistêmico-funcional, Souza (2009) analisou relativas finitas no português contemporâneo, considerando os níveis da oração e do texto, além dos contextos de situação e de cultura.

O banco de dados utilizado compunha-se de textos escritos representativos dos gêneros textuais editorial, artigo, crônica, entrevista jornalística e notícia, além de entrevistas radiofônicas na modalidade oral. O estudo empreendido resultou na identificação de uma gradiência nos tipos de cláusulas relativas: restritivas prototípicas (54%), restritivas não prototípicas (6,1%), não restritivas prototípicas (31,7%) e não restritivas não prototípicas (8,2%). A pesquisadora também realizou análise acústica, de base instrumental, dos dados de fala, o que permitiu correlacionar aspectos sintáticos e prosódicos implicados nos usos das relativas. Segundo Souza (2009), as relativas restritivas caracterizam-se pela ausência de marcas prosódicas, enquanto as não restritivas são caracterizadas pela presença dessas marcas (no caso, um tom de fronteira ascendente).

Em sua pesquisa de doutoramento, Bispo (2009) investigou as estratégias de relativização no PB, com destaque às relativas não padrão. Sob o viés da abordagem denominada cognitivo-funcional, analisou dados de fala e escrita de informantes de três níveis de escolaridade, extraídos do *Corpus* D&G Natal (Furtado da Cunha, 1998) e do *Corpus* D&G Rio de Janeiro (Votre e Oliveira, 1995). As Tabelas 1 e 2 sintetizam quantitativamente os resultados obtidos.

Tabela 1 – Relativas no *Corpus* D&G Natal e *Corpus* D&G Rio de Janeiro, por estratégia e nível de escolaridade, na modalidade falada

Nível	Ens. Fundamental		Ens. Médio		Ens. Superior		Total	
Estratégia	N	%	N	%	N	%	N	%
RPP	6	11,3	2	9,6	10	10,6	18	6,0
Cortadora	44	83,0	146	90,4	78	83,0	268	90,0
Copiadora	3	5,7	3	2,0	6	6,4	12	4,0
Total	53	100,0	151	100,0	94	100,0	298	100,0

Fonte: Adaptado de Bispo (2009: 84)

Tabela 2 – Relativas no *Corpus* D&G Natal e *Corpus* D&G Rio de Janeiro, por estratégia e nível de escolaridade, na modalidade escrita

Nível	Ens. Fundamental		Ens. Médio		Ens. Superior		Total	
Estratégia	N	%	N	%	N	%	N	%
RPP	18	50,0	17	44,7	21	67,8	56	53,3
Cortadora	18	50,0	21	55,3	9	29,0	48	45,7
Copiadora	-	-	-	-	1	3,2	1	1,0
Total	36	100,0	38	100,0	31	100,0	105	100,0

Fonte: Adaptado de Bispo (2009: 84)

Conforme mostram os dados, predominaram as relativas não padrão em funções preposicionadas, com percentual médio acima de 90% nos dados de fala, à semelhança do que se deu em algumas pesquisas anteriores e aqui referidas. Mesmo na escrita, modalidade que normalmente envolve maior monitoramento no uso da língua, o percentual dessas estratégias quase se iguala ao da relativa padrão, segundo demonstra a Tabela 2.

Essa realidade atesta a variação das formas de codificação da oração adjetiva, com preferência pela cortadora, e aponta para a importância de se investigarem, entre outras questões, motivações para o emprego das estratégias não padrão de organização da adjetiva, aspecto de que nos ocupamos na seção "Motivações cognitivas e interacionais no uso das adjetivas".

Estudos diacrônicos das adjetivas

Poucos estudos se detiveram à investigação das adjetivas sob perspectiva histórica. Dentre eles, citamos o de Tarallo (1983) e o de Bispo (2014).

Tarallo (1983) contemplou, em sua pesquisa, a implementação das estratégias de relativização não canônicas. Seu *corpus* diacrônico é composto por cartas e textos literários. A investigação diacrônica revelou que o uso variável das estratégias de relativização se deu aproximadamente na primeira metade do século XVIII. Por volta da segunda metade do século XIX, a cortadora entrou em competição com a estrutura padrão, superando-a. A Tabela 3 quantifica essas informações.

Tabela 3 – Distribuição das estratégias de relativização em função do tempo

Período	1725		1775		1825		1880	
Estratégia	N	%	N	%	N	%	N	%
RPP	99	89,2	89	88,1	73	91,2	63	35,4
Cortadora	1	0,9	4	4,0	6	7,5	106	59,5
Copiadora	11	9,9	8	7,9	1	1,3	9	5,1
Total	111	100,0	101	100,0	80	100,0	178	100,0

Fonte: Adaptado de Tarallo (1983: 207).

Como podemos observar, até a primeira metade do século XIX, havia predominância majoritária da adjetiva padrão nos casos de relativização de função preposicionada, com mais de 90% das ocorrências, ao passo que a estratégia cortadora representava meros 7,5 pontos percentuais. Na segunda metade desse século, porém, deu-se uma "virada" no uso dessas estruturas: enquanto a forma padrão caiu para 35%, a cortadora assumiu a liderança com quase 60% dos casos de orações relativas.

Tarallo (1983) defende que a variação das relativas no PB correlaciona-se a processos anafóricos que ocorrem nas orações matrizes. O autor a associa à regra de apagamento do pronome cópia em todas as posições, bem como da preposição nas funções mais baixas (os sintagmas preposicionais). À medida que o uso dos clíticos diminuiu e o apagamento pronominal se tornou mais frequente na oração matriz, um novo tipo de relativização surgiu – a cortadora. Já a retenção pronominal (pronome-lembrete) sempre existiu como uma das possibilidades estruturais do sistema, embora seja, na maioria dos registros, estigmatizada e, em consequência, empregada em menor escala.

Trabalhando com amostras do *corpus* mínimo do projeto Para a História do Português Brasileiro (PHPB), Bispo (2014) analisa dados de textos manuscritos (cartas particulares) e impressos (cartas de leitores e cartas do redator).

Nas cartas particulares do *corpus* analisado, os dados mostram a predominância da estratégia padrão até a primeira metade do século XX, e um crescente aumento da cortadora, com percentuais de 4,6% e 8,0% na primeira e segunda metades do século XIX, respectivamente; e de 35,4% e 60%, nessa ordem, para as duas sincronias do século XX. O autor frisa, contudo, o pequeno volume textual referente à segunda metade do século XX, o que acarretou um número muito baixo de ocorrências de adjetivas com o relativo em função preposicionada (apenas 5). Não houve casos de copiadora com o relativo em função preposicionada. Quanto ao século XVIII, foi encontrada apenas uma ocorrência de relativização de função preposicionada. A Tabela 4[7] especifica esses quantitativos.

Tabela 4 – Distribuição das estratégias de relativização em função do tempo, em textos manuscritos, *corpus* PHPB

Período	1801-1850		1851-1900		1901-1950		1951-2000	
Estratégia	N	%	N	%	N	%	N	%
RPP	42	95,4	230	92,0	148	64,6	2	40,0
Cortadora	2	4,6	20	8,0	81	35,4	3	60
Copiadora	-	-	-	-	-	-	-	-
Total	44	100,0	250	100,0	229	100,0	5	100,0

Fonte: Bispo (2014: 226).

Quanto aos textos impressos, a amostra apresentou quadro distinto: uma pequena queda da relativa cortadora entre a primeira e a segunda metades do século XIX (de 5,9% para 4,5%) e uma redução expressiva dessa estratégia entre a primeira e a segunda metades do século XX (de 9,5% para 1,5%). Da segunda metade do século XIX para a primeira metade do século XX, o percentual da cortadora mais que dobrou (passou de 4,5% para 9,5%). Novamente, não foi registrada ocorrência da copiadora. Na Tabela 5, é possível visualizar esses dados de forma discriminada.

Tabela 5 – Distribuição das estratégias de relativização em função do tempo, em textos impressos, *corpus* PHPB

Período	1801-1850		1851-1900		1901-1950		1951-2000	
Estratégia	N	%	N	%	N	%	N	%
RPP	64	94,1	182	95,5	67	90,5	66	98,5
Cortadora	4	5,9	9	4,5	4	9,5	1	1,5
Copiadora	-	-	-	-	-	-	-	-
Total	68	100,0	191	100,0	71	100,0	67	100,0

Fonte: Bispo (2014: 227).

Considerando os quantitativos expostos na Tabela 4, Bispo (2014) observa que houve, nos textos manuscritos pesquisados, um aumento significativo da cortadora, a qual chega a responder por mais de 30% dos casos das adjetivas com o relativo em função preposicionada na primeira metade do século XX. Essa realidade confirma, em certa medida, os achados de Tarallo (1983) com relação ao *corpus* diacrônico por ele investigado, conforme resultados da Tabela 3. Quanto aos resultados demonstrados na Tabela 5, entretanto, notamos uma oscilação na frequência dessa estratégia de relativização em termos de redução e aumento de frequência de uso, de modo que seu maior índice percentual não atingiu 10%.

Os trabalhos aqui relatados mostram a ampliação do domínio funcional das adjetivas, com a implementação de outras formas de codificação, como é o caso das copiadoras e cortadoras. A depender dos resultados quantitativos tanto de pesquisas sincrônicas quanto diacrônicas, não houve substituição de uma forma por outra, mas o acréscimo de novas configurações à estrutura canônica existente, com tendência à fixação da cortadora como a estratégia preferida em contextos preposicionados. Esse fato sugere um processo de mudança em curso.

MOTIVAÇÕES COGNITIVAS E INTERACIONAIS NO USO DAS ADJETIVAS

Os trabalhos sobre a variação no uso das estratégias de relativização no PB revelaram a predominância da ocorrência das relativas não padrão, pelo menos nas funções preposicionadas, em que preponderou o emprego das cortadoras com percentuais acima de 70%: Tarallo (1983), Correa (1998), Barros (2000), Varejão (2006), Bispo (2007, 2009 e 2014).

Diante desse quadro, Bispo (2009, 2014) questiona por que razões o usuário da língua portuguesa emprega uma adjetiva como (14) ou (15), em vez de (14a) e (15a). Ou ainda, o que leva alguém a usar (18) em vez de (18a) ou (18b)? Em outras palavras, o autor indaga que fator(es) motiva(m) a recorrência a uma estratégia de relativização em vez de outra(s).

(14a) *Descrever um lugar* ***de que gosto****. A sala de minha casa, porque tem um som maravilhoso particularmente adoro música, um aquário* ***de que eu mesmo cuido****, com muita presteza* [...]

(15a) *... aí tinha uma ... uma vidente ... uma espírita ...* ***que ... enrolava o povo, sabe?***

(18) [20,2 D&G Rio de Janeiro] *No chão tem um tapete todo desenhado (estampado)* ***no qual adoro deitar*** *para relaxar a coluna. Acho que é 'só'!*

(18a) *No chão tem um tapete todo desenhado (estampado)* ***o qual adoro deitar*** *para relaxar a coluna.*

(18b) *No chão tem um tapete todo desenhado (estampado)* ***o qual adoro deitar nele*** *para relaxar a coluna.*

Em busca de resposta(s) a essas indagações, o autor observou o emprego de cada uma das estratégias à luz de alguns princípios funcionalistas para melhor compreensão da escolha feita pelos usuários da língua.

Do ponto de vista estrutural, segundo ele, a RPP é mais complexa que a cortadora por ser mais extensa que esta, envolvendo, pelo menos, um elemento fonológico a mais, no caso a preposição. Comparadas à copiadora, essas estratégias são menos complexas do ponto de vista da estrutura, em virtude da presença da cópia do referente do relativo. As orações destacadas em (19) e (20) e suas correlatas padrão em (19a) e (20a) confirmam isso.

(19) [20,2 D&G Natal] *... deixei minhas malas num lugar seguro lá na rodoviária ... no porta-malas ... lógico ... e ... fui com/tomar um café merecidamente ... um bom café ... comi tudo* ***que tinha direito*** *((risos))*

(20) [20,2 D&G Natal] ... *então quando o cara chegou simplesmente botou chave em todos os corredores ... todas as portas ... fechou ... depois das sete e quinze ninguém entrava mais ... só saía de dez e quinze ... então nós tínhamos um professor* ***que nós não gostávamos dele*** ... *era um professor de mecanografia e ele era louco ... o professor era simplesmente louco ...*

(19a) ... *um bom café ... comi tudo* ***a que tinha direito***.

(20a) ... *então nós tínhamos um professor* ***de quem nós não gostávamos*** ...

Cognitivamente, a RPP também é mais complexa que a cortadora, justamente por envolver a articulação, por parte do falante, e o processamento, por parte do ouvinte, de um vocábulo a mais. A presença desse termo a mais demanda maior esforço por envolver a noção de regência, o que implica trabalho duplo: reconhecer que o termo regente requer preposição e identificar qual será empregada. A relativa em (21) e sua versão padrão em (21a) ilustram esse ponto.

(21) [20,2 D&G Natal] *não ... da pena de morte não ... só assassino ... assassinato eu sou ... porque isso é um crime que não ...* ***que eu não me conformo*** ... *sabe?*

(21a) ... *porque isso é um crime* ***com que não me conformo***.

Como é possível notar, a oração destacada em (21a) requer maior esforço cognitivo, em termos de atenção e tempo de produção e processamento, em comparação com a relativa presente em (21). Além de envolver a presença de uma sequência fonológica a mais em relação a esta, a adjetiva em (21a) implica o conhecimento de que, conforme prevê a norma culta escrita, o verbo *conformar-se* exige a preposição *com*, que, no contexto, antecederia o verbo.

Já com relação à copiadora, a estratégia padrão (preposicionada ou não), embora seja menos complexa estruturalmente (é menor que a copiadora) parece ser mais complexa cognitivamente (pelo menos nos casos de relativização de sintagma preposicional). Em outras palavras, para o caso da copiadora, à maior extensão na estrutura não corresponde maior grau de complexidade cognitiva (Bispo, 2007, 2009). Isso significa dizer, por exemplo, que a oração destacada em (20), embora mais extensa que sua correlata padrão presente em (20a), demanda menor esforço cognitivo em seu processamento, sobretudo porque a presença do elemento correferente do antecedente do relativo (*ele*) deixa mais transparente/clara a relação verbo-complemento. Destaca-se não apenas a maior proximidade entre tais termos, como também a manutenção da linearidade da oração (dado que se conserva a ordenação SVComp), o que não acontece no caso da oração destacada em (20a).

Essa incompatibilidade entre complexidade estrutural e cognitiva, conforme Bispo (2007, 2009), pode explicar-se pelo princípio da expressividade retórica ou da marcação expressiva, proposto por Dubois e Votre (1994).[8] Dado que esse princípio implica equilíbrio nas tarefas de codificação, no caso da estratégia copiadora, a repetição do antecedente do relativo facilita o processamento pelo interlocutor, tanto pela proximidade entre termos da cadeia sintática quanto pela linearidade da estrutura oracional. Desse modo, a maior complexidade estrutural da oração seria compensada por sua maior expressividade.

É preciso reforçar que a troca na posição de termos da relativa também contribui para a complexidade cognitiva na produção e processamento da RPP em relação à cortadora. Uma vez que, na ordenação [SVComp], a preposição sempre sucede o verbo, sua anteposição implica maior custo cognitivo. Tomemos, por exemplo, a organização da estrutura padrão, em que o falante tem conhecimento da moldura semântica do verbo, da qual a preposição faz parte. Assim, para produzir um enunciado como (21a) [...] *isso é um crime com que não me conformo* [...], o falante ativaria seu conhecimento previamente armazenado (Bybee, 2010) sobre (i) a moldura sintático-semântica de *conformar-se*, o que inclui seus argumentos e a preposição que ele rege, e (ii) o rearranjo estrutural da oração, o que implica alteração da ordem dos termos, particularmente do argumento interno (*um crime*) e, por consequência, da preposição que o acompanha.

Por ser mais complexa estrutural e cognitivamente, a RPP é menos frequente que a cortadora, conforme atestam os trabalhos sobre as relativas já referidos. Assim, na perspectiva givoniana de marcação,[9] a primeira estratégia é marcada em oposição ao caráter não marcado desta última. Do ponto de vista da expressividade, porém, a situação se inverte: por se tratar de uma estrutura menos longa e, principalmente, por reduzir o esforço de codificação/decodificação, em nome da eficácia, a cortadora é mais expressiva que a sua correlata padrão, ou melhor, é marcada expressivamente.

Considerando as três estratégias à luz desses princípios (de marcação e de marcação expressiva), é possível estabelecer uma gradiência entre a estrutura relativa mais marcada e a menos marcada. Assim, na perspectiva givoniana de marcação, a cortadora e a copiadora ocupariam os extremos de um *continuum*, respectivamente, como a estratégia menos marcada e a mais marcada, estando a RPP na posição intermediária, conforme Esquema 1.

Esquema 1 – *Continuum* de marcação givoniana aplicado às estratégias de relativização

- marcada	|-----------------------|-----------------------|	+ marcada

cortadora RPP copiadora

Em contrapartida, considerando o princípio da expressividade, teríamos a copiadora como a mais expressiva, a RPP como menos expressiva ou menos marcada expressivamente, enquanto a cortadora ocuparia a posição intermediária, conforme Esquema 2.

Esquema 2 – *Continuum* de marcação expressiva aplicado às estratégias de relativização

- marcada	|-----------------------|-----------------------|	+ marcada

RPP cortadora copiadora

Com relação à iconicidade,[10] a expectativa é que ela coincida com o princípio de marcação, no sentido de que estruturas marcadas sejam mais motivadas iconicamente em relação às correspondentes não marcadas. Em se tratando das estratégias de relativização, é preciso fazer algumas ponderações.

Conforme Givón (1984), as estruturas linguísticas resultam de fatores e pressões diversos, que envolvem, ao mesmo tempo, motivação e arbitrariedade. A dinâmica da gramática de qualquer língua natural subordina-se a motivações competidoras, ora concorrendo para maior clareza, expressividade, ora atendendo a necessidades de eficiência e economia (Haiman, 1985).

Desse modo, para o caso da copiadora, o aumento na estrutura da relativa em comparação à forma padrão justifica-se, no plano do discurso, como necessidade expressiva, estando a relação icônica forma/função associada à facilidade de produção/processamento (confira comentário sobre as amostras (20) e (20a)).

Quanto à cortadora, a motivação que leva o usuário da língua a empregar essa estratégia em detrimento da RPP parece ser de natureza oposta à da iconicidade, no caso o princípio da economia de esforço. Para melhor compreensão, comparem-se as relativas destacadas em (22) e suas correspondentes padrão em (22a).

(22) [20,2 D&G Rio de Janeiro] *o local* ***que eu mais gosto de ficar***:: ... *é um local* ... ***que não dá pra eu ter acesso ... assim ... toda hora*** ... *é lá em Friburgo ... na cidade dos meus pais ...*

(22a) *o local* ***em que mais gosto de ficar*** *é um lugar* ***a que não dá para eu ter acesso toda hora***...

É possível notar que, do ponto de vista do conteúdo proposicional, as relativas presentes em (22) veiculam a mesma informação contida nas RPP correlatas, mostradas em (22a). Ou seja, à maior extensão linguística destas últimas em relação às cortadoras não corresponde aumento de informação. Ademais, não ocorre maior ou menor proximidade entre os termos da oração relativa, tanto nas cortadoras quanto nas RPP desses dados. O que se dá, porém, é uma economia de esforço, que pode ser notada pelo fato de que a cortadora elimina um elemento da relativa, mais especificamente as preposições *em* e *a*, respectivamente.

Assim, do ponto de vista cognitivo, a relativa cortadora implica redução de esforço, tanto na produção (por parte do falante/escritor) quanto no processamento (por parte do ouvinte/leitor) em comparação com sua correspondente padrão, já que esta última envolve não apenas um elemento linguístico a mais, mas também o conhecimento sobre o uso da preposição prevista pela moldura do verbo. Essa estratégia representa, dessa forma, um ganho em rapidez de processamento, em automaticidade (Givón, 1979; Bybee, 2010).

A distância existente entre o verbo e seu complemento, na oração adjetiva, bem como a alteração da ordem vocabular, de [SVComp] para [CompSV] ou [CompVS], contribuem para o enfraquecimento da relação icônica, ou melhor, para a maior opacidade na relação verbo-complemento, o que acaba favorecendo o uso da cortadora ou o emprego de uma preposição diferente daquela prescrita pela norma padrão, conforme é possível ver em (23) a seguir.

(23) [20,2 D&G Rio de Janeiro] *A parte da minha casa* ***em que mais gosto*** *é a sala-de-estar, pois é nela que se tem um cantinho e uma luminária que é ideal para se ler um livro, assistir um filme etc.*

É interessante observar que, na adjetiva em (23), o falante usa a preposição *em*, ao invés de *de*, antes do complemento de *gostar*. Esse uso parece ter sido motivado pelo fato de que o sintagma *a parte da minha casa* designa um local, daí a escolha de uma preposição locativa, que não se vincula ao verbo, mas ao sintagma que a antecede. É plausível supor que, caso a oração aparecesse na ordem direta, o falante usaria *de*, conforme (26a).

(23a) *Eu gosto mais* ***da*** *sala-de-estar (parte de minha casa).*

Quanto ao aspecto comunicativo implicado no emprego das adjetivas, considerem-se as ocorrências (24) e (25), extraídas de dois anúncios publicitários, um da Caixa Econômica Federal e outro do American Express.

(24) [21,1 *Isto É,* 26 nov. 2008] *A caixa tem o crédito* ***que você precisa.***
(25) [21,1 *Veja,* 8 jul. 2009] *Carros* ***que todos sonham****, poucos compram e seis sortudos ganham.*

Nos dois casos, as orações destacadas representam a estratégia cortadora: em (24), ocorre a supressão da preposição *de* (selecionada por *precisar*) e, em (25), há omissão da preposição *com* (selecionada pelo verbo *sonhar*). Apesar de esses fragmentos terem sido publicados em revistas de circulação nacional e de constituírem divulgação oficial da Caixa Econômica Federal e da administradora de cartões American Express, as relativas presentes não atendem ao que prescreve a norma culta escrita. Isso se deve, como já mencionado, tanto a questões sociocomunicativas quanto cognitivas. Em primeiro lugar, trata-se de propagandas e, como tal, objetivam atingir um público cada vez maior a fim de obter a adesão do interlocutor aos serviços oferecidos (linha de crédito e uso de cartão de crédito); em termos comunicativos, os dois exemplos são mais objetivos que seus correspondentes padrão, ilustrados em (24a) e (25a):

(24a) *A caixa tem o crédito* ***de que você precisa.***
(25a) *Carros* ***com que todos sonham, que*** *poucos compram e seis sortudos ganham.*

Cognitivamente, o uso da cortadora implica redução de esforço, em termos de demandar menor tempo de elaboração e de processamento, visto que se elimina um elemento (no caso, a preposição); além disso, retomando a questão do custo cognitivo na construção da relativa, é possível observar que o uso do pronome *que* no início da relativa já garante a conexão entre a oração principal e a subordinada, independente do verbo a ser empregado. Observe-se que, no caso específico de (25), são utilizados três verbos (de regências distintas) e que têm como complemento o mesmo termo: o relativo *que*. O uso da cortadora implica um ganho de rapidez, de economia de elaboração e de processamento: no caso em foco, as três orações em sequência exibem o mesmo padrão estrutural (S + V), além de ser evitada a repetição do *que*.

Fatores discursivo-pragmáticos podem explicar o uso de uma ou de outra estratégia de relativização. Bispo (2014), ao analisar o aumento da estratégia cortadora em cartas particulares, em contraste com cartas de leitor e de redator, elenca diferenças entre esses gêneros textuais que favorecem o uso da cortadora, quais sejam: maior proximidade social entre os correspondentes; maior compartilhamento de conhecimentos/informações e vivências; propósitos comunicativos mais pessoais e voltados à indagação e/ou à manifestação de estados de espírito, condição de saúde, afetividade, pedidos; estilo menos formal; circulação do texto na esfera particular. Eis um dado apresentado pelo autor, que representa uma correspondência trocada entre mãe e filho.

(25) [20,1 CP RJ] *Meu querido filho*
De posse de sua carta que aqui chegou hontem as 6 horas, agora respondo. Fiquei contente de saber que voces estao de saude, e que vem no sabbado ou Domingo. [...]
As noticias que voce tem tido pelo Bebeto, não sabemos como elle as dá, pois é creatura que não vejo, há muito tempo.
Fico a espera das gallinhas, o galinheiro que estava atravancado com umas taboas e cousas velhas, seu pai já preparou para ellas. [...]
O tempo aqui tem estado muito ruim, chuva de invernada, e muito frio. Recebi cartas de São Paulo, estão 40 todos bons. Na carta de seu pai, mandei te pedir para trazer-me um vidro de oleo, é tudo ***que preciso****.*
Sem mais esperando ver voces aqui no domingo peco aceitar muitas saudades e beijos da mai muito amiga.
Helena

É possível observar, na carta transcrita, uma maior proximidade entre os correspondentes, já indicada no vocativo, tanto pelo uso do adjetivo (*querido*) quanto pelo possessivo de primeira pessoa (*meu*), além da informação quanto ao parentesco (*filho*). No corpo da carta, também verificamos que os interlocutores compartilham informações/conhecimentos: veja-se a referência a pessoas (*Bebeto, seu pai*), à vinda do destinatário numa data conhecida (*sabbado* ou *Domingo*), a assuntos cotidianos (estado do galinheiro, pedido de produto de uso pessoal, como o vidro de óleo). O conteúdo da carta também revela essa proximidade social, uma vez que são tratadas questões de foro pessoal, íntimo, familiar (estado de saúde dos correspondentes, aspectos relativos à vida privada, expressão de afeto e de estados de espírito). Tudo isso favorece o uso menos formal da língua, com a recorrência a estruturas não canônicas, como é o caso da relativa cortadora em destaque na carta.

Diante dessas observações e voltando às questões postas no início desta seção, concordamos com Bispo (2009, 2014) no sentido de que a recorrência às adjetivas não padrão em detrimento da RPP, com o relativo em função preposicionada, se deve a motivações tanto discursivo-pragmáticas (tais como necessidade de maior clareza, expressividade, propósitos pragmáticos, situação comunicativa, entre outras) quanto cognitivas (em termos de redução/economia de esforço, rapidez e automaticidade de elaboração e de processamento).

Há ainda que considerar outras formas de organização da oração adjetiva, como é caso das chamadas relativas livres e das estruturas *desgarradas*, que abordamos nas seções seguintes.

RELATIVAS LIVRES

Alguns estudiosos consideram a existência de orações relativas sem antecedente, a exemplo de Rocha Lima (1994), Mateus et al. (2003), Marchesan (2012), Marchesan e Mioto (2014), Keenan (1985) e Nichols (1984).

Rocha Lima (1994: 272) utiliza o termo "relativos condensados" para identificar o uso sem antecedente dos pronomes *que*, *quem*, *quanto*, *onde* e *como*, conforme exemplos apresentados pelo autor:

(26) a. *Diante disso, ele não teve **que** dizer.*
b. ***Quem** tem boca, vai a Roma.*
c. *Perdera no mar **quanto** trazia.*
d. *O carro enguiçou **onde** não havia socorro.*
e. *Veja **como** fala!*

A interpretação do autor é de que, nesses casos, os relativos condensam em si duas funções: uma de termo da oração principal e outra de termo da oração adjetiva. No caso de (26b), por exemplo, *quem* equivale a *aquele que*, funcionando, portanto, como sujeito da oração principal (*aquele vai a Roma*) e sujeito da adjetiva (*quem tem boca*).

Vale ressaltar, entretanto, que nem todos os gramáticos concordam com essa análise. É o caso de Said Ali (1964 [1931]) e Bechara (2009), entre outros. Said Ali (1964 [1931]: 114-115) destaca:

> Em proposições como *quem porfia mata a caça, quem espera sempre alcança*, servimo-nos de um pronome visivelmente destituído de antecedente. Mas como o vocábulo *quem* aí sugere a noção de "homem (ou mulher) que", "alguém que", sentimo-nos propensos a ladear a questão linguística, analisando não já o pronome tal qual em tais frases se apresenta, mas sim o seu equivalente semântico. Esse método condenável, de conciliação forçada, não satisfaz todavia ao espírito quando aplicado a *quem quer que*, expressão ampliativa do mesmo pronome *quem* nestas proposições: *quem quer que o disse: não faças mal a quem quer que te ofenda.*

Sob um viés formalista, Mateus et al. (2003) também reconhecem a existência de relativas sem antecedente. Mostram que elas são um constituinte da oração matriz, com uma função sintática própria (sujeito, objeto direto, objeto indireto etc.) e destacam que os morfemas-Q assumem diferentes funções sintáticas independentemente do papel da relativa em relação à oração matriz. Eis alguns exemplos apresentados (Mateus et al., 2003: 676-677).

(27) a. ***Quem vai ao mar** perde o lugar.*
b. *Convoquei **quantos estão inscritos**.*
c. *Pensei muito acerca de **quanto me disseste**.*
d. *Eu vi ontem **de quem tu gostas**.*

Nesses exemplos, verificamos que a função sintática do elemento-Q (*sujeito*) coincide com a função que a relativa livre desempenha em relação à oração matriz apenas em (27a). Nos demais casos (27b-d), o elemento-Q funciona como sujeito, objeto direto e complemento relativo, respectivamente, ao passo que a relativa atua como objeto direto, complemento relativo e objeto direto, nessa ordem.

Mateus et al. (2003: 677-678) discutem ainda semelhanças e diferenças, em termos formais e semânticos, entre as relativas livres e as interrogativas subordinadas,[11] estas últimas ilustradas em (28a-b).

(28) a. *Ignoro **do que me estás a falar**.*
b. *Pergunto-me **do que gostas realmente**.*

Ainda numa abordagem gerativista, Marchesan (2012) e Marchesan e Mioto (2014) dividem as relativas em dois grandes grupos: relativas com núcleo nominal e relativas livres. Enquanto as relativas com núcleo nominal estão sempre na dependência de um nome (29), as relativas livres (30a) nunca estão na dependência de um nome, que, se está presente, torna a sentença agramatical (32b):

(29) *João conhece a pessoa [que ganhou na loteria].*
(30) a. *João conhece [quem ganhou na loteria].*
b. **João conhece a pessoa [quem ganhou na loteria].*

Segundo os autores, a relativa livre, por não ter um nome como antecedente, deve ser introduzida por pronomes relativos que trazem embutido o que seria o antecedente. São eles: *quem* implica "pessoa"; *o que* implica "coisa"; *quando* implica "tempo, momento"; *onde* implica "lugar"; *como* implica "modo"; *quanto* implica "quantia". Nesse sentido, a descrição apresentada coincide com a proposta de Rocha Lima (1994) quanto aos relativos condensados.

Marchesan e Mioto (2014) concluem que as relativas livres introduzidas por *quem, o que* têm natureza nominal ao passo que *quanto* não tem essa propriedade, por isso, para estar na posição de sujeito, ele ganha um determinante (*o quanto*). Já as introduzidas por *quando, onde* e *como* são inerentemente oblíquas e funcionam como adjunto (adverbial), complemento de preposição ou complemento oblíquo de verbo.

Keenan (1985), num trabalho de caracterização dos tipos de cláusulas relativas que as línguas em geral apresentam, fornece, inicialmente, uma classificação das relativas restritivas, mencionando a existência de dois tipos dessa construção: aquele que apresenta um nome domínio (*domain noun*)[12] expresso, assinalando as relativas com antecedente (*headed relatives*); e aquele que não exibe esse nome domínio ou o exibe dentro da relativa, marcando as relativas sem antecedente (*headless relatives*). O autor demonstra que o nome domínio pode ocorrer dentro ou fora da oração relativa: se ele aparecer fora dela, esta será denominada relativa externa; de outro modo, se o nome domínio estiver dentro da relativa, ela será chamada relativa interna. Os exemplos (31) e (32) ilustram, respectivamente, uma relativa com e sem o núcleo antecedente[13] (Keenan, 1985: 142-143):

(31) ***Yamada-san ga ka't-te i-ru*** *sa'ru*
Yamada-Sr. SUJ *manter-*PART *ser-*PRES *macaco*
"*O macaco que o Senhor Yamada mantém/cria*"

(32) ***Qui primus ad funus venerit*** *ei heres meus* X *milia dato*
Quem primeiro a(o) funeral vir (FUT) *a ele herdeiro meu dez mil dar*
"*Quem primeiro vier a(o) meu funeral, meu herdeiro lhe dará dez mil*"

Nichols (1984), discutindo a falta de tratamento, em estudos tipológicos sobre relativização, das chamadas relativas sem antecedente, apresenta outra tipologia das relativas, tomando por base justamente esse grupo. Essa tipologia baseia-se na posição do que ela chama de marcação da relativa não introduzida por um nome domínio. Segundo ela, essa marcação, indicada pelo símbolo convencional Ø, pode ocorrer na oração principal, assinalando as chamadas cláusulas de marcação na principal (*head-marked clauses*), como ilustrado em (33), do chechen; ou pode dar-se dentro da oração relativa, caracterizando as cláusulas de marcação na subordinada (*dependent-marked clauses*), conforme exemplificado em (34), do japonês.

(33) *[**k'ant-as suona a:xca della**] Ø a:rave:lira*
garoto ERG *me-*DAT *dinheiro-*NOM *deu saiu*
"*O garoto que me deu dinheiro saiu.*"

(34) *Taro: wa* ***[Ø sara no eu ni atta]*** *ringo o totte*
TOP *prato* GEN *em* LOC *estava maçã* OBJ *pegou*
"*Taroo pegou uma maçã que estava num prato ...*"

Essa classificação parece-nos um tanto complicada visto que parte de uma marcação inexistente. Na verdade, supõe-se haver uma lacuna na posição em que possivelmente ocorreria o elemento relativizado (na oração principal) ou um correferente seu (na oração subordinada), usando-se, para isso, o símbolo convencional Ø. Acrescentamos a isso o fato de que, segundo observamos no artigo referido, a autora não deixa claro o porquê de ela considerar as estruturas ilustradas em (33) e (34) como orações relativas, já que, por exemplo, não há um marcador ou algo semelhante que caracterize esse tipo de construção.

Conforme exposto, embora haja divergência entre alguns gramáticos da língua portuguesa quanto à existência de relativas sem antecedente, a maioria dos linguistas reconhece que há construções relativas sem antecedente expresso.

ESTRUTURAS *DESGARRADAS*

O rótulo estruturas *desgarradas*, cunhado por Decat (1999), designa padrões sintáticos que se caracterizam por ocorrerem isolados, à maneira de um enunciado independente. Essas estruturas incluem tanto orações – relativas e adverbiais – quanto unidades não oracionais, conforme os exemplos citados pela autora (Decat, 2011: 73):

(35) *A Alemanha ainda pressionava quando, aos 21 minutos, Ronaldo lutou contra Hamann na intermediária. Roubou a bola. Ela ficou com Rivaldo.* ***Que chutou com força e efeito, à meia altura****. Kahn errou. Defendeu parcialmente, mas a bola voltou para o meio da área e lá estava Ronaldo, o grande Ronaldo.* ***Que empurrou para o gol; 1 a 0****.*

Nessa amostra, as orações em destaque, apesar de retomarem os antecedentes Rivaldo e Ronaldo, apresentam uma ruptura estrutural com a oração precedente, marcada na escrita pelo ponto. Conforme a autora, essas orações são a manifestação sintática da função de focalização, que atribui proeminência discursiva às ações dos jogadores envolvidos, ou aos próprios jogadores (no caso, Ronaldo e Rivaldo).

Seguindo uma abordagem funcionalista, Decat (2011) parte da hipótese de que o uso dessas estruturas representa uma estratégia eficaz para a atribuição de foco a partes do enunciado. A autora descreve a configuração estrutural e as funções textual-discursivas das relativas *desgarradas.*

De acordo com a linguista, essas orações representam estratégias de organização do discurso, não estão integradas estruturalmente com outras e mantêm, com o discurso precedente, uma relação adverbial. Desse modo, as *desgarradas* constituem unidades informacionais à parte, não formando um todo com o discurso/oração antecedente.

Decat (2011: 49) busca evidenciar a diferença entre encaixadas e *desgarradas*, comparando as orações explicativas/apositivas com as *desgarradas*. Estabelece uma relação entre esses dois tipos, postulando serem as adjetivas explicativas (36) e as sem antecedente explícito – *headless relatives* – (37) as mais propícias ao *desgarramento*.

(36) *Um dos passageiros, chinês, desesperou-se. Tentou abrir a porta de emergência assim que anunciaram o assalto. Foi contido sem violência pelos bandidos,* ***que fizeram piada sobre a tentativa de fuga pouco convencional****.*

(37) *Estava sem assunto.* ***O que não deve surpreender ninguém.*** *Afinal, esta é praticamente uma constante. Estou sempre sem assunto. Mas aí tocou o telefone. Era a Adriane Galisteu.*

Conforme Decat (2011: 33), nas adjetivas sem antecedente explícito, o pronome relativo que inicia a oração funciona como um resumidor, o qual se refere a todo o texto anterior e não a um determinado sintagma nominal. Essa função resumidora é um fator semântico que favorece a ocorrência das *desgarradas*, como em (38).

(38) *De posse do formulário, devidamente preenchido* [...], *dirija-se ao Departamento da Polícia Federal portando todos os documentos exigidos.* ***Que não são poucos: carteira de identidade ou certidão de nascimento, prova de quitação com as*** [...]

Amorim (2011) retoma o estudo dessas orações numa perspectiva diacrônica, sistematizando os formatos em dois tipos:[14] as que fazem referência a um sintagma nominal antecedente, representadas pelo arranjo oracional .*QUE + comentário* (39) e as que fazem referência a um bloco de ideias, representadas pelo arranjo oracional .*O QUE + comentário* (40).

(39) [21,1 *O Globo*, 13 mai. 2007] *Por sorte, a vida não me exigiu nenhuma atitude sobre-humana. Fui e sigo sendo uma mãe bem normalzinha.* ***Que acerta, que erra, que faz o melhor que pode.***

(40) [21,1 *O Globo*, 13 mai. 2007] *Quando comecei a ter minha vida, conheci pessoas e saía sem ele. Foi inevitável, no meio de tanta gente interessante, traí-lo.* ***O que acontece desde o namoro.***

Sua análise aponta evidências de que as orações adjetivas não prototípicas são estruturas com alto grau de independência sintático-semântica. Segundo a autora, a independência sintática se deve à menor vinculação entre esse tipo de adjetiva e a oração matriz a que se liga, já que dela se afasta por uma pausa mais longa representada pelo ponto. A independência semântica, por sua vez, reside na força ilocucionária dessas orações.

Para Amorim, a motivação básica para a ocorrência de adjetiva não prototípica relaciona-se à tipologia textual (argumentativa) e ao propósito do escrevente de enfatizar o comentário subsequente, alterando o fluxo de atenção do leitor.

É preciso considerar, contudo, que os padrões oracionais investigados são preferencialmente estratégias de língua escrita. Assim, a distinção entre adjetivas explicativas e as *desgarradas*/não prototípicas se apoia basicamente na presença de um sinal gráfico (ponto) em vez de outro (vírgula). Essa distinção, contudo, não se circunscreve à modalidade escrita, conforme Souza (2009) atestou com dados de língua falada. A autora verifica a relação entre pontuação e prosódia, representada, nas relativas não restritivas prototípicas, por um tom de fronteira ascendente e não necessariamente por uma pausa, como tradicionalmente é posto na literatura.

Outro aspecto que merece comentário é a menor vinculação semântica alegada por Decat (2011) e Amorim (2011). Isso porque, como pode ser visto nas ocorrências apresentadas pelas autoras, tanto nas explicativas quanto nas *desgarradas*/não prototípicas, o pronome relativo retoma um sintagma nominal ou bloco de ideias presente na oração imediatamente anterior. Significa que há vinculação semântica entre as *desgarradas*/não prototípicas e a oração que as antecede.

ESTATUTO GRAMATICAL DO *QUE*

Não é consenso, na literatura linguística recente, a classificação morfológica do elemento introdutor da oração adjetiva. Alguns estudiosos atribuem ao *que* que inicia a adjetiva copiadora e a cortadora um papel de mero juntor oracional. Outros o analisam como pronome relativo, com função tanto anafórica quanto conectiva.

Exemplificam a primeira posição linguistas de duas vertentes teóricas: de um lado, gerativistas como Tarallo (1983), Brito (1991) e Kenedy (2007) interpretam o *que* como complementizador, um simples articulador de orações; de outro lado, seguidores da Gramática Discursivo-Funcional, a exemplo de Dik (1987a, b) e Camacho (1999), entendem esse elemento como um marcador de relativização, servindo para indicar o estatuto subordinado da oração adjetiva. Nos dois casos, haveria semelhança formal entre as adjetivas não padrão e as orações completivas, como se pode ver em (41) e (42), que exibem a configuração QUE + S + V + OD.

(41) [20,2 D&G Natal] *... que foi violado por ... por ser humano porque parece é ... ainda ... ainda selvagem aquele lugar ... então é ... nesse di/ nesse dia* ***que a gente foi fotografar a Via Costeira*** *... nós começamos ali próximo daquele ... primeiro hotel depois o Farol de Mãe Luiza ...*

(42) [20,2 D&G Natal] *No dia 19 de setembro, fui visitar uma amiga de Itaguatiara que ganhara um filho. Chegando lá, encontrei no portão da casa seu marido um pouco aborrecido. Ele não permitiu* ***que eu visitasse Rosana****.*

Vale observar que essa semelhança se dá quando se comparam apenas as orações encaixadas, ambas introduzidas por *que*. Se considerarmos, entretanto, a oração complexa, a semelhança desaparece, dado que a completiva se vincula a um verbo ao passo que a adjetiva se associa a um nome. Outra diferença diz respeito à possibilidade de a oração adjetiva vir inserida na oração matriz, como em (43).

(43) [20,2 D&G Natal] *A cidade* ***que eles deveriam ir*** *era Recife e permaneceriam por lá durante um dois dias - tempo que seria o suficiente para o seu patrão resolver todos os compromissos.*

A interpretação do *que* como complementizador ou marcador de relativização fundamenta-se no entendimento de que esse termo passou por um processo de gramaticalização, perdendo suas propriedades pronominais. Na passagem do latim para o português, ocorreu um processo de uniformização das conjunções usadas na subordinação. Assim, além de assumir um valor universal, já na função de pronome relativo, a forma *que* teria herdado os valores de *quod*, assumindo também o valor de conjunção não só na introdução de orações completivas, mas outros valores, como o causal, o consecutivo, o final (Brito, 1991).

De modo semelhante, Silva e Lopes (2007) discutem a gramaticalização de *que*. Com base no papel da frequência na gramaticalização (Bybee, 2003), elas defendem a hipótese de que a repetição da estratégia cortadora, associada à frequência de uso das relativas na função de sujeito, acionou o processo de gramaticalização ou despronominalização do *que*. Nesse sentido, a sequência estrutural da cortadora teria se automatizado como uma única unidade de processamento. O resultado seria, portanto, a ritualização ou rotinização dessa estratégia.

A outra posição entende que, mesmo nas estratégias copiadora e cortadora, o elemento *que* funciona como um pronome relativo, retomando, na oração adjetiva, o termo antecedente e garantindo a articulação entre a oração matriz e a subordinada. Mantém, portanto, as propriedades anafórica e conectiva. Nesse sentido, Kato (1996) sustenta que a oração relativa é sempre encabeçada por um pronome relativo, argumentando que, nas relativas não padrão, a posição de tópico é relativizada. Câmara (2015) segue direção relativamente distinta, assumindo que o próprio pronome relativo desempenha a função de tópico, preservando seu papel anafórico, independentemente da estratégia de relativização utilizada pelo falante.

(44) [20,2 D&G Rio de Janeiro] *eh... foi com um colega meu... que aconteceu... ele teve me contando... que... era um cara* ***que ele gostava pouco de cortar cabelo****... né? ele ia poucas vezes no barbeiro... né?*

Em (44), para Kato (1996) e Câmara (2015), o *que* desempenha função de tópico e retoma anaforicamente o antecedente *um cara*. Além disso, promove a articulação entre as orações *era um cara* e *que ele gostava pouco de cortar cabelo...*, comportando-se, assim, como pronome relativo.

A discussão acerca do estatuto gramatical do *que*, independentemente da posição assumida, tem impacto na análise da oração que esse elemento introduz. Se ele não for considerado pronome relativo, qual a classificação da oração por ele encabeçada? Se entendido como pronome relativo, a questão recai sobre as razões para a existência de estratégias distintas para codificar o mesmo domínio funcional, contrariando, assim, o princípio de economia linguística.

CONSIDERAÇÕES FINAIS

Estruturas que são atestadas em línguas de famílias distintas têm atraído o interesse de pesquisadores pelo fato de que, entre outras coisas, essas estruturas refletem mecanismos cognitivos e comunicativos comuns a pessoas de diferentes culturas. Este parece ser o caso das orações relativas, objeto de estudo deste capítulo.

Nessa direção, procedemos à caracterização das orações adjetivas sob os vieses sintático, semântico e pragmático, com base no que dizem tanto gramáticos tradicionais quanto linguistas de variadas orientações teóricas. Em seguida, contemplamos as diferentes formas de configuração da adjetiva no português, a saber: a relativa padrão (com ou sem preposição), a copiadora e a cortadora, além das estruturas *desgarradas* e das relativas livres.

Tratamos de estudos sincrônicos e diacrônicos que investigaram as adjetivas. Por um lado, esses estudos atestam a coexistência de formas diferentes de codificação do mesmo domínio funcional; por outro lado, comprovam o aumento da frequência de uso, e consequente fixação, da estratégia cortadora.

Analisamos, ainda, motivações cognitivas e discursivo-pragmáticas envolvidas na recorrência às formas de organização da adjetiva, as quais incluem economia, menor custo cognitivo (quer do ponto de vista da elaboração, quer na perspectiva do processamento), expressividade, propósito comunicativo, proximidade/distância social entre os interlocutores.

Consideramos também as relativas livres, que não apresentam antecedente expresso, e as chamadas estruturas *desgarradas*, as quais compreendem padrões sintáticos que ocorrem isolados, como um enunciado independente.

Por fim, discutimos o estatuto gramatical do QUE, sob diferentes pontos de vista, contemplando duas interpretações para esse elemento: pronome relativo ou mero articulador oracional.

O que expusemos aqui sobre a oração adjetiva indica que, de fato, temos um campo fértil de investigação. Nesse sentido, há diferentes possibilidades de abordagem teórica do fenômeno, conforme mostramos neste capítulo. As explicações apresentadas sobre as estratégias alternativas de codificação da adjetiva se baseiam em evidências empiricamente atestadas. O uso dessas estratégias reflete a disponibilidade de recursos linguísticos para codificar o recorte referencial de um elemento nominal ou um comentário sobre ele. Ao mesmo tempo, aponta para o processo de mudança nas estratégias de relativização ao longo da história do português brasileiro.

NOTAS

1 Neste texto, usamos indistintamente *oração/cláusula adjetiva* e *oração/cláusula relativa*.

2 O uso do termo apositiva em referência à oração adjetiva explicativa não é consensual entre os linguistas.

3 Transcrevemos aqui apenas o trecho que traz a caracterização da relativa do ponto de vista semântico.

4 A noção de fundidade está relacionada à menor relevância do conteúdo da oração que atua como atributo. Nos casos de aposição ou explicação, por exemplo, a informação da relativa é secundária, justamente porque o grau de informatividade do elemento nominal a que ela se liga é maior. Portanto, a fundidade da relativa liga-se intimamente à informatividade do SN antecedente numa relação diretamente proporcional: quanto maior a informatividade do antecedente, maior a fundidade da oração relativa.

5 Nesse caso, especificamente, apesar de o antecedente do relativo já vir recortado semanticamente, uma vez que se trata de nome próprio, a oração relativa é de grande relevância ao contexto, pois é a partir dela que se desencadeia a explicitação do ponto de vista do autor do trecho sobre a qualidade da programação da TV brasileira.

6 O Movimento Brasileiro de Alfabetização (Mobral) foi um programa de alfabetização de jovens e adultos desenvolvido entre as décadas de 1960 e 1980.

7 Dada a única ocorrência de oração adjetiva com o relativo em função preposicionada no século XVIII, o autor optou por não contabilizá-la na tabulação dos dados.

8 Segundo os autores, o princípio da expressividade ou marcação retórica é cognitivamente motivado em termos de expressividade e eficácia. Diferentemente do que acontece com a marcação tal como é tratada pela tradição linguística, um procedimento discursivo marcado expressivamente pode: i) ser menos elaborado e menos longo; ii) ser mais frequente; iii) reduzir ou anular o esforço de codificação (Dubois e Votre, 1994. Digitado).

9 De acordo com Givón (1990), uma estrutura marcada envolve maior complexidade estrutural (maior extensão da forma linguística), maior complexidade cognitiva (em termos de demandar mais tempo de elaboração e processamento) e menor frequência de uso. Já a estrutura não marcada correspondente exibe as propriedades opostas.

10 O princípio de iconicidade prevê um isomorfismo entre estruturas morfossintáticas e suas funções semânticas e/ou pragmáticas correspondentes (Givón, 1990). Ele compreende três subprincípios, a saber: *quantidade* de informação (segundo o qual quanto maior a quantidade de informação, maior a quantidade de forma linguística); *proximidade* entre os constituintes (o qual preceitua que os conceitos mais integrados no plano cognitivo se apresentam com maior grau de ligação morfossintática); e *ordenação linear* (que estabelece que os constituintes se ordenam, no tempo e no espaço, conforme pressões cognitivas).

11 As diferenças sintáticas entre relativas livres e interrogativas subordinadas incluem o atendimento ou não ao requisito de *conformidade categorial* e o comportamento referente a certos fenômenos de extração. Entre os aspectos semânticos que distinguem esses dois grupos de orações está o fato de que, nas relativas livres, os elementos-Q são semanticamente equivalentes a variáveis existencialmente quantificadas ou universalmente quantificadas. Para mais detalhes, ver Mateus et al. (2003: 678-681).

12 O termo *domain noun* refere-se ao núcleo antecedente cujo campo semântico é limitado/restringido pela oração relativa.

13 O exemplo (31) é do japonês e (32) do latim, ambos extraídos de Keenan (1985).

14 Decat (2001) identifica 14 possibilidades de estruturas adjetivas explicativas/apositivas.

ORAÇÕES DE TEMPO, CAUSA E CONDIÇÃO AO LONGO DOS SÉCULOS XVIII A XXI

Maria Luiza Braga
Maria da Conceição de Paiva

SUMÁRIO

APRESENTAÇÃO

Este capítulo focaliza as orações hipotáticas de tempo, causa e condição, três relações semânticas estreitamente inter-relacionadas. Procuramos identificar, no período compreendido entre os séculos XVIII e XXI, as alterações no conjunto de elementos conectores para cada uma dessas relações e as possíveis mudanças nas propriedades morfossintáticas e semântico-discursivas das orações que eles encabeçam. O nosso objetivo central é discutir as seguintes questões:

a. As orações de tempo, causa e condição experimentaram algum processo substantivo de mudança a partir do século XVIII?
b. Como e em que medida o aumento na frequência de uso de uma dada construção conectiva se interliga à existência de outras construções funcionalmente equivalentes?
c. Em que medida a análise diacrônica das construções conectivas temporais, causais e condicionais fornece evidências para uma discussão de alguns princípios relativos a mudanças na organização de períodos complexos?

Com vistas a responder as questões anteriores, as orações complexas de tempo, causa e condição são analisadas em amostras dos gêneros textuais cartas e anúncios. As cartas dos séculos XVIII e XIX incluem diferentes subgêneros: cartas privadas (CP), cartas de administração pública (CAP), cartas oficiais (CO), cartas de redatores (CR), cartas de editores (CE), cartas de leitores (CL). A amostra representativa dos séculos XX e XXI limita-se a cartas de leitores publicadas em jornais de grande circulação no Rio de Janeiro, mais especificamente no *Jornal do Brasil* e n'*O Globo*.[1] Elas se distinguem das primeiras por não se dirigirem a um destinatário específico e estarem sujeitas ao crivo dos procedimentos editoriais.

Na análise das orações complexas de tempo, causa e condição procuramos manter o máximo de homogeneidade, analisando-as todas sob o prisma das mesmas propriedades. Dada, porém, as especificidades de cada uma destas relações semânticas, cada subparte diverge em parte da arquitetura geral do capítulo.

Com o objetivo de fornecer um quadro teórico que sustente o exame das orações complexas em tela, discutimos brevemente, na primeira seção, alguns aspectos relativos aos processos de combinação de orações. Nas três seções seguintes focalizamos, respectivamente, as orações de tempo, causa e condição. Por fim, na última seção, comparamos as tendências depreendidas para cada um dos tipos oracionais, com o objetivo de destacar as regularidades atestadas e verificar a instabilidade ou estabilidade na configuração dos períodos complexos que instanciam as relações semânticas consideradas.

ORAÇÕES HIPOTÁTICAS NUMA PERSPECTIVA FUNCIONALISTA

As construções focalizadas neste capítulo são classificadas por nós como hipotáticas, rótulo que, no século XIX, equivalia ao de subordinação. No século XX, Halliday (2004) emprega este termo para identificar as orações caracterizadas pelos traços [+dependência] e [-encaixamento], distinguindo-se, portanto, tanto das orações paratáticas como das encaixadas. Ainda de acordo com o autor, as paratáticas são independentes, ou seja, apresentam os traços [-dependência] [-encaixamento]; as orações encaixadas, por seu turno, caracterizam-se pelos traços [+dependência] [+encaixamento]. Nesta perspectiva, dependência é uma propriedade morfossintática e tem a ver com a finitude do predicador verbal ou presença de um conector. Matthiessen e Thompson (1988), retomando Halliday, salientam a distinção entre hipotaxe e subordinação e ressaltam que as orações subordinadas funcionam como um constituinte da oração matriz, enquanto as hipotáticas funcionam como satélites vinculados a um núcleo.

Halliday (2004) propõe, ainda, que o estudo das orações complexas tem que distinguir o eixo das relações táticas e o das relações lógico-semânticas por elas instanciadas, uma vez que diversas possibilidades resultam da combinação entre eles. Se considerarmos que as orações podem ser dependentes sem serem encaixadas em uma matriz, obtemos uma descrição mais detalhada que permite superar alguns dos obstáculos decorrentes da dicotomia coordenação *vs.* subordinação. Além disso, podemos dar conta das correlações entre tipo formal de oração e relação semântica, já que, em princípio, uma mesma relação semântica pode ser expressa por processos sintáticos diferentes (ver também Croft, 2001).

A necessidade da distinção ternária brevemente colocada anteriormente é retomada por Hopper e Traugott (2004), com o objetivo de explicar mudanças nos processos de combinação de orações. Embora com uma denominação um pouco distinta (coordenação, subordinação, co-subordinação), Foley e Van Valin (1984) e Van Valin (1993) também defendem um tratamento tripartite das orações complexas.

Na perspectiva de outros autores funcionalistas, [+dependência] e [-dependência] constituem polos opostos de um *continuum* no qual se podem identificar orações com diversos graus de integração. Lehmann (1988), por exemplo, defende que as possibilidades de junção de orações envolvem graus distintos de degradação hierárquica das orações, dessentencialização da oração, gramaticalização do verbo principal; entrelaçamento das orações; explicitude do elo interoracional, entre outros.

O tratamento das orações complexas com base em critérios puramente formais se mostra insuficiente por não levar em consideração diversos aspectos discursivo-pragmáticos. Cristófaro (2003), por exemplo, baseada em Langacker (1991), defende que uma caracterização mais adequada de subordinação precisa levar em conta aspectos ligados principalmente à força assertiva ou não assertiva das orações. Oração subordinada é aquela que não possui força assertiva própria; orações não subordinadas, por outro lado, possuem uma força assertiva própria. Croft (2001), por sua vez, propõe a distinção entre sentenças com figura complexa e sentenças figura-fundo. O autor enfatiza que a distinção entre figura e fundo decorre de uma assimetria de contraste baseada em princípios perceptivos naturais, vale dizer a organização da informação, como proposto pela Gestalt. A oração que ele denomina subordinada adverbial (rotulada de hipotática neste trabalho) é aquela que expressa um evento que é concebido como a base (*ground*) para o evento que é expresso pela outra oração (*figura*).

As orações complexas que constituem nossa base de dados foram identificadas a partir de critérios formais e semântico-pragmáticos: todas elas são conectivas e admitem uma leitura predominantemente temporal, causal estrita ou condicional, embora certos conectores em contextos específicos permitam a emergência de outros valores semânticos. Interessa-nos verificar se uma certa superposição entre as noções de tempo, causa e condição se reflete em uma proximidade de suas propriedades formais.

ORAÇÕES DE TEMPO A PARTIR DO SÉCULO XVIII

A relação de tempo

As gramáticas do português, ao considerarem as orações temporais se referem às subdimensões deste espaço semântico, concordando quanto à sinalização das noções de anterioridade, posterioridade e simultaneidade do estado de coisas da oração hipotática em relação ao estado de coisas da oração nuclear. A lista das subespecificações temporais é ampliada por Castilho (2010a), que arrola, também, o tempo progressivo, e por Bechara (1999), que distingue posterioridade imediata, tempo frequentativo, tempo concomitante, tempo limite terminal.

No registro escrito do português brasileiro (PB), o espaço semântico da relação temporal que se instaura entre as partes constitutivas de uma oração complexa pode ser segmentado em superposição ou simultaneidade coextensiva, anterioridade, anterioridade imediata, posterioridade, limite temporal, e recorrência.

Orações de tempo a partir do século XVIII

Na modalidade escrita, nos gêneros e tipos textuais em análise, é possível identificar um conjunto de conectores diferenciados associado a subespecificações temporais distintas que se mantêm relativamente estáveis ao longo dos séculos analisados. As construções que sinalizam a relação semântica de tempo já se encontram todas gramaticalizadas como conjunções ou locuções conjuntivas antes do século XVIII, limite temporal a partir do qual iniciamos nosso exame. Elas não são imutáveis, todavia, algumas se caracterizando por certa polifuncionalidade semântica e sintática (Kortman, 1997), como será mostrado adiante. Nos documentos em estudo foram identificados os seguintes conectores:

Tabela 1 – Distribuição dos conectores de tempo ao longo dos séculos XVIII a XXI

	Séc. XVIII	Séc. XIX	Séc. XX	Séc. XXI
Quando	46 58,94%	13 52%	16 72,72%	17 60,71%
Enquanto	11 14,10%	1 1,28%	2 9,09%	7 25%
Antes que	1 1,28%	1 1,28%	1 4,54%	-
Antes de	4 5,12%	1 1,28%	1 4,54%	0
Depois que	3 3,84%	1 1,28%	-	1 3,57%
Depois de	7 8,97%	3 3,84%	1 4,54%	0
Assim que	1 1,28%	2 2,38%	-	-
Logo que	5 6,41%	0	-	0
Agora que	-	-	-	1 3,57%
Sempre que	-	0	1 4,54%	1 3,57%
Toda vez que	-	-	-	1 3,57%
Cada vez que	-	1 1,28%	-	0
Desde que	-	2 2,38%	-	-
TOTAL	78	25	22	28

Quando responde por pouco mais da metade das ocorrências nos dois primeiros séculos, emprego que tende a aumentar de forma significativa nas décadas seguintes. Já era de uso recorrente no latim, segundo Barreto (1999), que, fundamentando-se em Rubio (1983) e Bassols de Climent (1956), sustenta que este conector provém da junção de *quam* (relativo) + *-do* (preposição indo-europeia). Essa conjunção serve, não marcadamente, à sinalização de superposição temporal entre eventos como se ilustra em (1), mas sua utilização não se circunscreve a essa acepção. A depender da correlação modo-temporal entre os predicados hipotático e nuclear e das relações semântico-pragmáticas que se instanciam entre as orações interligadas por ela, outras leituras podem ser atribuídas às orações introduzidas por *quando*. Os trechos seguintes exemplificam a compatibilidade com a relação semântica de condição (2), causa (3) e concessão (4):

(1) [18,1 CO RJ] *Detodas estas declaraçoens não pude tirar clareza alguma, que mefizesse desvanecer asuspeitas que Logo concebi* ***quando o Juis de Fora me expos ofacto****, eLi aCarta [...]*

(2) [18,2 CP SP] *[...] oque motivou atirar esta justificalçaô Judicial, pera que pRostrado aospes de Vossa Excellencia seya [ser]vida eaCreditada e****quando esta naõ baste*** *mandarei tirar outra.*

(3) [19,2 CA PR] *Propala-se nesta capital que sou o autor de uns escriptos que se publicam mensalmente na cidade de Iguape; pouco me importo com isso; não venho fazer declarações porque não pretendo dar satisfações à quem quer seja: as pessoas de brio* ***quando se veem aggredidas em publicações*** *recorrem à imprensa para se justificarem ou aos tribunaes para se desaffrontarem.*

(4) [18,2 CC MG] *Com osnr jose baltazar, ajuntei q. para quinze deste mês, me avia vm*^{ce}*. completar oq com o ditto antes dapascoa, que farão 50$000 e como estamos no ditto tempo, quizera que vm*^{ce}*. me mandasse aditta quantia,* ***quando não seja tudo oq ainda esta portando****, pois quem portoda esta semana hir Al*^{a}*. R*^{a}*. dar solução doq tenho a meu (?) e não querera q. vm*^{ce} *veja a cauza deq por seu respeito receba alguma reprensão.*

Vale mencionar que, em certos contextos, também a depender da semântica e correlação modo-temporal entre os predicados das orações nuclear e hipotática, as orações introduzidas por *quando* podem ser intercambiadas por orações encabeçadas por *enquanto*, como se ilustra em (5):

(5) [19,2 CO RJ] *Lembrando me porém, que nas circunstancias identicas, em que se achou aCidade dePernambuco, vio-se este immenso Povo reduzido á maior extremidade de comprar por excessivo preço os generos daprimeira necessidade, que,* ***quando outros gemião suprimidos da mizeria****, a Providencia tão liberalmente lhe concedia, e que nessa mesma occazião me foi indispensavel refrear o, que pertendião ter os Negociantes.*

Todos os demais conectores são de ocorrência rara, com exceção de *enquanto*. Semanticamente próximo a *quando*, *enquanto* provém da junção da preposição *em* ao indefinido *tanto* e já estava gramaticalizada no século XIII, de acordo com Barreto (1999). Nos documentos do século XVIII, ainda se encontra variação na representação ortográfica desta conjunção – *em quanto, emquanto, no emquanto, enquanto* – e mesmo a reduplicação da preposição *em,* como se pode observar em (6), a seguir:

(6) [18,2 CAP BA] *[...] mas eu* ***no emquanto naõ tiver ordem de Vossa excelência*** *estou no acordo deanaõ entregar.*

As orações iniciadas por *enquanto* também são compatíveis com outras leituras, particularmente, condição e contrajunção. A inferência de condição está associada à correlação modo-temporal entre os predicados hipotático e nuclear e emprego do subjuntivo na hipotática, como se verifica em (7) e a de contrajunção, à oposição entre os segmentos interligados por *enquanto,* como é exemplificado em (8).

(7) [18,2 CP RJ] *Demimsó daminha saúde pouco poço dizer aVocê deque não poço peor, masnunca paço bem, porque quando as moléstias me deixão novamente meatormentão; oztrabalhos eCuidados, em fim* ***emquanto eu não tiver a consolação de me ver na suaCompanhia de Vocês*** *nunca omeuCoração terá aSua completa satysfação.*

(8) [21,2 CL RJ] *Os moradores da Estrada Aterrado do Rio, que fica próximo à Estrada do Magarça, em Guaratiba, gostariam de saber por qual motivo foram esquecidos pelos órgãos responsáveis pela urbanização. A situação do local é precária,* ***enquanto as ruas da vizinhança já foram asfaltadas****. Qual seria o motivo dessa discriminação?*

Os demais conectores, como salientamos, ocorrem mais raramente. Comparados a *quando*, também exibem um comportamento invertido no que diz respeito aos critérios aventados por Kortman (1997), vale dizer, complexidade formal, polifuncionalidade semântica e polifuncionalidade sintática. Todos são formalmente complexos, isto é, constituídos por uma base, representada ou por preposição (*antes, depois, desde*), ou advérbio (*assim, logo, agora, sempre*) ou nome (*vez*) precedido por quantificadores, à qual se agrega seja o morfema *que* seja o morfema *de*. Admitem a inserção de um grupo restrito de conectores coordenativos entre a base e o morfema *que/de*, como se ilustra a seguir (9), indício da sua fraca integração morfossintática.

(9) [19,2 C PR] *[...] inquirindo minha humilde opinião, emittirei algumas idéas baseadas no | assentimento geral de factos incontestados.* ***Antes porem de entrar em materia,*** *me permittirá que | exprima a satisfação com que recebi sua preciosa carta.*

Com respeito às variantes *antes que/antes de* e *depois que/depois de*, em que pese o cuidado requerido pelo pequeno número de dados, vale ressaltar a preferência pelo segundo membro do par, aquele que requer orações não finitas.

À maior complexidade formal corresponde menor polifuncionalidade semântica deste subgrupo de conectores, exceção feita a *desde que*, faltando-lhes a gama polissêmica observada a propósito de *quando* e, em menor escala, *enquanto*. *Antes que, antes de, depois que, depois de, assim que, logo que, agora que* servem à sinalização da sequência entre os eventos codificados pelas orações hipotática e nuclear, seja anterioridade (10), seja posterioridade (11) do evento hipotático. *Sempre que, toda vez que, cada vez que*, por seu turno, associam-se à reiteração (12).

(10) [18,2 CO RJ] *Por meyo destas Vou bejar os pes a Vossa e Excelência e agradecer a Vossa Illustrissima o beneficio que Resseby [.]* ***asi que cheguey a esta Vila*** *emtreguey ao Juiz ordinatio aportaria que trusse,*

(11) [18,2 CO RJ] ***Depois de ter partido o proprio q ue se expedio a V ossa Excelência*** *entrou por esta Barra hum Navio vindo de Lisboa, com 50=etantos dias deviagem trazendo as noticias que menos se esperavão nesta ocasião,*

(12) [21,1 CL RJ] *Os moradores da Avenida Um, em Nova Itapeba, não suportam mais enfrentar os problemas provocados pelas chuvas.* ***Eles ficam impedidos de sair de casa toda vez que chove.*** (*Extra* 05/01/04, pág.1, linha 24)

Como antecipamos, *desde que* escapa a este padrão, dada a coexistência de leituras condicional, temporal e causal, polissemia observável em outras línguas, como o inglês (Hopper e Traugott, 2004). Os trechos seguintes são ambíguos quanto a uma interpretação temporal ou causal. Em (13), a acepção temporal parece mais saliente, enquanto em (14) sobressai uma interpretação causal. Observe-se, em relação ao último trecho, como no cotexto imediatamente seguinte à oração introduzida por *desde que* são arroladas as razões para a apreensão do missivista. O exemplo (15), por seu turno, ilustra uma leitura condicional:

(13) [19,2 CL PR] *A praga chamada ferrugem proveniente talvez de falta de renovação de sementes veio dar um golpe mortal á esta tão util cultura, a indolencia e frouxidao de um pôvo que achava em torno de si recursos sobejos na carne do gado que creava em seus campos, no milho, feijão, batatas, mandioca, e toda a sorte de legumes, o fez abandonar | esta lavoura* ***desde que a terra exigio mais algum trabalho para produzir.***

(14) [19,2 CL PR] *Sinto-me tristemente apprehensivo* ***desde | que estás eleito Vice-Presidente do Club Republicano da Capital****. E não é para menos: esse lugar equivale ao| posto de General na vanguarda de um exercito, em dia de batalha. Ahi estás mais a vista do inimigo, servindo de alvo ás suas espingardas modernas, que, como as do minuto, sem fumo, explosão ou recuo.*

(15) [20,2 CL RJ] *Matar é crime? É,* ***desde que o autor seja um favelado, um "Paraíba" ou outro pobre coitado****.*

Este subgrupo de conectores se particulariza, também, no que tange ao terceiro critério proposto por Kortman (1997), polifuncionalidade sintática, que tem a ver com o fato de um mesmo item poder integrar diferentes classes de palavras. Assim *quando* pode funcionar como pronome interrogativo, relativo, conectivo, e *enquanto*, como conectivo e preposição. *Logo que, assim que, uma vez que, toda vez que, sempre que, desde que, cada vez que, antes que, depois que, depois de* são empregados sempre como conectores que servem à construção de uma oração complexa.

A relação temporal se instaura mais frequentemente no domínio do conteúdo, não se excluindo, embora orações temporais possam se ligar também a um ato de fala diretivo. Embora esporádicas estas ocorrências já são atestadas em documentos do século XVIII.

(16) [18,2 CAP BA] *Faz-se-me indespensavel lembrar a Vossa Senhoria da Remessa das Listas dos Mossos Solteiros para as Reclutas destes Regimentos,* ***em quanto Mas-se demoraõ,*** *va-me Vossa Senhoria mandando todos quantos asua eficaz diligencia poder conseguir pois tenho ainda muyto pouca gente, edevo com a-maior brevidade completar os referidos Regimentos.*

Em relação aos conectores que encabeçam as orações de tempo, verifica-se pouca alteração ao longo destes séculos, com o sistema atestado no século XVIII mantendo-se inalterado.

Propriedades morfossintáticas das orações complexas de tempo

Nesta parte, examinamos o comportamento das orações complexas de tempo no que diz respeito à posição da oração hipotática face a sua nuclear, às formas de expressão do sujeito da oração hipotática, à correferencialidade entre os sujeitos das orações hipotática e nuclear e correlação modo-temporal entre os predicados nuclear e hipotático.

A POSIÇÃO DAS ORAÇÕES HIPOTÁTICAS DE TEMPO

As orações hipotáticas de tempo se caracterizam pela variabilidade posicional, podendo ocorrer antepostas (ex. 17), pospostas (ex. 18) e intercaladas (19) na oração nuclear. O Gráfico 1 mostra que, embora esta variação seja atestada ainda nos dados do século XXI, observam-se alterações que se instauram no entremeio dos séculos XVIII e XIX, quando decresce, significativamente, o emprego das orações intercaladas em favor de orações pospostas. Os índices para a posposição irão se manter estáveis a partir de então e esta posição passa a se configurar como não marcada para a modalidade escrita. As percentagens para intercalação permanecem praticamente as mesmas ao longo dos séculos XIX e XX, decrescendo no século seguinte. Por fim, o Gráfico 1 mostra que a anteposição, posição quase categórica nos gêneros orais mais casuais (Braga, 1999), ganha espaço na modalidade escrita, a partir do século XX para atingir seu ápice no século XXI.

Gráfico 1 – Distribuição das orações hipotáticas de tempo segundo sua posição face à oração nuclear a partir do século XVIII

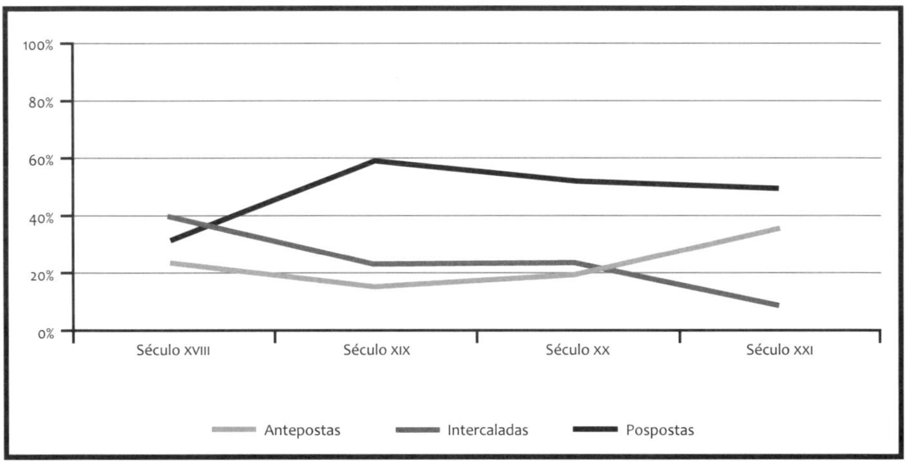

Ao investigar a posição das orações de tempo na modalidade falada no português do Brasil, Braga (1999) utilizou uma hipótese de Thompson (1988) e Ford (1988) que correlaciona a localização das orações hipotáticas aos seus papéis textuais. As antepostas criariam quadros de orientação para os eventos que seriam desenvolvidos posteriormente e, via de regra, teriam como escopo duas ou mais orações. O trecho (17), a seguir, no qual a oração *quando o navio parte* cria um quadro de referência temporal para uma série de eventos subsequentes, como mostra a manutenção do mesmo sujeito *saco* e tempo dos predicados verbais, ilustra a proposta aventada por Thompson e Ford.

(17) [18,2 CAP RJ] [...] *e nodito saco deita quem quer as cartas que pertende remeter;* ***quando oNavio parte*** *vai osaco para bordo, que se entrega, ao Capitão, ecom pouca cautela, ou vem na camera, ou entregue aodespenseiro.*

As pospostas, por seu turno, seriam usadas para delimitar a asserção expressa pela sua oração nuclear. Via de regra, teriam como escopo uma oração, mesmo que esta esteja encadeada a outras orações. Os documentos dos séculos XVIII e XIX que formam nossa base de dados tendem a se caracterizar por períodos longos, constituídos por orações que se encaixam e se coordenam com diferentes níveis de complexidade sintática, fato de que alguns dos autores têm consciência, como pode ser observado a seguir. Mesmo assim, note-se que a oração de tempo *antes que tivesse lançado de um jacto o que estava a fazer-me cocegas na ponta da língua* se articula à imediatamente precedente

(18) [19,2 CL PR] *Venho, digo eu, com o mais profundo respeito, acatamento e consideração, a fazer a Vossas Excelências Dous pedidos: 1º que me desculpem o tamanho descommunal do periodo, attendendo a que não pude fazer uso do compasso, na |emergencia de dizer tudo de uma vez a Vossas Excelências, e não poder tomar folego* ***antes que tivesse | lançado de um jacto o que estava a fazer-me cocegas na ponta da lingua;***

Muitas instâncias escapam, todavia, a essas determinações, já que as convenções que regulamentam a produção linguística nos variados gêneros textuais que estamos investigando devem ter experimentado alterações substanciais ao longo desses séculos.

Parte das ocorrências de intercalação, por seu turno, parece refletir iconicamente seu papel informacional como pano de fundo:

(19) [19, 2 CL BA] *Honra, e gratidão lhes sejam dadas, elles adquiriram direito á solicitude de todos os coraçoens que,* ***quando for mister****, estaràm em posiçaõ de prestar à seos compatriotas os serviços que os nossos delles recebêram.*

Em linhas gerais, os resultados para a variável *posição da oração hipotática de tempo face à nuclear* mostram sutis alterações em relação à frequência de uso: aumento percentual do emprego da anteposição, o que acarreta menor distância em relação aos dados da fala, restrição ao emprego da intercalação, e estabilidade quanto à utilização da posposição.

FORMAS DE EXPRESSÃO DO SUJEITO NAS ORAÇÕES HIPOTÁTICAS DE TEMPO

Os sujeitos das orações temporais conectivas podem ser expressos por SNs com núcleo substantival (ex. 20) e núcleo pronominal (ex.21) e (22); podem, também, ser sinalizados por uma anáfora zero (22). Em caráter residual, é identificada a categoria vazia (23).

- SN com núcleo substantival

(20) [18,2 CC BA] ***Logo que Chegou odito Marialva*** *Subirão os aSucar de 1600 para 2000 e para 2100 por que Souberão estes amigos que Setinhão Vendido neça a 3000.*

- SN com núcleo pronominal em referência a pessoa do discurso (1ª, 2ª)

(21) [18,2 CC RJ] *Tomo aLiverdade de lhe escrever pela merce que vossa merce me fazia notempo que esteve nesa Cidade naCaza do Senhor Joaquim Joze Gomes,* ***equando eu foi ao Portto*** *não pençei que dali embarcaçe para esta, esim tornar para esa e dahi embarcar.*

- Anáfora zero

(22) [19,2 CL PR] *Os informantes do Excelentíssimo Senhor Doutor chefe | de policia não lhe disseram a verdade* ***quando o induziram a crer que Bento de | Paula Dias, recebera voz de prisão e refugiara-se depois em minha casa.***

- Categoria vazia

(23) [21,1 CL RJ] *Os moradores não suportam mais conviver com o mau cheiro, que está insuportável.* ***Quando chove***, *a situação fica muito pior, pois ao local não é asfaltado e a lama se espalha por todos os lados.*

Os resultados para esta variável encontram-se no Gráfico 2:

Gráfico 2 – Formas de expressão do sujeito da oração hipotática de tempo ao longo dos séculos XVIII-XXI

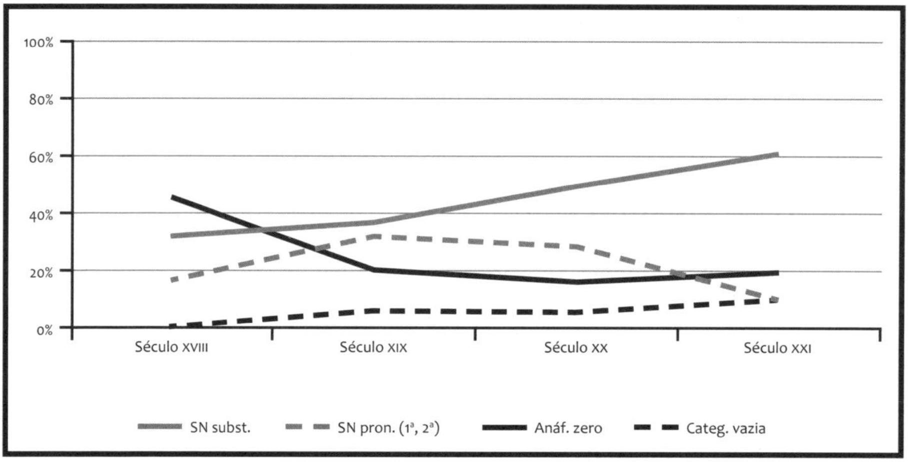

No que tange às formas de expressão do sujeito, a oscilação é mais perceptível em se tratando de SNs com núcleo pronominal: este tipo de realização do sujeito apresenta uma elevação percentual entre os séculos XVIII e XIX, seguida de estabilidade entre XIX e XX e posterior redução no século XXI.

Quanto às anáforas zero, observa-se menos flutuação: após uma queda no percentual de sua utilização, verificada no entremeio dos séculos XVIII e XIX, segue-se um período de estabilização que tende a persistir até nossos dias. É possível que o uso desta estratégia esteja vinculado à posição das orações de tempo e correferencialidade entre sujeitos das orações hipotática e nuclear, como se exemplificou no trecho (22), apresentado previamente. Quanto aos SNs com núcleo pronominal e às anáforas zero, o intervalo entre os séculos XVIII e XIX mostra-se significativo, mostrando elevação no índice de SNs.

O comportamento dos SNs nucleados por substantivos diverge do dos anteriores. Após um período de estabilidade entre os séculos XVIII e XIX, eles passam a exibir os mais altos índices percentuais e a representar o valor não marcado no que diz respeito às formas de expressão do sujeito nas orações temporais. Nos casos das orações introduzidas por *enquanto,* compatíveis com leitura contrajuntiva, a realização do sujeito por um SN lexical decorre da necessidade de explicitar entidades que se contrapõem. Nos demais casos o preenchimento do sujeito por SNs substantivais parece constituir propriedade não marcada das orações de tempo e independer do estatuto informacional do seu referente ou da posição da oração hipotática em relação à nuclear. Parece ser antes demandada pelas necessidades argumentativas da sequência textual que está sendo construída, como mostra o trecho seguinte:

(24) [21,1 CL RJ] *A morte de Jorginho Guinle possui um simbolismo profundo, morreu o homem que representou a fase áurea do Rio de Janeiro, o glamour, a felicidade de viver, a educação, a inteligência, o cavalheirismo, o refinamento, a elegância. Morreu Jorginho Guinle* ***quando a cidade e a sociedade que ele representou já não mais existem****. Morreu o* ***playboy****, mas também morreu o pouco conhecido pensador Jorginho Guinle, conhecedor de Wittgenstein, Hegel, Nietzsche, Marx. Amante de sofisticados colóquios.*

As demais categorias que podem ocupar a posição de sujeito da oração hipotática são estatisticamente residuais, e quanto a este aspecto parece não haver diferenças qualitativas e quantitativas entre as várias sincronias em estudo.

Em síntese, o Gráfico 2 sugere uma certa instabilidade com um aumento de uso de SNs nucleados por substantivo e decréscimo no emprego de SNs pronominais.

CORREFERENCIALIDADE ENTRE OS SUJEITOS DAS ORAÇÕES NUCLEAR E HIPOTÁTICA DE TEMPO

Conforme ressaltamos previamente, os referentes dos sujeitos das orações nuclear e hipotática de tempo podem ser compartilhados ou não, conforme pode ser verificado em (25) e (26), respectivamente:

(25) [18,2 CC RJ] ***Logo que vossa merce resever*** *Esta pare com as remesas.*

(26) [20,2 CL RJ] *É fácil verificar-se , diariamente, nas casas de pássaros, o grande número de avezinhas mortas que são atiradas ao lixo,* ***antes de as lojas se abrirem****.*

O aludido compartilhamento, como salientamos, se reflete parcialmente na realização morfossintática do sujeito da oração hipotática, razão pela qual decidimos verificar o comportamento diacrônico desta variável. A distribuição para a correferencialidade entre sujeitos das orações hipotática e nuclear pode ser contemplada no Gráfico 3:

Gráfico 3 – Distribuição dos sujeitos das orações hipotáticas de tempo segundo o traço [± correferencialidade]

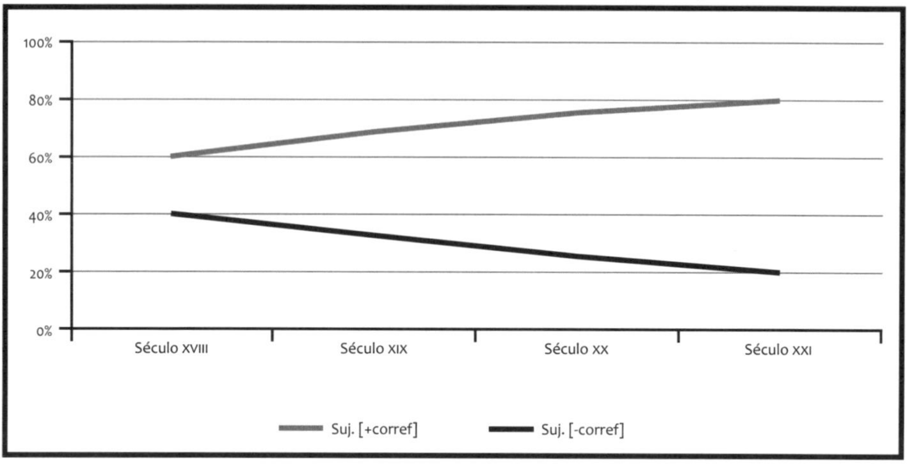

O Gráfico 3 mostra que a percentagem para sujeitos [+ correferenciais] tende a se elevar gradual, quase imperceptivelmente, mas de forma persistente, de maneira tal que, entre os dois extremos – séculos XVIII e XXI – as diferenças já são mais facilmente identificáveis. Cumpre lembrar que a restrição a sujeitos [+correferenciais] está, parcialmente, associada ao uso da categoria vazia e à ocorrência, ainda que incipiente, de orações desvinculadas sintaticamente, às quais esta variável não se aplica, de uso identificado na correspondência do século XXI.

Os resultados para essa variável são sugestivos de uma ligeira instabilidade revelada na direcionalidade inversa de sujeitos [+] ou [-] correferenciais.

A CORRELAÇÃO MODO-TEMPORAL NAS ORAÇÕES DE TEMPO

Como foi mostrado nas seções anteriores, a correlação modo-temporal pode se tornar crucial na sinalização das relações lógico-semânticas que se instauram entre as orações constitutivas de uma oração complexa, razão pela qual cumpre verificar sua estabilidade ou instabilidade ao longo desses séculos. Ao investigarmos esta variável, incorporamos informação de ordem sintagmática, isto é, levamos em consideração a posição da oração de tempo, se anteposta ou posposta à sua nuclear.

No quadro seguinte são mostradas as correlações para as sequências nas quais a oração hipotática de tempo precede a sua nuclear. Reiteramos para cada século as correlações que se mantiveram estáveis e deixamos em branco aquelas que não foram atestadas em um determinado século.

Quadro 1 – Correlações modo-temporais para as sequências oração hipotática-oração nuclear ao longo dos séculos XVIII a XXI

	Século XVIII	Século XIX	Século XX	Século XXI
Tempos e/ou modos diferentes	Pres. ind. + imp. ind.			
	Pres. ind. + Fut. pres.	Pres. ind. + fut. pres.		Pres. ind. + fut. pres.
		Pres. ind. + pres. subj.		
	Imp. ind. + fut. pres.		Imp. ind. + fut. pres.	
		Imp. subj. + imp. ind.		
		Perf. ind. + imp. ind.		Perf. ind. + imp. ind.
		Perf. comp. + pres. ind.		
	Fut. subj.+ pres. ind.	Fut. suj. + pres. ind.		
	Fut. subj. + fut. ind.	Fut. sub. + fut. ind.		
	Fut. subj. + pres. ind.			
	Fut. subj. + imperat.	Fut. subj. + imperat.		
	Inf. + pres. ind.			
	Inf. + perf. ind.	Inf. + perf. ind.	Inf. + perf. ind.	
		Inf. + fut. ind.		
	Inf. + fut. subj.			
Tempos e modos iguais	Pres. ind. + pres. ind.	Pres. ind. + pres. ind.	Pres. ind. + pres. ind.	Pres. ind. + pres. ind.
	Perf. ind. + perf. ind.	Perf. ind. + perf. ind.	Perf. ind. + perf. ind.	Perf. ind. + perf. ind.
	Pres. subj. + pres. sub.			
	Imp. subj. + imp. subj.			

O Quadro 1, no qual são apresentados os resultados para as sequências de orações temporais antepostas às nucleares, mostra a estabilidade das correlações *com presente do indicativo* e *perfeito do indicativo* em ambas as orações, como se exemplifica em (26) e (27) a seguir, correlações usuais ao longo dos séculos em análise. Aquelas envolvendo modo subjuntivo nas duas orações não foram identificadas a partir do século XIX.

(27) [18,2 CAP RJ] *[...] as emprezas da-guerra se vensem mais pela forsa da Sabedoria, deque pela das Armas, as quais* ***quando nam sam guiadas pelas luzes desta, mais depresa arruinam doque salvam a Patria,***

(28) [18,2 CC RJ] ***Logo que Chegou odito Marialva*** *Subirão os aSucar de 1600 para 2000.*

O Quadro 1 mostra também uma grande variedade de combinações de formas verbais, algumas delas determinadas pelos conectores que encabeçam a oração de Tempo, caso de *antes de* e *depois de* que requerem infinitivo. Uma das correlações mais estáveis, já atestada no século XVIII, envolve *presente do indicativo* na hipotática e *futuro do presente* na nuclear, como se exemplifica em (29). Nas últimas décadas prevalecem as correlações com *perfeito do indicativo* + *imperfeito do indicativo* e *presente do indicativo* + *futuro do presente do indicativo,* como ilustram os trechos (30) e (31).

(29) [18,2, CP RJ] *Novaz doPays, que eu possa dar não há por hora nenhumas, e* ***quando Vossez asnão achão emLisboa*** *não podera fazer admiração, que haja muito menoz na América.*

(30) [21,1 CL RJ] ***Quando o Rio de Janeiro deixou de ser capital federal,*** *a cidade tinha todas as condições estruturais e econômicas de superar tal perda.*

(31) [21,1 CL RJ] ***Enquanto esse inquérito está virando história da carochinha,*** *em contrapartida, o senador José Sarney vai arquivar o pedido da CPI Waldomiro/José Dirceu.*

As correlações identificadas para as orações temporais pospostas são apresentadas no Quadro 2.

Quadro 2 – Correlações modo-temporais para as sequências oração nuclear-oração hipotática ao longo dos séculos XVIII a XXI

	Séc XVIII	Séc. XIX	Séc. XX	Séc. XXI
Tempos e/ou modos diferentes	Pres. ind. + pres. subj.		Pres. ind. + pres. subj.	
		Pres. ind. + perf. ind.		
				Pres. ind. + fut. pret. ind.
		Pres. ind. + pres. subj.		
			Pres. ind. + inf.	
	Pres. subj. + pres. ind.			
		Pres. subj. + inf.		
		Imp. ind.+ pres. ind.		
		Imp. ind. + perf. ind.		Imp. ind. + perf. ind.
	Imp. ind. + imp. subj.			
	Imp. ind. + inf.			
	Imp. subj. + perf. ind.			
	Imp. subj. + pres. sub.			
	Perf. ind. + pres. ind.		Perf. ind. + pres. ind.	Perf. ind. + pres. ind.
	Perf. ind. + imp. ind.		Perf. ind. + imp. ind.	
	Perf. ind. + fut. sub.			Perf. ind. + fut. sub.
		Perf. ind. + inf.		
	Fut. pres. ind. + pres. subj.	Fut. pres. ind. + pres. subj.		
	Fut. pres. ind. + fut. subj.			
		Fut. pret. ind. + imp. subj.		
	Imperat. + per. ind.			Imperat. + perf. ind.
	Ger. + perf. ind.			
	Ger. + inf.			
		Ger. + pres. ind.		
	Inf. + pres. ind.	Inf. + pres. ind.		
	Inf. + perf. ind.			
			Inf. + part.	
	Inf. + pres. subj.			
		Inf. + imp. sub.		
		Inf. fut. + fut. subj.		

Tempos e modos iguais	Pres. ind. + pres. ind.	Pres. ind. + pres. ind.	Pres. ind. +pres. ind.	Pres. ind. + pres. ind.
	Perf. ind. + perf. ind.	Perf. ind. + perf. ind.	Perf. ind. + perf. ind.	Perf. ind. + perf. ind.
				Imp. ind. + imp. ind.
	Pres. subj. + pres. suj.			
	Imp. subj. + imp. sub.	Imp. subj. + imp. sub.		
		Inf. + inf.		

A comparação entre os dois quadros revela que, no século XVIII, as sequências *oração nuclear + oração hipotática* admitem uma maior variedade de correlações modo-temporais do que as sequências *oração hipotática + oração nuclear*. As duas disposições sintagmáticas, no entanto, convergem no que diz respeito à redução gradativa desta multiplicidade de correlações, restrição que culmina nos séculos XX e XXI. Outro ponto de convergência concerne às combinações de predicados que compartilham o mesmo tempo e modos verbais: aqueles que envolvem o *presente e perfeito do indicativo* permanecem estáveis nos quatro séculos, independentemente da posição da oração de tempo. Essa estabilidade pode ser parcialmente explicada pelas diversas leituras que podem se associar a essas correlações em suas intermediações com a conjunção *quando*. Saliente-se a não ocorrência de correlações com formas no *infinitivo* ou *modo subjuntivo* nos dois últimos séculos, bem como a presença da correlação *imperfeito do indicativo + imperfeito do indicativo* nas cartas do século XXI.

A redução do sistema "correlação modo-temporal" parece ter sido motivada por fatores diversos, alguns internos, outros externos ao sistema linguístico. Quanto aos segundos, a brusca redução que se observa entre os séculos XVIII e XIX, por um lado, e XX e XXI, por outro lado, pode ser decorrência da reforma pela qual passou a imprensa brasileira no século XX, forçando seus articulistas a adotarem um estilo supostamente mais objetivo e simplificado, pautado por regras explicitadas em manuais de redação (Souza, 2015). Não se pode ignorar também o fato de que as cartas dos leitores que constituem nossa base de dados para os séculos XX e XXI são intermediadas por editores que têm o poder de ajustá-las ao que supõem ser os cânones gramaticais adequados. Quanto às motivações internas, o gradual desuso do modo subjuntivo também ajuda a explicar a queda no número de correlações modo-temporais.

A análise desta variável é sugestiva de instabilidade ao longo do período.

ORAÇÕES DE CAUSA A PARTIR DO SÉCULO XVIII

Como já destacado por diversos autores, o conceito de relação causal ou conexão causal é bastante fluido, por englobar ou, no mínimo, se entrecruzar com outros, tais como justificativa, explicação, razão. É praticamente consensual a necessidade de distinguir entre causas do enunciado (causas *de re* ou causa de conteúdo) e causas da enunciação (causa *de dicto* ou causa epistêmica) como relações distintas que podem estar associadas a conectores específicos, diferentes processos sintáticos e funções discursivas específicas (Paiva, 1991; Lobo, 2003; Lopes, 2003).

As orações de causa do enunciado envolvem relações entre eventos, ou seja, entre estados de coisas do mundo real, as segundas operam mais claramente no componente pragmático, ou seja, constituem causas indiretas, submetidas à avaliação do locutor a respeito das relações possíveis entre os fatos (Sweetser, 1990; Paiva, 2008a, b, Lopes, 2010). Tal distinção encontra correlatos não só no grau de integração sintática entre a oração causal e a oração nuclear como também em diferenças prosódicas e particularidades dos conectores.

Outros aspectos podem sustentar esta distinção entre causa real (causa do enunciado) e explicação (causa da enunciação). À representação de causa em seu sentido mais estrito subjazem pressupostos, como o de condição necessária e o de sequencialidade temporal (Paiva, 1991). Assim, na causa real, um estado de coisas A é entendido como causa se antecede e pode ser responsável por um evento B. A relação de implicação entre A e B pode estar sustentada em fatos reais ou em dependências pragmática e culturalmente construídas. Operam, portanto, no nível referencial e estão sujeitas à verificação de condições de verdade. Intervém ainda na representação de causa estrita o pressuposto de agentividade, ou seja, de que causas são ações realizadas de forma intencional por agentes humanos. Visto por esse prisma, podemos dizer, como proposto por Halliday (2004), que o conceito de causa envolve aspectos semânticos e pragmáticos que ultrapassam largamente uma interpretação em termos de condição suficiente. O trecho (32) ilustra bastante bem estas propriedades.

(32) [19,1 DO SP] *A demissão que este nobre veterano (distincto Chefe o Coronel João da Silva Machado) pedio, e que já lhe havia sido concedida antes de eu tomar posse da Presidencia, cauzou-me um dissabor inexprimivel;* ***porque sei avaliar os embaraços que encontraria, em caso de perigo, não tendo a sua cooperação.***

Causas da enunciação, por sua vez, estão sustentadas em raciocínios inferenciais, em que uma conclusão é validada por evidências que são tomadas como argumentos. Explicitam crenças e atitudes dos locutores e funcionam como justificativas de asserção, garantidas pelo nosso conhecimento acerca da relação possível entre os fatos. Constituem, assim, atos de fala distintos e independentes, como exemplificado em (33):

(33) [19,2 CP RJ] *Creio, porem firmemente que a eleição se fará,* ***por ser essa alem de uma aspiração muito generalisada, a ideia d muitos amigos do governo.***

Numa proposta alternativa, Sweetser (1990) distingue das epistêmicas as causais que se ligam a atos de fala diretos ou indiretos, com o argumento de que, nestes empregos, a oração causal realiza a função pragmática de justificação, operando no nível interacional, ou interpessoal, como no exemplo (34):

(34) [18,2 CC MA] *Vossa mercê Sem falta mandeme aquela Carta deordens doDito Martinho* ***porque não tenho que meçirva degoverno*** *para adespuzição da dita fazenda enisto não haja falençia.*

Por razões discursivo-pragmáticas, a base da distinção entre causal epistêmica, mais centrada na perspectiva do locutor, e causal de atos de fala, mais centrada no interlocutor, pode ser discutida. Há quem defenda que diversas similaridades funcionais e pragmáticas entre estes dois tipos de relação causal permite tratá-las como instanciações da relação mais ampla de justificação. Causais epistêmicas constituem, de fato, asserções dependentes que introduzem uma "prova retórica" para uma conclusão que envolve, necessariamente, um componente subjetivo e só podem ser verificadas quanto à sua eficácia argumentativa. Nesse caso, tem-se, portanto, a sequenciação de dois atos discursivos independentes: um ato principal (a conclusão) e um ato subordinado, o argumento que autoriza a conclusão). Nessa configuração, as causais epistêmicas são similares às causais de atos de fala diretivos como ordens, conselhos, sugestões e perguntas. Como destaca a autora, o que distingue as epistêmicas é a convocação explícita de um raciocínio que assegura a relação explicação-conclusão. Apesar de reconhecer a pertinência das ponderações anteriores, mantemos na análise das orações causais a distinção ternária proposta por Sweetser, procurando depreender possíveis mudanças no uso dos conectores de causalidade e verificar uma hipótese de especificidade por domínio (*"domain-specificity"* de acordo com Degand e Sanders (1999)).

Relações causais nos seus diferentes domínios podem ser instanciadas quer por conectores explícitos quer por justaposição. No caso de sinalização explícita, estão associadas a um conjunto bastante diferenciado de conectores coordenativos e subordinativos. Aparentemente, subjaz a esta taxonomia a distinção causa real/causa explicativa, com base em um pressuposto de isomorfismo entre conector e domínio da relação causal. De um ponto de vista sincrônico, qualquer implicação entre domínio da relação de causalidade, estrutura sintática e conector pode ser discutida sob diversos aspectos e requer evidências que só podem ser fornecidas pela análise do uso real dos elementos de ligação e das propriedades das orações interligadas. A considerar ainda que, mesmo se para alguns conectores causais (como, por exemplo, *já que*), há evidências de *"domain-specificity"*, para outros observa-se uma versatilidade que coloca em causa este pressuposto.[2] A falta de isomorfismo entre conector e domínio da causalidade é particularmente notável no caso de *porque*, elemento reconhecidamente polifuncional que opera à explicitação de relações causais em diferentes domínios: Paiva (1991) e Lobo (2003).

Os pontos delineados anteriormente ganham maior interesse, na medida em que podem estar subjacentes à trajetória de elementos conectores, rearranjos de paradigmas e mudanças nas propriedades das orações que eles relacionam, como mostramos nas seções seguintes. Considerando o recorte deste capítulo, concentrado no processo hipotático, excluímos as coordenadas explicativas e conclusivas introduzidas por *logo* ou *por isso*.

Construções causais hipotáticas a partir do século XVIII

No período compreendido entre os séculos XVIII e XXI foi atestada vasta gama de construções hipotáticas causais, distribuídas na Tabela 2 de acordo com o conector que encabeça a oração causal.

Tabela 2 – Distribuição dos conectores causais ao longo dos séculos XVIII a XXI

Conector	Séc. XVIII	Séc. XIX	Séc. XX	Séc. XXI	Total
Porque	50 63,41%	43 45,74%	4 25%	64 48,85%	161 50,62%
Por + infinitivo	25 30,48%	32 34,04%	5 31,25%	37 28,24%	99
Por causa + prep	1 1,21%	1 1,06%	0	0	2
Por SN + prep	1 1,21%	0	0	0	1
Por esta causa	1 1,21%	0	0	0	1
Por esse motivo	0	1 1,06%	0	0	1
Porquanto	0	0	2 12,5%	1 0,76%	2
Em razão +prep	0	3 3,19%	0	0	3
Já que	0	0	4 25%	14 10,68%	18
Posto que	0	0	0	1 0,76%	1
Visto/visto que	1 1,21%	8 8,51%	-	1 0,76%	10
Como	3 3,65%	6 6,38%	1 7,14%	14 10,68%	24
Total	82	94	16	131	323

A primeira conclusão que se impõe diz respeito à diversidade de elos de relação causal derivados da preposição *por* (*porque, por + infinitivo, por esta causa, por esse motivo*), com o maior número de *types*. Comprova-se, assim, a produtividade deste tipo de formação na constituição de conectores e locuções conjuntivas causais, como já mostrado por Paiva (1991, 2008a, b). Em termos de *tokens*, *porque,* conector gramaticalizado a partir da construção preposição + que pronome relativo, desde o período arcaico do português (Barreto, 1999), é o mais frequente em todos os séculos, com maior expressividade no século XVIII. Apenas no século XX, verifica-se a predominância de *por + infinitivo*, a segunda construção mais frequente na amostra. As demais construções de base preposicional não alcançam número de ocorrência relevante. Já extremamente raras no século XVIII, locuções conjuntivas causais correspondentes ao esquema [*por* + SN + *prep*] praticamente desaparecem nos textos escritos a partir do século XIX.

O segundo padrão constatado são as locuções conjuntivas derivadas de bases verbais (*posto que* e *visto/visto que*) com baixa frequência, em especial a primeira delas. Esses dois elos conectivos alcançam índices um pouco mais expressivos apenas no século XIX e estão praticamente ausentes nos séculos seguintes. Como essa locução conjuntiva não é encontrada em dados do período arcaico, pode-se levantar a hipótese de que foi gramaticalizada mais recentemente.

Das possíveis locuções de base adverbial, a única representante é *já que*, já atestada no período arcaico do português. Essa locução conjuntiva causal está ausente nos séculos XVIII e XIX, alcança frequência mais alta no século XX e reduz seu índice no século XXI.

Por outro lado, destaca-se a incidência um pouco mais relevante do conectivo *como*, derivado do advérbio latino *quomodo* e, ao que tudo indica, polifuncional desde a sua entrada no português. A frequência de uso desse conector aumenta regularmente ao longo dos quatro séculos, alcançando seu pico no século XX.

Evidentemente, a distribuição bastante diferenciada dos conectores causais ao longo do tempo pode ser um reflexo de características inerentes aos subgêneros que integram a amostra de cartas. Como adiantado na introdução, há diferenças significativas no tipo de carta que compõe a amostra de cada período. Ressalte-se que, nos séculos XX e XXI, a amostra compreende apenas cartas de leitores de jornais.

Ainda que se imponha cautela em razão da grande dispersão dos dados, podemos depreender indicações de um certo rearranjo do conjunto de conectores causais ao longo do período em análise.

Propriedades morfossintáticas das orações complexas de causa

De forma semelhante ao que foi feito para as hipotáticas temporais, consideramos as propriedades das orações causais quanto à sua posição em relação à oração nuclear, a forma de expressão do sujeito, correferencialidade entre os sujeitos das orações e correlação modo-temporal.

POSIÇÃO DA ORAÇÃO HIPOTÁTICA DE CAUSA

Assim como as temporais, as causais hipotáticas gozam de flexibilidade, podendo ser antepostas, pospostas ou interpostas à oração nuclear, como nos exemplos (35) a (37).

(35) [21,1 CL RJ] *gostaria de saber se, quando for encontrado o assassino, ele poderá ser incurso no art. 270 do Código Penal.* ***Já que a pena é de reclusão****, ele ficaria na cadeia.*

(36) [18,2 CAP PR] *Hoje, felizmente, a Guarda Nacional Coritibana está dispensada de guarnecer afronteira;* ***visto que*** *alli existe um Esquadrão de Cavallaria de 1ª Linha, e a companhia de caçadores de Montanha que fazem este serviço [...].* (JB, 21/03/04)

(37) [19,1 DO SP] *Opportunamente vos serão presentes os contractos celebrados pelo Governo, com Elenterio José Moreira para reger a cadeira de primeiras lettras da Freguezia de Pirapora, do Municipio da Villa de Porto Feliz, que não pôde ser provido no emprego por falta da idade necessaria, e com Emilio Augusto Frederico Guilherme Delius, para reger a de grammatica Latina da Cidade de Santos, o qual,* ***por ser extrangeiro****, e na falta de concurrente nacional, foi engajado, ficando dependentes ambos os contractos da approvação da Assembléa.*

Nos dados em análise, foi atestado um único caso de causal interposta, o exemplo (37) citado. Dessa forma, a Tabela 3 contabiliza apenas as ocorrências das orações antepostas ou pospostas à oração nuclear, de acordo com o conector.

Tabela 3 – Distribuição das orações hipotáticas de causa segundo sua posição face à oração nuclear ao longo dos séculos XVIII a XXI

Conector	Séc. XVIII		Séc. XIX		Séc. XX		Séc. XXI		Total
	Ant.	Posp.	Ant.	Posp.	Ant.	Posp.	Ant.	Posp.	
Porque	0	13 100%	0	11 100%	0	4 100%	0	24 100%	161
Por +infinitivo	1 4%	24 96%	2 6%	30 94%	1 33,3%	2 66,7%	6 9%	26 81%	99
Como	3 100%	0	6 100%	0	1 100%	0	14 100%	0	24
Visto/visto que	0	1 100%	1 12,5%	7 87,5%	0	0	0	1 100%	10
Já que	0	0	0	0	1 33,33%	1 66,66%	2 13,33%	13 86,66%	18

Os resultados da Tabela 3 mostram clara evidência de uma ordem não marcada, ou seja, uma sequenciação efeito-causa. Excetuando-se as orações introduzidas pelo conector *como*, em que a interpretação causal requer a anteposição da oração, a posposição da cláusula causal àquela com que se relaciona parece ser a posição *default* mesmo para aquelas que são potencialmente flexíveis, como as introduzidas por *porque, por + infinitivo, visto que.* Assim, as causais encabeçadas por *porque* são categoricamente pospostas; as de *por + infinitivo* alcançam índices de posposição superiores a 90%. Mantendo a cautela necessária em razão da escassez dos dados, a mesma tendência é observada para as orações introduzidas por *visto que*, com 87,5% de posposição no século XIX, momento em que sua frequência é um pouco mais expressiva. Embora não devam ser tomados como conclusivos em razão da possível interferência de outras variáveis, os resultados para a locução conjuntiva *já que* indicam tendência similar de enrijecimento da posição, com 93% de posposição no século XXI. Estariam essas orações causais se acomodando à posição *default* das construções causais?

Uma questão relevante diz respeito à correlação entre domínio da causalidade e a flexibilidade da oração causal, como já mostraram vários estudos (cf. Paiva, 1991; Santos, 2008; Paiva, 1991, 2008 a, b). Causais enunciativas (epistêmicas e de atos de fala) se caracterizam por menor flexibilidade de posição em relação àquela com que se relacionam; causais de conteúdo, por sua vez, admitem maior flexibilidade. Uma análise mais detida da posição da causal em função do domínio mostra, no entanto, que a posposição da cláusula causal é, numa grande medida, independente: tanto as causais de conteúdo como as epistêmicas são não marcadamente pospostas.

A posposição como posição *default* das orações causais reflete propriedades funcionais destas construções. Como já mostrado em diversos estudos, causais pospostas são, mais frequentemente, pontos de introdução de informação nova, propiciando a progressão discursiva (Paiva, 1991, 1996; Santos, 2008).

No que tange à ordenação, o que se verifica é um quadro compatível com uma situação de estabilidade, excetuando-se as orações introduzidas pela locução conjuntiva *já que* e uma acentuada tendência à posição fixa da oração causal.

FORMAS DE EXPRESSÃO DO SUJEITO NA ORAÇÃO HIPOTÁTICA DE CAUSA

Nas propostas que consideram as orações complexas como resultado da conjugação de diferentes parâmetros, propriedades ligadas ao sujeito da oração causal e da oração núcleo revelam evidências seguras para a indicação do grau de integração entre elas (Lehmann, 1988; Haiman e Thompson, 1984, Braga, 1995). No português contemporâneo, atestam-se diferentes possibilidades de realização do sujeito da oração causal: sintagma nominal (exemplo 38), anáfora pronominal (exemplo 39) e anáfora zero (40).

- Sintagma nominal

(38) [28,1 CL RJ] *Nesse local existe um enorme buraco causado por um vazamento e os motoristas não tem tempo de desviar,* ***porque o trecho é uma descida em curva.***

- Anáfora pronominal

(39) [19,2 CC PR] *qualquer industria que dependesse do emprego de machinas importadas do extrangeiro, parava ante a impossibilidade de conduzil-as para cima da serra,* ***visto que ellas são, d'ordinario, volumozas, e d'um pezo tal que não podem ser conduzidas em bestas.***

- Anáfora zero

(40) [21,1 CL RJ] *Os moradores pedem mais atenção* ***porque não aguentam mais conviver com tanto descaso.*** (*Extra*, 02/01/04)

No século XVIII, verifica-se que o sujeito das orações causais é realizado predominantemente na forma de sintagmas nominais nas orações introduzidas por *porque* e categoricamente nas orações introduzidas por *como*. Excetuam-se apenas as causais com *por + infinitivo* com predominância de anáfora zero. Interessante notar, também, que a segunda maior frequência nas orações com *porque* é a categoria vazia na posição de sujeito.

Tabela 4 – Forma de realização do sujeito da oração causal – séc. XVIII

Sujeito \ Conector	*Porque*	*Por + infinitivo*	*Como*	*Visto/ Visto que*
Sintagma nominal	24 48%	9 20,93%	3 100%	1 100%
Anáfora pronominal	9 18%	14 32,55%	0	0
Anáfora zero	17 34%	20 46,51%	0	0
Total	50	43	3	1

Como mostra a Tabela 5, esta correlação se altera ligeiramente no século XIX, com aumento dos índices para anáfora zero, principalmente para as orações introduzidas por *por + infinitivo* e extensão desta possibilidade para as orações introduzidas por *como* e *visto/visto que*.

Tabela 5 – Forma de realização do sujeito da oração causal – século XIX

Sujeito \ Conector	*Porque*	*Por + infinitivo*	*Como*	*Visto/ Visto que*
Sintagma nominal	18 41,86%	0 28,12%	4 66,66%	25%
Anáfora pronominal	10 23,25%	16 50%	0	3 37,5%
Anáfora zero	15 34,88%	18 56,25%	2 33,33%	3 37,5%
Total	43	32	6	8

A tendência mais saliente no século XX diz respeito à redução da possibilidade de realização do sujeito como anáfora zero, basicamente nas orações encabeçadas pelo conector *porque*. As demais mantêm tendências de correlação observadas nos séculos anteriores.

Tabela 6 – Forma de realização do sujeito da oração causal – século XX

Sujeito \ Conector	*Porque*	*Por + infinitivo*	*Como*	*Visto/ Visto que*	*Já que*
Sintagma nominal	3 75%	1 20%	0	1 100%	4 100%
Anáfora pronominal	0	2 40%	1 100%	0	0
Anáfora zero	1 25%	2 40%	0	0	0
Total	4	5	1	1	4

Poucas alterações na forma de realização do sujeito da oração causal se observam no século XXI, como se vê na Tabela 7. Nas orações com *porque*, diminui o índice de anáfora zero e verifica-se uma distribuição um pouco mais equilibrada das frequências associadas a sujeitos na forma de sintagma nominal e anáfora pronominal. Nas orações com *por + infinitivo* parece se reforçar a tendência a sujeitos na forma de anáfora zero. Nas orações com *já que*, persiste a predominância de SNs na posição de sujeito.

Tabela 7 – Forma de realização do sujeito da oração causal – século XXI

Sujeito \ Conector	*Porque*	*Por + infinitivo*	*Como*	*Visto/ Visto que*	*Já que*
Sintagma nominal	29 45,31%	7 21,87%	7 50%	1 100%	10 71,42%
Anáfora pronominal	23 35,92	11 34,75%	5 35,71%	0	4 28,57%
Anáfora zero	14 21,87%	14 43,75%	2 14,28%	0	0
Total	64	32	14	1	14

A comparação da forma de realização do sujeito nas diversas formas conectivas de oração causal permite depreender principalmente redução de anáfora zero ao longo do tempo, mais particularmente nos séculos XIX e XX. Sujeitos na forma de categoria vazia se mantêm como opção preferencial apenas para as orações introduzidas por *por + infinitivo*, o que pode se explicar pelas próprias particularidades estruturais desta construção. Embora o número muito escasso de dados para alguns conectores dificulte afirmações mais conclusivas, as evidências mais seguras para essa tendência são providas pela alteração observada nas orações causais introduzidas pelo conector *porque*. Em grande parte, a tendência destacada nesta seção se reflete, pelo menos em parte, em outra propriedade das orações complexas de causa, qual seja, a correferencialidade dos sujeitos das orações interligadas, como mostramos na seção seguinte.

CORREFERENCIALIDADE ENTRE OS SUJEITOS DAS ORAÇÕES NUCLEAR E HIPOTÁTICA DE CAUSA

Os sujeitos das orações complexas de causa podem ser correferenciais, como no exemplo (41), ou apresentarem referência disjunta, como no exemplo (42).

(41) [19 CC RJ] ***Como sei que aprecia afarinha de milho***, *mando-lhe hum saquinho pelo Doutor.*

(42) [18,2 CAP PE] *O Soldado Luiz Antonio, em que Vossa Senhoria mefala tão-bem já veyo de Goyana para esta Praça onde ficará com a de Soldado,* ***visto asim o recomendar Vossa Senhoria aquem Eutanto desejo dar gosto.***

No que se refere à correferencialidade entre os sujeitos, a Tabela 8 aponta alterações um pouco mais significativas apenas para as orações encabeçadas pelo conector *porque*.

Tabela 8 – Distribuição dos sujeitos das orações hipotáticas de causa segundo o traço de correferencialidade

CONECTOR	Séc. XVIII		Séc. XIX		Séc. XX		Séc. XXI	
	+cor.	-cor.	+cor.	-cor.	+cor.	-cor.	+cor.	-cor.
Porque	26 52%	24 48%	16 37,20%	27 62,70%	1 25%	4 75%	27 42,18%	41 64,06%
Por +infinitivo	34 79,06%	9 20,93%	34 79,06%	9 21,94%	1 33,3%	2 67,7%	26 70%	11 30%
Como	0	3 100%	2 40%	3 60%	1 100%	0	7 46%	8 54%
Visto/visto que	0	1 100%	1 12,5%	7 87,5%	0	0	0	1 100%
Já que	0	0	0	0	0	4 100%	2 14,28%	12 85,71%
Total	60	37	53	46	3	10	62	73

A grande maioria das construções causais analisadas apresenta configurações com sujeitos [-correferenciais], embora possam ser identificadas diferenças de grau, de acordo com o conector que encabeça a oração causal. Assim, nos períodos complexos com orações ligadas por *já que* e *visto que* a referência disjunta dos sujeitos é praticamente categórica, constatando-se apenas um caso de sujeitos com referência idêntica. As orações introduzidas por *como* e *porque* apresentam trajetórias um pouco diferenciadas: as orações complexas com *porque* se estabilizam, a partir do século XIX, na relação entre sujeitos [-correferenciais]. As orações introduzidas por *como*, ressalvada a pouca quantidade de dados, tornam-se mais variáveis no último século. As construções com *por + infinitivo* se distinguem das demais pela maior frequência de sujeitos correferenciais ao da oração nuclear, como era de se esperar. Em síntese, pode-se constatar que a maior ou menor estabilidade da propriedade em tela está atrelada ao tipo de conector que encabeça a oração causal.

A CORRELAÇÃO MODO-TEMPORAL NAS ORAÇÕES DE CAUSA

Assim como as temporais, as orações complexas de causa admitem uma vasta gama de combinações modo-temporais. Diversos estudos baseados em dados sincrônicos já mostraram, porém, que algumas correlações modo-temporais são significativamente mais frequentes (Neves, 1999; Paiva, 1991, 2008a, b). O esquema do Quadro 3, em razão do escasso número de orações antepostas, mostra as combinações encontradas no período em análise apenas para a sequenciação efeito-causa.

Quadro 3 – Correlação modo-temporal nas construções causais ao longo dos séculos XVIII a XXI

	Séc. XVIII	Séc. XIX	Séc. XX	Séc. XXI
Tempos e/ou modos diferentes	Pres. ind. + pres. subj.			
		Pres. ind. + imp. ind.		Pres. ind. + imp. ind.
			Pres. ind. + perf. ind.	
	Pres. ind. + perf. ind.	Pres. ind. + perf. ind.		
	Pres. ind. + fut. pres.			Pres. ind. + fut. pres.
				Pres. ind. + fut. pret.
				Pres. ind. + pres. sub.
	Pres. ind. + inf.	Pres. + inf.		
		Imp. ind. + pres. ind.		
	Imp. ind. + perf. ind.	Imp. ind. + perf. ind.		Imp. ind. + perf. ind.
	Imp. ind. + fut. pres.			Imp. ind. + fut. pres.
	Imp. subj. + pres. ind.			
		Pres. subj. + pres. ind.		
		Imp. subj. + pres. ind.		
	Perf. ind. + pres. ind.			Perf. ind. + pres. ind.
		Perf. ind. + imp. ind.		
		Perf. ind. + fut. pres.		Perf. ind. + fut. pres.
	Perf. ind. + inf.	Perf. ind. + inf.		
				Pret. perf. + subj. subj.
		Mais-que- perf. + pres. ind.		
		Mais-que-perf. + imp. ind.		
	Fut. pres. + pres. ind.	Fut. pres. + pres. ind.		Fut. pres. + pres. ind.
	Fut. pres. + perf. ind.			
	Fut. pres. + fut. pret.			
		Fut. pres. + inf.		
	Ger. + inf.			
				Inf. + pres. ind.
			Inf. + perf. ind.	Inf. + perf. ind.
				Inf. + fut. pret.
Tempos e modos iguais	Pres. ind. + pres. ind.	Pres. ind. + pres. ind.	Pres. ind. + pres. ind.	Pres. ind. + pres. ind.
	Imp. ind. + imp. ind.	Imp. ind. + imp. ind.		Imp. ind. + imp. ind.
	Perf. ind. + perf. ind.	Perf. ind. + perf. ind.	Perf. ind. + perf. ind.	Perf. ind. + perf. ind.
	Fut. ind. + fut. ind.			

A regularidade mais nítida ao longo do período em análise diz respeito às orações complexas de causa com configuração modo-temporal similar: observa-se, em todos os séculos, a recorrência de correlações entre *presente do indicativo + presente do indicativo, pretérito perfeito + pretérito perfeito e imperfeito do indicativo + imperfeito do indicativo*, como exemplificam, respectivamente, (43) e (44):

(43) [18, 2 CAP RJ] *Pelos Vice-Reys deste Estado fazerem fugir e dezertar os-Estudantes das - nosas Aulas para o-sobredito Seminario, e Colegios quando fazem reclutas ou para a Tropa, ou para os- Tersos auxiliares, nos-quais continuam a-estudar livres dominimo receio de serem reclutados;* ***porque os - mesmos Vice-Reis depois de-estes a-eles se-acolherem, os- nam procuram mais em-considerasam ao Reverendisimo Bispo, que os-administra, izensam eprivilegio de que os-nam deixam gozar emquanto frequentam as-Aulas de Vosa Magestade.***

(44) [18,2 CAP RJ] *e na mesma tarde em que chegou aeste porto odito Navio Pedra foi abordo Jeronimo Teixeira, e recebeo referido masso deCartas, das quaes fez entregar na mesma noute ao Ouvidor daComarca aquellas que lhe pertencião; easque tocavão ao Juiz de Fora Só as entregou na manhã Seguinte,* ***porque essa noute onão achou em caza.***

Como observado para a relação temporal, a correlação *presente-presente do indicativo* constitui a combinação predominante em todos os períodos examinados, com uma média geral de 59,8%. No entanto, algumas particularidades ligadas ao conector que introduz a oração causal têm de ser consideradas. Assim, a correlação *presente do indicativo* na matriz + *presente do indicativo* na hipotática é praticamente categórica em construções com a locução conjuntiva *já que* e predominante nas orações introduzidas por *porque*. Estas últimas se particularizam, no entanto, pela combinação preferencial entre *pretérito perfeito + pretérito perfeito*. Ainda no que se refere às orações com *porque*, há indícios de aumento de similaridade modo-temporal entre as orações núcleo e hipotáticas ao longo do tempo, principalmente na passagem do século XIX para o século XX.

Na configuração com dissimilaridade modo-temporal, destacam-se principalmente as construções causais com *porque* e *por + infinitivo*. As primeiras são as que admitem o maior número de combinações modo-temporais, embora possa ser nitidamente atestada a predominância de *presente do indicativo + pretérito perfeito* e *pretérito perfeito + pretérito imperfeito*. Tudo indica que essas configurações são relativamente estáveis ao longo do tempo.

ORAÇÕES CONDICIONAIS A PARTIR DO SÉCULO XVIII

A relação de condição

Como já destacado por diferentes autores, não é simples definir de forma satisfatória a relação de condicionalidade: cf. Haiman (1985), Neves (1999), Sweetser (1990), Gryner (1990, 1995), Ferrari (2015).

Nos estudos clássicos, as construções condicionais são entendidas como a relação entre uma prótase e uma apódose, ou seja, uma oração expressa uma condição para a realização de um fato ou, na maioria dos casos, a condição que possibilita a sua realização.

Essa definição mais ampla engloba diferentes tipos de condicionais: as condicionais reais, as potenciais/eventuais e as contrafactuais. Enquanto as duas primeiras ainda se sustentam numa relação necessária (ou possível) entre p e q, a última resiste fortemente a qualquer análise em termos de implicação, o que bem indica a dificuldade de dar conta dos enunciados condicionais exclusivamente em termos de implicação lógica.

A distinção entre diferentes domínios (conteúdo, epistêmico e atos de fala) já brevemente discutida na seção "Construções causais hipotáticas a partir do século XVIII" pode dar conta, pelo menos em parte, dos problemas colocados pela diversidade de condicionais. Relações condicionais que operam no domínio do conteúdo, como no exemplo (45), se aproximam fortemente da relação causal, na medida em que um estado de coisas, ainda que [*-realis*], é tomado como motivação/explicação para um outro estado de coisas que pode ser verificado no mundo real em termos de suas condições de verdade.

(45) [21,1 CL RJ] *Ocorre que, **se o transgressor não tiver tal quantia**, fica é certo sem o relógio, o cordão de ouro ou qualquer outro objeto de valor que tiver consigo, recebendo um papel como recibo.*

Condicionais epistêmicas, por sua vez, são as que mais se aproximam da relação de implicação [se p então q], embora não possam ser identificadas com o conceito lógico de condição suficiente. Condicionais epistêmicas se apoiam em raciocínios inferenciais autorizados pelo nosso conhecimento do mundo, como no exemplo (46). Nesse caso, não são relacionados estados de coisas/predicações, mas sim proposições em que a conclusão só pode ser justificada a partir da validade do argumento expresso pela oração condicional.

(46) [21,1 CL RJ] *Que o Sr. Antonio do Vale tente disfarçar estes erros, em vez de providenciar sua correção, compreende-se, pois defende seu emprego, mas não se pode aceitar que para este mister venha chamar-nos de mentirosos e responder com evasivas, pois* ***se soubesse ler,*** *veria que nossa carta encerra uma pergunta e não uma afirmativa, não podendo pois ser acusado de afirmar uma inverdade.*

Uma evidência adicional de que a relação de condicionalidade não se esgota no conceito de condição suficiente é a possibilidade de condicionais situadas no domínio interacional, como justificativa de um ato de fala diretivo, podendo funcionar, portanto, como uma estratégia de atenuação. O exemplo (47) é emblemático.

(47) [19,2 CR CE] ***Se| os atos do situacionismo municipal merecem | reparos, se a proposta do Prefeito é falha,*** *| que procurem corrigi-la, apontando os defeit-| tos e os meios de remediá-los.*

Além da natureza pragmática das orações condicionais, é necessário considerar, também, que elas possuem funções relevantes na organização textual, uma vez que, como proposto por Haiman (1985), constituem tópicos na medida em que, na maioria das vezes, introduzem informação compartilhada por falante e ouvinte. Tal função permite que estas orações possam introduzir enquadres discursivos que incluem segmentos maiores do que uma oração.

Nesta análise das condicionais, são tratados conjuntamente os diferentes conectores, visto que nosso objetivo precípuo é o de identificar as possíveis mudanças nas propriedades destas construções como um todo. Sempre que necessário, fazemos referência a particularidades decorrentes de um ou outro conector.

Construções condicionais a partir do século XVIII

Ao longo do período em análise foram encontrados os seguintes conectores introdutores de hipotáticas condicionais.

- Se

(48) [20,2 CC RJ] *Após diversas descortesias por parte da referida senhora, minha esposa foi ainda ironizada com a informação de que aquilo não estava ocorrendo só com ela, porquanto tinha havido um descontrole no fichário da matriz, no centro da cidade, e o nome de muitas outras clientes também tinham sido enviados indevidamente para o SPC, e que* ***se ela quisesse impar o nome se dirigisse à matriz****, porquanto ali ela não iria conseguir nada mesmo e estava acabado, assunto encerrado*

- Caso

(49) [21,1 CL RJ] *Cheguei à conclusão de que é realmente importante para o Estado do Rio receber alguma compensação, como a refinaria no Norte Fluminense,* ***caso o oleoduto seja mesmo construído.*** *Se não, haverá um esvaziamento econômico muito grave.*

- Caso que

(50) [18,2 CC MA] *Outro ponto de vista que logo teve o General naqueles preliminares, foi o de fazer marchar dous corpos de reserva,* ***cazo que os Granadeiros necessitassem dessecorro****, comandados pelos coroneis o Xixorro, que hé Brigadeiro, e Sebastião Xavier.*

- No caso de

(51) [21,1 CL RJ] *Até gostaria de esclarecimento,* ***no caso de se tratar de outra pessoa.***

- Contanto que

(52) [19,2 CR CE] *As necessidades pu[b]liças são relega- | das para um plano inferior* ***contanto que as paixões individuais sejam satisfeitas.***

- Sem

(53) [18,2 CAP RJ] *Ordena por ê=les que ninguem seja admitido a-estudar n"aque=la esta Sagrada Siensia,* ***sem estar primeiro preparando com o - conhecimento delas****.*

- Sem que

(54) [19,2 CL BA] *D'entre as muitas | revelações feitas por sua senhoria sem funda | mento algum, a que me obriga a vir | hoje, á imprensa, é a que se refere ao | mandado de prisão contra mim,* ***sem que | sua senhoria dissesse por que.***

- Desde que

(55) [19,2 CL SP] *Aproveitando a oportunidade, a redacção desta folha participa ao público que não aceita mais incumbencias desta ordem, visto como para dellas desempenhar-se,* ***desde que se multipliquem****, só o poderá fazer, com prejuízo dos serviços da folha.*

Na Tabela 9, é apresentada a distribuição destes conectores por século.

Tabela 9 – Distribuição dos conectores que introduzem orações de condição ao longo dos séculos XVIII a XXI

Conector	Séc. XVIII	Séc. XIX	Séc. XX	Séc. XXI
Se	19 68%	50 82%	14 93%	35 87,5%
Caso	6 21%	1 1,5%	1 7,0%	4 10%
Caso que	1 3,5%	-	-	-
No caso de	-	1 1,5%	-	1 2,5%
Contanto que	1 3,5%	3 5,0%	-	-
Sem	1 3,5%	3 5,0%	-	-
Sem que	-	3 5,0%	-	-
Desde que	-	2 3,0%	-	-
Total	28	61	15	40

Se, a conjunção não marcada para a sinalização da relação semântica de condição, provém da conjunção latina *si* e, segundo Barreto (1999), seu uso já pode ser verificado em obras tão antigas como *Notícias de Torto e Foro Real,* do século XIII. Embora se estabeleça relação condicional nos vários domínios, predomina, em todos os séculos, no domínio epistêmico. O uso de *se* aumenta progressivamente ao longo dos séculos, às expensas dos demais conectores cujo emprego se reduz a partir do século XX. A locução *contanto que*, já gramaticalizada no século XVII (Barreto, 1999), só ocorre nos séculos XVIII e XIX. O mesmo se verifica para *sem que*, presumivelmente gramaticalizada a partir do século XVII, segundo Barreto (1999). As alternantes *caso/caso que/*

no caso de remetem possivelmente a *em tal caso que*, construção referida por Barreto e já gramaticalizada no século XVI. *Caso que* cai em desuso, a partir do século XIX; *no caso de* mantém baixa frequência ao longo do período e *caso* dá sinais de recuperação no século XXI. *Sem/sem que*, já atestadas no século XVI, são relativamente frequentes no século XIX. *Desde que*, construção que admite maior ambiguidade, apresenta apenas uma ocorrência no século XIX.

Muito menos frequente do que *se*, *caso* tende a ocorrer principalmente no domínio de atos de fala diretivos e no domínio do conteúdo. Os demais conectores (*sem que, contanto que* e *desde que*), de baixíssima frequência, aparecem, preferencialmente, no domínio do conteúdo.

A distribuição da Tabela 9 sinaliza, portanto, relativa redução no conjunto de conectores condicionais ao longo do período, como foi observado também para as temporais e causais. Há que considerar, no entanto, possíveis interferências de particularidades da amostra.

A posição das orações hipotáticas de condição

As orações hipotáticas de condição, à semelhança das de tempo e de causa, podem ocorrer antepostas, pospostas e intercaladas à sua nuclear como se exemplifica em (56), (57) e (58):

(56) [18,2 CP RS] ***Se dizem a Vossa Maggestade que as minas estan atrazadas*** *he engano / Senhor / porque as minas he hua couza muyto grande.*

(57) [19,2 A BA] *O agente municipal d' esta cidade, faz sciente aos senhores possuidores de animais cavalares e muares que, achando-se extincto o praso concedido por lei, nenhum animal das mencionadas raças poderá ser vendido ou permutado* ***sem que seja primeiro registrado.***

(58) [21,1 CL RJ] *O senador disse que,* ***se tivesse as assinaturas****, abriria o processo, mas acabou voltando atrás, por quê? Aí, eu pergunto: o que esse senador faz no Congresso?*

Além destas posições, esporadicamente (apenas três ocorrências nos séculos XX e XXI) foram encontradas ainda orações condicionais desgarradas, seguindo a denominação de Decat (2011), como em (59):

(59) [20,2, CL RJ] *Estou certo de que a semana de Conservação da Natureza, a ser lançada pelo JORNAL DO BRASIL terá grande êxito. Há muito preocupo-me seriamente com a progressiva e inevitável (****se não houver providências****) destruição dos pássaros brasileiros: são caçados, aprisionados, vendidos e têm seus ninhos impunemente destruídos.*

A distribuição das hipotáticas condicionais de acordo com a posição ao longo do período examinado é mostrada no Gráfico 4.

Gráfico 4 – Distribuição das orações hipotáticas de condição segundo sua posição face à oração nuclear ao longo dos séculos XVIII a XXI

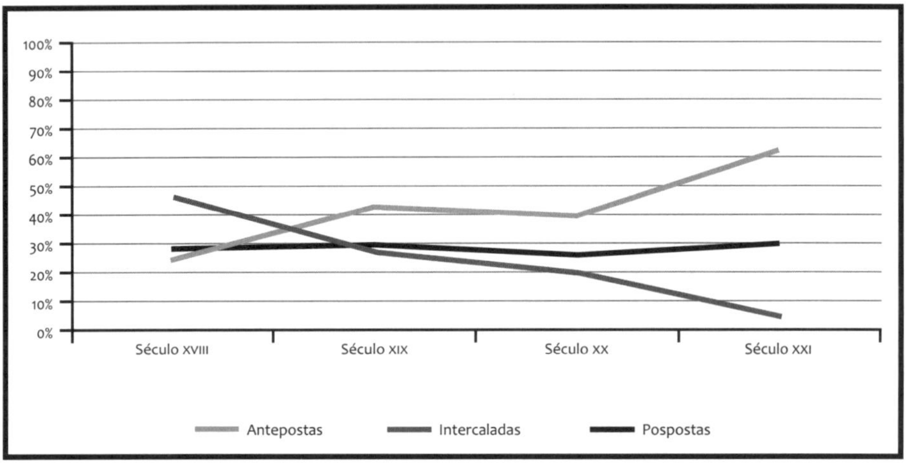

O Gráfico 4 mostra que a posposição representa quase um terço das ocorrências e que percentagens para esta posição tendem a se manter estáveis ao longo do período considerado. As alterações mais salientes concernem à anteposição e intercalação, duas posições que apresentam trajetórias distintas: o uso da intercalação decresce bruscamente no entremeio dos séculos XVIII e XIX, mantém-se estável entre os séculos XIX a XX e apresenta outra queda significativa entre os séculos XX e XXI. Inversamente, numa correspondência especular, observa-se o aumento da anteposição, significativa no intervalo entre os séculos XVIII e XIX e, posteriormente, XX e XXI.

Todas as orações condicionais hipotáticas, independentemente da conjunção que as introduz, são potencialmente variáveis. A análise mais detalhada dos dados revela, no entanto, que as orações introduzidas por *sem, sem que* e *contanto que* são quase categoricamente pospostas. Em vista disto, analisamos separadamente apenas as orações introduzidas por *se* e verificamos que a tendência mostrada no Gráfico 4 se mantém.

Observa-se também, estreita correlação entre a posição da hipotática condicional e o domínio. Orações condicionais que operam no domínio do conteúdo, no século XVIII, ocorrem predominantemente pospostas à oração nuclear; nos séculos XIX e XX, se dispersam pelas diferentes posições e no século XXI, ao que tudo indica, se conformam à posição não marcada das condicionais, qual seja, a anteposição. As condicionais no domínio epistêmico, por sua vez, apresentam comportamento mais regular, privilegiando a anteposição ao longo dos séculos. As de atos de fala diretivos, embora escassas, apresentam distribuição similar à das epistêmicas.

No que diz respeito à posição das orações de condição, os dados são sugestivos de redução na flexibilidade de posição e crescente instauração de uma ordem não marcada, qual seja, a anteposição da condicional à oração nuclear.

Formas de expressão do sujeito da oração hipotática condicional

Assim como as orações temporais e causais, o sujeito das orações hipotáticas de condição também pode ser expresso por SNs com núcleo substantival (ex. 60) ou núcleo pronominal em referência às pessoas do discurso (ex. 61), por uma anáfora pronominal (ex. 62), por uma anáfora zero (63) ou por uma categoria vazia (64).

(60) [21,1 CL RJ] *Cheguei à conclusão de que é realmente importante para o Estado do Rio receber alguma compensação, como a refinaria no Norte Fluminense,* ***caso o oleoduto seja mesmo cons****truído. Se não, haverá um esvaziamento econômico muito grave.*

(61) [21,1 CL RJ] *Com respeito à transmissão do desfile das campeãs das escolas de samba, pela* TV *Bandeirantes, faço das palavras do leitor Ricardo Oliveira (carta de 1/3) as minhas. Acrescentaria que consegui, finalmente, ver os verdadeiros passistas e destaques, bem como a alma das escolas, que são os componentes das alas e as velhas-guardas.* ***Se eu fosse o presidente da Liga das Escolas*** *de Samba mudaria de canal.*

(62) [19,2 CR PE] *O § XIV do art. 102 foi evidentemente uma consequencia natural e logica da doutrina do art. 5º, nem se comprehende que deixasse aquelle de existir na constituição; por que então, dirigida por funestos impulsos, podia a sociedade civil brasileira ser despediçada, quando e como aprouvesse ao poder espiritual, por meio de bullas e outras lettras apostolicas* ***se ellas fossem apregoadas e tivessem força de lei, independentemente do beneplacito do poder temporal.***

(63) [19,2 CR PE] ***Se por meio da imprensa, podemos derramar por todas as classes úteis conhecimentos, de que venha depois gozar a sociedade; se por meio dela podemos adossar os costumes do povo;***

mostrar-lhes seus verdadeiros interesses; guial-o (sic) para o bem, in- cital-o (sic) ao trabalho e a e economia, sem o q', | jamais ele sera feliz, *por que o não faze- | mos?*

(64) [18,2 CC PA] ***e Sehouver aVaria,*** *disContara nos mesmos fretes.*

Gráfico 5 – Forma de expressão do sujeito da oração hipotática de condição ao longo dos séculos XVIII a XXI

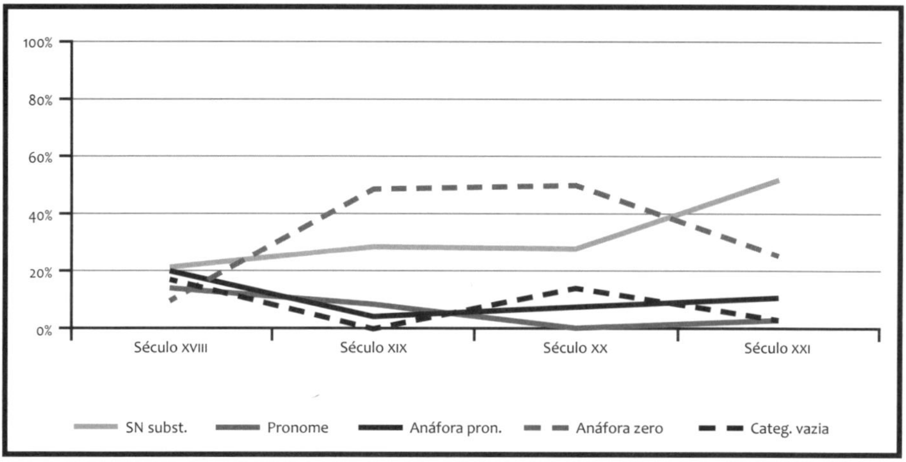

Segundo o Gráfico 5, no século XVIII, as diversas possibilidades de realização do sujeito da hipotática condicional se distribuem de forma mais difusa, embora com maior recorrência de SNs com núcleo substantival, anáforas pronominais preenchidas e categorias vazias. No século XIX, a opção anáfora zero se destaca nitidamente com quase metade dos dados e SNs com núcleo substantival constitui a segunda opção mais recorrente. Anáfora pronominal preenchida e SNs pronominais em referência às pessoas do discurso são pouco recorrentes nas condicionais. A distribuição para o século XX é similar à identificada para o século XIX. No século XXI, SNs com núcleo substantivo se destacam como opção preferencial, correspondendo a mais da metade dos dados e a categoria vazia aparece como segunda alternativa mais recorrente, com 25%.

A aparente irregularidade na distribuição do tipo de sujeito das hipotáticas condicionais ao longo do período se dilui quando se consideram os domínios em que se instaura a relação de condicionalidade. No século XVIII, observa-se dispersão das formas de expressão de sujeito da hipotática independentemente do domínio. A partir do século XIX, o que se verifica é que nas relações condicionais, tanto no domínio epistêmico como no domínio do conteúdo, o sujeito da hipotática tende a ser expresso ou por SNs de núcleo substantival ou por anáforas pronominais. Para as condicionais ligadas a atos de fala diretivos, fica difícil identificar uma tendência mais nítida, em razão da sua baixa ocorrência.

Os resultados são sugestivos de certa instabilidade na forma de realização do sujeito das condicionais, que passam a ser preferencialmente realizados por sujeitos preenchidos por substantivos.

Correferencialidade entre os sujeitos das orações nuclear e hipotática de condição

Os sujeitos das orações hipotáticas de condição podem ser mais ou menos correferenciais aos sujeitos de suas orações nucleares, como se ilustra em (65) e (66):

(65) [19,2 CR BA] ***Se esta primeira instrucção não abraga os conhecimentos extensos, ou profundos aplicados às necessidade (sic) da Sociedade, se hé mais concernente ao interesse particular do indivíduo ao menos sendo bem dirigida,*** *pode fazer homens estimáveis.*

(66) [19,2 CL BA] *Um poeta baiano, de cujo nome não me é possível agora recordar, disse, em um momento de enthusiasmo patriótico, d'aquelles de outrora, que faziam arrancar das fibras d'alma a nevrose do amor da patria.* ***Si o Dous de julho morre S'extinguirá nossa gloria.***

O Gráfico 6 mostra a distribuição das hipotáticas condicionais ao longo do tempo, de acordo com o traço [± correferencial] do sujeito:

Gráfico 6 – Distribuição dos sujeitos nas orações hipotáticas segundo a correferencialidade do sujeito dos séculos XVIII a XXI

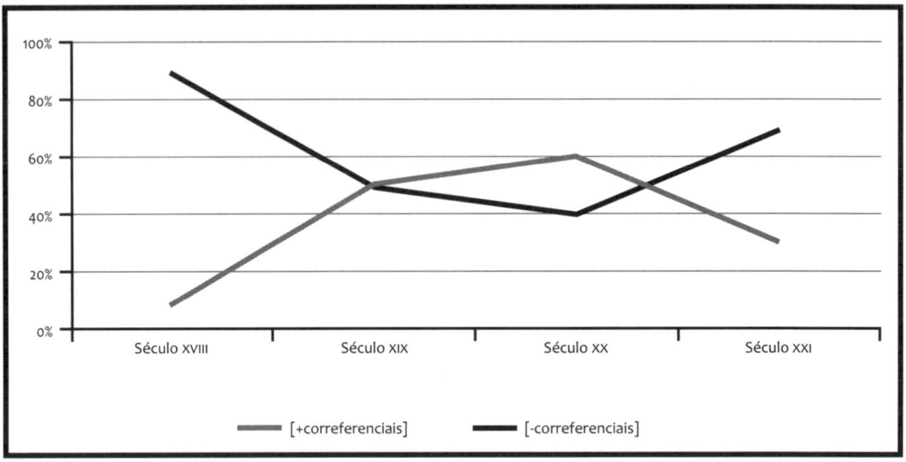

De acordo com o Gráfico 6, o comportamento desta variável é bastante instável ao longo dos séculos considerados. Visto que esses resultados se correlacionam, pelo menos parcialmente, com a forma de realização do sujeito da oração condicional, é difícil identificar o efeito da variável correferencialidade. A única conclusão autorizada pelos resultados acima é a neutralidade desta propriedade no século XIX. Destaque-se, ainda, que uma análise que leva em conta os domínios da condicionalidade não desfaz a instabilidade verificada no Gráfico 6.

Correlação modo-temporal da oração hipotática de condição

Como já mostramos no Gráfico 4, as orações condicionais hipotáticas se particularizam pela forte recorrência da anteposição. Dessa forma, consideramos separadamente as correlações modo-temporais para as sequenciações *hipotática* + *nuclear* e *nuclear* + *hipotática*. As correlações modo-temporais atestadas ao longo do período para a sequenciação hipotática + nuclear estão relacionadas no Quadro 4.

Quadro 4 – Correlação modo-temporal hipotática + nuclear

	Séc. XVIII	Séc. XIX	Séc. XX	Séc. XXI
Tempos e modos diferentes	Pres. ind. + pres. subj.			
		Pres. ind. + perf. ind.		Pres. ind. + perf. ind.
		Pres. ind. + fut. pres.		
			Pres. ind. + fut. pret.	
		Pres. ind. + imp. subj.		
			Pres. ind. + fut. subj.	Pres. ind. + fut. subj.
		Pres. ind. + imperat.		
				Pres. ind. + inf.
	Imp. ind. + pres. ind.			
				Imp. ind. + perf. ind.
		Imp. subj. + fut. pret.		
		Perf. ind. + pres. ind.		
	Perf. ind. + imp. subj.			
	Fut. pres. + pres. ind.			
				Fut. pres. + fut. subj.
			Fut. pret. + pres. ind.	Fut. pret. + pres. ind.
			Fut. pret. + imp. subj.	Fut. pret. + imp. subj.
		Fut. subj. + fut. pres.		
		Fut. subj. + imp.		
	Imp. subj. + pres. ind.	Imp. subj. + pres. ind.		
	Imp. subj. + imp. ind.			
		Imp. subj. + imper.		
	Imp. subj. + fut. pret.	Imp. sub + fut. pret.	Imp. subj. + fut. pret.	Imp. sub + fut. pret.
				Imp. subj. + fut. subj.
	Fut. subj. + pres. ind.	Fut. subj. + pres. ind.		
	Fut. subj. + Fut. pres.			Fut. subj. + fut. pres.
			Fut. subj. + fut. pret.	
				Inf. + fut. pret.
				Inf. + imp.
		Partic. + imp. subj.		
Tempos e modos iguais	Pres. ind. + pres. ind.	Pres. ind. + pres. ind.	Pres. ind. + pres. ind.	Pres. ind. + pres. ind.
		Perf. ind. + perf. ind.		
				Fut. pres. + fut. pres.

O Quadro 4 mostra uma grande diversidade de correlações modo-temporais na *sequenciação hipotática + nuclear*. As correlações que envolvem tempo e modo idênticos são mais limitadas: apenas a correlação *presente do indicativo + presente do indicativo*, exemplificada em (67) é regular em todos os séculos, embora se torne mais recorrente no século XXI. Além desta, são encontradas as correlações *pretérito perfeito do indicativo + pretérito perfeito do indicativo*, no século XIX, e *futuro do presente + futuro do presente*, no século XXI, como mostram os exemplos (68) e (69):

(67) [19,2 CR CE] ***Se | por meio da imprensa podemos derramar por todas as classes uteis conhecimentos, | de que venha depois gosar a sociedade; | se por meio della podemos adoçar os cos- | tumes do povo; mostrar-lhes seus verda- | deiros interesses****; guial-o (sic) para o bem; in- | cital-o (sic) ao trabalho e a economia, sem o q' | jamais elle será feliz; por que o naõ faze- | mos?*

(68) [19,2 CR PR] ***se | não veio revolucionar as nossas magras lettras | paranaenses; se não fez um sulco luminoso | no céo azul da nossa pobre litteratura provin- | ciana,*** *- como eu, como tu, como todos conta- | vam quando se anunciou a publicação desta | collecção de versos-foi, como devia ser, en- | thusiasticamente recebido, porque o merece.*

(69) [21,1 CL RJ] ***Se vai ser usado em propaganda, vale-cidadão, para fazer muros nos morros cariocas e em outras prioridades das nossas autoridades locais,*** *será bem mais lucrativo que não seja enviado.*

Destaca-se, também, a produtividade de combinações que envolvem formas do subjuntivo, principalmente de futuro ou de imperfeito e a diversificação de correlações com hipotáticas no presente do indicativo, a partir do século XIX.

Algumas das combinações relacionadas no Quadro 4, principalmente as que envolvem tempo e modo distintos, são significativamente mais produtivas do que outras, apontando a existência de padrões preferenciais ao longo do tempo. Destaca-se, sobretudo, a alta frequência da combinação *imperfeito do subjuntivo + futuro do pretérito* (exemplo 70) e *futuro do subjuntivo + futuro do presente* (exemplo 71):

(70) [21,1 CL RJ] ***Se fôssemos adjetivar a conduta do médico,*** *trapalhada seria muito pouco.*

(71) [18,2 CP RJ] ***Sehouver tempo parase [verem] as minhas contas, eeumerecer apiedade demedeferirem aellas,*** *poderá isto diminuirme muito trabalho, eoserviço de Sua Magestade ter mais utilidade.*

Também na sequenciação *nuclear* + *hipotática* são atestadas diferentes possibilidades de correlação modo-temporal, como mostra o Quadro 5.

Quadro 5 – Correlação modo-temporal para sequências nuclear + hipotática condicional ao longo dos séculos XVIII a XXI

	Séc. XVIII	Séc. XIX	Séc. XX	Séc. XXI
Tempos e/ou modos diferentes	Pres. ind. + fut. pres.			
	Pres. ind. + pres. subj.	Pres. ind. + pres. sub		Pres. ind. + pres. subj.
		Pres. ind. + imp. subj.		
		Pres. ind. + fut. subj.	Pres. ind. + fut. sub	Pres. ind. + fut. subj.
				Pres. Ind. + pres. sub.
	Pres. subj. + inf.			
	Imp. ind. + imp. subj.			
		Pret. perf. + pres. ind.		Perf. ind. + pres. ind.
		Pret. perf. + pres. subj.		
	Pret. perf. + imp. subj.			
			Pret. perf. + pres. ind.	
		Fut. pres. + pres. subj.		
		Fut. pret. + imp. subj.	Fut. pret. + imp. sub.	Fut. pret. + imp. sub.
		Fut. pres. + inf.		
		Imp. + pres. ind.		Imper. + fut. sub.
	Fut. pres. + pres. subj.			
		Fut. pres. + fut. subj.		
				Fut. pres. + pres. sub.
			Fut. pret. + imp. sub	Fut. pret. + imp. subj.
	Fut. subj. + fut. pres.			
	Fut. subj. + imp.			
		Fut. subj. + inf.		
				Inf. + fut. subj.
	Imp. + pres. subj.			
		Inf. + pres. subj.		
Tempos e modos iguais		Pres. ind. + pres. ind.	Pres. ind. + pres. ind.	Pres. ind. + pres. ind.
		Perf. ind. + perf. ind.		
		Pres. subj. + pres. subj.		
		Imp. subj. + imp. subj.		

Vários aspectos podem ser destacados a partir da comparação entre os Quadros 4 e 5. O primeiro é a regularidade da correlação modo-temporal *presente do indicativo* + *presente do indicativo*, uma configuração igualmente mais frequente na sequenciação *oração hipotática* + *oração nuclear*. As duas sequenciações são similares também na acentuada recorrência de *presente do indicativo* nas orações condicionais. Um outo aspecto é a maior diversidade das possibilidades combinatórias nas orações complexas de condição, no século XIX, o que não pode ser tomado como indício de mudança, visto que essa diversidade pode estar relacionada a fatores variados de ordem linguística, como o menor número de dados no século XVIII, ou às particularidades de subgêneros.

Uma diferença mais significativa entre as duas sequenciações diz respeito ao maior número de possibilidades com tempos e modos idênticos nas orações complexas com a hipotática condicional posposta.

É preciso notar que algumas das correlações modo-temporais relacionadas nos Quadros 4 e 5 podem se particularizar para certos conectores. Tal é o caso da correlação que envolve uma oração condicional com presente do subjuntivo, exclusivamente atestada nas orações introduzidas pelos conectores *caso* e *caso que*.

Pode-se suspeitar que algumas particularidades anteriormente apontadas decorram de especificidades do domínio em que opera a relação de condicionalidade. Uma análise detalhada das construções condicionais nos domínios referencial e epistêmico revela diferenças interessantes e uma trajetória um pouco diferenciada de cada uma delas. Nas relações condicionais no domínio do conteúdo, tanto o tempo como o modo da oração hipotática variam de forma significativa ao longo dos séculos XVIII a XXI.

Nas condicionais no domínio epistêmico, mais numerosas, se constata maior regularidade. A partir do século XIX, se destaca a correlação *presente do indicativo* + *presente do indicativo*, independentemente da posição da oração condicional. Observa-se, ainda, que, no século XVIII, não chega a se destacar uma correlação modo-temporal predominante. Considerando apenas a oração hipotática condicional, verificamos que a maioria esmagadora dos dados corresponde a formas do subjuntivo (futuro ou imperfeito do subjuntivo), o que já se altera no século XIX, quando o presente do indicativo corresponde a 30% das ocorrências.

CONSIDERAÇÕES FINAIS

No século XVIII, marco temporal a partir do qual iniciamos nossa análise, o sistema dos conectores que expressam as relações semânticas examinadas está quase que inteiramente configurado. Apenas para os conectores causais, pode-se suspeitar de pequenos rearranjos que envolvem o desaparecimento de possibilidades como a da locução conjuntiva *em razão + prep*. A ausência de certas locuções conjuntivas, em alguns séculos, não é, em princípio, indício de mudança no conjunto de conectores, visto que seu uso pode ser motivado por diversas variáveis, tais como as propriedades inerentes a cada locução.

Para cada uma das relações investigadas, destaca-se a recorrência de um conector particular que ou remonta ao latim (*se* e *quando*) ou foi gramaticalizado em um estágio muito remoto do português (*porque*). São os conectores mais recorrentes ao longo de todo o período e caracterizados por forte polifuncionalidade sintática e semântica.

Alguns conectores associados à expressão de tempo podem ser convocados para a expressão de categorias cognitivas abstratas, como causa, condição, concessão e contrajunção. Os conectores de causa e condição, menos suscetíveis a este deslocamento semântico, podem ser empregados para sinalizar relações em diferentes domínios e, consequentemente, expressar diversas nuances de significação.

Considerando a posição das orações, pode-se concluir pela redução regular de flexibilidade, com progressiva diminuição no número de orações intercaladas, independentemente da relação semântica. Uma outra generalização concerne ao fato de que, para as três relações semânticas, identifica-se a trajetória em direção a uma ordem não marcada. Para as condicionais, a trajetória é claramente em direção à anteposição. As causais, excetuando-se as introduzidas pelo conector *como*, vão em direção à posposição. Destaque-se que, para as orações introduzidas por *porque*, esta ordem é categórica desde o século XVIII. As temporais, embora tenham igualmente a posposição como ordem não marcada, aumentam ligeiramente o índice de anteposição no século XXI.

Quanto às formas de expressão do sujeito da oração hipotática, duas tendências gerais são compartilhadas pelas orações de tempo e condição. Por um lado, o fato de o sujeito da hipotática ser expressso não marcadamente por SNs com núcleo substantivo, tendência que se inicia, em ambos os casos, no século XIX. Por outro lado, a queda de sujeitos representados por anáfora zero, mais ou menos no mesmo limite do tempo. Para as causais, a alteração mais nítida é observada nas orações introduzidas por *porque*, principalmente no que se refere à queda da anáfora zero nos séculos XX e XXI. Com relação aos sujeitos representados por SNs, constata-se maior oscilação ao longo do tempo, com variação entre SNs com núcleos nominais e núcleos pronominais.

Alterações mais sutis puderam ser depreendidas também no que se refere à correferencialidade dos sujeitos das orações hipotática e nuclear. As orações hipotáticas focalizadas neste estudo se comportam de forma bastante distinta quanto a essa propriedade, o que dificulta qualquer generalização: as orações de tempo tendem a apresentar, ao longo de todo o período examinado, sujeitos [-correferenciais]; as orações condicionais se caracterizam por maior instabilidade, oscilando ao longo do tempo entre [+correferencialidade] e [-correferencialidade] entre os sujeitos das orações relacionadas. Nas orações causais, por sua vez, observam-se tendências diferenciadas de acordo com o conector: o sujeito das causais encabeçadas por *porque* são predominantemente [-correferencias]; o sujeito das causais com *por + infinitivo,* por sua vez, são mais frequentemente [+correferenciais], tendência relacionada, provavelmente, à forma de infinitivo que segue a preposição.

No que diz respeito à correlação modo-temporal, a similaridade mais saliente entre as orações temporais, causais e condicionais diz respeito à correlação entre formas do presente do indicativo, independentemente da posição da oração hipotática. Essa tendência mais geral indica a produtividade desta correlação. É esta, inclusive, a configuração modo-temporal que mais propicia a superposição de diferentes significados e certa ambiguidade de algumas construções.

Uma outra generalização permitida da análise das orações de tempo e condição diz respeito à redução no uso de formas do subjuntivo. Em se tratando das hipotáticas causais, a utilização de subjuntivo sempre foi muito restrita, o que se explica pelo fato de que a própria noção de causalidade se relaciona mais estreitamente com [+realis]. Há indicações, portanto, de maior proximidade entre as temporais e as condicionais.

Podemos retomar neste ponto as perguntas colocadas no início deste capítulo. A análise empírica de dados em tempo real mostra que as construções de tempo, causa e condição não experimentaram mudanças significativas ao longo do período examinado. Observam-se pequenas oscilações de suas propriedades gramaticais de um século para outro, um pouco mais nítidas apenas para a posição da oração hipotáticas e as correlações modo-temporais na oração complexa.

A análise realizada, limitada ao conjunto de conectores atestados no período em foco, não fornece evidências suficientes para a discussão da questão (b) da introdução. Ressalta, todavia, que a consideração das frequências dos diferentes conectores encontrados permitiu tornar mais visíveis algumas oscilações no uso desses elementos.

Os limites da análise não fornecem elementos para uma discussão mais segura dos princípios que regem mudanças na organização de períodos complexos de tempo, causa e condição. Há, porém, algumas indicações que merecem destaque, principalmente as que concernem ao uso de certas construções conectivas temporais: *desde que, quando* e *enquanto*. *Desde que*, a par da leitura temporal, admite também leituras causal e condicional, sem que isso se reflita no processo de combinação de orações. A gama de acepções associada às orações encabeçadas por *quando* é ainda maior, como já mostrado anteriormente, mas o processo continua sendo hipotático. A questão com *enquanto* é mais instigante: além das leituras temporal e condicional, associadas ao processo hipotático, adquire, nos dois últimos séculos, um valor de contrajunção, inferível de segmentos interdependentes colocados em oposição. Se eles são interdependentes ainda se justifica a classificação como hipotaxe? Não por acaso, todos esses conectores têm como ponto de partida o domínio do tempo, comprovando, assim, o proposto por diferentes autores no que se refere aos clines de mudança semântica.

NOTAS

[1] As cartas do século XXI integram o acervo de Textos Midiáticos, organizado pelo grupo Peul e encontram-se disponíveis no seguinte endereço: www.letras.ufrj/~peul. As cartas do século XX foram obtidas no acervo digital dos respectivos jornais nos seguintes endereços: acervo.oglobo.globo.com/ e www.jb.com.br/paginas/news-archive/.

[2] Um exemplo é o fato de que tanto *pois* como *porque* podem encabeçar orações explicativas, mas o primeiro é introduzido pelas gramáticas no conjunto de conectores coordenativos e o segundo tanto no conjunto dos coordenativos como no dos subordinativos.

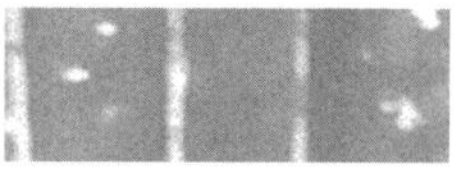

A GRAMATICALIZAÇÃO DAS ORAÇÕES DE GERÚNDIO NO PORTUGUÊS BRASILEIRO DO SÉCULO XVIII AO SÉCULO XX

José da Silva Simões

SUMÁRIO

APRESENTAÇÃO

Este capítulo tem por objetivo demonstrar alguns aspectos dos estágios de mudança das orações de gerúndio no português brasileiro (doravante PB), tomando como base a análise de um *corpus* histórico de textos paulistas, retomando os resultados obtidos a respeito da gramaticalização das orações de gerúndio na história do português paulista (Simões, 2007).[1] Foram recolhidas ocorrências dos séculos XVIII, XIX e XX em tipologia textual diferenciada, organizada por critérios associados ao modelo de Tradições Discursivas, e analisadas qualitativa e quantitativamente.[2] Defende-se aqui a adoção do modelo sociocognitivista de abordagem multissistêmica da língua (Castilho, 2006, 2007a), que prevê que os itens da língua atuam de maneira multilinear e dinâmica, sendo suas propriedades ativadas, reativadas e desativadas nos quatro subsistemas concomitantemente. Neste capítulo, concentro-me nos processos de *sintaticização*, *discursivização* e *semanticização* do gerúndio no PB. Defende-se aqui que é possível descrever os processos de mudança das orações de gerúndio no português brasileiro a partir da análise isolada dos subsistemas da Gramática, do Discurso e da Semântica.

Na primeira parte do capítulo apresento brevemente os *corpora* utilizados. Em seguida, passo à descrição dos variados tipos de orações gerundiais ali encontradas e, nas seções seguintes, a partir dos resultados quantitativos, comento os processos de sintaticização, discursivização e semanticização das orações de gerúndio.

*

Os *corpora*

Em Simões (2007), estudei a gramaticalização das orações de gerúndio a partir do século XVIII. O material de análise (Tabela 1) está dividido em um *corpus básico* constituído de três tipos de textos: *memórias, cartas* e *peças teatrais*, comuns aos três séculos analisados. O *corpus diferencial*[3] foi agregado à análise para refinar as considerações a respeito de como as orações de gerúndio se comportam em diferentes contextos discursivos em que aparecem.[4]

Tabela 1 – *Corpus* básico e *corpus* diferencial do século XVIII ao XX.

	Notação	Tipo de texto	séc. XVIII	séc. XIX	séc. XX
Língua falada → Língua escrita	A	Anúncios		√	
	CL	Cartas de leitores		√	
	CR	Cartas de redatores		√	
	M	Memórias	√	√	√
	CAP	Cartas de administração privada	√	√	√
	CO	Cartas oficiais	√	√	√
	CP	Cartas particulares	√	√	√
	TEA	Peças de teatro	√	√	√
	DID	NURC DID			√
	EF	NURC EF			√
	D2	NURC D2			√
	FB	Inquéritos FiloBand			√
	PBP	Português Brasileiro Popular			√

SINTATICIZAÇÃO DAS ORAÇÕES DE GERÚNDIO

Inicialmente, preocupei-me em definir uma classificação dos vários tipos de orações de gerúndio (OG) a partir de suas propriedades sintáticas. A questão da projeção do sujeito nessas orações pareceu-me de importância crucial para essa tipologização. Em função disso, para este trabalho, assumo o conceito de minioração[5] para os casos em que:

- O gerúndio é o *núcleo de uma predicação secundária*, em orações adverbiais com identidade de sujeito, em construções ambíguas e orações relativas, visto que seu sujeito é uma projeção lexical do predicado da oração matriz (OM). Tais casos serão chamados aqui de *gerúndios dependentes.*
- Quando o gerúndio é *núcleo de uma predicação primária*, ou seja, quando projeta o seu próprio sujeito, chamei-os de *gerúndios independentes*, como é o caso das perífrases verbais do português moderno, das construções absolutas, das estruturas nominalizadas, dos gerúndios imperativos, exclamativos ou interrogativos e, finalmente, quando atuam como articuladores do discurso.

Distribuição dos tipos de orações gerundiais por século

A Tabela 2 apresenta os totais do *corpus básico* e demonstra a distribuição geral dos tipos de gerúndio nos três séculos analisados:

Tabela 2 – Distribuição dos tipos de orações gerundiais por século no *corpus básico*

Tipo de predicação	Tipo de gerúndio	Séc. XVIII	Séc. XIX	Séc. XX	Total
Predicação secundária (dependente)	(a) adverbial (OGadv)	162 50,8%	120 43,5%	72 39,1%	354 45,4%
	(b) ambíguo	18 5,6%	15 5,4%	8 4,3%	41 5,3%
	(c) adjetivo	1 0,3%	20 7,2%	5 2,7%	26 3,3%
Predicação primária (independente)	(d) construção absoluta (CA)	88 27,6%	57 20,7%	23 12,5%	168 21,6%
	(e) em nominalizações	1 0,3%	1 0,4%	3 1,6%	5 0,6%
	(f) imperativo	10 3,1%	3 1,1%	1 0,5%	14 1,8%
	(g) articulador discursivo	3 0,9%	4 1,4%	4 2,2%	11 1,4%
	(h) perífrase	36 11,3%	56 20,3%	68 37,0%	160 20,5%
	Total	319	276	184	779

A partir dos resultados obtidos por século no *corpus básico,* observamos um fenômeno bastante interessante para o PB: ao longo dos três séculos, a soma da frequência das orações gerundiais adverbiais (OGadvs) e das construções absolutas (CAs) aponta para um decréscimo (78,4% > 64,1% > 51,6%) das orações adverbiais, enquanto as perífrases aumentam de tímidos 11,3% no século XVIII, até chegar a 37% no século XX (Gráfico 1).[6] A porcentagem de perífrases de gerúndio apontada para cada século demonstra que aumenta gradativamente a frequência de gerúndios em perífrases, avançando sobre outros tipos de gerúndio, que passam a ser menos utilizados.

Gráfico 1 – Frequência de orações gerundiais adverbiais e de perífrases de gerúndio por século

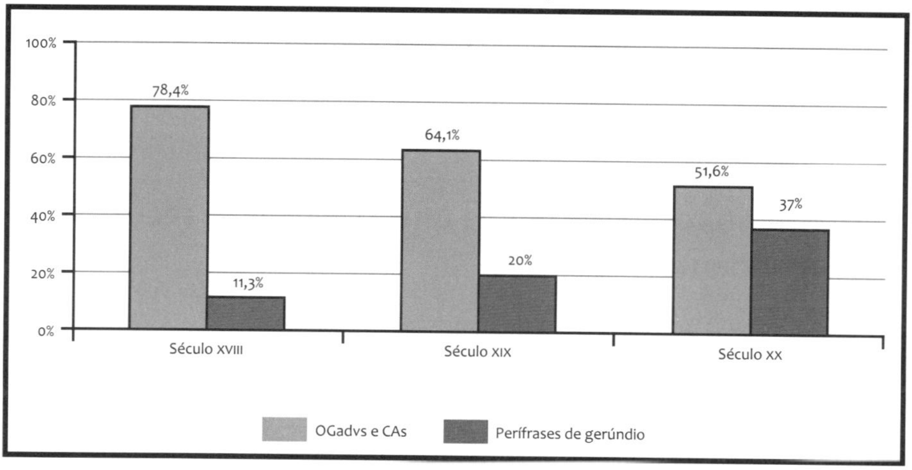

Através da comparação entre OGs adverbiais (OGadvs e CAs) e perífrases de gerúndio, não se pode afirmar claramente que essa seria uma mudança encaixada, mas vale observar que nas perífrases o verbo no gerúndio também funciona como um advérbio do seu auxiliar. Por esse ponto de vista, poderíamos dizer que o uso adverbial do gerúndio muda de contexto sintático, movendo-se de uma predicação secundária (gerúndio dependente nas OGs) e de uma predicação encaixada (gerúndio independente nas CAs) para uma predicação primária que se realiza de forma plena, utilizando um verbo auxiliar como suporte de morfologia.

Observa-se também um equilíbrio do *gerúndio ambíguo* (adjetivo do sujeito ou *fuzzy*) nos séculos XVIII (18/41, 43%) e XIX (15/41, 36%) com uma redução bem marcada de ocorrências no século XX (8/41, 19%).

Quanto ao *gerúndio adjetivo*, nota-se um alto índice de uso durante o século XIX (20/7,2%) em comparação com os outros dois momentos (1/0,3% no XVIII e 5/2,7% no XX).

Em relação à distribuição geral de todos os demais tipos, vemos que, ao funcionar como *articulador discursivo* (*falando nisso...*), o gerúndio apresenta uma frequência equilibrada nos três períodos (3 > 4 > 4 ocorrências), mas percentualmente observa-se um aumento gradual (0,9% > 1,4% > 2,2%). As *nominalizações* do tipo *Jabuticabeira produzindo* são igualmente pouco frequentes nos três séculos. O resultado obtido para o *gerúndio como articulador discursivo*, as *nominalizações* e o *gerúndio imperativo* parece estar relacionado à questão da tipologia textual, de que trato mais especificamente na seção "Semanticização do gerúndio".

Nas seções seguintes, analiso as características específicas de cada um dos tipos de OGs encontradas nos *corpora* analisados e interpreto os resultados quantitativos obtidos para cada um desses tipos de orações.

Gerúndio como núcleo de uma predicação secundária (dependente)

GERÚNDIO ADVERBIAL (OGadvs)

Nas OGadvs o argumento interno da oração está expresso na OM, através da realização de um sujeito lexical ou da morfologia de pessoa e número no radical do verbo da OM.

Segundo as suas propriedades sintáticas, as OGadvs apresentam as características constantes da Tabela 3:

Tabela 3 – Propriedades sintáticas das OGadvs

O predicado é um verbo infinito no gerúndio (pessoa e número não estão expressos).
Algumas classes de palavras podem anteceder imediatamente a forma nominal do gerúndio, como determinados advérbios: *não, como, mesmo, meio* etc. e algumas *preposições* como *sem, em, com, de: Com os preços* ***aumentando****, não vamos viajar* e *Chegou de mãos* ***abanando***.
Segundo a valência do predicado podem ser expressos dois ou três complementos: *Ela entrou em casa [(SUJ$_{\emptyset}$)* ***trazendo*** um presente (OD) *para a filha* (OI)*]*.
O sujeito (argumento interno) da oração gerundial adverbial está expresso na OM, através da realização de um sujeito lexical ou de morfologia de pessoa e número no radical do verbo da OM: ***Vendo*** *que a filha não chegava, Mariana começou a preocupar-se* e ***Vendo*** *que a filha não chegava, preocupou-se.*
O sujeito da OM pode estar implícito na oração subordinada, ou pode ser explícito, pospondo-se ao gerúndio: ***Vendo*** *que a filha não chegava, preocupou-se* (presença do item *filha* > sujeito *mãe* ou *pai* e ***Chegando*** *o pai, começaram a jantar.*

A Tabela 4 apresenta a distribuição dos OGadvs segundo a natureza do sujeito que é compartilhado com a OM:

Tabela 4 – A natureza do sujeito nas OGadvs

OGadvs com sujeito gramatical	nulo	329	93,5%
	substantivo	15	4,3%
	pronome	9	2,6%
OGadvs sem sujeito gramatical		-	
	Total	353	

Pelos resultados obtidos, observa-se que, na grande maioria dos casos (93,5,9% dos casos encontrados nos três séculos do *corpus básico*), o sujeito não se realiza lexicalmente, sendo, portanto, nulo (1). As outras duas possibilidades distribuem-se entre orações com sujeito expresso por um substantivo (2) ou por um pronome (3):

(1) [18,2 CAP SP] *oSugeito desta forma oConduziraõ aCadea da qual omandei Sol- tar na Seguinte manhã por ja estar Resti tuido aoSeu juizo* ***prezumindo*** *Ser mo rador deste destrito despois deSolto em trou afazer Requerimentos ao Juis para lhe mandar tomar fê das feridas Requeren do Contra aqueles por quem omandei prender [p. 2] Prender*[7]

(2) [19,1 M SP] ***vendo*** *oGovernador Geral que as Aldeas estavaõ despovoadas; [sendo] alia[s] os Indios taõ neceSsarios para todo oServiço, que [se empreendia] afavor daCoroa, determinou a 18de8[outu]bro dodito anno, que todos osque fossem aoSertaõ buscar Indios, paga[SS]em o5.o, pondo nas Aldeas deSua Magestade a5.a parte della[[e]]s, eque metade deste 5.o seRemetesse áBahia para lá fundar huma Aldea.*

(3) [18,1 CAP SP] ***etendo*** *eu* ***feito*** *exaltas d[ili] genCias por ela [p]or todas estas partes, Sem fruto algum, prendi aos parentes para efei to deComfeÇarem averdade; osquais Com feÇaõ Ser hido para aspartes davila de JaCarehy, em Companhia dehum homem, ehua molher exComungados desta quaresma dobairro deSaõ Joaõ. Cujos nomes Saõ Francisco Rodriguez, e Maria Thomas;*

GERÚNDIO AMBÍGUO

Nos casos em que o gerúndio aparece imediatamente adjacente ao sujeito da OM, o verbo no gerúndio estabelece uma predicação do tipo ambígua (*fuzzy*), podendo essa oração ser interpretada ao mesmo tempo como adjetiva ou como adverbial. Em construções desse tipo, o sujeito da OG é o mesmo da OM, mas, diferentemente das OGadvs e das CAs, nestas estruturas o sujeito aparece ligado imediatamente ao G, exibindo normalmente a seguinte estruturação sintática: [Su + [OG] + V + (CO) + (C1)]

(4) [19,1 CL SP]... *ora o Estudante pobre, **vendo** que o rico pode campar assim; não se vexarà não podendo trazer se não uma calça de ganga, umas meias de lã ou de algodão?*

As gramáticas não têm tratado de maneira clara esse tipo de construção e, em sua maioria, descrevem uma estrutura assim como sendo um caso de *oração adverbial*. Alguns autores (Brandão, 1963; Campos, 1980), porém, reconhecem nela uma espécie de *oração relativa*, pelo fato de o G exibir uma propriedade típica dos adjetivos, que é a de atribuir uma qualificação a algum SN. O Gráfico 2 mostra como se comportam estas estruturas em comparação às outras orações adjetivas.

Por vezes, apesar da OG *fuzzy* aparecer distanciada do sujeito, antecede-lhe uma sequência de particípios, advérbios, apostos nominais e outras orações relativas, promovendo assim uma identidade sintático-semântica entre estes itens, que acabam reforçando a hipótese de que esta categoria se enquadra entre os predicativos do sujeito que têm natureza sintática diversa e ambígua.

(5) [19,2 A SP] *Attenção | Aos senhores viajantes do Norte e Sul, e dos senhores | empregados do correio. | O HOTEL DAS FAMÍLIAS, o único | com este titulo na capital de São | Paulo, já muito conhecido por mi | lhares de familias honestas, como | o mais accomodado em preços, | **offerecendo** sempre todas as com | modidades desejaveis e necessa | rias para as Exelentíssimas familias que | viajam, é situado desde sua pri | mitiva abertura, á Rua Munici | pal número 6 - em frente á praça do | mercado.*

Gráfico 2 – Distribuição do gerúndio ligado a um SN da OM (gerúndio adjetivo + gerúndio ambíguo)

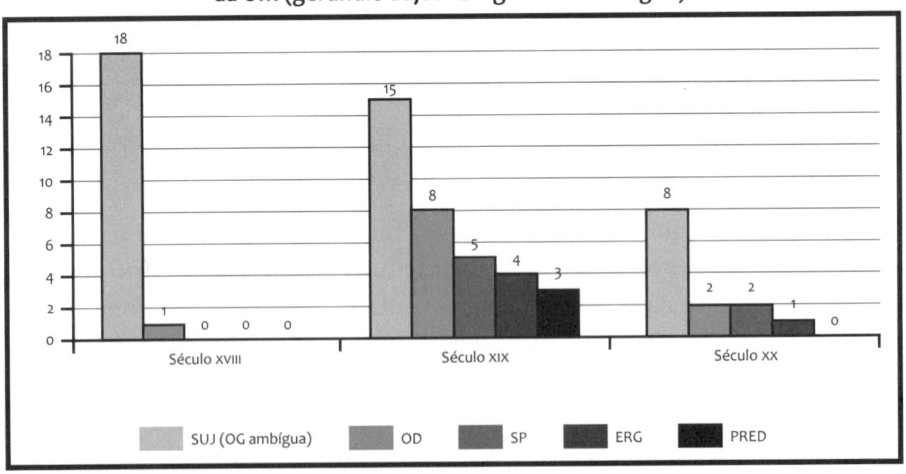

Outras vezes, é possível enxergar essas estruturas sob outro ponto de vista, num nível em que o subsistema do discurso parece estar mais saliente, em estruturas nas quais o sujeito projetado pelo radical do verbo no gerúndio parece ter sido extraído do interior da própria OG, sendo assim topicalizado, como mostram os seguintes exemplos:

(6) [18,2 TEA RJ] *Pant. Estas mulheres* ***em se achando*** *juntas, já entraõ a contar o como vivem com os maridos, mas a minha naõ ha de dizer, que eu lhe gastase os dotes em vicios, se os gastei foi em me devirtir com ella em romarias, como ella mesmo diz, e por isso, porque gastei o dinheiro, estou agora de dia, e de noute a trabalhar, para passar a vida sem calotes. [Filhozes do entrudo, entremez do PHPB-RJ]*[8]

(7) [20,1 CP SP] *O caso do "obsecar" eu sabia perfeitamente mas é um desses casos que, tantos na vida! a gente resolve a trouxe-mouxe e vai de repente, alguém obriga a gente a raciocinar mais de espaço about. É um caso curioso de etimologia popular... semi-erudita. Os galiparlas dos jornais,* ***querendo*** *obséder, mais lembrando obcecar (cuja grafia naturalmente não lembravam), fizeram "obsecar", verbo novo com o sentido tão necessário de obséder.*

Ao considerar-se tais casos como estruturas adverbiais ambíguas, defende-se aqui a ideia de Castilho (2006, 2007a), de que nem sempre é possível estabelecer os limites claros entre uma categoria e outra como a ciência clássica queria fazer. Ao contrário, é preciso entender a gramática das línguas como um conjunto de sistemas complexos que exibem "um tipo de ordem sem periodicidade, mas em fluxo contínuo, em mudança" e que denotam um comportamento imprevisível e, também, que determinadas estruturas transitam por estes sistemas em combinações infinitas (cf. Waldrop, apud Castilho, 2006), estabelecendo "*relacionamentos simultâneos, não construídos passo-a-passo, como os genes de uma célula*" (idem, op. cit.). Brandão (1963) já havia percebido esta oscilação, e para os casos de gerúndio ligados ao SN sujeito da OM, que classifica como "gerúndio predicativo do sujeito", ele observa o seguinte: "*Vê-se que, em muitos dos exemplos acima, o particípio vale exatamente uma clausula adjetiva, na qual se poderá converter, sem ofensa da sintaxe, nem da semantica*" (Brandão, 1963: 54).

Observamos, através da Tabela 2, que o gerúndio ambíguo segue, no século XX, a tendência de decréscimo também observada para o gerúndio adjetivo, mas sua ocorrência é bastante alta no século XVIII em comparação aos outros tipos de oração com gerúndio adjetivo. Esse dado é uma evidência a mais para a tese defendida aqui de que o gerúndio ligado ao sujeito tem um estatuto diferenciado dos outros tipos de gerúndio adjetivo.

Alia-se a essa ideia o fato de que o Gráfico 3 aponta um paralelismo de decréscimo das orações ambíguas com o decréscimo das orações adverbiais de gerúndio (dependentes e independentes) e conjuncionais no período analisado. Desse modo, temos aqui dois argumentos de ordem quantitativa que confirmam o caráter ambíguo ([-adjetivo] e [+adverbial]) dessas construções.

Gráfico 3 – Distribuição de OGs adverbiais e de OGs ambíguas

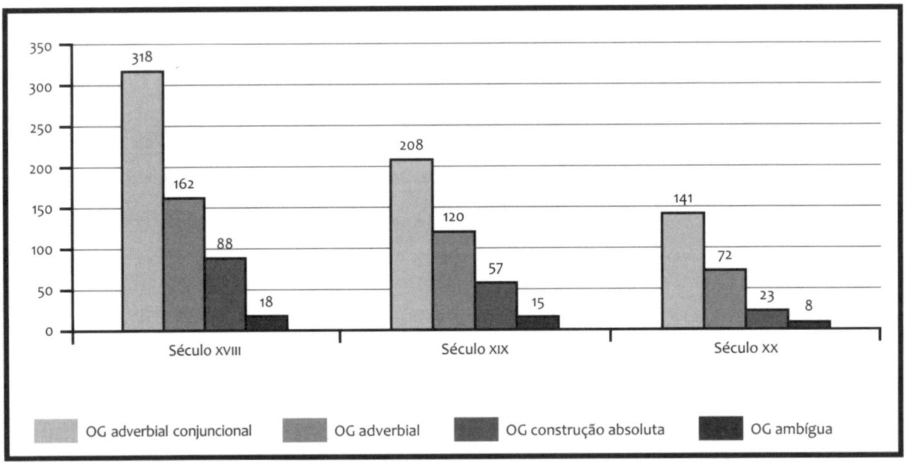

Resumidamente, as orações com gerúndio ambíguo apresentam as seguintes propriedades sintáticas:

Tabela 5 – Propriedades sintáticas das orações gerundiais ambíguas

Localizam-se em posição imediatamente adjacente ao SN que tomam por sujeito → [+adjetivo] e [-advérbio].
Podem aparecer apostas a outros itens predicativos como adjetivos, particípios, advérbios, apostos nominais e outras orações relativas → [+adjetivo] e [+advérbio].
Denotam uma atividade passageira, transitória, atribuindo um modo de ser, uma qualidade que se atribui ao nome a que estão ligadas[9] → [+adjetivo] e [+advérbio].
Movimentam-se com grande facilidade pela sentença, embora tal estratégia acarrete mudança de sentido ou nuance → [Ø adjetivo] e [+advérbio].

GERÚNDIO ADJETIVO

Nestas construções o gerúndio liga-se unicamente a um SN da OM, predicando-o. O SN pode exercer distintas funções sintáticas na OM (OD, OI, OBL, SP). A estrutura sintática destas construções é a seguinte: [Su + V + [CO (SN) + G]]

(8) [19,1 CL SP] *E o Governo | o que faz? tambem não sei, mas é de querer, que | tenha mandado algum officio, ou Portaria* (OD) *á Camara, | ou ao Juiz Almotacel* ***recommendando*** *providencias.*

(9) [20,2 M SP] *A solução para o problema dos transportes foi a construção de uma rede ferroviária* (SP) ***ligando*** *toda a região da cafeicultura ao porto de Santos.*

A diacronia das orações com gerúndio adjetivo

O quadro geral de ocorrências (Tabela 1) já havia apontado que o gerúndio adjetivo é pouco produtivo nos três séculos em comparação a outros tipos de orações com gerúndio (adverbiais, construções absolutas e perífrases). No entanto, dentro do universo das orações ligadas a um SN da OM, observamos pela Tabela 6 que o gerúndio adjetivo é significativamente alto no século XIX (77%) em comparação com os outros dois séculos, havendo um decréscimo no século XX (19,2%), embora ainda seja bastante representativo, se comparado com o século XVIII (3,8%). Esse resultado confirma que a produtividade do gerúndio adjetivo no século XIX era mesmo tão alta que gerou a discussão sobre esse uso considerado excessivo por gramáticos como Júlio Moreira, Leite de Vasconcellos e Epiphanio Dias, mas justificadamente defendido por Claudio Brandão, Otoniel Mota e Said Ali (cf. Simões, 2007: 87-93).

Tabela 6 – Distribuição do gerúndio adjetivo nos três séculos analisados

Gerúndio ligado a	Séc. XVIII		Séc. XIX		Séc. XX		Total	Total
OD	1	100%	8	40%	2	40%	11	42,3%
SP	0	-	5	25%	2	40%	7	26,9%
Absolutivo ergativo	0	-	4	20%	1	20%	5	19,2%
Predicativo	0	-	3	15%	0	-	3	11,5%
Total	1	3,8%	20	77%	5	19,2%	26	

A Tabela 7 demonstra que na segunda metade do século XIX houve um aumento significativo do gerúndio adjetivo em relação à fase anterior (6/30% > 14/70%), denunciando o período em que esse fenômeno mais chamou a atenção dos gramáticos, estendendo-se a discussão até o início do século XX (cf. Júlio Moreira, 1907; Leite de Vasconcellos, 1911 apud Said Ali, 1920/1975 e Epiphanio Dias, 1918):

Tabela 7 – Frequência de gerúndios adjetivos nas duas metades do século XIX

Gerúndio ligado a	**Séc. XIX**				
	1ª metade		2ª metade		Total
OD	3	50%	5	35,7%	8
SP	1	16,7%	4	28,6%	5
Absolutivo ergativo	1	16,7%	3	21,4%	4
Predicativo	1	16,7%	2	14,3%	3
Total	6		14		20

A seguir, apresento alguns exemplos de orações relativas com gerúndio adjetivo. Entre elas aquelas ligadas ao objeto direto da OM (10), ao complemento oblíquo da OM (11), ao complemento de um sintagma preposicionado (12), ao absolutivo de verbos existenciais (13), ao absolutivo de verbos ergativos (14), ao predicativo da OM (15) e ao predicativo em estruturas com o complemento predicativo da OM sendo seguido de uma construção comparativa introduzida por *como* (16):

(10) [19,2 CAP SP] *Não deixem de apresentar na occazião opportuna, emenda* ***re=duzindo*** *a lista civil do Imperador, e* ***supprim[indo]*** *a datação da Impe= ratirz eoutras pessoas da Famillia Imperial. [espaço] Notem, isto é essencial, sob pena de vossês ficarem [com lesoutres].*

(11) [20,2 NURC EF 405 SP] *seria o fato que nos leva a pensar... na:: na arte* ***nascendo*** *ligada à magia... é o fato de que essas representaçoes eram feitas sempre na parte escura das cavernas...*

(12) [19,1 M SP] *Eportanto, nunca devia prezumir eSsa exactiSsima deligencia dehum homem extranho,* ***governando*** *Indios livres, sem ter huma proporcionada paga doseo trabalho.*

(13) [19,1 A SP] *Na Rua Direita número 2 ha para vender uma| negrinha nova, nação Benguella, meia ladina;* ***sa-|bendo*** *já o serviço da casa por*

d'entro, e sem de-|feito nem-um. Quem quizer comprar queira apare-|cer na mesma casa, e tractar com o Senhor d'ella. (*O Farol Paulistano*, 18 de outubro de 1828)

(14) [19,2 M SP] *Por terra aproveitavam as trilhas dos índios; em falta delas seguiam córregos e riachos, **passando** de uma para outra banda conforme lhes convinha, e ainda hoje lembram as denominações de Passa-Dois, Passa-Dez, Passa-Vinte, Passa-Trinta; balizavam-se pelas alturas, em busca de gargantas, evitavam naturalmente as matas, e de preferência caminhavam pelos espigões.*

(15) [19,2 TEA SP] *LUÍSA : Pareceu-me ouvir bulha fora.* | *RAFAEL : É engano teu: eu nada ouço.* | *VITORINO : Há de ser algum pateta que volta das luminárias, **falando** em Constituição, garantias, e nas visagens que nos estão fazendo os tais deputados do Retiro. É o que se trata, n[a]s [sic] praças, nas casas, nas boticas, em toda parte. [Sangue Limpo, Paulo Eiró]*

(16) [19,1 TEA SP] *MACÁRIO Por quê? O DESCONHECIDO Porque havia ser alegre como Arlequim **assistindo** a seu enterro... [Macário, Álvares de Azevedo]*

Gerúndio como núcleo de predicação primária (independente)

Diferentemente do que ocorre na minioração, o gerúndio independente não é o núcleo de uma predicação secundária. Nesse caso, o gerúndio projeta o argumento externo de forma independente. O sujeito ao qual está ligado o gerúndio não exerce nenhuma função sintática na OM. No entanto, à falta de uma morfologia de tempo, modo e pessoa, típica dos verbos, o verbo no gerúndio apresenta-se numa relação de dependência sintático-semântica com um verbo finito que dá suporte à falta dessa morfologia. No caso das CAs, o gerúndio apoia-se no verbo da OM. Nas perífrases, é seu auxiliar que cumpre essa função e, nas demais formas mais nominais do gerúndio independente, em nominalizações, nas formas imperativas, exclamativas, interrogativas e como articulador discursivo, a relação tempo-modo é recuperada na instância da enunciação, que pode ser uma conversação em curso ou pode se dar pelo enquadramento de cena (*framing* no sentido talmyiano) promovido pela relação entre os eventos envolvidos nessa cena.

Nas subseções seguintes, descrevo como o gerúndio independente se distribui nas suas variadas formas de realização.

AS CONSTRUÇÃO ABSOLUTAS (CAs)

Entende-se por *construção absoluta* (CA) qualquer elemento nominal ou sentença que se adjunge a uma OM, sem estabelecer uma relação de dependência sintática direta, por não compartilhar com esta nenhum complemento, porque projeta o seu próprio sujeito, o que lhe confere o *status* de uma oração parcialmente independente, não fosse o seu caráter nominal e sua interdependência semântica com o predicado da OM. A dependência semântica se estabelece primordialmente pela relação de sequenciação dos eventos envolvidos tanto na OM como na OG. Assim, em termos sintáticos, o que diferencia as *construções absolutas* das *orações adverbiais* é o fato de que estas compartilham o sujeito da OM, enquanto aquelas possuem um sujeito distinto daquele da oração à qual está adjungida.

A natureza do sujeito nas construções absolutas

Como vemos na Tabela 8, grande parte das CAs apresentam um sujeito lexicalizado:

Tabela 8 – Natureza do sujeito nas construções absolutas (CAs)

CAs com sujeito gramatical	nulo	24	24,7%
	SN substantivo	52	53,6%
	pronominal	18	18,6%
	oracional	3	3,1%
	Subtotal	97	57,7%
CAs sem sujeito gramatical		71	42,3%
	Total	168	

Na maioria das vezes, as CAs projetam um sujeito lexical que pode ser expresso por um SN substantivo (53,6%), por um pronome (18,6%) ou por uma oração (3,1%), podendo também ser nulo (24,7%).

Por serem independentes em relação ao sujeito da OM, as CAs comportam os verbos que não projetam um argumento externo. Isso explica o alto índice dessas construções sem um sujeito gramatical (42,3%). Nesses casos, encontramos os verbos que projetam apenas um argumento (monoargumentais), como os absolutivos existenciais e ergativos, e os verbos com o *se* indeterminador e apassivador.

Apresento a seguir alguns exemplos dessas construções segundo a natureza do sujeito.

i. Sujeito nulo

Nos casos em que o argumento externo é nulo, o sujeito é recuperável através de algum item da OM que nela não desempenha a função de sujeito.

(17) [20,2 CAP SP] *Prezada Clarice: | em resposta à sua carta de 15 do corrente, informo que continuo disposto a editar o seu excelente, mas ill fated, A maçã no escuro. Sucede, todavia,que já estamos praticamente no meio do ano e, neste 1959 de angústias e incertezas financeiras, graças aos desvarios juscelínicos, seremos obrigados a diminuir grandemente o volume de nossa produção editorial. Assim* ***sendo****, não posso garantir a publicação do romance dentro de curto prazo.*

Na correspondência enviada a Clarice Lispector (17), o item *assim* resume as explicações dadas pelo editor nos enunciados anteriores. Vale observar que a construção *assim sendo* já pode ser considerada a lexicalização de um dêitico, nesse caso composto por uma base verbal aliada a outro item dêitico. O estudo da diacronia das CA tem mostrado que elas são as construções adverbiais que estão mais propensas a se lexicalizar. Isso provavelmente se dá pelo fato de serem mais nominais que verbais, o que as torna, portanto, mais suscetíveis desse passo. Isso de alguma forma explica também o surgimento de uma nova locução conjuncional *sendo que,* como dão conta disso os exemplos a seguir. Observe-se que a primeira ocorrência, da primeira metade do século XVIII (18) ainda carrega consigo um item sujeito *Cauzo*, que já não aparece em (19):

(18) [18,1 CAP SP] *e[astanta] des ReZes emp[e]rtaraõ Sento eVinteesin co mil Reis que pertanto deicharaõ empenhadas as[tantas] Espingardas,* ***Sendo CauZo que*** *osditos, naõ mandem da Villa deSanctos odinheiro,*

(19) [19,2 CAP SP] *creditei hoje em tua conta a quantia de 1:600#000,* ***sendo que*** *tirei 100# 000 para [p.3] pagar-me dos phono = gramas que te mand = dei.*

ii. Construções absolutas com sujeito lexicalizado

O sujeito expresso por um substantivo e seus especificadores é a forma mais produtiva nas CAs que projetam um sujeito gramatical (52/97 = 53,6%):

(20) [18,2 CAP SP] ***efalecendo*** *a may do mesmo Suplicante, por iSso Recahio nelle e em Sinco ir maons que tem pobriSsimos, edelles Sam[Duas?] mu das, ehuma aleijada o dominio[7] para proCura[r~e?] Ser Restituidos deste Sitio*

Quando o sujeito da CA é pronominal, ele aparece normalmente expresso por um pronome pessoal:

(21) [18,1 CAP SP] ***preguntando****lhes eu, Sehera al guã ordem ouCervico de- Sua Magestade que Deos guarde Responderaõme, oque vossaExcelencia nessas Duas Certidoins verâ que asmandej paçar pellos ofiçiaes de Justiça que prezentemente Seaxaraõ*

Ocorrem também os pronomes indefinidos isolados:

(22) [18,2 TEA SP] *Tram. Vamos, eu levo o resto do trem. Levaráõ tudo para dentro, despois tornando, vem pôr a meza para merendarem todos, e na meza poem os alguuidares do assado, e das filhozes, paõ, azeitonas, selada, rabos, copos, facas, e a burracha no chaõ ao lado de Sergio, e* ***entrando*** *todos a comer rusticamente dirá?* (*Filhozes do entrudo*, entremez do PHPB-RJ)

Ou também acompanhados de outros especificadores:

(23) [19,1 M SP] *§. 4. Oexcelentissimo Senhor Dom Luis Antonio deSo[i]za, conheceo bem aneceSsidade deerigir Freguezias emAldeas, que fossem tomando m[aior] [calor] por offeito das suas deligencias esperançava-se muito nasdeSaõ Miguel, Pinheiros, eSaõ Joze. (a) comtudo unicamente erigio em Villa esta ultima* ***ficando*** *as outras em Aldeas, como d'antes.*

O uso de pronomes de tratamento é comum na correspondência oficial:

(24) [19,1 CL SP] *E como talvez eu não | tenha occasião de ouvil-os,* ***publicando*** *| Vossa mercê este dialogo, pode ser que | algum dos entrelocutores queira tambem publicar o | resultado da meditação do Senhor Portuguez | velho.*

O sujeito oracional aparece apenas em duas CAs, como no exemplo a seguir:

(25) [18,1 M SP] *Neste pousos falhamos um dia,* ***sendo*** *a causa o requerer toda a Tropa a Anhanguera, e fizesse a resenha que lhe tinha prometido antes de fazer em Mogi, e a que tinha já faltado.*

iii. Construções absolutas sem sujeito gramatical

As CAs sem sujeito gramatical compõem-se de verbos monoargumentais no gerúndio, como os verbos existenciais *haver* e *ter* (26) e os verbos ergativos do tipo *acontecer, entrar, sair, chegar* (27). Também fazem parte dessas construções os verbos que projetam um complemento indeterminador ou apassivador *se* (28), que em alguns casos também pode ser nulo (29).

Tabela 9 – Distribuição das construções absolutas sem sujeito gramatical

CA com absolutivo (existencial)	7	9,9%
CA com absolutivo (ergativo)	5	7,0%
CA com sujeito indeterminado	59	83,1%
Total	71	

(26) [19,2 CAP SP] *Arrangei um emprego explendido: estou na repartição de Terras e Colonisação, como auxiliar de escripta; te- nho 150#000 reis mensa[e]s, mas **havendo** durante o o meu 1ºanno um imposto de 10#000 fico redusido a 140#000 o que já não é pouco;*

(27) [18,1 M SP] *Escusou-se este com a promessa, de que **em chegando** o Capitão João Leite da Silva Ortiz, seu Genro, que nos tinha ficado atrás, e era o outro descobridor, a faria ele cabo no Rio Grande.*

(28) [18,2 M SP] *3.o **Posta** nesta cituaçaõ aCapitania podia restituirse Logo, **cuidadando**se nasua Povoaçaõ, ou **mandando**selhe nova gente, ou**repartindo**sse com ella, daque sempre chegava dePortugal, com animo de seestabalecer nas Minas, emedindo asforças daCapitania emeios deestabalecimento que ofrece pro curar que se aplicasem aelle osseus povoadores em utilidade propria eaumento daReal fazenda:*

(29) [18,2 M SP] *§. 29. E porque nem sempre podia durar opatrocínio doOuvidor Campello, eera precizo que houvesse hum meio deconstranger os Indios aobServância doseo Termo, **pondo** (Ø) os no estado dehuma cega obediência aos seos Reverendissimos PPadres, lembrou entaõ aosCapuchos serem Legisladores, efazerem Leys penais contra os Leigos.*

Finalmente, pelos resultados obtidos na Tabela 9, podemos afirmar que a indeterminação do sujeito nas CAs é bastante significativa. Ela ocorre em 42,3% dessas construções, com verbos existenciais, ergativos e com aqueles que projetam um item indeterminador e apassivador. Tal fato está associado à natureza parentética das CAs e será analisado sob o ponto de vista da semântica na seção "Semanticização do gerúndio".

GERÚNDIO ADJETIVO LIGADO A UM SN EM SENTENÇA PLENA: NOMINALIZAÇÕES

Nessa variável, o gerúndio é núcleo de uma predicação primária e projeta todos os seus argumentos, incluindo o seu próprio sujeito ao qual se une em uma relação adjetiva. Ele ocorre em construções nominalizadas, que podem ser convertidas na sua contrapartida finita, em sentenças afirmativas (30), exclamativas (31) ou interrogativas (32).

(30) [18,2 CAP SP] *Vossamerce bem tem deplorado, emminha prezensa oindecente estado denoSa Igreja Matriz; quatro paredes nuas evermelhas, Sem portas, Sem janelas,* ***reprezentando*** *mais ũa olaria, que aCaza deDeos: onde Com bastante escrupulo ConServo oSantissimo Sacramento.*

(31) [20,2 TEA SP] *EMÍLIO Todos* ***falando*** *ao mesmo tempo... da esquina a gente já podia ouvir os gritos. [Pérola, Mauro Rasi]*

(32) [exemplo criado] *Você dormindo? Nós trabalhando e você dormindo? Isso não pode ser!*

GERÚNDIO IMPERATIVO

O verbo no gerúndio pode compor uma espécie de perífrase verbal com valor imperativo, como mostram os exemplos a seguir. Por esse motivo, preferi não incluí-los na categoria das nominalizações, embora o rótulo *gerúndio imperativo* esteja mais associado à semântica que à sintaxe. Essas orações podem organizar-se da seguinte forma:

i. Compõem uma perífrase verbal:

(33) [18,2 TEA RJ] Tram. *Tome Compadre,* ***vá passando****-as pelo assucar, e naõ coma nenhuma.* (*Filhezes do entrudo*, entremez)

ii. Podem ocorrer com o verbo ir extraído da sentença gerundial:

(34) [18,2 TEA RJ] Pant. *Ora* ***vamos*** *Compadre* ***trabalhando****, que o verdadeiro entrudo, he comer bem, e beber-lhe melhor.* (*Filhozes do entrudo*, entremez do PHPB-RJ)

iii. Podem ocorrem sem um verbo que dê suporte à morfologia do modo imperativo:

(35) [exemplo criado] ***Circulando****!* ***Circulando****!*

GERÚNDIO COMO ARTICULADOR DISCURSIVO: O LADO SINTÁTICO

O gerúndio como articulador discursivo apresenta propriedades sintáticas que o diferenciam das demais categorias aqui descritas. Caracteriza-se por não projetar o sujeito gramatical, podendo este ser recuperado na instância da enunciação, ou seja, o sujeito semântico desses verbos são os participantes envolvidos no ato ilocutório. Podem ser encontrados tanto na fala como na escrita e é de supor-se que tenha sido este o percurso empreendido por estas estruturas no canal de sintaticização traçado por esta forma (oralidade > escrita). Vejamos alguns exemplos da fala:

(36) [18,1 TEA RJ] *Dona Clóris:* ***Advertindo*** *que aquele que mais extremos fizer a nosso respeito, coroará de triunfos a Manjerona, ou Alecrim, para que se veja qual destas duas plantas tem mais poderosos influxos para vencer impossíveis.* (*Guerras do alecrim e da manjerona*, Antônio José Silva)

(37) [20,2 NURC SP DID 234] *e* ***tirando*** *a parte do artista a senhora acha que devem haver outros cuidados para a peça ser bem::bem apresentada obter um bom sucesso?*

(38) [20,2 NURC SP DID 234] *escuta Dona I.* ***passando*** *assim mais agora para o campo de filme...eu queria saber qual o tipo de::o que mais chama atenção da senhora no que diz respeito a cinema? não é? eu sei que a senhora já::a senhora já disse que não gosta de drama gosta de comédia*

(39) [20,2 NURC POA EF 278] *então, talvez,* ***dependendo*** *do todo, uma situação de síntese a identificação, se tiver assim, um caráter já de uma pequena, um pequeno exame, então já está com um nível mais, mais complexo*

Na escrita, encontramos gerúndios articuladores discursivos organizando o texto. Alguns exibem maior proximidade com a fala, como acontece nas cartas particulares escritas entre parentes e amigos (40 a 44):

(40) [18,2 CAP SP] *A esta vai junta hua relaçaõ por mim feita, que a VossaExcelencia naõ desagradará Ler,* ***tolerando****-me a groSseria do papel e escrita, por que o Lu gar e occaziaõ naõ permittio outra couza.*

(41) [19,1 M SP] *As choffarias de forjar eextender as massetas destes pequenos fornos estaõ agora sem uzo emYpanema, eem seu lugar há hum ou dous martinetes defazer pregos. [espaço]* ***Passando*** *agora á Fa_ brica nova, construida por Hultgren debaixo da direção de_ Frederico Warnhagen (aquem já communiquei m{u}itas das refle- xoes que aqui vou expôr) consta esta de dois fornos unidos hum aoutro, como em Figueiró dos Vinhos, cuja construção efigu_ ra do edificio, hé quaze amesma, porem mais elegante;*

(42) [20,2 CP SP] ***Falando*** *um pouco do ~~m~~ [↑nosso] apartamento, (meu e das meni- | nas) está ficando com uma carinha decente;*

(43) [20,2 CP SP] *"se o Zé estivesse aqui, se encontraria no mes- | mo dilema em que me encontro: Comprar ou não comprar?" | Está bem, comprarei... ||* ***Falando*** *em comprar, você poderia me fazer um favor!*

(44) [20,2 CP SP] ***Voltando*** *ao nosso papo, são 23:04 de domingo | e chegamos a pouco da casa da mãe, e pra | variar tomamos chuva, só prá variar, mas | nesses últimos dois dias aqui tem chovido não | é brincadeira, mas mesmo assim esta uns 28 graus | e por ai cada vez mais frio.*

O quadro geral de ocorrências mostra que são poucos os gerúndios articuladores discursivos nos séculos XVIII e XIX por conta da restrição que os *corpora* dessas sincronias nos impõem.

Como se pode ver pelos exemplos, esse tipo de gerúndio exibe propriedades bastante salientes do subsistema do discurso. Essas características serão discutidas na seção "Discursivização do gerúndio".

GERÚNDIO EM PERÍFRASES

Nas construções perifrásticas,[10] o verbo auxiliar funciona como suporte da morfologia de tempo, modo e pessoa para o verbo no gerúndio, que funciona aqui como núcleo de uma predicação primária. O auxiliar também é responsável pela noção de aspecto (v. seção "Semanticização do gerúndio").

Estão representadas nos *corpora* as perífrases com os verbos *estar, andar, ir, vir* e *ficar*:

(45) [18,1 CO SP] *Óófisial olandes que veio aterra, prometeume desahir fora deste porto para odeSanctos aosvinte enove deste há, que Como* ***<u>estavaõ dando</u>*** *lados, onaõ podiaõ faZer mais breve*

(46) [18,1 CO SP] *Cheguei a esta Vila aos vinte etres de Dezembro com bastantes molestias das muitas agoas mais deSsaude Seja Deus Louvado bem on de* ***fico esperando*** *muitas oCazioiñs doa grado denoSsa [ei] celencia para aellas naõ fal tar como devo*

(47) [18,2 CO SP] *Acarta emcluza emque eu da va parte vossamerce a vossamerce das Trinxeyras já fes duas [aRibadas?] epor mais que tenho falado não hâ emmenda eela* ***vayce queimando***.

(48) [18,2 CO SP] *Sendome preSizo Saber donde adeser adeviZaõ domeu destrito, Com oCapitam Mor deSaõ Sebastiaõ, faSo= espedir por proprio esta avossa Excelencia para que me faSa merce = destinar destrito para eumesaberaver neste laburiozo trabalho emque* ***ando Rompendo*** *esteSertaõ Com aes= trada naforma que vossa Excelencia madetreminou;*

Não foram consideradas perífrases as estruturas menos gramaticalizadas com os verbos *estar, andar, ficar* encontradas nos *corpora*, nas quais esses verbos ainda podem ser considerados plenos:

(49) [18,1 CAP SP] *Equal odo administrador, preguntese atodos, e ainda aos mesmos Indios. [espaço] Dia da Ascençaó de Chri[st]o [dilacerado]* ***estando*** *detarde na Igreja* ***emcómendandome*** *a Deos, que Sabe Deos quem Seemcómenda, vy ao Padre Companheiro comvozes alteradas naporta da Caza, aoque acodindo pregunteilhe oque tinha ou oque hera Socedido ?*

(50) [18,1 CAP SP] *Pellas 9 oras danoute 26 deste mes Semeveyo – dar parte que nesta villa* ***andava*** *hû Sugeito tomado dabebida* ***movendo*** *pendencia e****da ndo*** *porretadas pellas Ruas; pelo que omã dei ReColher aCadea athe ReCuperar oSeu Juizo:*

(51) [20, 2 TEA SP] ***Fico vagando*** *pela casa, feito alma penada,* ***esbarrando*** *nos fantasmas do passado.* (*Pérola*, Mauro Rasi)

A mesma classificação de orações de gerúndio será utilizada nas seções em que discuto a discursivização e semanticização das OGs, processos que passo a descrever em seguida.

DISCURSIVIZAÇÃO DO GERÚNDIO

A ativação, reativação e desativação do gerúndio no subsistema do discurso

Segundo Castilho (2006), o *dispositivo sociocognitivo* assume um caráter pré-verbal através do qual o falante ativa, reativa e desativa as propriedades composicionais dos itens lexicais. Assim, dizemos que esse dispositivo representa um caráter "social" porque é negociado pelos falantes no momento da enunciação e é "cognitivo" porque nele estão envolvidas as categorias cognitivas e os traços semânticos inerentes aos itens lexicais. Agora vamos verificar como esse dispositivo funciona no subsistema do discurso. Para isso, vale a pena retomar os postulados de Castilho (2006) para o plano discursivo/ textual: ver "Introdução" a este volume, seção "Abordagem multissistêmica da mudança linguística".

A ATIVAÇÃO DO GERÚNDIO NO DISCURSO

> No sistema discursivo, a ativação [discursivização] produz a hierarquização dos tópicos, a construção das unidades discursivas e sua conexão, etc. (Castilho, 2006: 253)

O exemplo a seguir é uma demonstração de como o gerúndio pode atuar como elemento que atua na organização do texto. Em (52), a *ativação* do gerúndio (*discursivização*) marca a retomada de um tópico abandonado anteriormente:

(52) [20,2 NURC SP D2 396]

Doc. *bom ... **voltando** à ... à televisão ... eu acho que o professor ...*

L1 *C. ...*

Doc. *C. ... gostaria de falar ainda ... vamos dizer alguma coisa algum ... o lado crítico vamos dizer assim da televisão?*

Doc. *(agora)vocês Acham que os::tecidos --**voltando** ao...ao assunto--...éh::os tecidos se adaptavam eram adequados ao nosso clima...naquela época?*

A REATIVAÇÃO DO GERÚNDIO NO DISCURSO

> No discurso, a reativação [rediscursivização] abre caminho à repetição dos enunciados para assegurar a coesão do texto, para alterar o eixo argumentativo, etc. (Castilho, 2006: 254)

No exemplo (53), depois que o gerúndio foi ativado na negociação entre documentador e informante no início do subtópico "Comida vegetariana" em *partindo de uma definição vegetariana,* e em função da pergunta com valor delimitador do documentador "Vegetais comestíveis", a informante *reativa* o gerúndio (*rediscursivização*) na retomada do turno em *pensando em vegetais num termo abrangente.*

(53) [20,2 NURC SP DID 235]
Doc. *se você fosse vegetaria::na como é que você se alimentaria?*
Inf. ***partindo** de uma::...de uma::..--como é que a gente fala?--...de uma definição...vegetaria::na eu iria comer vegetais né?((riu))*
Doc. *mas é só vegetais que come não?...*
Inf. *bom...acho que sim né?...**pensando** em vegetais num termo abrangente::acho que tem que ser só vegetais não?...ou:: o vegetariano como também::éh peixe...e essas coisas? acho que não né?...((vozes incompreensíveis))uhn?...*

A DESATIVAÇÃO DO GERÚNDIO NO DISCURSO

> Esse princípio [a desativação] produz no sistema discursivo a alteração da hierarquia tópica, levando os locutores a manobras tais como os parênteses e as digressões [desdiscursivização]. (Castilho, 2006: 255)

Para ilustrar a *desativação* do gerúndio (*desdiscursivização*), vale observar o seguinte exemplo:

(54) [20,2 NURC SP DID 235]
Doc. *e em relação aos aos::produtos do mar você gosta de alguns?*
Inf. *de:::**falando** em PEIxes assim ca/prefiro...camarão...e:: em questão de peixe...--aliás camarão não é peixe né? precisa explicar bem isso aí--ah::**falando** em peixes eu prefiro a pescada...pescadinha branca é é::é a uma das únicas...qualidades de peixe que eu prefiro...o resto não faço questão os::tra::maris::co...e esse negócio todo aí eu não gosto não...*

Nessa ocorrência, o gerúndio é inicialmente ativado na construção *falando em peixes* e logo em seguida desativado na reformulação *em questão de peixe,* o gerúndio foi apagado, representando aqui o grau zero do gerúndio (radical e morfema *-ndo*). Logo após a interrupção corretora *aliás camarão não é peixe né?*, o gerúndio é novamente reativado na repetição da construção *falando em peixe,* que renova a elaboração do tópico "Produtos do mar preferidos".

Feitas essas considerações preliminares a respeito dos princípios de ativação, reativação e desativação do gerúndio, passo a descrever como essa forma nominal participa da organização do texto.

Gerúndio na articulação do tópico discursivo

A noção de tópico discursivo é tida como uma unidade de análise que se manifesta na conversação através dos "enunciados formulados pelos interlocutores a respeito de um conjunto de referentes explícitos ou inferíveis, concernentes entre si e em relevância num determinado ponto da mensagem" (Jubran et al., 1992: 361). No plano sequencial da conversação as construções com gerúndio representam marcas linguísticas que servem para introduzir, manter, retomar ou anunciar o abandono do tópico como nos exemplos que seguem:

(55) [20,2 NURC SP DID 242]
Doc. *então **continuando** com a participação da missa que nós estamos falando né? a senhora disse das... das freiras tal...*

(56) [20,2 NURC SP D2]
Doc. *agora **mudando** um pouquinho de assunto além das atividades profissionais no no no fim de semana ... vocês vão ao assim algum lugar para se distrair?*

(57) [20,2 NURC SP D2 255]
Doc. ***retornando** um pouquinho ao ... ao cinema ... o senhor poderia falar um pouco sobre os ... tipos de filme ... a predileção por eles?*

(58) [20,2 NURC SP D2 255]
L2 *é eu não teria muito que acrescentar ... o C. de certa forma colocou muito bem o problema eu poderia só **complementar** me **referindo** por exemplo a alguns aspectos como a poluição ... que hoje em são Paulo se torna insuportável né? e a poluição é reflexo exatamente dessa atitude individualista né? do homem de um modo geral ... com seus condicionamentos a/ atuais né?*

Entre as estratégias de gestão dos tópicos, o gerúndio também pode ser utilizado para introduzir a) parênteses focalizadores da elaboração tópica como aqueles que focalizam um conteúdo tópico (59) e os parênteses focalizadores da estrutura tópica (60), e b) os parênteses que focalizam o locutor/autor e o interlocutor/leitor (61):

(59) [20,2 NURC SP D2 255]
L2 [...] *se no na no determinado horário ... em que a televisão é mais procurada não existir o programa de violência ou de prêmio ... só existir outro nível de programação... a população irá aprendendo a a assistir esses programas ...eu até... poderia dar um exemplo curioso a vocês ... eu eu uma vez fiz uma viagem a Mato Grosso ... e lá em Mato Grosso eu* ***conversando*** *com ... um um administrador de uma fazenda que trabalhava por lá ... eu ... notei que o homem ... era assim profundo conhecedor de de do quem era os ministros e de atos do governo e eu ... fui descobrir que ele ouvia a Hora do Brasil diariamente quer dizer* QUEM *poderia imaginar que um cara lá fosse ouvir diariamente a Hora do Brasil? ele ouvia porque não tinha outra coisa para ouvir naquele horário ... então é a mesma coisa que eu digo quer dizer a televisão na casa e o sujeito com outro programa ele acaba assistindo ...*

(60) [20,2 CAP SP] *Aqui está um tempo horrível, um frio e uma | chuva que não para mais, o difícil é trabalhar à noite. Bom* ***mudando*** *de Magali para Gerônimo, e você como | está? Não conseguiu vender o bar ainda? mas calma | que tudo dá certo, tá?*

(61) [18,1 TEA RJ] *Dona Clóris:* ***Advertindo*** *que aquele que mais extremos fizer a nosso respeito, coroará de triunfos a Manjerona, ou Alecrim, para que se veja qual destas duas plantas tem mais poderosos influxos para vencer impossíveis.* (*Guerras do alecrim e da manjerona*, Antônio José Silva)

Na seção seguinte apresento os resultados gerais para a distribuição dos gerúndios segundo a tipologia textual analisada. Os percentuais aqui dispostos são comentados ao longo deste capítulo.

Tabela 10 – Quadro geral dos tipos de gerúndio por tipologia textual e por século

		Corpus diferencial						*Corpus* básico										*Corpus* diferencial											
		A	%	CL	%	CR	%	CAP	%	CO	%	CP	%	M	%	TEA	%	D2	%	DID	%	EF	%	FB	%	PBP	%	Total	%
SÉCULO XVIII	OAdv gerundial							37	56,9	25	61,0	7	41,2	65	55,1	28	35,9											162	50,8
	Construção absoluta							22	33,8	8	19,5	8	47,1	41	34,7	9	11,5											88	27,6
	Ambíguo							0	-	5	12,2	1	5,9	6	5,1	6	7,7											18	5,6
	Adjetivo							0	-	0	-	0	-	1	0,8	0	-											1	0,3
	Nominalização							1	1,5	0	-	0	-	0	-	0	-											1	0,3
	Imperativo							0	-	0	-	0	-	0	-	10	12,8											10	3,1
	Articulador discursivo							2	3,1	0	-	0	-	0	-	1	1,3											3	0,9
	Perífrase							3	4,6	3	7,3	1	5,9	5	4,2	24	30,8											36	11,3
	Total de gerúndios							65		41		17		118		78												319	
	Total de OAdv conj.							58		39		22		69		130												318	
	Total							123		80		39		187		208												637	
SÉCULO XIX	OAdv gerundial	29	43,9	32	59,3	9	60	9	69,2	11	42,3	30	41,7	54	44,6	16	36,4											190	46,2
	Construção absoluta	19	28,8	10	18,5	4	26,7	3	23,1	5	19,2	11	15,3	37	30,6	1	2,3											90	21,9
	Ambíguo	10	15,2	1	1,9	0	-	0	-	7	26,9	2	2,8	6	5,0	0	-											26	6,3
	Adjetivo	3	4,5	4	7,4	2	13,3	0	-	0	-	6	8,3	9	7,4	5	11,4											29	7,1
	Nominalização	1	1,5	2	3,7	0	-	0	-	0	-	0	-	0	-	1	2,3											4	1,0
	Imperativo	0	-	0	-	0	-	0	-	0	-	0	-	0	-	3	6,8											3	0,7
	Articulador discursivo	1	1,5	0	-	0	-	0	-	0	-	3	4,2	1	0,8	0	-											5	1,2
	Perífrase	3	4,5	5	9,3	0	-	1	7,7	3	11,5	20	27,8	14	11,6	18	40,9											64	15,6
	Total de gerúndios	66		54		15		13		26		72		121		44												411	
	Total de OAdv conj.	7		55		19		9		14		48		65		72												289	
	Total	73		109		34		22		40		120		186		116												700	
SÉCULO XX	OAdv gerundial							8	50,0	14	43,8	7	14,6	31	72,1	12	26,7	8	16,0	10	24,4	1	2,7	3	14,3	1	4,0	95	26,5
	Construção absoluta							5	31,3	8	25,0	2	4,2	7	16,3	1	2,2	0	-	0	-	4	10,8	2	9,5	1	4,0	30	8,4
	Ambíguo							0	-	0	-	6	12,5	2	4,7	0	-	2	4,0	0	-	0	-	0	-	0	-	10	2,8
	Adjetivo							0	-	1	3,1	3	6,3	1	2,3	0	-	1	2,0	4	9,8	4	10,8	0	-	0	-	14	3,9
	Nominalização							0	-	1	3,1	0	-	1	2,3	1	2,2	1	2,0	0	-	0	-	0	-	1	4,0	5	1,4
	Imperativo							0	-	0	-	0	-	0	-	1	2,2	0	-	0	-	0	-	0	-	0	-	1	0,3
	Articulador discursivo							0	-	0	-	4	8,3	0	-	0	-	0	-	2	4,9	2	5,4	0	-	0	-	8	2,2
	Perífrase							3	18,8	8	25,0	26	54,2	1	2,3	30	66,7	38	76,0	25	61,0	26	70,3	16	76,2	22	88,0	195	54,5
	Total de gerúndios							16		32		48		43		45		50		41		37		21		25		358	
	Total de OAdv conj.							12		16		43		18		52		54		30		65		29		51		370	
	Total							28		48		91		61		97		104		71		102		50		76		728	

Discursivização das orações de gerúndio

AS ORAÇÕES GERUNDIAIS ADVERBIAIS (OGADVs) NOS TEXTOS

Assim como já havíamos observado na Tabela 2, ao longo dos três séculos diminui o quadro geral de ocorrências de OGadvs. A Tabela 10 está acrescida dos textos do *corpus diferencial*[11] para os séculos XIX e XX, e mostra que essa tendência também se confirma em outras tipologias textuais. O Gráfico 4 está acrescido dos textos do *corpus diferencial* para os séculos XIX e XX, e mostra que essa tendência também se confirma nessas outras tipologias textuais. No século XVIII, as OGadvs representam 50,8% do total de orações de gerúndio, e já no século XX essa frequência baixa para 26,5%.

No século XVIII, os contextos preferidos pelas OGadvs são as *cartas oficiais* (CO) (61%), as *cartas da administração privada* (CAP) (56,9%) e as *memórias* (M) (55,1%), como mostra o exemplo (19). Embora numericamente também seja bastante frequente nas *peças teatrais* (TEA) (28/208), observa-se que as OGadvs são comuns em textos mais formais.

(62) [18,1 CAP SP] *Como odeZejo devossa exÇelenÇia, eomeu he a- juntar aesta aldea os indios que dela andaõ exparÇidos portantas partes,* ***chamandoos*** *– aoforo deCativos, pela ContinuaÇaõ dosan nos paSSa dos, Como este que agora mando – apreZenSSa devossa exÇelenÇia Como quem lhe pode por oRemedio.*

Gráfico 4 – Frequência orações gerundiais adverbiais (OGadv) por século

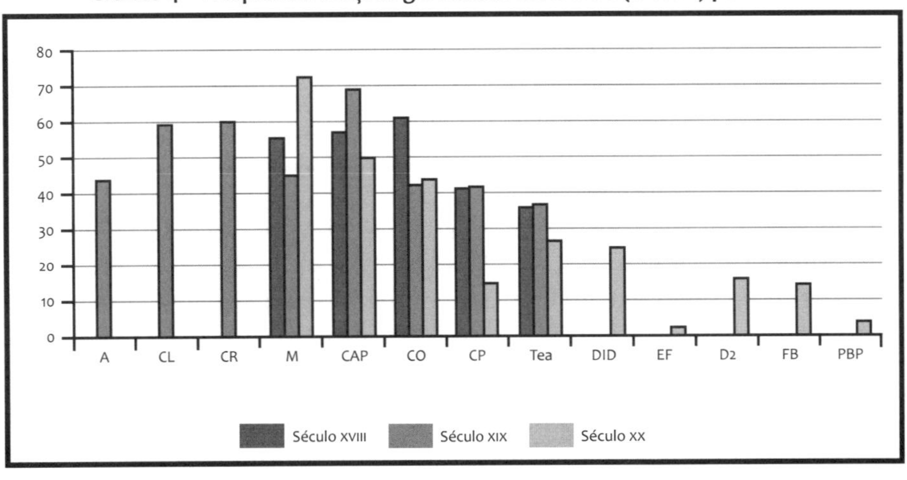

No século XIX, observamos que essa tendência se mantém para as *cartas da administração privada* (69,2%) e sua frequência diminui nas *cartas oficiais* (42,3%) e nas *memórias* (44,6%). Nos documentos do *corpus diferencial* desse século, as OGadvs aparecem bastante nas *cartas de redatores* (CR) (60%) e de *leitores* (CL) (59,3%). Podemos associar esse fenômeno ao caráter planejado dessas cartas, em oposição às *cartas particulares* (41,7%).

(63) [19,1 CR SP] *Muitos paes que, **tendo** filhos em circustancias de adquirirem instrucção, e não o **podendo** fazer por sua limitada fortuna, nenhuma duvida terão de concorrer para esta sociedade, que lhes pode prestar meios, que alias não poderião obter.*

Os resultados obtidos para o século XX deixam bem clara a ideia aqui defendida de que esse tipo de gerúndio é mais frequente em contextos formais do que na escrita mais relaxada e nos enunciados de língua oral. Observamos uma gradação que vai do maior para o menor grau de formalidade do texto: Gráfico 5.

Gráfico 5 – Frequência de OGadvs por tipo de texto no século XX

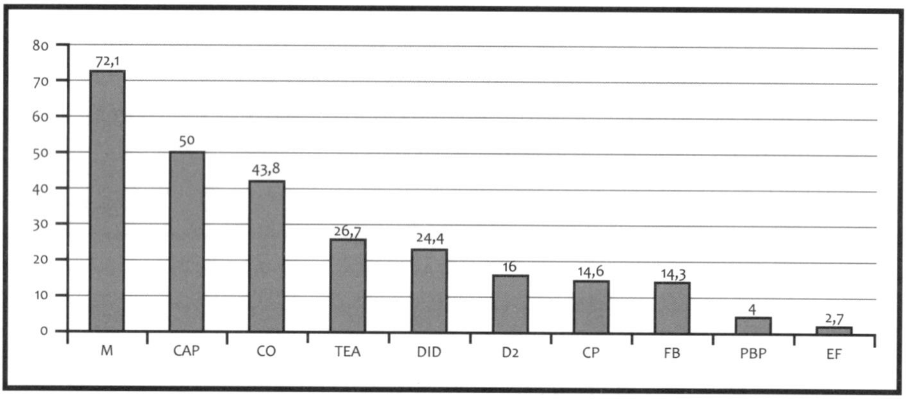

Curiosamente, era de se esperar que a EF como texto mais formal exibisse uma maior ocorrência de OGadvs, mas aqui ele representa apenas 2,7%, sendo o tipo de texto com a menor representatividade desse tipo de gerúndio. No entanto, é possível esclarecer esse contrassenso. Se somarmos as ocorrências adverbiais das orações de gerúndio (OGadvs e CAs), obtemos 13,5% de frequência para as EFs, o que restitui o inquérito de PBP ao polo mais extremo do traço [-formal]. Nas EFs o professor se preocupa com a clareza, e o gerúndio, por conta de sua ambiguidade, não atende essa necessidade. O exemplo (64) deixa clara a relação de condição entre os enunciados:

(64) [20,2 NURC SP EF 405] *então não **havendo** a luz... não pode haver a refração diferente aí dos raios luminosos e portanto não existe a cor...*

Além disso, o único exemplo de OGAdv encontrado no PBP poderia muito bem ser inserido dentro da categoria perífrase, não fosse o fato de o verbo *ficar* nessa construção ser mais pleno. O mesmo fato é observável para os verbos *ficar* e *estar* nas *peças teatrais* da segunda metade do século XX:

(65) [20,2 TEA SP] *EMÍLIO Papai se aposentou; quer dizer, **fica** em casa, de pijama, **matando** formiga.* (*Pérola*, Mauro Rasi)

O Gráfico 5 revela ainda que o texto teatral (escrito), exemplar de uma língua falada concepcional, está orientado para o polo de maior formalidade em relação aos outros textos de língua falada.

AS CONSTRUÇÕES ABSOLUTAS DE GERÚNDIO (CAs) NOS TEXTOS

O ritmo de decréscimo no uso de OGadvs é acompanhado pelas CAs ao longo dos três séculos (27,6% > 21,9% > 8,4%), como se pode depreender do Gráfico 6, provando que esses dois tipos de orações de gerúndio mantêm uma unidade quanto ao seu uso.

Gráfico 6 – Frequência construções absolutas (CAs) por século

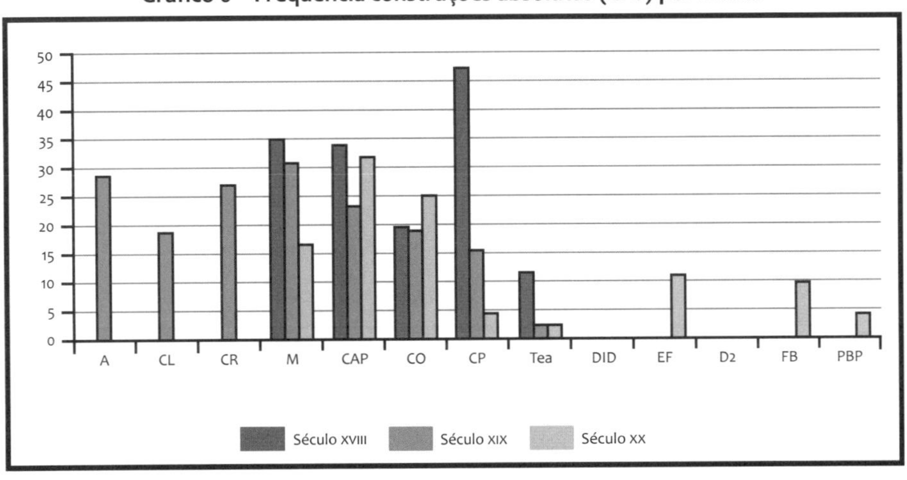

No século XVIII, os contextos preferidos pelas CAs são as *cartas particulares* (47,1%), as *cartas da administração privada* (33,8%) e as *memórias* (34,7%), sendo pouco produtivas nos *entremezes* analisados (11,5%). O alto índice verificado nas *cartas particulares* deve-se ao grau semipúblico dessas cartas nesse século, que poderiam ser consideradas também como *cartas da administração privada.*

No século XIX, as *memórias* continuam sendo o ambiente preferido pelas CAs (30,6%), mas contamos também com uma boa representatividade desse tipo de orações de gerúndio nos *anúncios* (28,8%). Tanto nas *memórias* como nos *anúncios* (A), a função das CAs é de disponibilizar ao leitor um quadro mais nítido do evento ou da cena descrita:

(66) [19,1 M SP] *§. 13. Parecia zelo egrande cuidado, com que seimpedia por todos osmeios, sem exceptuar odaExcomunhaõ (a) que osparticulares naõ tiveSsem os Indios nas suas Cazas, eSitios: mas naõ erasenaõ ambiçaõ* ***impedindo****-se por || [p. 5] poreste meio, que os Indios secivilizavam, eganhavam algum jornal,* ***procurando****-se [unicamente] que existiSsem nas Aldeas para servirem forsados nas occazioens, emque eraõ chamados.*

No século XX (Gráfico 7), repete-se para as CAs a tendência também observada para as OGadvs (ver Gráfico 6). As CAs aparecem mais nos textos escritos de maior formalidade e de maior planejamento como as *cartas de administração privada, oficiais* e as *memórias.*

Gráfico 7 – Frequência de CAs por tipo de texto no século XX

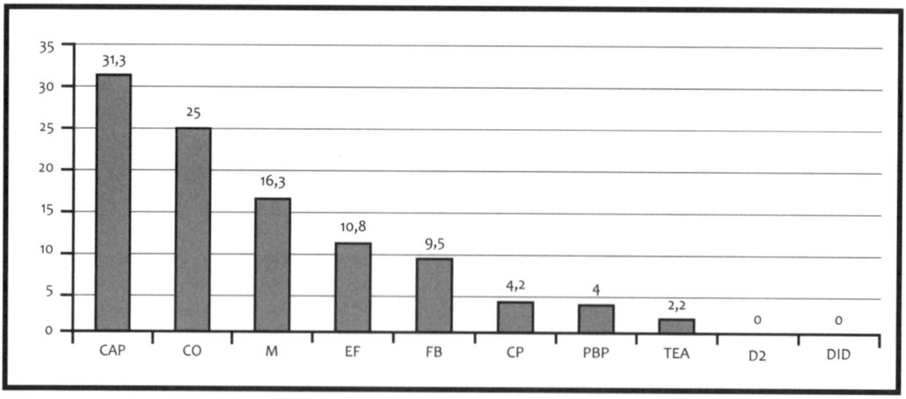

Por outro lado, contamos com poucas ocorrências na língua falada, mas nesses contextos, são comuns a CAs de caráter mais idiomático (formulaico), como ocorre nos seguintes exemplos, que representam três tipologias de distintos graus de oralidade (67 e 68), incluindo aí o exemplo recolhido em uma carta particular (69):

(67) [20, 2 PBP SP] *Inf. não/ ficô depois que eu fiquei duente eu num pude trabaiá mais né então e depois* ***chegando*** *a idade... pronto ((ri))*

(68) [20,2 TEA SP] *ABELARDO II Não são não. Descanse. Eu entendo de socialismo. Olhe. A lei de férias só deu um resultado. Não há mais salário de semana ou de mês. É por dia de trabalho, ou por contrato.* ***Somando*** *bem, os domingos, feriados e dias de doença eram mais que as férias de hoje.* (*O rei da vela*, Oswald de Andrade)

(69) [20,2 CP SP] *No dia seguinte de manhã, fomos à Lambari, | lá é super legal, tem um cassino, que está | sendo restaurado para ser novamente aberto, ~~que~~ é | simplesmente maravilhoso, nós não entramos pois | estava fechado mas só* ***vendo*** *por fora já da para | ficar encantado, ele fica bem no alto ao lado, em | baixo tem um lago enorme, não sei se é lago ou rio, | é um monte de ~~la~~ água,*

A DISCURSIVIZAÇÃO DAS PERÍFRASES VERBAIS

Na seção anterior, já havíamos observado que os resultados obtidos na quantificação das ocorrências do *corpus* básico apontavam um aumento progressivo das perífrases ao longo dos três séculos (11,3% > 20,3% > 37%). O Gráfico 8 demonstra como estão distribuídas essas perífrases de gerúndio segundo a tipologia textual específica. Nota-se aí que os menores índices de perífrases foram encontrados nas *memórias históricas* e nas *cartas da administração privada* e *oficiais*, enquanto os índices mais altos estão nas *cartas particulares* e nas *peças teatrais.*

Gráfico 8 – Frequência das perífrases de gerúndio por século

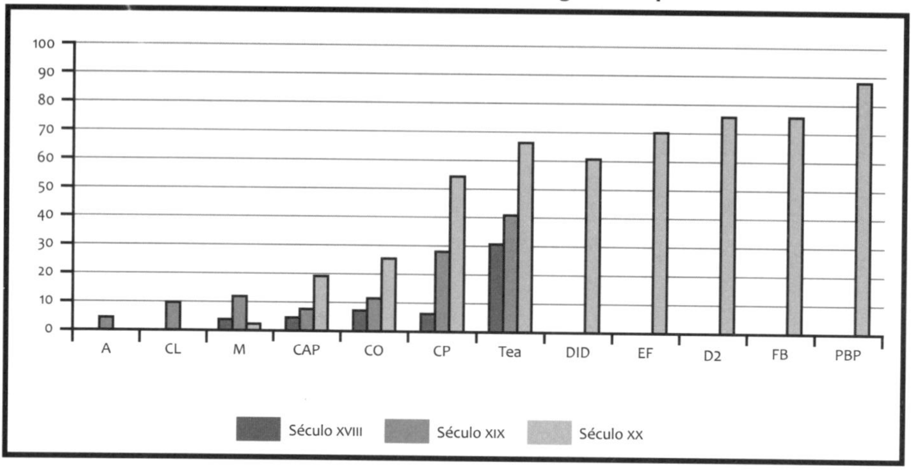

As *memórias* apontam um aumento no século XIX e uma sensível redução no século XX, sendo o índice deste século menor do que o dos outros séculos. Esse aumento pode explicar-se talvez pela opção dos autores do século XIX em descrever o cotidiano das pessoas envolvidas nos fatos históricos narrados, ao contrário das memórias do século XX, nas quais o foco concentra-se na descrição dos lugares e de sua ocupação:

(70) [19,1 M SP] *Estes Homeñs / fallo dos Indios aldeados / que sendo tirados núz dos [dos sertões] Brazilicos mais porforça doque por vontade, que tantos tempos seConservaraõ pouco vestidos debaixo deescravidaõ, (a) que naõ obstante oSoberano osdeclarar livres,* ***ficaraõ*** *contudo* ***vivendo*** *segeitos asAldeas,* ***sofrendo*** *inSolencias contrarias á liber= dade doHomem, (b) eque huma Serie defactos ostem feito viver sempre na ultima baixeza, emizeria, como mais adian- te mostrarei;*

À exceção das *memórias*, observa-se uma tendência de aumento em todos os tipos de textos, de século para século. No entanto, é nas *cartas particulares* e nas *peças teatrais* que a mudança se faz sentir com maior vigor. Nas *cartas particulares* o índice salta de 5,9%, no século XVIII, para 27,8% no século XIX – lembrando que esses índices envolvem o desprestígio de algum outro tipo de oração gerundial, no caso em questão, a redução das orações adverbiais gerundiais. Já no século XX, praticamente dobra o índice de perífrases nas *cartas particulares*. As *peças teatrais* são o solo mais fértil das perífrases nesse conjunto de textos, ocupando o lugar de destaque no século XX, com 66,7%.

A análise do Gráfico 8 demonstra que a discursivização do gerúndio se deu de maneira equilibrada nos domínios de cada um dos tipos de textos, ou seja, a perífrase também foi ganhando espaços no interior dos contextos mais formais, mudança que não só afeta a história do português falado no Brasil, como também a língua escrita.

A análise do *corpus diferencial* do século XIX (ver Tabela 10) mostra que os *anúncios* são o ambiente menos propício à presença de perífrases (4,5%). Isso também se deve à natureza desse texto, que exibe outras características sintáticas, as quais, por sua vez, atendem a sua função discursiva específica. Já as *cartas de leitores* (9,3%) contam com um índice intermediário entre as *cartas de administração privada* e as *cartas oficiais*.

Gráfico 9 – Perífrases de gerúndio na língua falada da segunda metade do século XX

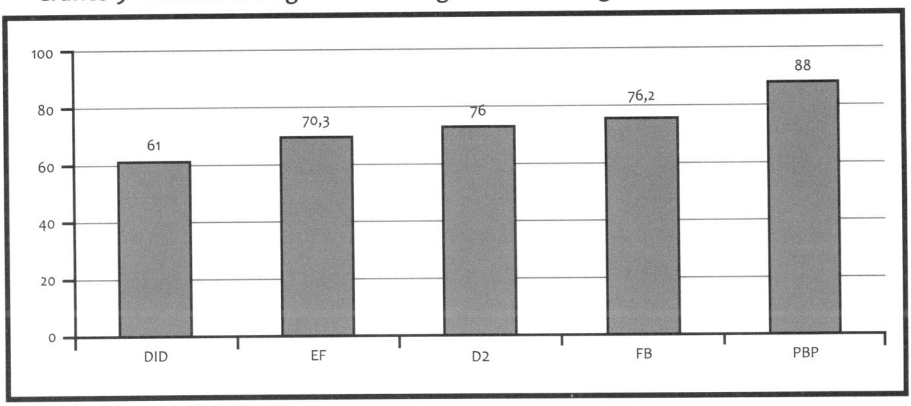

Se os resultados obtidos para as *peças teatrais* do século XX já indicavam uma supremacia das perífrases na língua falada, é o quadro de sua distribuição nos inquéritos de língua falada do *corpus diferencial* do século XX que ratifica essa ideia (Gráfico 9), além de contribuir com alguns dados a respeito de como essa mesma forma é selecionada de acordo com o tipo de texto falado e de acordo com a norma.

O contexto de língua falada mais propício à realização de perífrases é o de fala popular, com 88% (PBP). Empatam com um índice também alto os diálogos entre dois informantes (76,%) e o depoimento do Projeto Filoband (76,2%), mostrando que contextos mais informais permitem um uso mais frequente desse tipo de gerúndio em oposição a outros tipos. Os inquéritos DID exibem a particularidade de que neles o diálogo se dá entre o documentador e o informante e nessa circunstância, o falante pode sentir-se mais intimidado, ao contrário dos diálogos D2, nos quais o documentador participa apenas como organizador dos tópicos.

Curiosamente, aquele que é o contexto mais formal da fala, o das elocuções formais (EF), conta com um índice também alto (70,3%). Vale a pena discutir um pouco isso. Além (a) das funções semânticas gerais que o aspecto desempenha no estabelecimento de um ponto de vista em relação a um fato narrado, dispondo seu movimento numa cadeia temporal (início, duração e fim de um processo), (b) as perífrases de gerúndio cumprem também um papel importante na descrição das cenas: através do aspecto imperfectivo são projetados espaços, pessoas e conteúdos abstratos (semanticização). A primeira função (a) é mais genérica e é por isso que as perífrases são tão produtivas no português brasileiro:

(71) [20,2 PBP SP] Inf. *eu* ***ficava pensando*** *"meu deus tanta família... tantos irmão que eu tenho" porque eu tenho vinte e dois irmão então... é:: é assim porque... bom da minha mãe só são vinte... vinte mais tem mais dois particulá entendeu?...*

Já a segunda função (b) atua mais em contextos formais, porque requer maior abstração. Isso explica o alto índice de perífrases nas EFs. Vejamos alguns exemplos:

(72) [20,2 NURC SP EF 405] *eu acho que sim eu acho que a arte do retrato é MUIto difícil porque aí você exige a semelhança... enquanto se você* ***está criando*** *você não precisa colocar nenhum padrão... a não ser o padrão da própria obra... certo?*

(73) [20,2 NURC POA EF 278] *o que é uma taxionomia, por que um professor deve conhecer uma taxionomia e utilizá-la, não que necessariamente ele precise saber que neste momento o aluno* ***está desenvolvendo*** *um processo de análise, mas ele precisa, ao planejar, ao prever as suas atividades no seu trabalho docente,*

As ocorrências anteriores mostram que os professores instauram um "presente" (*neste momento*) em seus discursos e prova disso são os verbos no presente do indicativo (*estão, exige, precisa, faz, temos* etc.), e juntamente projetam personagens e outros participantes imagéticos (*as coisas, você, o aluno, o homem*).

A DISCURSIVIZAÇÃO DO GERÚNDIO AMBÍGUO

O Gráfico 10 mostra que a discursivização do gerúndio ambíguo se deu de maneira diferenciada nos *corpora* analisados. No geral, dispomos de poucos exemplos no *corpus básico*, são apenas 41 casos de gerúndio ligado ao sujeito da OM e, no cômputo geral, percebe-se um decréscimo progressivo do século XVIII para o século XX (18 > 15 > 8). Não encontramos ocorrências dele nas *cartas oficiais* do século XX, e nas *peças teatrais* não ocorre a partir do século XIX. Nas *cartas da administração privada* ele simplesmente não ocorre. Distribui-se de maneira irregular nas *cartas particulares*, baixando no século XVIII e voltando a aumentar na primeira metade do século XX. Essa oscilação, no entanto, combina com o seu caráter *fuzzy*, entre oração adverbial e oração adjetiva. Aliás, em termos relativos, no *corpus básico* é mais frequente do que o conjunto dos gerúndios adjetivos.

Gráfico 10 – Frequência de gerúndio ambíguo por século

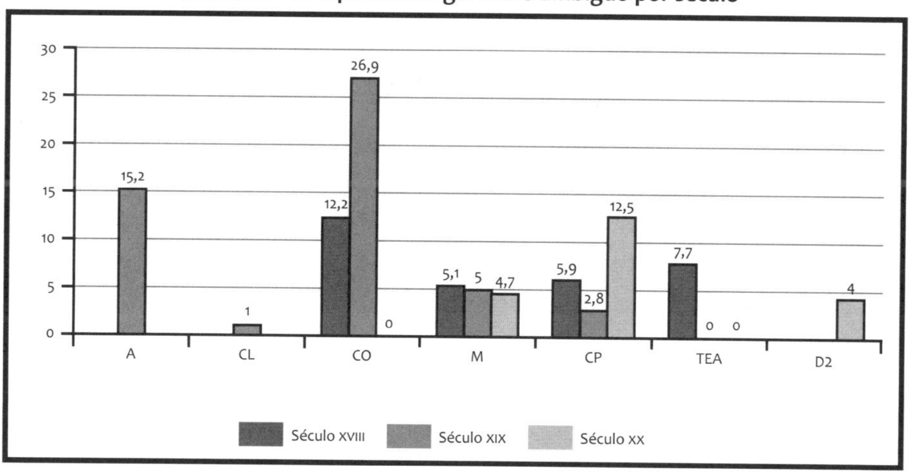

Embora de maneira tímida, se compararmos com as *cartas*, as *memórias* (5,1% > 5% > 4,7%) são o ambiente em que o gerúndio ambíguo se manifesta de maneira mais estável nos três séculos:

(74) [19,1 M SP] *Nesse tempo se tinha humanizado já mais o gentio,* ***buscando****-nos, e* ***servindo****- nos sem arco e flecha, e* ***admirando*** *muito as nossas armas.*

O quadro geral de ocorrências (ver Tabela 10) aponta que o gerúndio ligado ao sujeito é o terceiro tipo de gerúndio utilizado nos anúncios de jornais do século XIX (15,2%, com 10 ocorrências):

(75) [19,2 A SP] *ATTENÇAO||Eduardo Pons e sua senhora Dona Elettra S. Pons,* ***resolvendo*** *habitar n'esta cidade, offerecem-se para leccionar, canto piano e flauta. No hotel do Commercio, aonde residem, se recebem os avisos.* (*A Mocidade*, 09 de agosto de 1874)

No século XX, encontramos esta ocorrência no inquérito D2:

(76) [20,2 NURC SP D2 360] L1 *tinha-se esperanças...em que dona Ana Cândida* ***tendo*** *assumido a procuradoria geral do Estado...em ela sendo mulher...que ela defendesse um pouco mais a:: a classe não?*

A distribuição do gerúndio ambíguo parece estar condicionada tanto pela sua propriedade sintática de ordem como pelo seu caráter discursivo. Os gerúndios ligados ao sujeito interpolam-se na oração matriz e sabe-se que a inserção é o ambiente preferido para a agregação de informação secundária à qual se quer dar destaque. Assim, para os exemplos anteriores, recolhidos nas *memórias,* nos *anúncios* e o exemplo do D2 também vale o raciocínio apresentado anteriormente explicando o alto índice de perífrases de gerúndio nas EFs. Também aqui vemos que o gerúndio atende às necessidades do contexto discursivo, porque nele são reativadas essas propriedades semânticas. Não se trata aqui, portanto, de discutir se é uma forma privilegiada nos textos de norma mais culta ou popular, formais ou informais. Se fosse assim, eles não apareceriam nas *cartas particulares* escritas por Mário de Andrade, tão conhecidas pela sua irreverência:

(77) [20,1 CP SP] *Não sei se lhe contei, uma circunstância curiosa que me preocupou muito foi que depois de exames, diagnóstico de médico e tudo, tendo que escrever o estudo de introdução pro livro do Gallet, li toda a correspondência dele e topei inesperadamente com uma carta dele, duns cinco anos atrás, em que uma grafóloga aí do Rio, amiga dele,* ***topando*** *com uma carta minha na secretária dele, não* ***sabendo*** *de quem era nem me* ***conhecendo*** *pessoalmente, disse a ele que o indivíduo da carta iria em poucos anos sofrer dos rins e se tratasse muito porque o caso podia se tornar muito grave.*

A DISCURSIVIZAÇÃO DO GERÚNDIO ADJETIVO

As orações de gerúndio adjetivo também são pouco representativas nos *corpora,* contando com 26 casos nos três séculos do *corpus básico*, chegando a 44 ocorrências, se considerarmos o *corpus diferencial* do século XIX e do século XX.

Concentro-me inicialmente no conjunto mais uniforme de dados, para tentar detectar em que ambiente textual ele pode ter se desenvolvido a partir do século XVIII. Dos 26 exemplos encontrados no *corpus básico,* 20 ocorrem no século XIX. O Gráfico 11 aponta que ele ocorre mais frequentemente nas *memórias,* embora também timidamente (1 > 9 > 1). Neste tipo de texto, ocorrem os gerúndios ligados ao objeto direto (78), ao absolutivo ergativo (79) e ao SN complemento de preposição de (80):

(78) [18,2 M SP] *naõ lhe cervindo de exemplo ainutilidade com que nos tempos antigos se tinhaõ feito semelhantes des- pezas pela Fazenda Real, fez ao Povo hum extraordi- nario reclame* ***obrigando*** *aque fosse nas expediçoens,*

(79) [19,2 M SP] *Era a estrada larga e corria ao longo de magníficos bosques, onde predominavam os umbus balsâmicos,* ***espalhando*** *ao longe o perfume das flores abertas, os piquis, carregados de frutos, e as inesgotáveis mangabeiras.*

(80) [20,2 M SP] *A solução para o problema dos transportes foi a construção de uma rede ferroviária* ***ligando*** *toda a região da cafeicultura ao porto de Santos.*

Gráfico 11 – Frequência de orações de gerúndio adjetivo por século

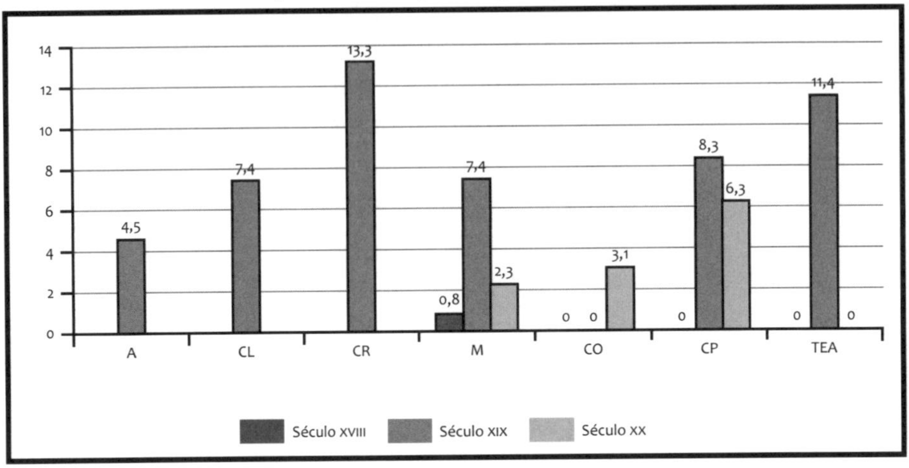

Levando-se também em conta o *corpus diferencial*, nota-se que, como já havíamos apontado na seção "Discursivização do gerúndio", é na segunda metade do século XIX que o gerúndio adjetivo ganha mais vigor, contando com 21 ocorrências das 29 que ocorrem neste século. Nesse período, o gerúndio adjetivo aparece em quase todas as possibilidades sintáticas, à exceção do gerúndio ligado ao complemento absolutivo de verbo existencial. Essas ocorrências aparecem bem distribuídas na tipologia textual representada no *corpus*, e comparando-se as duas fases desse século, nota-se ainda que há um aumento quantitativo do gerúndio adjetivo em todos os gêneros textuais, mantendo-se igual nas *cartas de redatores*. O pequeno número de ocorrências não permite uma afirmação muito segura a respeito do processo de discursivização do gerúndio adjetivo (ver Gráfico 12). No entanto, como esse era um fenômeno que não estava vinculado a um determinado tipo de texto, de que é prova a distribuição equilibrada nos vários gêneros textuais, há uma evidência de que o gerúndio adjetivo era bastante produtivo nesse século.

Gráfico 12 – Gerúndios adjetivos no século XIX

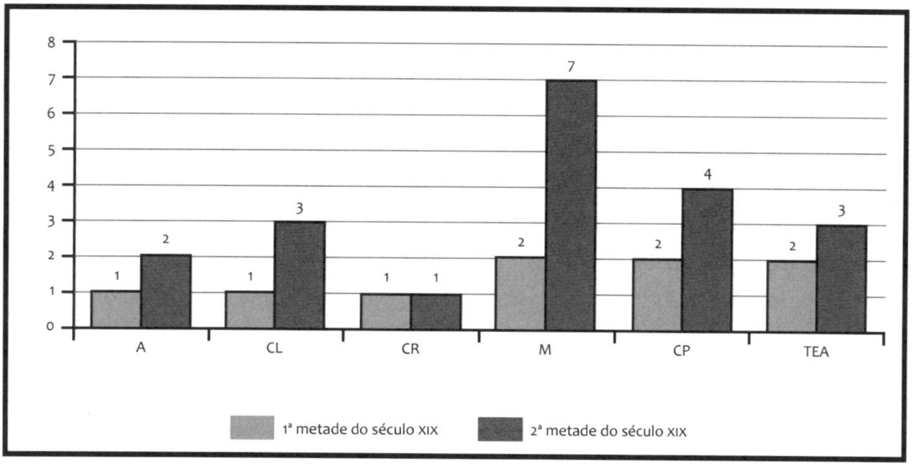

Embora diminua bastante, no século XX essa é uma forma ainda bem representada nas *cartas particulares* e nos inquéritos DID, sendo na maioria dos casos construções de gerúndio ligado ao OD da oração matriz:

(81) [20,1 CP SP] *Recebi ontem um anúncio do jornal* ***indicando*** *a venda do livro, dois dólares.*

(82) [20,2 NURC SP DID 234] *ontem eu assisti...Carvalho Pinto* ***falando*** *com DOnas de casa...a filha dele...e o::a Sônia Ribeiro Alik Kostakis então eu assisti...mas falava-se muito sobre o o o alto custo de vida...era isso que se falava...mas é::meio cansativo pro/ o programa político né?... depois de assistir a novela a gente (não) vai assistir...programa político ((risos)) vão até tarde atrapalha um bocado*

A DISCURSIVIZAÇÃO DO GERÚNDIO EM NOMINALIZAÇÕES

As orações de gerúndio independente em construções nominalizadas são pouco frequentes, distribuindo-se pelos *corpora* de maneira distinta tanto em textos de língua escrita como de língua falada, de forma que não podemos dizer que esse tipo de construção esteja condicionada a algum tipo de texto específico, embora determinados tipos de nominalizações sejam mais específicos da interação face a face, como é o caso das sentenças exclamativas e interrogativas:

(83) [20,2 TEA SP] *EMÍLIO* *Todos* ***falando*** *ao mesmo tempo... da esquina a gente já podia ouvir os gritos.* (*Pérola*, Mauro Rasi)

(84) [20,2 PBP SP] Inf. *aquele monte de criança tudo pequeno né... tudo* ***dependendo*** *do meu esposo ele tinha que... trabalhá né? sei que o médico "ó cê tem que operá... cê tem que escolhê o a vida" ((ri)) aí que eu falei "não peraí" eu falei "não peraí né quero vivê mais" ((ri))*

(85) [20,2 NURC SP D2 360] *L2 ah sim sete sete e meia que seis e meia da manhã...quer dizer é o horário normal que eles acordam inclusive em fé::rias a gente está viajan::do...todo mundo* ***querendo*** *dormir mais tar::de seis e meia quinze para as sete está todo mundo acordado...*

O mesmo recurso pode ser visualizado nas cartas de leitores do século XIX que envolvem um maior grau de emocionalidade, como se reproduzissem a fala. No exemplo (86), o autor da carta dialoga com uma comadre fictícia e faz um desabafo em tom de ironia. Já o leitor de jornal, no exemplo (87), reclama de um professor que não cumpre o seu trabalho a contento:

(86) [19,2 CL SP] *Veja, pois, comadre, como não andará uma pobre | mãi! || Bem disse nho Frutuoso - que a causa de tudo que | estamos soffrendo é não se ter soldados, e que por isso | qualquer estrangeiro nos faz quanto desaforo quer, e | nós sempre* ***aguentando*** *com cara alegre....*

(87) [19,1 CL SP] [...] *de | maneira que o pequeno estudo (que ao | meu ver, não é nem-um) dos meninos | com umas tão longas, e continuadas ferias, | ficão no mesmo estado como que nunca es- | tudassem, e no entanto a soffredora Na- | ção* ***concorrendo*** *com os 150:000 réis annuaes | sem que d'elles provenha-lhe o menor bem.*

A DISCURSIVIZAÇÃO DO GERÚNDIO IMPERATIVO

Os resultados obtidos na Tabela 11 para o gerúndio imperativo indicam que esse tipo de construção tem uma representação pouco significativa que pudesse permitir alguma afirmação quanto ao seu caráter de mudança. O maior índice foi encontrado no século XVIII, mas esse fato está condicionado ao contexto comunicativo de um dos *entremezes* analisados.

SEMANTICIZAÇÃO DO GERÚNDIO

Nesta seção analiso que funções semânticas o gerúndio desempenha, como as funções mais gerais estabelecidas a partir do valor aspectual que se associa aos verbos no gerúndio, entre elas a propriedade de estabelecer o relevo, introduzir parênteses e promover focalizações, e, por outro lado, as suas funções mais específicas de projetar alguma relação proposicional com o evento expresso na OM.

A partir dos resultados estatísticos, verifico como as orações de gerúndio se comportam ao longo dos três séculos analisados, de acordo com seus valores semânticos, relacionando-os sempre que possível com a sua atuação na tipologia textual estudada.

O aspecto nas construções de gerúndio

Consideramos neste capítulo o conceito de aspecto como uma propriedade semântica associada aos verbos no gerúndio. Segundo Travaglia (1981: 191), "*o aspecto atua sobretudo no estabelecimento do relevo do tipo figura e fundo*". As sequências textuais expressas através de orações de gerúndio que representam o *fundo* aparecem em partes chamadas de *orientação* e de *avaliação*. A *orientação* é o trecho da narrativa em que se descrevem os cenários e participantes da ação ou onde "*se monta um quadro de acontecimentos com o qual a ação da narrativa coincide temporalmente*" (Travaglia, 1981: 191). A *avaliação* aparece em trechos em que o falante registra suas impressões sobre a ação de forma avaliativa ou justificando-a, tal recurso aparece com frequência em sequências dissertativas.

Os exemplos a seguir demonstram como o aspecto imperfectivo expresso tanto nas perífrases com o gerúndio como nas construções absolutas exercem a função apontada por Travaglia. Os trechos em itálico representam o *fundo* e os trechos sublinhados referem-se à *figura*:[12]

(88) [29,2 NURC SP D2 343] *outro dia aí então o (Fábio)* ***contando*** *umas histórias de um::... de um de um boy barato aí né?...carro envenenadíssimo... então temos que quando o cara vai acelerar assim::... ele aGArra a direção assim:: pisa no acelerador::... e faz um movimento assim como estivesse caval/ cavalgando*

(89) [29,2 NURC SP DID 161] *Doc. C. A.... você* ***estava dizendo*** *pra gente sobre umas representações teatrais... daria para você contar alguma coisa assim sobre essas representações que você fez... que tipo de pe::ças e tal?...*

Nesses exemplos, percebe-se que a opção pelo gerúndio promove uma debreagem enunciativa, ou seja, o tópico narrado é interrompido e uma nova informação é agregada. Na língua escrita a relação de *fundo* e *figura* aparece na constituição dos cenários e seus participantes. A partir deste recurso estabelece-se o ponto de vista a partir do qual deve ser visualizada a cena. Talmy (2000) fala de um processo chamado *windowing*, uma espécie de emolduramento projetado pelo falante/autor sobre um ponto específico da cena dada:

(90) [19,1 M SP] *Tendo vizitado a Real Fabrica de ferro de Saõ João do Ypane_ | Ma e apanhado da boca doshomens, que ahi rezidiaraõ e trabalharaõ to- | das as noticias mais importantes que pude recolher, passo agora a ex | pôr oseu estado actual eos melhoramentos que deve ter. Naõ me_ | hé poSivel pelo pouco tempo, que dei asemelhante exame entrar em- | todas as suas miudezas, nem referir todos os abuzos de Administra- | çaõ, e os erros das suas manipulaçoens; mas oque disser, hé mais que | suficiente para se fazer hûa idea clara do estado deste utillissimo | Estabelecimento.*

No exemplo anterior, a construção encabeçada pelo gerúndio deve ser entendida como o ponto de partida para a compreensão do que vai ser descrito em seguida. Muitas vezes essa estratégia é utilizada para ordenar a sequência dos fatos, mas notadamente pode-se perceber o matiz proposicional tempo-causal que essa estrutura encerra.

Na seção seguinte, podemos visualizar melhor como o papel semântico do aspecto atua em três estratégias discursivas específicas: o relevo, a parentetização e a focalização.

O papel semântico-discursivo das orações de gerúndio: relevo, parentetização e focalização

Notamos anteriormente que a categoria do aspecto é uma propriedade semântica que é ativada concomitantemente com outras propriedades de ordem discursiva no processamento da informação, sejam elas as propriedades de estabelecer *relevo*, introduzir *parênteses* e promover a *focalização* de partes do texto.[13] Vejamos como isso se dá através de algumas ocorrências recolhidas nos *corpora*.

O RELEVO

As construções de gerúndio muitas vezes são utilizadas como recurso estilístico que serve para estabelecer o *relevo* nos enunciados. O falante/leitor escolhe esta estratégia para destacar informações que julga importantes ou que servem de ponto de partida para a compreensão de seus enunciados por parte do ouvinte/leitor, assim como provam o exemplo (90) e a seguinte ocorrência (91):

(91) [20,2 NURC SP D2 255]
L2 *é eu gostaria de acrescentar C. o seguinte ... que:: eu tenho a impressão que::* ***tendo*** *em vista o potencial que representa a televisão ... potencial assim ... de ligação entre o ... países de ligação entre pessoas entende? comunicação ...* ***dando*** *até mesmo unidade nacional você falou ... nesse momento que::... retirava a riqueza dos regionalismos ... mas ... o mesmo veículo que pode ter ... causar este mal poderá causar um bem ...*

A PARENTETIZAÇÃO

Além de suas propriedades discursiva, quando funcionam como elementos que introduzem parênteses, as orações gerundiais exercem uma função semântica concomitante à organização intratópica, que é a de promover a *proeminência* ou o *rebaixamento* de informações. Nesse sentido, as OGs podem desempenhar funções de caráter mais argumentativo, como enfatizar, intensificar, marcar sentido especial, marcar contraste, inserir um reforço argumentativo, marcar importância para a estrutura ideacional/informacional, ou marcar foco informacional sobre determinados elementos do texto em construção.[14] O gerúndio é selecionado nessas estruturas por motivações semânticas associadas a essa forma nominal. Sabemos que o gerúndio é portador do *aspecto imperfectivo* e é justamente essa propriedade que atua conjuntamente nesse processo, como mostra o exemplo seguinte:

(92) [19,1 M SP] *vendo oGovernador Geral que as Aldeas estavaõ despovoadas; [**sendo**] alia[s] os Indios taõ neceSsarios para todo oServiço, que [se empreendia] afavor daCoroa, determinou a 18de8[outu]bro dodito anno, que todos osque fossem aoSertaõ buscar Indios, paga[SS]em o5.o, pondo nas Aldeas deSua Magestade a5.a parte della[[e]]s, eque metade deste 5.o seRemetesse áBahia para lá fundar huma Aldea.*

A FOCALIZAÇÃO

Na coesão do texto, o processo de *focalização*[15] tem por função básica a tarefa de organizar o texto, oferecendo ao interlocutor elementos que funcionam como apoios para o processamento textual. Tais itens servem como indicações dêiticas e estabelecem a organização entre os segmentos textuais. Ingedore Koch prefere enumerar estes itens dentro de um quadro de "dêixis textual", pois essas "*expressões dêiticas permitem ao falante obter uma organização da atenção comum dos interlocutores com referência ao conteúdo da mensagem*" (Koch, 1988: 3,4, apud Travaglia, 1981: 120). Para conseguir o seu objetivo, o falante focaliza a atenção do interlocutor sobre objetos, entidades e dimensões de que faz uso na sua formulação. No caso da anteposição das reduzidas de gerúndio, o raciocínio parece estar orientado para a ideia de "condição prévia para o entendimento do enunciado". Esse argumento deve ser entendido como uma interface sintaxe-semântica-discurso no processo de gramaticalização das orações gerundiais. Assim, as OGs em cabeça de sentença (anteposição) indicam ou apresentam o ponto de vista a partir do qual deve-se processar a informação que se segue. Trata-se de um processo de discursivização e de semanticização, em cuja realização acumulam-se os traços de *lugar no tempo* e *condição*. Não é raro encontrar nessas construções exemplos de locativos, às vezes mais concretos (93-94), às vezes mais abstratos (95), indicando o ponto de referência a partir do qual o interlocutor deve processar o enunciado.[16]

(93) [19,1 CL SP] ***Passando*** *pela freguezia do Arujá, tive oc- | casião de ver ali funccionando a escola pu- | blica regida pelo senhor Caetano Nunes de Si- | queira, ha pouco para ali removido.*

(94) [19,1 CL SP] ***Deparando*** *com uma noticia in- | serta nesta folha, em que se disse | que disparei 2 tiros de revólver em | Alfredo Raul, tenho a declarar que, | si assim procedi, foi po que esse in- | dividuo seduziu minha mulher, des- | honrando minha reputação, a ponto | de encontral-a em casa do sobredito | cujo Alfredo Raul.*

(95) [19,1 CL SP] ***Indo*** *o collega destacado a primeiro periodo do segundo, que lhe é complementar e contem a illação a inferir-se das phrases que transcrevemos, evidentemente deixou nosso pensamento incompleto e assim exposto ás interpretações que deu, mas que não se compadecem com a nossa intenção, claramente expressa nos referidos periodos, acima reproduzidos.*

Há uma alta ocorrência de gerúndios demarcando o foco através de construções com valor de modalização deôntica na vasta documentação administrativa de caráter epistolar do período colonial:

(96) [18,2 CO SP] ***ObedeSendo*** *orespeitaveu despacho devossa enxelencia enformo Naforma Seguinte OS[oplicante] Padre Joaõ Barboza deSumCam Sendo Naturar Naferguezia deja vari PaSou Acazade Naoscal dacompanha torio verde onde Tem deSua Molher dois filhos*

(97) [19,1 CAP SP] *anada meexponho sem obeneplacito de VossaExcelencia por serem estes [[índios]] daquelles Certoens de Rezende,* ***exigindo*** *eu acompetente authoridade para proseguir esta Deligencia por meio de Ordem de VossaExcelencia para obom exito visto queremse reunir volluntariamente aesta Aldea.*

(98) [19,1 CO SP] *Recebi ainformaçaõ do Capitam Mor de Porto feliz, etendo ja falado sobre esta materia, determino de novo naõ aprezentar ao Governo* ***determinando*** *fazelo em tempo mais oportuno, e proprio.*

Semântica das orações adverbiais de gerúndio (OGadvs e CAs)

Tradicionalmente usa-se classificar a semântica das orações adverbiais gerundiais, dividindo-as em *causais*, *temporais*, *condicionais*, *consecutivas*, *concessivas* etc. Em seu trabalho sobre as técnicas de junção, Raible (1992) estabelece dois eixos: o eixo sintático, que delimita os graus de sentencialidade dos itens que compõem as sentenças simples ou complexas, e o eixo semântico, no qual ele reconhece 18 grandezas de valores proposicionais que podem ser expressos pela junção de itens, sejam eles sentenças ou constituintes. O autor verificou que nas línguas em geral nem sempre se pode projetar todos os valores semânticos através de todas as técnicas de junção.

Essa ideia parece ter sido confirmada também por Talmy (2000: 381). No capítulo que trata da relação de *figura* e *fundo* que se estabelece entre sentenças, o autor observa que as línguas nem sempre desenvolvem conjunções para expressar uma determinada relação proposicional e é nesse momento que entra a criatividade que se verifica nas línguas, ou seja, outros mecanismos são ativados para expressar o valor almejado.

No caso específico do português, as orações de gerúndio continuam sendo a única possibilidade sintática de expressar a relação de *modo*.

Como OGadvs e CAs exibem propriedades semânticas equivalentes, optei por uma descrição dessas propriedades em conjunto, procurando observar as especificidades de cada um dos tipos de orações adverbiais gerundiais. A cada ocorrência de OGadvs, CAs e de gerúndio ambíguo foi atribuído um valor semântico aproximado.[17] A classificação que aqui se apresenta não deve ser considerada estanque nem deve supor-se que determinadas ocorrências não sejam passíveis de outras interpretações. A ambiguidade semântica é parte característica das orações de gerúndio e muitas vezes acumulam-se nessas construções diversos valores semânticos.[18] Passo agora à exemplificação e comentário dos valores semânticos das OGAdvs e das CAs, comparando inicialmente a sua frequência ao longo dos três séculos analisados.

A FREQUÊNCIA DAS ORAÇÕES ADVERBIAIS (OGadvs E CAs)

A leitura dos totais obtidos para as OGadvs em cada século (Gráfico 13) revela fatos interessantes relacionados à semanticização dos gerúndios adverbiais dependentes. Se acompanharmos a evolução das orações de *modo* ao longo dos três séculos (24,1% > 27,9% > 41,1%) e de *tempo* (29,0% > 27,9% > 12,6%), perceberemos que à medida que aumenta a frequência de umas, diminui a das outras.

Gráfico 13 – Frequência das OGadvs nos séculos XVIII, XIX e XX (*corpus básico* e *corpus diferencial*)

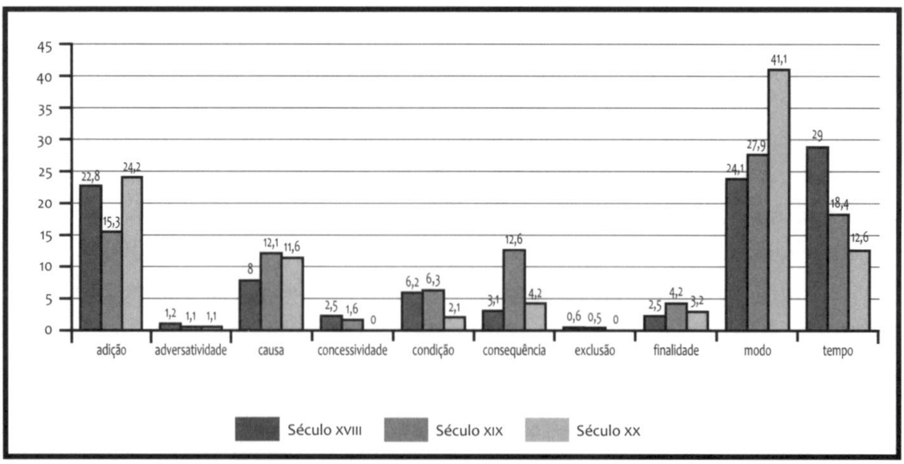

O quadro geral de distribuição das frequências de cada tipo de circunstância expressa nas CAs (Gráfico 13) mostra que as orações de *tempo* são muito frequentes no século XVIII, 36,4% em relação às outras circunstâncias, caem no século XIX (10%) e voltam a subir no século XX (23%). Essa oscilação não acompanha o ritmo linear de decréscimo que se pode observar para as OGadvs. Curiosamente, a relação de *modo* não acompanha o aumento de frequência apontado para as OGadvs. No século XX não encontramos ocorrências de CAs de *modo*. Comparando-se a produtividade de OGadvs e CAs nos três séculos (Gráfico 12 *vs.* Gráfico 13), observamos que enquanto as OGadvs concentram o maior número de orações de *modo*, *tempo* e *adição*, mantendo no século XX muito pouca representatividade dos outros valores, as CAs parecem ter maior distribuição entre as várias circunstâncias ao longo dos três séculos. Talvez isso esteja relacionado ao fato de que as CAs, por serem constituídas de gerúndios independentes, são equivalentes a constituintes de sentença e aproximam-se mais dos advérbios, além de terem um estatuto mais autônomo no que se refere à sua semântica. Podemos arriscar a dizer por esses resultados que nas OGadvs o gerúndio se dessemanticiza – e o processo deve ter começado em sincronias mais passadas, pois nos três séculos aqui analisados vê-se que o processo de mudança já está bem avançado. Por outro lado, os gerúndios nas CAs mantêm preservadas as suas propriedades semânticas de base, de expressar variadas circunstâncias proposicionais, denotar propriedades passageiras ou transitórias de um SN, estabelecer o relevo etc.

Gráfico 14 – Frequência das CAs nos séculos XVIII, XIX e XX (*corpus básico* e *corpus diferencial*)

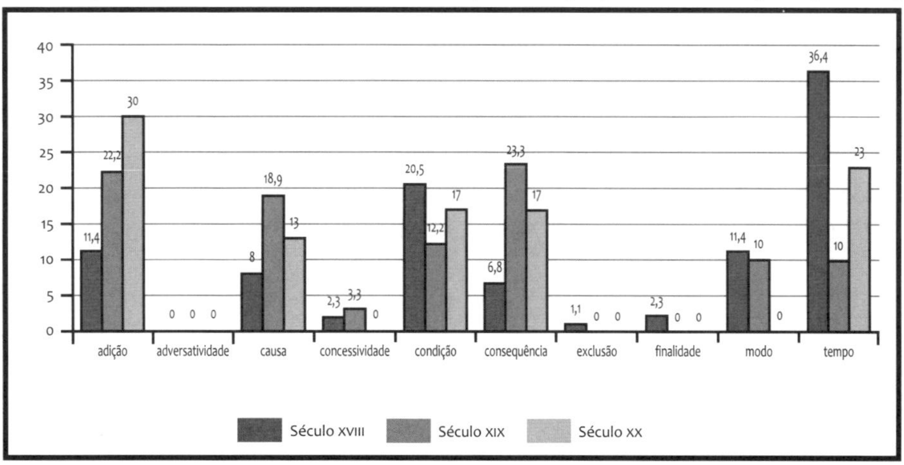

1. Valor temporal

A questão do tempo verbal das OGs afeta todas as possibilidades de estabelecer relações proposicionais entre enunciados. Nas OGs de tempo, as circunstâncias temporais de anterioridade (99) ou concomitância (100) parecem ser as únicas mais salientes:

(99) [19,2 TEA SP] OGadv –*RAFAEL : Má virtude, essa em quem gosta de fabricar mexericos: não se descobrem com tanta facilidade. Mas vejam se tenho ou não razão de desconfiar. Ontem, à boca da noite,* ***voltando*** *para casa, vi a tia Onistalda que da porta da rua estava a conversar com um indivíduo que não pude reconhecer, por causa do capote em que estava embuçado.* (*Sangue Limpo*, Paulo Eiró)

(100) [18,1 CO SP] CA – ***preguntando****lhes eu, Sehera al guã ordem ouCervico deSua Magestade que Deos guarde Responderaõme, oque vossaExcelencia nessas Duas Certidoins verâ que asmandej paçar pellos ofiçiaes de Justiça que prezentemente Seaxaraõ*

Isso não impede que as OGs de tempo também possam apresentar diferentes matizes semânticos (tempo-causa, tempo-condição etc.).

2. Valor modal

As orações modais representam um suporte semântico que se associa à semântica do verbo da OM, especificando ou restringindo o valor do enunciado nela expresso.[19]

Assim como as orações de *tempo* e *adição*, as OGadvs de *modo* são bastante produtivas nos *corpora* e aumentam significativamente ao longo dos três séculos.

É interessante observar que há uma grande frequência de verbos estativos que selecionam uma OGadv (101). Sua ocorrência está bem distribuída pela tipologia textual, aparecendo bastante na língua falada do século XX (TEA, 91,7%; D2, 50,0%; DID, 100%, FB, 66,7% e PBP, 100%, com uma única ocorrência de OGadv).[20] Em contrapartida, notamos que há um decréscimo das CAs *modais* e está restrita a alguns contextos como as *memórias* (102) e as *cartas*.

(101) [20,2 NURC SP DID 234] OGadv – Inf *nem pagar é...e ficar em casa* ***tomendo*** *seu cafezinho* ***comendo*** *seu sanduíche e e...((risos)) e* ***assistindo*** *filme...* (sublinhado nosso)

(102) [18,2 M SP] CA – *3.o Posta nesta cituaçaõ aCapitania podia restituirse Logo,* ***cuidadando****se nasua Povoaçaõ, ou* ***mandando****selhe nova gente, ou****repartindo****sse com ella, daque sempre chegava dePortugal, com animo de seestabalecer nas Minas, e****medindo*** *asforças daCapitania emeios deestabalecimento que ofrece pro curar que se aplicasem aelle osseus povoadores em utilidade propria eaumento daReal fazenda:*

3. Valor aditivo

As OGs aditivas[21] (tanto OGadvs como CAs) representam um grupo bastante significativo nos *corpora*. O evento expresso nesse tipo de OG é utilizado para compor a sucessão de eventos que compõem a cena descrita pela oração complexa. Nelas está sempre envolvida uma relação de *tempo posterior* (103).

Os resultados estatísticos mostram que a relação de adição especializou-se mais nas CAs. Nelas, o valor aditivo cumpre uma função especial de estabelecer o relevo. Nestes casos ocorrem com frequência com os verbos *ser* (104), *ficar, parecer*, cujos complementos acrescentam uma informação secundária que o autor/falante julga relevante. Esse tipo de construção é bastante frequente nas *memórias*, pois através dessas estruturas apresentam-se os participantes da cena. O conteúdo expresso na OG é *fundo* e cognitivamente contém ambas as proposições da OM e da OG (Cf. Talmy, 2000, vol. 1: 379).

(103) [19,1 CAP SP] OGadv – *Este motivo meobrigou aentregar Como de facto entreguey meya aRoba de polvora Com Seo xumbo a Hipolito Antonio Pinheiro, homem que naquele Sertaõ enContrey Com as melhores qualidades para Se lhe Cometer qualquer Coisa;* ***enCarregando*** *lhe de- entrar pelo Rio Sapucay the o Rio grande emdistancia de 15 legoas; e* ***enca- rregando*** *igualmente amesma deligencia a João de Campos e a Manuel Vâs, aquelle para entrar pelos Batataes athe alagôa Rica, aeste* ***descendo*** *pe- las margens do Rio Pardo the a Sua Barra.*

(104) [19,1 CAP SP] CA – *Outro sim sefor daaprova- de VossaExcelencia oaplicaremse os Meninos asprimeiras Letras,* ***sendo*** *eu emqualidade deDirector omesmo Professor comalgum Ordena do como osmais Professores Regios percebem daReal Fazenda para suavizar odito trabalho.*

4. Valor causal

O conteúdo expresso em uma OG também pode estabelecer uma relação de causa/consequência com a OM.[22]

Apesar de menos frequente que as orações de *tempo, adição* e *modo*, as OGadvs *causais* ocorrem em todos os séculos. No século XVIII, podemos encontrar o maior número de ocorrências nas *memórias* e nas *cartas de administração privada.* Já no século XIX, sua ocorrência é maior nas *cartas de leitores* (8/25,%) e nas *cartas de redatores* (4/44,0%). Nesse tipo de texto, o recurso parece ser utilizado por dois motivos: as *cartas de leitores* normalmente envolvem uma reclamação ou pedido e, por conta dessa finalidade, a relação de causa pode aparecer com mais frequência. No século XX, encontramos apenas 11 ocorrências, 5 delas nas *memórias* e as restantes distribuídas entre *cartas oficiais*, *particulares* e em *diálogos* do tipo D2.

As CAs seguem a mesma frequência de ocorrência e de distribuição nos textos analisados. Nota-se que no século XIX tanto OGadvs (105) como CAs (106) têm um aumento, e esta relação é bem alta para as CAs (18,9%).

(105) [19,1 CL SP] OGadv – *Logo que cheguei encetavão elles uma con- | versação, e por me parecer interessante | apenas voltei a casa tractei d'escrevêl-a pa- | ra me não esquecer; e* ***suppondo*** *que pos- | sa alguem julgal-a tambem interessante | lh'a envio para que se digne publicar no seu | Farol.*

(106) [19,2 CP SP] CA –*Arrangei um emprego explendido: estou na repartição de Terras e Colonisação, como auxiliar de escripta; te- nho 150#000 reis mensa[e]s, mas* ***havendo*** *durante o o meu 1ºanno um imposto de 10#000 fico redusido a 140#000 o que já não é pouco;*

5. Valor condicional

A circunstância de *condição* aparece pouco nos *corpora* analisados, mas pode ser encontrada nos três séculos.

No século XVIII, as OGadvs *condicionais* concentram-se nas *memórias* e nas *cartas de administração privada* (107). A circunstância de condição que se estabelece entre a ação praticada pelo interlocutor/leitor e o julgamento dessa ação feito pelo falante/autor é tida pragmaticamente como ofensiva. Dessa forma, nas cartas escritas em grau de ascendência, parece que o escritor procura atenuar a expressão dessa circunstância, optando pelo uso do gerúndio.

O maior número de ocorrências do século XIX concentra-se nos *anúncios* e também neles parece valer o argumento anterior. No século XX ocorrem apenas dois exemplos na língua falada. Eles são representativos de situações em que o *gerúndio condicional* ainda parece bastante produtivo, ou seja, quando no enunciado está envolvida uma relação hipotética/contrafactual entre os eventos expressos na OM e na OG (108):

(107) [18,2 CAP SP] OGadv – *Ocontrario doque tenho ex posto aVossa Excelencia, naõ overá quen] diga, deque pode Vossa Excelencia in formar-Se das peSsoas deme lhor [conceito ?] destaVila,* ***eaxando*** *pello Contrario doque tenho refe- rido aVossa Excelencia, em mim Seja executado omerecido castigo*

(108) [19,2 CP SP] CA – *Faço isso para minha tranquilidade, porque não* ***merecendo*** *fé minha palavra tenho satisfação em ver garantida [p. 2] em toda a plenitude a minha maior credora e mais ainda aos herdeiros da mesma.*

6. Valor concessivo

A relação de *concessividade* é pouco produtiva em OGadvs. No século XVIII, é utilizada em uma *memória,* em uma *carta oficial* e duas vezes em *cartas particulares* (109). No século XIX, ela só é detectada nas *memórias* (110), com três ocorrências e, no século XX, ela não ocorre nos *corpora* analisados.

São poucos os casos de CAs concessivas nos *corpora*, elas só aparecem no século XVIII e XIX.

(109) [18,1 CAP SP] OGadv – *Nunca cuydey que os passatempos, dos divertimentos devossamerce meocazionace moles tias, enaõ há duvida que* ***fazendo****me todas as Cabeleyras de graSa inda naõ mepaguava, oque t[enho o] zado. Sobre oSeofilho levado do emguano, dequem naõ esperava.*

(110) [19,1 M SP] CA – *Noto neste procedimento duas incoherencias= a 1.a hé oerigir em Vila aAldea deSaõJozé, podendo contentar-se comfazela Freguezia, pois que ainda naõ tinha, nem hoje tem Capacidade para ser Vila. 2.a que* ***tendo*** *adita Povoaçaõ nome deVila com Pelourinho, eCamara, emque tem servido promiscuamente brancos, eIndios, ainda conServa onome deAldea, etenha Director.*

7. Valor final

Tradicionalmente o valor de finalidade não é reconhecido para as OGs nas gramáticas do português. Os únicos autores que mencionam a possibilidade de gerúndios com valor de *finalidade* são Claudio Brandão (1963) e Odette Campos (1980).

Muitas vezes, quando na OM já foi introduzida uma noção de *finalidade* (111), existe a possibilidade de que uma OG assuma também o valor *final,* por empréstimo do valor semântico já introduzido anteriormente.[23]

(111) [18,2 M SP] OGadv – *Continuando nestes mesmos sentimentos por effeitos delles man- dou oprimeiro General daCapitania deSaõPaulo Antonio deAlbo- querque Coelho deCarvalho no anno de1700 por huma ordem Sua, que senaõ deichacem Sahir os moradores efamilias estabelecidas nas Vilas de beira-Mar para as Vilas de Serra aSima Sem licença Sua, nem ainda com opretexto de negocio por ser muito prejeducial ao Serviço de Sua Magestade /5/ para naõ tirar osagricultores da Marinha,* ***fazendo*** *Soldados os seus povoadores,* (sublinhado nosso)

8. Valor consecutivo

Nas *orações consecutivas,* o evento expresso na oração matriz é a *causa* que provoca alguma mudança verificada na oração subordinada. Muitas vezes é possível comutar as *orações consecutivas* através de uma estrutura de correlação do tipo [*dá-se X,* ***de modo que*** *acontece Y*] ou do tipo [*A é tão [X] que [Y]*]. Nas OGadvs verifica-se ainda um suporte semântico de *causa,* expresso através de adjetivos intensificadores ou qualitativos.

Segundo Elisabeth Rudolph (1973), quando não há uma estrutura correlata muito clara, cabe ao ouvinte/leitor interpretar se um enunciado é consecutivo/conclusivo ou não. O meio formal que denota essa circunstância muitas vezes realiza-se através do uso de adjetivos e advérbios, como no exemplo (112).

O mesmo esquema de correlação observado para as OGadvs também pode ser observado nas CAs consecutivas (113), as quais são comumente antecedidas de elementos intesificadores presentes na OM.

(112) [19,1 M SP] OGadv – *Amistura das cargas hé mal feita, porque o mineral naõ hé devidamente queimado evai quaze crû aos pisoens; a pedra verde que se jun_ ta na preparaçaõ de um quinto por 35 do mineral, hé* ***mão fundente****, por que hé dificil de queimar, pilar e fundir,* ***dando*** *escorias tenazes e muito ricas em ferro.*

(113) [19,1 M SP] CA –*De mais os cavacos por serem muito grossose compridos e por se rem muito mais inflamaveis que acepa, deixaõ passar o mi- neral crûatravez athé orast ou encosto do bojo, e* ***daõ hûa fusaõ rapida*** *sem o devido aquecimento gradual, e carbonisa_ çaõ do ferro,* ***precipitando****-se agusa fria na caldeira, pouco liquida, e muito branca, sem adevida separaçaõ da escoria*

9. Valor adversativo

As OGadvs adversativas são a contrapartida contrafactual das aditivas. Nessas orações complexas, o evento expresso na OG restringe o sentido da OM [X = X – y].

Naturalmente não foram consideradas adversativas as construções em que o *mas* funciona como articulador discursivo e cujo sentido não está contido na OG:

As adversativas são muito pouco produtivas nos três séculos e só aparecem nos *corpora* sob a forma de OGadvs:

(114) [20,2 NURC POA EF 278] OGadv – *bem, por exemplo na translação, o próprio nome já diz, pode ser uma tradução, o homem atua, o indivíduo ou aluno atua sobre a comunicação, o repre, ele permanece fiel a essa comunicação, mas* ***utilizando*** *as suas palavras, sem alterar o sentido.*

10. Valor de exclusão

A circunstância de exclusão é a menos produtiva de todas e é mais frequentemente realizada através da variante conjuncional *sem que*. Conta apenas com três ocorrências no *corpus*, sendo duas delas OGadvs (115).

Na única CA encontrada nos *corpora* (116) é o radical do verbo que reforça a ideia de exclusão.

(115) [19,2 CAP SP] *No orçamento da Despeza, vossês podem cortar largo, não* ***esquecendo*** *padres, egrejas, diplomatas etc etc. Adeus eate sempre*

(116) [18,1 M SP] CA – *o que visto pelo Cabo se fez um forte em um dos ranchos, que lhe pareceu melhor, mandando recolher todo o milho, que se achou, a um paiol, a que pôs guardas, como o fez também a sete índios, que cativamos, mandando-lhe lançar a todos suas correntes,* ***excetuando*** *um índio do torto, também cativo, a que depois deu liberdade.*

AS PROPRIEDADES SEMÂNTICAS DAS ORAÇÕES ADVERBIAIS DE GERÚNDIO (OGadvs E CAs)

Ao longo dessa descrição, pudemos observar que as OGs exibem propriedades semânticas que atendem a determinadas finalidades discursivas. A partir da descrição anterior, podemos reunir de forma sucinta as propriedades semânticas das OGadvs e das CAs:

Tabela 11 – Propriedades semânticas das OGadvs e das CAs

(i) OGadvs e CAs agregam uma informação secundária ao conteúdo da sentença complexa e têm um caráter parentético, funcionando como um aposto → [+adjetivo] e [+advérbio].
(ii) A expressão de *tempo* e *modo* é adquirida pela relação semântica estabelecida entre oração matriz e sua dependente. O aspecto *imperfectivo* é o valor de base que o verbo no gerúndio exibe.
(iii) Elas estabelecem uma relação proposicional com a OM, agregando uma circunstância que pode ser de *tempo, causa, consequência, finalidade* etc. → [-adjetivo] e [+advérbio].
(iv) Algumas palavras podem anteceder imediatamente a forma nominal do gerúndio para dar algum tipo de suporte semântico, como determinados advérbios: *não, como, mesmo, meio, etc.* e algumas *preposições* como *sem, em, com, de*: **com** *os preços* ***aumentando****, não vamos viajar; chegou* **de** *mãos* ***abanando***.
(v) OGadvs e CAs exprimem algum valor proposicional em relação ao evento descrito na OM, o qual pode ser de variada natureza semântica: *tempo, condição, causa, modo, concessividade, consequência, finalidade, adição, adversatividade (contrafactualidade)* etc.
(vi) OGadvs e CAs são utilizadas como estratégia para estabelecer relevo sobre algum conteúdo.

Semântica das orações de gerúndio ambíguo

As ocorrências de gerúndio ambíguo distribuem-se nas circunstâncias de *adição, modo, condição, finalidade, causa* e *tempo.*

Gráfico 15 – Frequência das orações gerundiais ambíguas nos séculos XVIII, XIX e XX

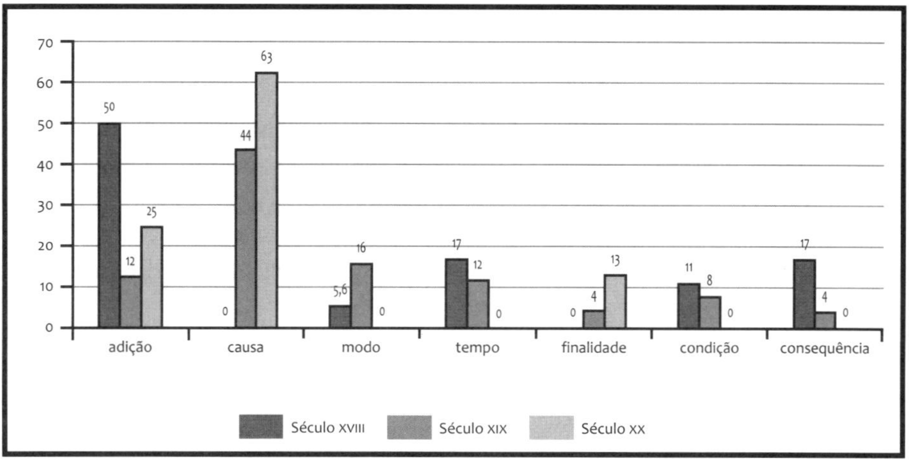

Além das propriedades sintáticas apontadas para os gerúndios ambíguos na descrição de sua sintaticização, podemos enumerar as suas regularidades semânticas, que podem ser a de expressar uma relação circunstancial específica, projetar o relevo sobre determinados enunciados e agregar informação secundária:

(117) [19,2 CP SP] *Comprehendes que a gente* ***estando*** *fóra, inda mais em cidade, augmentam assusta- doramente os extra; por menos que se queira gastar, lá seb vae muito dinheiro e quasi tudo em futilida- des.*

(118) [19,2 CP SP] *e eu* ***cumprindo*** *um dever de Amigo tenho a participar-te que ha um mez tractei casamento com a Senhora Dona Candida Novaes filha do Coronel José Novaes de Aguiar residente em São Carlos.*

As orações ambíguas também atuam como elementos que projetam relevo sobre uma informação secundária que se quer tornar relevante, presentificando uma cena vivenciada pelo falante e depositando foco sobre ela:

(119) [19,2 M SP] *Embora sem valor algum estratégico, tinha pelo menos o acampamento do Coxim uma altitude que lhe garantia a salubridade. Não tardou, porém, que a enchente* ***havendo****-o ilhado e isolado, ali passasse a força pelas mais cruéis privações, sofrendo até fome.*

A categoria *fuzzy* é comum nos *anúncios* (89%), nos quais procura-se detalhar as qualidades do produto ou do serviço anunciado, ou mesmo nas declarações à praça (120):

(120) [19,2 A SP] *A orchestra | **contando** habeis professores, e regida pelo distincto maestro | CAVALHEIRO N. BASSI | Rio de Janeiro, 26 de setembro de 1870 | A. Ferrari A Constituinte, 01 de outubro de 1879*

As propriedades semânticas das orações gerundiais *fuzzy* encontram-se reunidas na Tabela 12.

Tabela 12 – Propriedades semânticas das orações gerundiais ambíguas

(i) Agregam uma informação secundária ao conteúdo da sentença complexa e têm um caráter parentético, funcionando como um aposto → [+adjetivo] e [+advérbio].
(ii) Denotam uma atividade permanente ou passageira, atribuindo-se um modo de ser, uma qualidade ao nome a que estão ligadas[24] → [+adjetivo] e [+advérbio].
(iii) Exprimem um comentário do locutor acerca de uma entidade denotada por um SN[25] → [+adjetivo] e [+advérbio].
(iv) Estabelecem uma relação proposicional com a OM, agregando uma circunstância que pode ser de *tempo, causa, consequência, finalidade* etc. → [-adjetivo] e [+advérbio].

Semântica do gerúndio em orações relativas

As construções com gerúndio adjetivo exibem algumas particularidades semânticas que já foram apontadas na subseção "Semântica das orações adverbiais de gerúndio". O gerúndio ligado ao OD, por exemplo, normalmente é selecionado por determinadas categorias de verbos expressos na OM. É o caso dos verbos de percepção visual e abstrata como *ver, olhar, enxergar, assistir, sentir, achar, encontrar* etc.:

(121) [19,1 TEA SP] SATÃ *Não. Daqui a cinco minutos podemos estar à vista da cidade. Hás de vê-la **desenhando** no céu suas torres escuras e seus casebres tão pretos de noite como de dia, iluminada, mas sombria como uma essa de enterro.* (*Macário*, Álvares de Azevedo)

(122) [20,2 NURC SP DID 234] Inf [...] *porque antigamente no tempo que eu estudava o o estudante quase não ligava para isso hoje você vê grupo de estudante grupos **fazendo** teatro e::**organizando** grupos*

(123) [20,2 NURC SP DID 234] Inf [...] *ontem eu assisti...Carvalho Pinto* ***falando*** *com DOnas de casa...*

(124) [19,2 CL SP] *Vi no Diario uma defesa, em favor da com- | panhia,* ***desmentindo*** *a primeira queixa pu- | blicada na Provincia, e não soube como de- | cidir-me, o que acontece a quem vive no | matto e não anda a par de todas as cousas.*

Em todos os casos, a função principal do gerúndio adjetivo é de complementar o sentido do SN que o antecede. A opção pelo gerúndio, e não por uma construção com o pronome relativo *que,* está associada ao caráter nominalizador do gerúndio e também pelo fato de que essa oração também pode ser comutada por uma oração de tempo introduzida pela conjunção *quando.* Ao utilizar o gerúndio, a cena vista é presentificada pelo falante/autor, de forma a dar mais vivacidade à descrição. Suas características estão reunidas na Tabela 13.

Tabela 13 – Propriedades semânticas das orações relativas

(i) Exprimem um comentário do locutor acerca de uma entidade denotada por um SN → [+adjetivo] e [+advérbio].
(ii) Agregam informação secundária ao complemento dos verbos perceptivos (*ver, olhar, assistir, encontrar* etc.).
(iii) Denotam uma atividade passageira, transitória ou permanente atribuindo um modo de ser, uma qualidade que se atribui ao nome a que estão ligadas.

Semântica do gerúndio em nominalizações e do gerúndio imperativo

As nominalizações aparecem muito pouco nos *corpora* e verificam-se ocorrências únicas nas várias classes de textos nos três séculos. Do ponto de vista semântico, podem estar divididas em três categorias: o gerúndio em construção nominalizada (125), o gerúndio exclamativo (126) e o gerúndio interrogativo (127):

(125) [19,2 TEA SP] *Em vão nasce um homem, à semelhança de Deus, possuindo inteligência, rico de vontade e esperanças.* [...] *Mártir de seus deveres,* ***dando*** *a vida pela pátria, seu destino, sua recompensa é o esquecimento; não haverá cruz humilde para fazer menção de sua morte. Não, Vitorino, eu nada pedirei.* (*Sangue Limpo*, Paulo Eiró)

(126) [20,2 TEA SP] *EMÍLIO* *Todos* ***falando*** *ao mesmo tempo... da esquina a gente já podia ouvir os gritos.* (*Pérola*, Mauro Rasi)

(127) [exemplo criado] *Você* ***chegando*** *a essa hora?*

Em todos os casos os verbos no gerúndio poderiam ser comutados na sua forma finitiva e a opção pelo gerúndio está associada ao grau de expressividade que se quer atribuir a um enunciado. Por suas propriedades semânticas talvez fosse o caso de considerar o gerúndio imperativo entre os gerúndios que indicam uma postura do falante em relação ao seu interlocutor. Essa postura pode ser avaliativa ou de ordem.

Semântica das perífrases de gerúndio: o aspecto

Castilho (1968, 2002) defende que o termo aspecto "*consiste em representar os graus do desenvolvimento do estado de coisas*" codificado na predicação, e que se trata de "*um ponto de vista sobre o estado de coisas*", que por sua vez, "*é uma entidade conceitual, ao passo que as entidades reais podem ser retratadas linguisticamente de várias maneiras, dependendo da angulação do falante*". Segundo esse autor, o *aspecto imperfectivo* apresenta uma predicação dinâmica do sujeito que pode dividir-se em três fases: uma fase inicial (*imperfectivo inceptivo*), uma fase em curso (*imperfectivo cursivo*) e um fase final do estado (*imperfectivo terminativo*). Além disso, o *aspecto imperfectivo* "*é altamente recursivo nas estruturas de fundo de narrativas, entendendo-se por isso as informações que compõem a moldura do evento central*" (op. cit.: 93).

Nos *corpora,* apresentam-se bem representadas as perífrases que exibem o aspecto imperfectivo cursivo:[26]

(128) [18,1 CAP SP] *Cheguei a esta Vila aos vinte etres de Dezembro com bastantes molestias das muitas agoas mais deSsaude Seja Deus Louvado bem on de* ***fico esperando*** *muitas oCazioiñs doa grado denoSsa [ei] celencia para aellas naõ fal tar como devo*

Algumas semiperífrases exibem o aspecto imperfectivo terminativo:

(129) [20,2 NURC SP D2 360]...*porque se um tiver mais do que o outro sai um monte de briga na realidade não* ***acabam tomando*** *tudo não comendo tudo que tem*

Também o *aspecto iterativo* é bastante comum nos *corpora.* O *aspecto iterativo,* ou *habitual,* denota uma quantificação do *imperfectivo* e do *perfectivo* e representa o ato repetido de uma ação. Normalmente colaboram para essa interpretação outros elementos como os advérbios ou construções que reforçam o caráter *habitual*:

(130) [20,2 NURC SP D2 360] L1 *fez::arte demais no banheiro...porque às vezes...estão tomando banho e **ficam jogando** água pela janela quer dizer essa...é supervisora nata é assim...ah...toma conta...precocemente não? das::atividades dos irmãos ent/...é uma pena...*

CONSIDERAÇÕES FINAIS

Neste capítulo procuramos inicialmente estabelecer critérios para uma definição dos variados tipos de OGs do PB a partir de suas propriedades sintáticas e suas ocorrências em um *corpus* controlado por tipologia textual selecionada por critérios de Tradições Discursivas.

O levantamento estatístico em um extrato do *corpus* histórico do PHPB-SP comprovou que essa tipologia mostrou-se adequada à comparação entre os vários tipos de OGs, bem como à análise de sua evolução ao longo dos séculos estudados. A quantificação revelou ainda aspectos interessantes a respeito da gramaticalização das orações de gerúndio no PB. Entre eles, destacam-se (a) a questão da redução significativa dessas orações do século XVIII ao XX, o que mostra que essas estruturas devem estar em competição com outros recursos sintáticos (orações conjuncionais e outros processos de junção de enunciados), e (b) a problemática que envolve a redução das OGs adverbiais e o aumento das perífrases de gerúndio.

Resumidamente, a análise do gerúndio no subsistema do discurso aponta que as orações de gerúndio exibem a propriedade pragmática de articulação tópica. Além disso, notou-se pela quantificação que as orações adverbiais (OGadvs e CAs) são mais frequentes em textos de maior planejamento como as *memórias,* as *cartas da administração privada* e as *cartas oficias,* enquanto as perífrases são mais usadas em textos menos formais como as *cartas particulares* e textos mais próximos da oralidade como os diálogos de *teatro*, bem como os *inquéritos de língua falada* (século XX).

Investigadas a partir da ótica do subsistema da semântica, observamos que as OGadvs apresentam-se num processo de dessemanticização, por exibirem menos relações proposicionais, se comparadas às CAs. Notamos que estas últimas mostram uma maior produtividade de relações proposicionais e que nelas mantêm-se mais preservadas as propriedades semânticas apontadas (Tabela 12). É importante lembrar ainda que as CAs são as construções que estão mais dispostas ao processo de lexicalização. Outras podem gramaticalizar-se em novas preposições (*tirando esse fato, dependendo da chuva*) ou conjunções.

O fato é que não podemos dissociar o processo de dessemanticização das OGadvs da constatação de que, na contrapartida, aumentam as perífrases de gerúndio. Talvez seja arriscado falar-se aqui de uma mudança encaixada, mas fica a observação para uma pesquisa futura, que leve em conta não só as propriedades sintáticas dos itens envolvidos, mas também os traços semânticos desses itens.

Por fim, vale ressaltar que mostrou-se bastante válida a preocupação em constituir um *corpus* de análise segundo as propriedades discursivas específicas de cada gênero ou tipo de texto, mostrando que os critérios associados ao modelo de TDs são bastante pertinentes à análise dos processos de mudança linguística nos três subsistemas aqui investigados.

NOTAS

1 Este estudo encontra-se também publicado em Castilho (2009a, b, c, d). Apresenta-se aqui uma adaptação desse trabalho ao contexto do projeto Para a História do Português Brasileiro (PHPB).

2 A quantificação aqui apresentada refere-se aos resultados obtidos para o conjunto de textos paulistas do *corpus* histórico do projeto Para a História do Português Brasileiro (PHPB).

3 A ideia de constituir um *corpus básico* advém da necessidade de manter um controle quantitativo mais eficaz em termos estatísticos. O *corpus diferencial* atende à preocupação com a análise qualitativa da diversidade de gêneros discursivos em que as orações de gerúndio aparecem, respeitando assim os métodos previstos segundo o modelo de tradições discursivas.

4 Entre os *corpora* utilizados, além dos inquéritos de língua falada constantes da Tabela 1, encontram-se os anúncios reunidos em Guedes e Berlinck (2000), as cartas de leitores e redatores de Lopes e Barbosa (2006), as cartas oficiais, de administração privada e particulares colhidas por Simões e Kewitz (2006). Os documentos restantes (cartas, memórias e peças teatrais) foram descritos em Simões (2007, vol. 2).

5 Cf. Stowell (1995), apud Moraes de Castilho (2013).

6 As porcentagens referem-se apenas ao total das OGs adverbiais (OGadvs e CAs) e das perífrases, por isso não completam 100%.

7 Observe-se neste exemplo a ocorrência do elemento *OSugeito* funcionando como um sujeito topicalizado.

8 As peças teatrais utilizadas fazem parte dos *corpora* selecionados para o trabalho de Simões (2007).

9 Cf. Bechara (2003: 517).

10 A preocupação com a classificação das OGs do PB aqui desenvolvida não leva em conta o detalhamento necessário que envolve a questão das perífrases verbais com o gerúndio. O foco deste trabalho recai sobre a variedade de usos do gerúndio nos três séculos analisados e como os mesmos estão distribuídos pela tipologia textual (seção "Discursivização do gerúndio"). A respeito da gramaticalização do gerúndio em perífrases, ver Mendes (2009) e Moraes de Castilho (2005).

11 A = anúncios; CL =cartas de leitores; CR= cartas de redatores; CAP = cartas da administração privada; CO = cartas oficiais; M = memória histórica; FB = inquérito do Projeto Filoband; PBP = inquérito do Projeto Português Brasileiro Popular.

[12] A questão de *figura* e *fundo* tem sido tema primordial daqueles que trabalham com a Semântica Cognitiva: Talmy (2000).

[13] Aplicam-se aqui o conceito de *relevo,* assim como foi estudado por Travaglia (1999 e 2006), o conceito de *parentetização* conforme os trabalhos de Jubran (1993, 1996a, 1996b e 2006), e o conceito de *focalização* tratados por Travaglia (1999 e 2006) e Koch (2006).

[14] Cf. Travaglia (1999:78).

[15] O termo *focalização* é aqui utilizado da mesma forma como o fizeram os pesquisadores do grupo de organização textual-interativa da Projeto Gramática do Português Falado. A ele estão associados também os conceitos de *rematização* e *tematização* (Koch, 2006), que também foram estudados para o caso das OGs em Simões (2007).

[16] Exemplos retirados de Simões (2007).

[17] A respeito da multiplicidade de relações semânticas entre enunciados, ver os estudos sobre processos de junção de Raible (1992) e os trabalhos sobre Semântica Cognitiva de Talmy (2000).

[18] A respeito da ambiguidade das relações proposicionais das orações de gerúndio, ver Pusch (1980) e Reese (1991).

[19] Para uma discussão mais detalhada a respeito do valor modal, ver Reese (1991) e Pusch (1980).

[20] Em função da exiguidade do espaço, não reproduzo aqui as tabelas referentes à frequência dos valores semânticos das OGs segundo a tipologia textual específica. As mesmas encontram-se em Simões (2007: 329-330).

[21] Assumo a existência do valor aditivo para as OG a partir das considerações de Brandão (1933), Campos (1972), Talmy (2000) e Braga (2002). Apresento uma discussão mais detalhada dessa questão em Simões (2007).

[22] Nas OGs, à relação de *causa* podem estar associados ainda os valores de *tempo* e *modo*. Tal fenômeno é decorrente da ambiguidade semântica aqui defendida.

[23] Cf. Rudolph (1973).

[24] Cf. Bechara (2003: 517).

[25] Cf. Mateus (2003: 671).

[26] A breve descrição aqui apresentada não pretende esgotar os matizes aspectuais das perífrases. A respeito do papel do aspecto nas perífrase de gerúndio do português brasileiro, ver nota 8.

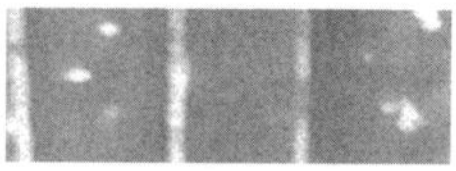

DIACRONIA DA CONCORDÂNCIA

Ataliba T. de Castilho
Bruno Maroneze
Célia Maria Moraes de Castilho
Edilaine Buin
Flávia Orci Fernandes
Janaina Olsen
Marcel Caldeira

SUMÁRIO

APRESENTAÇÃO

Este capítulo está dividido em duas partes: (1) diacronia da concordância nominal; (2) diacronia da concordância verbal.

Cada parte considera três possibilidades de concordância: concordância plena (CP), concordância zero (CØ), ou concordância por reanálise (CR), nas estruturas sintáticas nominais e verbais.

Reunimos nas "Considerações finais" os achados da pesquisa a esse respeito.

1. Definição de concordância

Na literatura corrente, há pelo menos duas percepções do que seja a relação de concordância: (1) relação de dependência entre dois termos, (2) relação de compartilhamento de traços gramaticais entre dois termos. Não é necessário dizer que ambas relações são estabelecidas pelos falantes, no momento do discurso.

a. A concordância é uma relação de dependência entre dois termos

Segundo a percepção mais difundida, a concordância é uma *relação de dependência entre dois termos*, segundo a qual um dos termos subordina o outro, atribuindo-lhe traços de pessoa, gênero e número. Desse ponto de vista, a concordância seria uma das manifestações do princípio de projeção, em que, por meio de um operador, o falante movimenta/atira/projeta seus traços lexicais/semânticos/discursivos/gramaticais sobre seu escopo, selecionando-o. O operador da concordância é o *ativador*, o escopo é o *receptor*.

Esse entendimento da concordância vem assim formulado por Corbett (2006), citado por Moura (2009: 441). Segundo esse autor,

> Chamamos **controlador** o elemento que determina a concordância, por exemplo, o sintagma nominal sujeito. O elemento cuja forma é determinada pela concordância é o **receptor**. O contexto sintático no qual ocorre a concordância (a sentença, por exemplo) é o **domínio** da concordância. E quando indicamos de que forma há concordância, estamos nos referindo aos traços da concordância. Assim, o número é um traço da concordância, exibindo os seguintes valores: singular, dual, plural, e assim por diante.[1]

Na maioria das definições de concordância, está pressuposta uma relação entre termos da sentença, como entre o sujeito e o verbo, o que aparece na definição citada. O que essas definições fazem é operar com relações entre elementos gramaticais cuja combinação para o desencadeamento de concordância já é estável na língua (sujeito e verbo, especificador e núcleo nominal, núcleo nominal e sintagma adjetival etc.).

Pressuposta a combinação entre os elementos e a concordância entre eles, atribui-se geralmente a um deles o papel de desencadeador do fenômeno e, ao outro, o de receptor. Perfilhamos inicialmente essa definição em Castilho e Moraes de Castilho (2011), posição que tivemos de abandonar, porque nem sempre é possível identificar o ativador (= *controller*) e o receptor (= *target*) da concordância, mesmo considerando que o ativador pode ser uma categoria oriunda de qualquer um dos quatro sistemas linguísticos mencionados na segunda seção, a seguir. De acordo com essa posição, para ficar numa regra, "o verbo concorda com o sujeito", como aparece na citação de Corbett: o verbo seria o receptor, e o sujeito, o ativador.

Entretanto, o ponto de vista de Corbett sobre a concordância é mais sofisticado do que isso:

> Eu propus uma tipologia da concordância, fenômeno que permeia algumas línguas, tais como o russo e o tsakhuu, é mais limitado mas ainda desafiador em outras, como o kayasdild e o inglês, mas que é ausente em outras. Vimos o valor da abordagem canônica na tipologia, permitindo analisar esses sistemas amplamente variados. Esta abordagem vai tornar-se crescentemente útil, porque dá conta dos mais complicados tópicos da tipologia. Desde esse ponto de partida, consideramos controladores, alvos, domínios, traços e condições, observando a amplitude de seu comportamento e os modos de sua realização na morfologia. Consideramos, então, a notável variedade das escolhas de concordância, e mostramos como essa variação é guiada pela Hierarquia da Concordância. Consideramos o interessante problema da combinação e a solução das especificações de traço. Consideramos, finalmente, que outras abordagens da concordância e os resultados obtidos, notadamente da Psicolinguística, mostram uma encorajadora convergência com os do nosso estudo tipológico. Há áreas nas quais um significativo progresso foi obtido em anos recentes, tanto no estabelecimento da amplitude de dados relevantes, quanto na explicação desses dados em diferentes modelos formais. Contudo, os dados que pude incorporar em nossa tipologia representam desafios consideráveis para a teoria sintática. Ainda há muito a compreender a respeito da concordância. (Corbett, 2006, apud Moura, 2009: 284)[2]

Outro argumento para não relacionarmos a concordância ao Princípio de Projeção é a aparente independência entre, de um lado, a estrutura argumental da sentença e a atribuição de traços semânticos pelo verbo operador, ambos frutos da projeção, e, de outro lado, o compartilhamento de traços gramaticais, como mostram exemplos coletados no *corpus* do PHPB:

(1) [19,2 CP BA] *Tive o prazer de receber sua presada| carta de 24 do passado, centindo entretanto* ***os padecimentos*** *que lhe* ***trouxeram a operação****, da qual| o desejo restabelecido.*

No exemplo, o verbo *trouxeram* da sentença relativa compartilha traços gramaticais de número com o antecedente da relativa, *os padecimentos*, retomado pelo pronome relativo como objeto direto de *trouxeram*, enquanto *a operação* atua como sujeito desse verbo, não tendo havido concordância de *trouxeram* com seu sujeito *a operação*. Exemplos como este, registrados em diferentes textos do *corpus*, mostram que o compartilhamento de traços expressos pela concordância não pode ser explicado como resultante do princípio de projeção. Acresce que ao longo do capítulo outros fatos coocorrentes, de natureza lexical, semântica e discursiva, não podem igualmente ser dados à conta desse princípio.

O mesmo ocorre em algumas sentenças em que a distinção argumento interno/argumento externo não se aplica de igual modo, nas quais não é previsível a combinação entre os elementos que compartilham traços gramaticais:

(2) [20,2 CL RJ] ***Os sinais luminosos apagados*** *aos sábados e domingos e à noite* ***são o tema de carta*** *do Sr. José Antônio Cavalcanti.*

(3) [20,2 A PE] ***Os símbolos*** *da Associação Phonetica Internacional* ***é a máxima conquista*** *do moderno método de ensino para todas as línguas vivas.*

Na sentença equativa exemplificada em (2), o verbo *ser* compartilha traço de número com o primeiro elemento *sinais luminosos*, plural, ao passo que o mesmo verbo não compartilha traço de número com o segundo elemento *o tema de carta,* singular. No exemplo (3), ocorre exatamente o contrário.

Comparando (1) com (2) e (3), conclui-se que há dificuldades na identificação de elementos ativadores e receptores da concordância. Em (1), quem ativou a concordância, *trouxeram* ou *os padecimentos*? A mesma pergunta pode ser feita com relação a (2) e (3). Dada a dificuldade de identificar ativadores e receptores, deixamos de lado essa conceituação.

b. A concordância é uma relação de compartilhamento de traços gramaticais entre dois termos

Postular que a concordância é uma relação de compartilhamento de traços é uma alternativa à conceituação clássica de concordância. Desenvolvemos aqui a sugestão de um dos autores deste capítulo, Bruno Maroneze, posição já elaborada, por exemplo, em Rodrigues (2015).

Nossa proposta está em acolher os diversos tipos de concordância, que estabelecem compartilhamentos de traços entre elementos diversos, esperados e não esperados, dando visibilidade e oportunidade de operar com a instabilidade de categorias que, do ponto de vista da abordagem multissistêmica, aqui acolhida, é inerente ao funcionamento da língua.

Explicitando essa percepção, diremos que um termo X compartilha traços com um termo Y, ilustrando o princípio de recursão, de que resulta a equação de categorias morfológicas entre esses termos.

O princípio de recursão, ou de recursividade, é a possibilidade de "*aplicar uma regra repetidas vezes na construção das frases*" (Xavier e Mateus, 1992, s.v. *recursividade*).

Esse princípio tem sido frequentemente lembrado para retratar a possibilidade de produzir infinitamente expressões encaixadas umas em outras, como é o caso das sentenças adjetivas e dos sintagmas preposicionais, entre outros. Essa percepção tem o defeito de limitar o princípio de recursão à gramática de uma língua, e, mesmo assim, apenas às construções encaixadas.

Reconhecendo sua extensão maior – afinal, trata-se de um princípio –, veremos que ele capta as situações linguísticas em que retomamos o que já foi dito, ou escrito, fazendo recorrer categorias gramaticais (= repetição de segmentos de palavras, palavras, sintagmas, sentenças, redobramento sintático), categorias semânticas (= sentidos parafraseados, sentidos que retornam à nossa mente por foricidade) e categorias discursivas (= unidades discursivas parafrásticas).

Neste capítulo, portanto, vamos entender o princípio de recursão como a reativação de propriedades lexicais, semânticas, discursivas e gramaticais, fundamentada na estratégia conversacional de correção pragmática (Castilho, 2010a: 80; Castilho e Moraes de Castilho, 2013). Por essa estratégia, retornamos, na oralidade, aos turnos previamente enunciados, para repeti-los ou para parafraseá-los, corrigindo o rumo da conversação.

O princípio de recursão descarta a visão unidirecional das línguas naturais, bastante tematizada pelos pesquisadores da gramaticalização. A sucessão de fases de uma mesma expressão é uma ilusão de ótica. A língua retorna sempre sobre si mesma, refazendo interminavelmente seus caminhos, numa espécie de entropia, termo aqui tomado no sentido etimológico (do grego *entropê*), "*ação de voltar-se, mudança de disposição ou de sentimento, ação de ensimesmar-se*" (Houaiss, 2001: s.v.)

Ao aninhar a concordância entre as manifestações do princípio de recursão, limitaremos neste capítulo o alcance dessa postulação aos casos em que a recursão se manifesta por meio da flexão nominal e verbal. Como se sabe, o redobramento sintático, em que um termo X redobra as propriedades de um termo Y, é um fenômeno bastante amplo, situando-se aí o redobramento da negação, dos pronomes e de outras estruturas, estudadas em Moraes de Castilho (2013).[3]

Tipicamente, a concordância ocorre entre as seguintes classes gramaticais, dotadas de morfologia flexional: nome, verbo, adjetivo e especificadores sintagmáticos (artigo, possessivo, demonstrativo, indefinido e quantificador). São raras as relações de concordância entre classes que apresentam invariabilidade morfológica estável; esse é o caso das preposições, das conjunções e dos advérbios.

Quando a morfologia flexional está em processo de enfraquecimento, como parece ser o caso do PB, a concordância deixa progressivamente de se expressar, fato reconhecido por Galves (1993; 1998). Chega-se a essa conclusão pela observação da manifestação da concordância justamente nas relações estáveis entre elementos gramaticais, como mencionado anteriormente. Por outro lado, podemos observar diacronicamente que são produtivas as manifestações de concordância entre elementos menos previsíveis; além disso, em alguns casos, há flexão de classes prototipicamente invariáveis, as quais passam a ser flexionadas exatamente em razão das relações de concordância.

As consequências da simplificação da morfologia pronominal e verbal sobre as regras de concordância serão examinadas na segunda seção desta "Apresentação".

Desde os gramáticos gregos se tinha notado que a concordância cria uma assimetria na sentença. A relação de concordância entre o verbo e o sujeito aponta para um nivelamento, um compartilhamento formal de traços entre eles. A ausência dessa relação entre o verbo e seus argumentos, ao contrário, aponta para um desnivelamento, dada a inexistência de compartilhamento formal de traços entre eles. Aqueles gramáticos valeram-se, então, de uma metáfora geométrica para descrever essa assimetria: (i) o sujeito[nominativo] tem uma relação reta, emparelhada com o verbo; (ii) os complementos[acusativo, dativo, ablativo] têm uma relação oblíqua, afastada do verbo: Apolônio Díscolo (séc. I d.C. / 1987: cap. IV, parágrafo 46). Com o tempo, os termos *reto* e *oblíquo* passaram a ser usados para distinguir duas subclasses de pronomes pessoais, perdendo-se uma boa generalização.

Além disso, é importante ressaltar que a expressão da concordância é sempre gramatical, por manifestar-se através da morfologia, como já se disse. Entretanto, mesmo expressa por meios gramaticais, a relação de concordância entre os termos é complexa, dada a diversa proveniência das categorias aí envolvidas. Nas análises que se seguem, operaremos com categorias lexicais, semânticas e discursivas, para além das categorias gramaticais.

Em suma, entenderemos por concordância a recursão de traços morfológicos entre o termo X, expresso habitualmente pelo núcleo da estrutura sintática, e o termo Y, expresso por seu especificador ou por seu complementizador, ou por ambos.[4] Como não postulamos uma relação de dependência entre esses elementos, na prática não há ordenação necessária entre X e Y, ou seja, X e Y podem ser quaisquer elementos marcados por uma relação de concordância.

Note-se, por fim, que a concordância não é uma propriedade obrigatória das línguas naturais, nas quais ela não se manifesta da mesma forma:

> A concordância é um dos fenômenos mais comuns, nas línguas em geral, mas não tem a mesma extensão em todas elas. O suaíli, o russo, o latim e o alemão têm muita concordância; o francês, o português e o espanhol, um pouco menos; o inglês muito pouco, e o chinês, nada. (Trask, 2004: 61, s.v. concordância)

2. Abordagem teórica

Esta pesquisa se fundamenta na abordagem multissistêmica da língua, exposta em Castilho (2009a) e na "Introdução" geral a este volume.

Em síntese, essa abordagem investiga os *produtos* constantes do *corpus*, e os *processos* de constituição desses produtos.

Os produtos propiciam a arquitetura do capítulo, em que se estuda a diacronia da concordância nominal e a diacronia da concordância verbal. Nesse domínio, operaremos com categorias lexicais, semânticas, gramaticais e discursivas, postulando que tais categorias são entrelaçadas, problemáticas, não opositivas, operando simultaneamente. Em consequência, um mesmo exemplo de concordância exemplifica a atuação de mais de um sistema, convivendo uns com os outros, configurando a língua como um sistema complexo.

Os processos subdividem os campos estruturais citados de acordo com a ação do dispositivo sociocognitivo em concordância plena (CP), concordância zero (C∅) e concordância por reanálise (CR). Esse dispositivo capta a ação do falante na construção das regras de concordância.

O seguinte programa de investigação é postulada pela abordagem multissistêmica, aplicada ao estudo da concordância:

a. Léxico e concordância

Os seguintes quesitos, pelo menos, permitem avaliar o papel do léxico na identificação das regras de concordância: (1) Interferência da variabilidade morfológica das palavras na fixação das regras de concordância, (2) Comportamento das palavras invariáveis, e (3) Papel de coletivos e de quantificadores.

b. Gramática e concordância

Os seguintes quesitos gramaticais serão investigadas na identificação das regras de concordância: (1) Papel dos especificadores e dos complementizadores; (2) Função dos argumentos sentenciais: argumentos internos e argumento externo; (3) Função dos adjuntos adnominais e adverbiais; (4) Posição dos constituintes no sintagma e na sentença: a anteposição e a posposição interferem na fixação das regras?; e (5) Complexidade sintática: os sintagmas pesados e sintagmas leves interferem na fixação da regra de concordância?

c. Semântica e concordância

Investigaremos as seguintes propriedades semânticas na identificação das regras de concordância: (1) Comportamento dos verbos e dos adjetivos predicativos; (2) Comportamento dos constituintes absolutivos, equativos, apresentacionais e a minissentença; (3) Papel assumido pelas representações da categoria cognitiva de QUANTIDADE: quantificação definida, quantificação indefinida, flutuação dos quantificadores; e (4) Correlação entre *frames* semânticos e expressão da concordância.

d. Discurso e concordância

As seguintes categorias discursivas serão estudadas, em sua correlação com a concordância: (1) Tópico discursivo, (2) Participantes do discurso, e (3) Gêneros discursivos.

e. Papel regulador do dispositivo sociocognitivo

Mencionamos brevemente atrás o papel do dispositivo sociocognitivo na configuração dos três tipos de concordância. Eles foram assim formulados em Castilho e Moraes de Castilho (2011):

i. Concordância plena (CP): os termos X e Y compartilham traços gramaticais, produzindo a CP. Exemplo de CP: "***O cortejo*** *dos reis magos* ***chegou*** *a Belém uma semana depois do nascimento de Cristo*". A concordância plena, ou canônica, é aquela em geral descrita nas gramáticas. Mesmo palavras habitualmente invariáveis podem flexionar-se, dando origem à CP, como se verá na subseção "A sentença adjetiva é introduzida por palavras *qu-* tipicamente invariáveis". Exemplos de CP serão enumerados em seções designadas pela letra **A**.
ii. Concordância zero (CØ): desaparece a recursão de traços entre os termos X e Y, concentrando-se em apenas um deles a expressão de pessoa, gênero e número. Exemplo de CØ: "***Os reis magos chegou*** *a Belém uma semana depois do nascimento de Cristo*". O termo que expressa esses traços é, em geral, o especificador do sintagma (= constituinte localizado à esquerda do Núcleo) ou da sentença (= sujeito sentencial). A CØ também é considerada pela gramática prescritiva uma infração à norma, mas ela aponta igualmente para mudanças gramaticais. Exemplos de CØ serão enumerados em seções designadas pela letra **B**.

iii. Concordância por reanálise (CR): X expressa traços de um constituinte periférico Y, reanalisado como nuclear. Exemplo de CR: *"**O cortejo dos reis magos chegaram** a Belém uma semana depois do nascimento de Cristo"*. A concordância por reanálise é considerada pela gramática prescritiva uma infração à norma, com exceção da concordância com o partitivo. Não obstante, ela aponta para possíveis mudanças gramaticais, de que pode ser considerada como um indício. Exemplos de CR serão enumerados em seções designadas pela letra **C**.

Numa mesma ocorrência podem figurar simultaneamente dois desses tipos de concordância, casos em que as letras maiúsculas em negrito acima ocorrerão simultaneamente, conforme o caso.

3. Hipóteses sobre a diacronia da concordância

As seguintes hipóteses sobre a diacronia da concordância serão examinadas neste capítulo:

a. A CP aponta para a conservação das regras de concordância.
b. A CØ aponta para o desaparecimento dessas regras, decorrendo maiormente da simplificação da morfologia flexional.
c. A CR indicia a alteração das regras de concordância.

Nas "Considerações finais" do capítulo verificaremos o que os dados nos mostraram a respeito dessas hipóteses.

4. Metodologia

Este capítulo buscará verificar a estabilidade das regras da concordância na história do PB. A quantificação se limitará a identificar o tipo de concordância mais frequente, bem como sua atuação ao longo dos séculos, em correlação com os gêneros discursivos examinados.

O *corpus* utilizado é o do projeto Para a História do Português Brasileiro, de que selecionamos textos do *corpus* mínimo e do *corpus* diferencial. Isso quer dizer que neste capítulo não esgotamos o *corpus* desse projeto.

O *corpus* mínimo investigado neste trabalho abrange os seguintes gêneros discursivos:

- Documentos impressos: cartas de leitores (CL) e anúncios (A);
- Documentos manuscritos: cartas particulares (CP) e cartas oficiais (CO).

A quantificação dos dados de concordância foi realizada nas *cartas particulares* e nas *cartas de leitores*, havendo assim um representante para cada subtipo de documentos do *corpus* mínimo (impresso e manuscrito). Dados dos outros gêneros foram eventualmente usados para ampliar o exemplário deste capítulo.

O *corpus* diferencial investigado neste capítulo abrange os seguintes gêneros discursivos:

- Língua falada, documentada pelo Projeto Nurc (N) e pelo Banco de dados Iboruna (IB);
- Sites de internet: blogs (BLG), sites diversos (G);
- Redes sociais: Twitter (TT), Facebook (FB), Yahoo Answers (YA), YouTube (Dif. Vid.).

Os materiais referentes ao *corpus* mínimo estão disponíveis em https://sites.google.com/site/corporaphpb/ e em http://phpp.fflch.usp.br/corpus. Os *corpora* publicados tipograficamente foram relacionados na "Apresentação" do vol. I desta série, que trata da organização do *corpus* do projeto Para a História do Português Brasileiro.

Para cada tipo de concordância (CP, CØ e CR), serão apresentadas amostras dos exemplos coletados correspondentes em ordem crescente de século, ou seja, o primeiro exemplo indicará o século em que foi identificada a primeira ocorrência, e o último indicará o último século. Por decisão coletiva tomada no IX Seminário Nacional do PHPB (Maceió, 2015), o século XVIII foi considerado o termo *a quo* para as pesquisas, dada a escassez de materiais dos séculos XVI e XVII disponíveis até agora.

O levantamento dos dados de concordância consistiu basicamente em localizar marcas morfológicas de gênero, número e pessoa nos diversos elementos. Posteriormente, tentamos localizar o elemento com o qual este compartilha traços gramaticais ou não. Em algumas relações, essa tarefa é mais trivial, mas, em outras, foi difícil determinar a relação encontrada, exigindo-se certas postulações.

A seguir, detalhamos algumas das decisões tomadas durante a identificação das relações de concordância no *corpus*, apresentando alguns fenômenos linguísticos que ocorrem com as diferentes manifestações da concordância.

a. Concordância e coordenação

Um dos primeiros impasses com os quais nos deparamos ao operar com o conceito de concordância apresentado em (1) foi a combinação de elementos em estruturas coordenadas.

Quando os constituintes são coordenados, a depender de se eles se distinguem ou não na exibição gramatical de gênero, número e pessoa, pode ocorrer que apenas um deles ou nenhum deles individualmente apresente relação evidente de compartilhamento de traços. Os exemplos de (5a-d) mostram as duas possibilidades:

(5) Concordância e coordenação

a. [18,1 CO PE] *assim a do Padroado, como a emque foy| servido ordenar semedisso a dita obra para effeyto de secontinuar com ajuda da esmolla| que já a Vossa Majestade aviamos pedido, por hum e outro beneficio Rendemos humildemente| a Vossa Majestade* ***as graças cuja merce e esmola redundava*** *a Deos.*

b. [19,1 CP SP] *Sem mais a acressentar reitero* ***os apreços | e estima*** *com que Sou. DeVossa Excelencia [ ] Sobrinha.*

c. [19,2 CP BA] *Tem assas de bom senso os teus os nossos patricios para fazerem justiça às* ***tuas bòas qualidades e merecimento****!*

d. [19,2 CP SP] *Espero que* ***Sophia e você continuem bons****.*

Em (5b), estão coordenados *apreços* e *estima*, sendo que este não possui um especificador próprio. Nesse contexto, nossa discussão gira em torno da interpretação de como ocorre (e se ocorre) o compartilhamento de traços entre o especificador e os dois elementos coordenados. Podemos considerar que *estima* está em relação de CØ (tanto em gênero quanto em número) com o especificador *os*, que introduz o primeiro SN. Desse ponto de vista, há uma combinação entre o único especificador disponível e os dois núcleos nominais. Nessa combinação, os traços do especificador são compartilhados com *apreços*, formando uma CP, mas não com *estima*, com que se organizou uma CØ de número e de gênero.

O problema fica mais evidente quando nos deparamos com casos em que o especificador é um possessivo, na medida em que a identificação do referente depende exatamente de sua relação com o possessivo, como podemos verificar em (5c): *às* ***tuas*** *bòas qualidades e* ***merecimento***. Neste exemplo, tanto *boas qualidades* quanto *merecimento* são propriedades do destinatário da carta;

o possessivo indica gramaticalmente a pressuposição dessas duas propriedades (indicadas pelos dois núcleos nominais) como sendo desse interlocutor.

Nos exemplos (5a, d), a relação produzida pela conjunção coordenativa pode ser comparada ao traço morfológico de plural como elemento gramatical combinável, no sentido de que também se tornou, em algum momento, uma relação gramatical estabilizada para a indicação de pluralidade. O uso da conjunção com nomes sempre produz um elemento que pode ser tomado na sintaxe como um sujeito composto, que em sua relação com o verbo parece produzir um tipo de concordância plural bastante comum, que em algum momento deve ter se estabilizado na gramática. Em (5d), *Sophia* e *você*, elementos em coordenação, estabelecem uma relação de CP com o verbo *continuar*, uma vez que a combinação é realizada pela conjunção coordenativa com função aditiva.

É evidente, nesse contexto, que a manifestação da marca plural no verbo é motivada também pela interpretação de que os elementos coordenados, ou seja, os do sujeito composto, criam uma relação direta com uma unidade do paradigma pronominal (normalmente primeira ou terceira pessoa do plural), o que ocorre com uma relação de concordância que leva em conta esse conteúdo.

É importante ressaltar que a produção dessa combinação de elementos e de marcas que resulta na flexão do verbo não decorre da atuação dos sistemas gramatical ou semântico, e sim da congruência entre todos os sistemas da língua.

Em (5a), a coordenação se estabelece entre os núcleos sintagmáticos *mercê* e *esmola*, ambos no singular. A estabilidade gramatical da coordenação entre os núcleos e da relação sintática que eles estabelecem com o verbo, bem como a pluralidade gramaticalmente marcada pela conjunção aditiva, possibilita o compartilhamento de um traço morfológico marcado de número que não é compartilhado pelo verbo. O redobramento do traço morfológico de pessoa, no entanto, acontece, configurando uma CØ de número e uma CP de pessoa entre os núcleos coordenados e *redundava*.

Além disso, em (5a) é possível observar o papel da semântica na expressão da concordância, pois os dois itens (*mercê* e *esmola*) estabelecem entre si uma relação sinonímica, sendo ambos equivalentes a "graça" ou "favor". Assim, embora sintaticamente existam dois núcleos, pode-se falar num único conteúdo semântico (redundante), o que licenciaria uma concordância com o singular. Pode-se falar, portanto, em CP semântica e CØ sintática.

b. Concordância e grafia

Diversas relações de concordância registradas envolvem verbos cuja grafia leva a uma dificuldade na identificação das marcas de número e, consequentemente, a um impasse na determinação do tipo de concordância. É relevante apresentar algumas delas aqui.

(6) Concordância e grafia verbal

a. [19,2 CP PR] *pergunta-se a ella | (como é que vôvô anda)* ***ella poêm as mãosinhas*** *para | tras e anda por toda a casa.*

b. [19,2 CP BA] ***Os officiaes*** *de que* ***se compoem o meo aristocratico*** *Quartel General, são os Tenentes Coroneis José Antonio Correa da Camara,| e José Antonio da Silva Lopes.*

c. [19,1 CP BA] *o direito que tem o immediato successor de entrar na admenistração do Vinculo quando o actual Admenistrador deixa arruinar-se os be)s, de que elle se compoem finalmente que* ***esses bens vem*** *aficar no numero das Nacionaes.*

d. [19,1 CP RJ] *Enfim* ***elles tem*** *planos accultos acerca do Regente:*

e. [19,2 CP SP] *somente eu e o Afranio temos prova escripta,* ***os demais galgos teem*** *que fazer am- bas, em vista disso supponho que nos dous havemos de ser mais bem tratados.*

Os elementos destacados em (6a e b) poderiam ser considerados como relações de CR entre o verbo e *as mãosinhas* e *os officiaes*, complementos selecionados para se relacionarem por concordância com *poêm* e *compoem*. No entanto, essa conclusão pode não ser adequada se considerarmos a possibilidade de as palavras formadas por ditongos nasais que têm pronúncia equivalente em suas formas plural e singular não terem tido, no período em questão, a mesma distinção gráfica que fazemos atualmente.

Em (6c e d), os verbos *vem* e *tem* exibem a mesma dificuldade. No dado (6e), o *e* duplo que ocorre no verbo *teem* pode indicar uma distinção de plural para palavras como essas; no entanto, essa ortografia não é consistente no *corpus*.

Concluímos, a partir dessas observações, que não se pode definir se houve ou não compartilhamento de traços gramaticais nas relações que envolvem os verbos assim grafados. Desse modo, esses casos não foram levados em conta nesta pesquisa.

c. Concordância e gênero gramatical

Aparentemente, as relações prototípicas de concordância são aquelas em que atua a morfologia flexional, como em (7a). Há casos, no entanto, em que esse fenômeno morfológico não se manifesta, mas, ainda assim, são estabelecidas relações de concordância. É o que ocorre em algumas manifestações da concordância de gênero, como em (7b). Nesse sentido, os contrastes de gênero são realizados lexicalmente por palavras distintas, como em *homem/mulher*, ficando a relação de concordância entre o artigo e o substantivo estabelecida por meio do gênero imanente do substantivo, característico do próprio léxico.

(7) Concordância e gênero gramatical

a. [20,1 CP PE] *Ficou resolvido que Ivone | e **as meninas** não irão à Parahyba, Si bem que lamentarei isto.*

b. [19,2 CP SC] ***Os homens** daqui, os [inint.], | andam damnados commigo, | ameaçando-me de cacete.*

Por meio da ocorrência do núcleo sintagmático *meninas*, em (7a), instancia-se um nome de dois gêneros com flexão redundante, já que há uma coexistência da marca de feminino {-a} no núcleo do sintagma e no especificador *as*, caracterizando o compartilhamento de traços e, consequentemente, a concordância plena de gênero entre os termos X e Y envolvidos. Em (7b), o item lexical *homens* tem gênero imanente masculino, estabelecendo uma relação paradigmática com a palavra *mulher*, também dotada de gênero imanente, mas feminino. A estabilidade do gênero do item lexical *homem*, promovida pela já referida relação paradigmática que ele ativa, garante o compartilhamento de traços de gênero, realizado no especificador *os* e na minissentença *damnados*.

d. Concordância e número gramatical

Ao longo da coleta de relações de concordância, deparamo-nos com diversos casos de relações gramaticais que envolvem um elemento que apresenta, em alguma medida, a propriedade de invariabilidade. No caso dos quantificadores definidos, como veremos na subseção "O especificador é um quantificador definido", vários deles são flexionalmente invariáveis em relação às categorias de gênero e número, apesar de a relação de concordância de número ainda se estabelecer, visto que é possível uma distinção entre uma CØ (*três casa*) e uma CP (*três casas*). Nesse último tipo de relação, é a seleção paradigmática de um elemento da classe quantificador definido que se combina com o morfema de plural {-s} (***quatro xícaras** de farinha, **duas xícaras** de açúcar, **uma xícara** de leite*). Ou seja, *três* e *quatro* são morfologicamente invariáveis, semanticamente plurais, e com isso a concordância nominal se expressou por meio da morfologia flexional.

A categoria gramatical a que pertencem esses termos divide o campo em concordância nominal (primeira divisão deste capítulo) e concordância verbal (segunda divisão deste capítulo). Cada divisão será subdividida em CP, CØ e CR representadas, como já se disse, pelas letras A), B), C), respectivamente.

DIACRONIA DA CONCORDÂNCIA NOMINAL

A concordância nominal é o compartilhamento de traços gramaticais entre o especificador (artigo, possessivo, demonstrativo, quantificador), o núcleo (substantivo) e o complementizador (adjetivo), expressos pelos morfemas de gênero e de número, que podem ser combinados entre si.

Os seguintes exemplos comprovam essa afirmação:

(8) Concordância nominal e compartilhamento de traços

a. [19,2 CL BA] || *Para completar, porém, a minha sa- | tisfação, pederia a**os nobres amigos** me | respondessem ao seguinte:* || *Antes do capitão Leopoldo firmar o | contracto provisorio com suas senhorias não | nos reunimos todos para discutirmos as | condições em que eu ficava como so- | cio discordante?*

b. [19,2 CP SC] ***Os homens** daqui, os [inint.], | andam **damnados** commigo, | ameaçando-me de cacete.*

c. [20,2 CL PE] *A denúncia traz **dois** | **graves atentados** á morali- | dade pública que o gover- | no municipal, por **seus ges- | tores**, perpetra contra os | contribuintes indefesos* [...]

Em (8a), *os nobres amigos* mostra uma combinação entre a classe lexical do artigo *o* e o morfema {-o}, de *amig<u>o</u>s*, bem como entre os morfemas indicadores de plural {-s}, recorrentes em *o<u>s</u>*, *nobre<u>s</u>* e *amigo<u>s</u>*. Em (8b), observando-se a relação entre *os homens* e *damnados*, constata-se uma combinação entre o morfema {-s} de *o<u>s</u>*, *homen<u>s</u>* e *damnado<u>s</u>*. Finalmente, em (8c), o quantificador *dois*, semanticamente plural, estabelece uma combinação com o morfema {-s} de *atentados*; o morfema {-s} dessa mesma palavra combina-se com o morfema {-s} do complementizador *graves*.

Consideramos que, nesse sentido, é estabelecida uma conformidade entre as categorias gramaticais de número e gênero. Em termos de combinação entre constituintes para a expressão da concordância, os exemplos anteriores mostram que a concordância nominal pode ocorrer no interior do sintagma nominal, como em (8 a, b), na relação do artigo, do quantificador definido e do possessivo com o núcleo nominal e na relação do adjetivo com o núcleo nominal, e em relações de predicação que envolvem um verbo, como em (8c).

A coleta dos dados diacrônicos de concordância mostrou que a relação de concordância entre o núcleo nominal e o especificador é, na verdade, uma relação entre o núcleo e cada uma das classes gramaticais expressas pelo especificador. Assim, um mesmo especificador, constituído por dois ou mais elementos, pode conter ao mesmo tempo uma CP entre um constituinte e o núcleo e uma CØ entre outro constituinte e o núcleo. Isso demonstra, novamente, a atuação não unidirecional do princípio de recursão no fenômeno do redobramento, como podemos verificar no exemplo seguinte:

(9) [19,1 CL SP] *Isso | sim é que era bello; em* ***toda as parte*** *já | se conhecia um Estudante.*

Em razão desse funcionamento, apresentaremos nas próximas seções uma classificação das relações de concordância observadas que se baseia na relação entre um constituinte individual do especificador e o núcleo nominal. Nos casos em que o especificador for constituído por dois ou mais constituintes, a relação de concordância entre o núcleo do SN e o(s) outro(s) constituinte(s) será descrita em seção apropriada, repetindo-se o exemplo.

Para o estudo da concordância nominal, representaremos a estrutura do sintagma nominal por meio da seguinte fórmula:

> SN → especificador (artigo, quantificador, demonstrativo, possessivo e indefinido) + núcleo (substantivo) + complementizador (sintagma adjetival, sintagma preposicional, sentença relativa).

A concordância nominal ocorre entre os especificadores dos sintagmas nominal, seu núcleo e os complementizadores adjetivais.

Concordância nominal entre o especificador e o núcleo do SN

No português brasileiro (PB), o compartilhamento de traços entre especificador e o núcleo nominal é uma *possibilidade*, pois existem casos nos quais tal compartilhamento não se expressa. Os dados históricos do PHPB mostram, inclusive, a coocorrência desses usos em um mesmo texto, como veremos adiante.

É preciso compreender que a atuação do princípio de recursão nas regras de concordância é a manifestação de um *sistema complexo*, de tal modo que, quando ativado, o compartilhamento de traços referentes a todas as categorias mencionadas não se desencadeia necessariamente numa forma linear e previsível. Veremos que as categorias de número e gênero podem se manifestar, em termos de compartilhamento de traços gramaticais, de maneiras distintas na produção de um mesmo sintagma nominal.

O falante escolhe a tendência maior ou menor de esses dois constituintes do sintagma compartilharem traços morfológicos na dependência da categoria analisada (gênero ou número).

Isso se verifica na Tabela 1, que exibe o resultado do levantamento de CØ na relação especificador-núcleo em cartas particulares e em cartas de leitores. Nessas tabelas, (N) indica uma relação de concordância de número e (G) indica uma relação de concordância de gênero; isso significa que quando houve CØ de gênero, houve CP de número e vice-versa.

Tabela 1 – CØ entre especificador e núcleo nominal

Gênero discursivo	Século	CØ (N)	CØ (G)	Subtotais (CØ)
Cartas Particulares	18,1	0	0	0
	18,2	0	0	0
	19,1	13 (93%)	1 (7%)	14
	19,2	24 (86%)	4 (14%)	28
	20,1	52 (98%)	1 (2%)	53
	20,2	11 (100%)	0	11
Subtotal – Cartas Particulares		100 (94%)	6 (6%)	106
Cartas de Leitores	19,1	4 (100%)	0	4
	19,2	3 (100%)	0	3
	20,1	7 (100%)	0	7
	20,2	2 (100%)	0	2
Subtotal – Cartas de Leitores		16 (100%)	0	16
Total		**116 (95%)**	**6 (5%)**	**122**

A Tabela 1 mostra os seguintes resultados na CØ nominal entre o especificador e o núcleo:

1. A CØ é mais produtiva na categoria de número do que na categoria de gênero, numa proporção de 95% sobre 5%. Ao operar com o gênero gramatical, o falante demonstra resistência maior à mudança, por entender que o gênero integra as propriedades categoriais dos substantivos, ou seja, os substantivos são considerados, em si mesmos, masculinos ou femininos. Já em relação ao número, singular e plural são traços atribuídos aos substantivos por motivações semânticas, excetuando-se os raros casos de substantivos que são plurais por natureza, os *pluralia tantum*. Os dados mostraram que a CØ de gênero ocorre nos casos de gênero arbitrário, como *mesa, computador*, que se referem a seres assexuados, e nunca com casos de gênero natural, como *mulher, rainha*. Casos como *rainha, vítima*, exibiriam concordância tanto com o gênero gramatical quanto com o gênero referencial. Essa hipótese será comentada outras vezes no decorrer deste capítulo.

2. A CØ nominal de número é quase categórica nas cartas particulares, em relação às cartas de leitores, numa proporção de 91% sobre 9%. Propriedades textuais devem explicar esse resultado, pois as cartas de leitores são dirigidas a um público mais amplo, o que demanda uma linguagem mais refletida. Nas cartas de leitores não foram encontrados casos de CØ de gênero.
3. As ocorrências de CØ nominal mostram um número crescente até a primeira metade do século XX, decaindo na segunda metade desse século, evidenciando que o ritmo da mudança não é unidirecional. Fatos sociais talvez expliquem esse ralentamento da regra.

CONCORDÂNCIA NOMINAL ENTRE O ESPECIFICADOR SIMPLES E O NÚCLEO DO SN

O especificador é um artigo

Os dados quantitativos apresentados a seguir mostram que, na concordância nominal entre o especificador-artigo e o núcleo nominal, prevalece a CP em todas as metades de século analisadas, tanto em *cartas particulares* (textos manuscritos) quanto em *cartas de leitores* (textos impressos), com incidência entre 95% e 100%. A CØ aparece em segundo lugar, mostrando uma incidência ligeiramente maior nas cartas particulares, sendo a maior diferença observada na primeira metade do século XX (5% em cartas particulares contra 2% em cartas de leitores). Foram identificados dois casos de CR, um em cartas particulares, na primeira metade do século XX, e um em cartas de leitores, na primeira metade do século XIX.

Tabela 2 – Concordância entre o artigo e o núcleo nominal

Gênero discursivo	Século	CP	CR	CØ
Cartas Particulares Estados: PE, SC, RN, RJ, MG, BA, SP, MG, PR	18,1	42/42 (100%)	0	0
	18,2	26/26 (100%)	0	0
	19,1	262/267 (98%)	0	5/267 (2%)
	19,2	438/448 (98%)	0	10/448 (2%)
	20,1	384/403 (95%)	1/403 (0%)	18/403 (5%)
	20,2	135/138 (98%)	0	3/138 (2%)
Subtotal		1.287/1.324 (97%)	1/1.324 (0%)	36/1.324 (3%)
Cartas de Leitores Estados: PE, SC, PA, SP, PR, BA, MG, CE, RJ	19,1	216/221 (98%)	1/221 (0%)	4/221 (2%)
	19,2	183/185 (99%)	0	2/185 (1%)
	20,1	249/253 (98%)	0	4/253 (2%)
	20,2	133/134 (99%)	0	1/134 (1%)
Subtotal		781/792 (99%)	1/792 (0%)	10/792 (1%)
Total		**2.068/2.118 (98%)**	**2/2.118 (0%)**	**48/2.118 (2%)**

a) Concordância plena entre o artigo e o núcleo do SN

A CP entre o artigo e o núcleo do SN é o caso de compartilhamento de traços mais comum dentre todos os casos de concordância observados. Ela aparece em todos os gêneros, de todos os séculos, inclusive coocorrendo, como CP plural, com casos de CØ nominal plural em um mesmo texto, como se observa no exemplo (10h) a seguir. Nesta seção, são categorizados como CP todos os casos em que há compartilhamento de traços gramaticais referentes tanto à categoria de gênero quanto à categoria de número.

Note-se que, em termos de concordância de número, a ausência ou a presença do morfema plural {*-s*} é considerada um traço morfológico compartilhável.

(10) CP entre o artigo e o núcleo do SN

a. [16,2 SP DAESP 12] ***As roças*** *de mantimento velho e novo tudo avaliado em 16$000 rs.*

b. [18,1 CP RJ] *Agora nova mente tem sucedido* ***<u>nas minas</u>*** *hum levantamento | que la fizeram os Povos.*

c. [18,2 CP SP] *Tenho* ***a honra*** *de apresentar a Vossa merce a incluza, escrita por amigo meu, que possuo há mais de doze annos, e tem todas* ***as circunstancias*** *para merecerme eterna amizade.*
d. [18,1 CO PE] *Certifico que* ***o Ajudante*** *Manoel Alz[?] Ribeiro está morando, easistindo nesta Fortaleza| ensignando, eexercitando* ***os soldados*** *della, nomanejo d****as armas****, e formatura| d****os esquadroins****.*
e. [18,2 CP MG] *as apertadas occazioens fazem ahum /homem perder* ***o peijo****.*
f. [19,1 CP SP] ***os papeis*** *que Vossa Excelencia me remeteo estaõ em | meo poder.*
g. [19,2 CL PR] *Fui uma d****as victimas*** *da mais torpe e | infame calumnia n'uma dessas deleitantes | rodas.*
h. [20,1 CP BA] *Venho lhi afirmar que foi* ***a primeira peçoa*** *que conceguiu filmar eu com todos* ***os meus peçoal cangaceiros****, filmando asim todos us muvimento da noça vida n****as catingas*** *d****us sertões*** *nordistinos.*[5]
i. [20,2 CL RJ] ***O folclore*** *expressa* ***o modo*** *de pensar, agir e sentir d****as camadas*** *populares, o que o torna autêntico e profundamente belo.* ***As reportagens*** *mostrariam* ***os locais, as datas, as características*** *e* ***o significado*** *dessas festas muito brasileiras.*

b) CØ entre o artigo e o núcleo do SN

Os casos de CØ levantados no *corpus* são, em geral, casos em que a atuação do princípio de recursão desencadeia compartilhamentos morfológicos desiguais em termos de gênero e número, produzindo, na verdade, uma concordância mista entre o artigo e o núcleo nominal, em sua maioria, uma CP de gênero e uma CØ de número, de modo que o morfema {*-s*} se manifesta ou no artigo ou no núcleo.

- CØ de número entre o artigo e o núcleo do SN

(11) CØ de número entre o artigo e o núcleo do SN
a. [19,1 CL SC] *Com effeito o | Senhor Marcellino, que nao se safou mui- | to bem* ***as*** *primeira* ***especulaçao****, pois foi | dem tosado, parece que ainda sente no | corpo commixões*
b. [19,2 CP SC] | ***Os livro*** *que comprares, | toma bem sentido! que |sejão daquelles autores | nossos; de outro modo me sen- | tirei, decerto, roubado,* | |

c. [19, 2 CP SP] *deveria sêr bem dificil de suportal-a mas ao mesmo tempo agradável por vêr nisso como és querido* ***pelas pessoa*** *d'ahi.*

d. [19,2 CP PR] [...] *falemos hoje | com at particularmente diceme | que um mez antes me avizaria, | deganos se assignou credito, e* ***o juros*** *| que tem pago e 8/0 porem suponho | que ultimamente convencionarão para | 6/0 nos dera alguma couza.*

e. [19,2 CP PR] *a trez dias entrou a Victoria o povo de | Paranagua e Antonina [incompreensível]* ***os deszembarque*** *| dos passajeiros, o vapor traz um morto e | dois enfermos por essa razão opuzerão rezista- | ncia,* [...]

f. [20,1 CP BA] *Quando sobe para o| certáo? eu vou na sumana, ligeira|mentes ali, ver como vão* ***as couza****, e dar| partilha, devendo ser breve na via|gem.*

g. [20,1 CP BA] *Deos Garden avossaexcelencia e a excelentissima familia| a quem Respetosamente visitamos - -| premeiro que todo notisças d****os****|* ***Suphrimento*** *de goanorrinha| a 5 mes que Sophre e continoa| mal.*

h. [20,1 CL PA] *Estiveram aqui, nestes ultimos di- | as,* ***o srs.*** *coronel Antonio H. de An- | drade Figueira, Alberico Nóvoa e sar- | gento pampolha, da força Publica.*

i. [20,1 CP BA] *Espero Qui Reposte logo, agora alarmi* ***as autoridade****, i depois não si sahia mal.*

j. [20,1 CL SC] [...] *porque os oficiais em causa (major e capitão do | quadro "A"), desempenham, quando por antiguidade lhes | compete, as funções atribuídas* ***ao ditos*** *do quadro "Or- | dinário", preterindo-os?*

k. [20,1 CP SP] *Querida Filha Hontem recebi tua presada carta, pretendia te escrever mesmo, e a Elisa, mas ainda res<s>já_ tida d****as viagem*** *naõ tinha corgem.*

l. [20,1 CP SP] *Cumprimento_lhe pelo seu anniversario nacttalicio, fazendo ardentes votos para que Deus te consida muitos outros cheios de saude e felicidades, e cada vez sali entando-se mais* ***no teus sentimentos nobres****, e cara [verso] cter elevado.*

m. [20,1 CP SP] *o que já em Santo Antonio e depois ahi já lhe tinha exposta, na ultima vez ainda, lhe disse que precizava Você tratar de vêr se podia apressar a desapropriação ou então dispôr dos terrenos do Ypiranga para fazer face ao resto do custeio e* ***os pagamento*** *geral e fazer novo contracto.*

n. [20,1 CP SP] *Poderei ir so dia 12 de fevereiro | se não puder dia 12 mais dia 13 sem | falta irei. || Eu me sinto que* ***a saudades*** *e muita | de ver voce antes deses dias tão longos | mais não da.*
o. [20,1 CP BA] *Venho lhi afirmar que foi a primeira peçoa que conceguiu filmar eu com todos os meus peçoal cangaceiros, filmando asim todos* ***us muvimento*** *da noça vida nas catingas dus sertões nordistinos.*[6]
p. [20,2 CP RN] *Eu particularmente | não sai de casa ficamos em | familia foi tudo tambem ma- | ravilhoso pois vierão todos |* ***os*** *meus* ***irmão*** *prá ficar com | mamãe.*

Em (11d, n), *juros* e *saudades* são palavras *plurale tantum*, e além disso, substantivos de massa, cujo referente não pode ser singularizado nem pluralizado. Palavras assim coocorrem com uma concordância não padrão, dada a não equivalência entre número gramatical e número referencial.

- CØ de gênero entre o artigo e o núcleo do SN

O português brasileiro exibe, no entanto, ocorrências em que a categoria de gênero expressa uma CØ, enquanto a categoria de número expressa uma CP, como em (12b):

(12) CØ de gênero entre o artigo e o núcleo do SN
a. [17,2 SP] ***o quantia****, um rapagão em troco dum (negro).* (exemplo de Moraes de Castilho, 2009)
b. [19,2 CP SC] *Foi no domingo, 10, á noite, que | recebi a tua carta de 4. | Vol- | via de* ***uma passeio*** *á Praia de Fóra, | do Gavia, um recanto beira-mar | sossegado e feliz, onde, sentado sobre as | pedras, eu, Robinson abandonado, | meditava longas horas a Natu- | reza e o Mundo.*
c. [21,1 BA] *Chega lá é* ***um maior confusão*** *pá esses médico atendê a gente.* (exemplo de Lucchesi, 2009: 306-307)
d. [21,1 PR] ... se *ele havera de dá a pinha, ele dá* ***um coisinha comprido****.* (exemplo de Navarro e Aguilera, 2009: 198)

Nota-se em (12) a ausência do morfema plural {*-s*} no artigo e no núcleo, configurando uma relação de CP de número singular. Quanto ao gênero, não ocorre um compartilhamento de traços entre os termos, de forma que, em (12b), o especificador *uma* aparece no feminino mesmo diante da forma masculina do núcleo sintagmático *passeio*. De modo análogo, não há um compartilhamento do gênero masculino dos especificadores *um* e *o* com as formas femininas dos núcleos sintagmáticos *quantia*, *confusão* e *coisinha*.

Observa-se que todos os exemplos são casos em que o gênero do substantivo é arbitrário, ou seja, não corresponde ao sexo dos seres, já que se trata de seres assexuados. Isso parece corroborar a hipótese de que a CØ de gênero é favorecida nos casos de gênero arbitrário.

- CØ entre o artigo e um sintagma nominal coordenado

Alguns dados do *corpus* apresentam dois núcleos nominais em coordenação, nos quais o segundo núcleo não exibe um especificador próprio. Nesses casos, duas poderiam ser as interpretações para o fenômeno: na primeira interpretação, o especificador do segundo núcleo seria um elemento elíptico; na segunda, o especificador explícito estaria distribuindo suas propriedades entre os dois núcleos nominais.

Ao considerarmos a segunda interpretação, encontramos diversos casos em que o especificador se combina desigualmente com o primeiro e o segundo núcleo, produzindo, em geral, uma CØ em relação ao segundo:

(13) CØ entre o artigo e o sintagma nominal coordenado
   a. [19,1 CP SP] *Sem mais a acressentar reitero* ***os*** *apreços |* ***e estima*** *com que Sou. DeVossa Excelencia [ ] Sobrinha.*
   b. [19,1 CP MG] *remetto a Vossamerce. 69# 140 reis importância da primeira receita do Senhor Braz Pinto Muniz comprada em sua casa, devendo devendo fazer-me o favor emviar* ***aCarta e recibo*** *rellativos.*
   c. [19,2 CP BA] *Tem assas de bom senso os teus os nossos patricios para fazerem justiça* <u>*às*</u> *tuas bòas* ***qualidades e merecimento****!*
   d. [19,2 CP BA] *Desculpa-me se tenho cuidado pouco da diplomacia, mas* ***o exercito e marinha*** *não me deixão tempo para mais.*
   e. [20,1 CP MG] *Termino abençoando-vos e todos* ***os meus filhos e Necto****, e abracando a Dalina.*

A relação de sinonímia que aproxima (13a) *os apreço* e *estima,* (13d) *o exército* e *marinha,* (13e) *os meus filho* e *neto* aponta para uma regra de CØ de motivação semântica.

- CR envolvendo o artigo/demonstrativo, o núcleo do SN e um termo periférico

(14) CR entre artigo, núcleo do SN e um termo periférico

a. [19,1 CL CE] *Ora cubra se de pejo, se ainda e é ca- | paz d'isso, senhor doutor Miguel, e deixe-se de | semelhantes duellos, por que* ***a sua sorte*** *| será sempre* ***o*** *de –* ***vencido****, quando pu- | gnar com armas iguaes a essas.*

b. [20,1 CP RN] *Não recebemos mais* ***gado*** *de João dos Santos, a | não ser* ***as das partidas*** *de que já lhe forneci | as listas.*

Em (14a), a CR ocorre em uma sentença com um verbo *ser* que indica identidade (*a sua sorte* ***será*** *sempre o de vencido*). O autor apresenta *a sorte de vencido* como sendo a sorte do interlocutor, *a sua sorte*. No entanto, *a sorte* não se repete no segundo sintagma nominal; o que aparece é o demonstrativo *o*, no qual se encaixa o sintagma preposicionado *de vencido*. A indicação de identidade pelo uso do verbo *ser* não deixa dúvidas de que *o de vencido* equivale a *a (sorte) de vencido*; por essa razão, o que se esperava é que o sintagma preposicionado em questão se encaixasse em um demonstrativo *a*, e não num *o*.

O uso de *o* evidencia o compartilhamento de traço gramatical de gênero com o sintagma nominal encaixado no sintagma preposicional *de vencido*. Dessa relação surge a CR. O que chama a atenção nesse dado é que se estabelece uma concordância entre elementos que estão separados por uma preposição (*o* ***de*** *vencido*), situação em que geralmente se reconhece não haver relação de concordância, pelo fato de a preposição instaurar um bloqueio. O exemplo de reanálise a seguir ilustra a mesma situação.

Em (14b), esperava-se que o sintagma preposicional *das partidas* se encaixasse em um *o* sem flexão de plural, tendo em vista que é o termo masculino *gado* que está em questão. No entanto, ocorre a forma feminina com flexão de plural, que compartilha esses traços com o sintagma nominal encaixado *as partidas*.

O especificador é um demonstrativo

Os dados quantitativos a seguir mostram que, em comparação com a concordância entre o artigo e o núcleo, a relação entre o especificador demonstrativo e o núcleo é menos produtiva (os mesmos textos analisados apresentaram totais de artigo-núcleo na ordem da centena a partir do século

XIX e totais de demonstrativo-núcleo que ficaram na ordem da dezena no mesmo período). Em relação à concordância nesses dados, destaca-se que a CP foi categórica nas cartas de leitores, enquanto nas cartas particulares, apesar de a CP ter sido a regra mais expressiva, houve manifestação de CØ a partir da segunda metade do século XIX. Não houve casos de CR.

Tabela 3 – Concordância entre o demonstrativo e o núcleo nominal

	Século	CP	CR	CØ
Cartas Particulares Estados: PE, SC, RN, RJ, BA, SP, MG	18,1	11/11 (100%)	0	0
	18,2	7/7 (100%)	0	0
	19,1	15/15 (100%)	0	0
	19,2	39/42 (93%)	0	3/42 (7%)
	20,1	28/32 (87,5%)	0	4/32 (12,5%)
	20,2	13/14 (93%)	0	1/14 (7%)
Subtotal		113/121 (93%)	0	8/121 (7%)
Cartas de Leitores Estados: PE, SC, PA, SP, PR, BA, MG, CE, RJ	19,1	33/33 (100%)	0	0
	19,2	36/36 (100%)	0	0
	20,1	26/26 (100%)	0	0
	20,2	14/14 (100%)	0	0
Subtotal		109/109 (100%)	0	0
Total		**222/230 (97%)**	**0**	**8/230 (3%)**

a. CP entre o demonstrativo e o núcleo do SN

(15) CP entre o demonstrativo e o núcleo do SN

a. [18,1 CP RJ] *Me | motiva, aoferecer aos pez de Vossa Maggestade* ***estas rezoens*** *que como | Verdades, merecerâm lugar, na actensám Real de Vossa Maggestade.*

b. [18,2 CP MG] *Primo meescrevo* ***estes dias*** *eme / fez huma Remeça de quarenta esete mil e quinhen / tos e vinte Reis.*

c. [19,1 CL SP] *Ser-nos-já preciso andar armados para | defender-nos d'****estes animaes*** *soltos pelas | ruas?*

d. [19,2 CP PR] *Agradecendo este obsequio subscrevo me | com* ***tais considerações****.*

e. [20,1 CL SC] [...] ***esses oficiais*** *foram transferidos com promoção pa- | ra o Quadro "A", ou o foram para a reserva remunerada?*
f. [20,2 CL CE] *Porque um dia, Se- | nhor Secretario, Vossa Excelencia | mesmo poderá ser vitima | de um d**esses loucos** aí | pela rua, e bordoadas a | canos de borracha, não | há quem tire.*

b. CØ entre o demonstrativo e o núcleo do SN

(16) CØ entre o demonstrativo e o núcleo do SN
a. [19,2 CP MG] *é inpocilve o Senhor dento de sue araial, não achar esta simpre quantia para dezarperta um amigo, qui esta com acorda no pés=couco. Já recomendei o portador para não vir sem **estes cobre**.*
b. [20,1 CP BA] *Amigo o fim **destas** duas **linha** e somenti para lhi dizer que e para mandar dois conto di Reis.*
c. [20,1 CP BA] *Amigo vai **esta** duas **linhas** somenti para lhi dizer qui e para mandar 1 conto commo sem falta com prauzu di quinzio dias.*
d. [20,2 RJ] ***aqueles cabelim branquim***. (exemplo de Scherre (1988), segundo a qual a derivação diminutiva desfavorece a concordância (plena))
e. [20,2 SP] ***Aquele coisa estufado***. (exemplo de Rodrigues,1974: 55)
f. [20,2 CP SC] *Terminando **estas** poucas **linha** escritas | com muitas presa. || Abraço de quem nunca te esquece, || [Remetente]*

c. CR entre o demonstrativo, o núcleo do SN e um elemento periférico

Não foram encontrados casos de CR para esta relação.

O especificador é um possessivo

A quantificação dos dados de concordância identificados entre o especificador possessivo e o núcleo do SN denota que esse tipo de estrutura é mais frequente nas cartas particulares do que nas cartas de leitores, resultado esperado tendo em vista que naquele gênero a presença de marcadores de pessoalidade é bastante provável. No que se refere às relações de concordância, a regra mais frequente em ambos os tipos de carta é a CP. Nas cartas particulares, a CØ apareceu de forma discreta no século XIX e na primeira metade do século XX, sendo ausente na segunda metade do século XX. Por outro lado, nas cartas de leitores, a CØ ocorreu apenas na segunda metade do século XX. Não houve casos de CR nas cartas analisadas.

Tabela 4 – Concordância entre o possessivo e o núcleo nominal

Gênero discursivo	Século	CP	CR	CØ
Cartas Particulares Estados: PE, SC, RN, RJ, BA, SP, MG	18,1	14/14 (100%)	0	0
	18,2	4/4 (100%)	0	0
	19,1	59/62 (95%)	0	3/62 (5%)
	19,2	127/131 (97%)	0	4/131 (3%)
	20,1	133/142 (94%)	0	9/142 (6%)
	20,2	46/46 (100%)	0	0
Subtotal		383/399 (96%)	0	16/399 (4%)
Cartas de Leitores Estados: PE, SC, PA, SP, PR, BA, MG, CE, RJ	19,1	42/42 (100%)	0	0
	19,2	53/53 (100%)	0	0
	20,1	26/26 (100%)	0	0
	20,2	21/22 (95%)	0	1/22 (5%)
Subtotal		142/143 (99%)	0	1/143 (1%)
Total		**525/542 (97%)**	**0**	**17/542 (3%)**

a. CP entre o possessivo e o núcleo do SN

(17) CP entre o possessivo e o núcleo do SN

a. [18,1 CP SP] *vossa mercê medis nas sua que bem tem emendido| a falcidade do meu amor eque nem por carta| lhe dou* ***novas minhas***

b. [18, 1 CO RN] *Asterrasdevolluto, que não tiverem dono, pode Vossa mercê dallas | aquemlhaspedir precedendo primeiro informaçãodo-provedor | dafazenda da dita capitania; advertindo porem, que há Vossamercê | de declarar nas provizõis não prejudicando aterceiro, pera que | a todo otempo, que osprimeiro possuidores, e* ***seus herdeiros*** *aspro= | curarem, possam entrar nellas sem impedimento*

c. [18, 1 CO PE] *Certifico que Suposto nas ordens Terceiras aſim de Sam | Francisco como de Noſsa Senhora do Monte doCarmo deste Recife Seache oStatuto denaõ | Serem admittidos a elles mulatos naõ obstante o tal Statuto sei eu por Ser aqui nesta dita | praça nascido, e criado, que tanto em huma ordem como em outra ham Sogeitos do Referido acei dente pardo, a que vulgar mente chamam mulatos, profeſsos por Terceiros e ainda mais o estaõ | aseitando quando querem, que tudo afirmo debaixo dos juramentos para cuja firmeza passei | aprezente por mim feita e asignada e corroborada de* ***meus*** *Publico e Razo_****Signais*** *de que uzo | villa de Sancto Antonio do Recife.*

d. [18, 2 CP MG] *tenho tido* ***minhas disfortunas*** *e* ***dis_gracas*** *e só | as grandezas de Vm^{ce} mepoderão fi | car destas penurias que estou so | frendo.*

e. [19,1 CL CE] *Senhor Redactor. || Quanto os homens saõ sucepti - | veis de errarem, quando se deixaõ levar | pelas primeiras impressões adqueridas | sem terem hum preleito conhecimento | das pessoas, sobre que fundão* ***seos con - | ceitos****!*

f. [19, 2 CP BA] *Na primavera do anno vindoiro aqui me recolherei, proseguirei o curso de* ***meus| trabalhos*** *até Agosto: e tomarei setembro e outubro para vezitar a Inglaterra, e a Escossia.*

g. [20, 1 CL RJ] *Peor ainda será, sem duvida, esperar pela abertura do Congresso e pelo reconhecimento de poderes, somente lá para meados do anno poderá o Congresso livre de* ***suas preoccupações****_políticas, attender ao importante sim projecto do Sr. Humberto de Campos.*

h. [20, 2 CL PE] *Leitor assi- | duo de* ***suas cronicas****, que há | muito acompanho com interesse | resolvi escrever-lhe esta (...)*

Em (17c), deixou de haver CP de número com os adjetivos coordenados *público e razo* por se tratar de expressão estereotipada. A assinatura (= *signais*) tinha de ter um reconhecimento público, para além da informação de que os eventuais espaços em branco tinham sido rasados.

b. CØ entre o possessivo e o núcleo do SN

(18) CØ de número entre o especificador ^{possessivo} e o núcleo do SN

a. [19, 2 CP MG] *hoje recorri a* ***Meos companheiro*** *da Festa para meajudar.*

b. [20,1 CP BA] *Romão continua milhor vossa excelencia Poder aveliar o* ***meus vechami*** *e no mas Aseite Noças visitas Desponha de seo vaqueiro Respeitador obrigado e criado.*

c. [20,1 CP BA] *Peço lhe 3 contos de réis espero o Senhor não mi faltar, apois em* ***minhas andada*** *nunca buli em* ***suas fazenda*** *e nem com peçoas que lhe pertence.*

d. [19,1 CP SP] *Eu naõ Rezervo minha pessoa,* ***meo passos****, emeos bens: tudo offereço aoServiço d'El Rei Nosso Senhor.*

e. [20,2 CL RJ] [...] *vimos, des- | prendidos do interesse da empresa, | mas voltados para os crescentes | reclamos do interesse nacional na | produ- ção de adubos fosfatados, com | que melhorar as condições de* ***nos- | as agricultura*** *com independência | dos fornecimentos estrangeiros.*

(19) CØ de gênero entre o especificador possessivo e o núcleo do SN

a. [17,2 SP] *hun lanso de caza de taipa de pilão cobertas de telha com* ***sua corredor***. (Daesp, 46: 203)

b. [20,1 SP CARTA 01-AA-18-08-1907] *PS. Esta semana só recebi* ***um cartão sua****, desde que veio a encommenda da sombrinha não teve mais carta. Eurico também não me escreveu esta semana. Elle na ultima que escreveu disse. que ia para fora, ahi Rio Claro, não sei se ele játerá voltado.*

c. [20,2 SP] ***A roupa meu nenhum*** *servia.* (exemplo de Rodrigues, 1974: 55)

Os exemplos (18) e (19) exibem casos em que o possessivo estabelece uma CØ com o núcleo nominal. Esse fenômeno se manifesta tanto nos casos em que o possessivo aparece antes do núcleo, como em (18), como quando aparece depois do núcleo, em (19). Em (19b-c) coocorrem no mesmo SN, com o possessivo, outros elementos da classe dos especificadores, e nessa coocorrência manifesta-se desigualmente o compartilhamento de traços de gênero: em (19b), o especificador *um* compartilha traço de gênero com o núcleo *cartão*, o que não ocorre com o possessivo *sua*. Em (19c), apenas o artigo *a* compartilha traço de gênero com o núcleo *roupa*, enquanto o possessivo *meu* e o indefinido *nenhum*, ambos pospostos ao núcleo, estabelecem com esse núcleo uma CØ. É de se assinalar que todos os substantivos exibem a propriedade de gênero arbitrário. Esse traço morfológico parece abrir caminho à CØ, conforme hipotetizamos e temos mostrado neste texto.

No exemplo (19b), o pronome possessivo *sua* aparece no feminino quando se esperava a forma masculina, concordando com o núcleo sintagmático de *um cartão*. A mãe comenta que não recebeu a carta do filho para quem escreve e também que não recebeu a carta de Eurico. Nota-se, ainda, que os itens lexicais *recebi*, *carta* e *cartão* ativam a moldura (= *frame*) "correspondência", sendo que os dois últimos itens podem, inclusive, estabelecer uma relação léxico-semântica de sinonímia entre si. Dessa forma, é possível levantar uma motivação semântica, morfologicamente marcada pela forma feminina do possessivo, para a presença de *sua*: estar relacionada ao item lexical *carta* que pertence ao mesmo frame de *cartão*. Sobre a Semântica de *Frames*, ver "Apresentação" a este volume.

Cumulativamente, a concordância de *sua* é ativada pelo tópico discursivo dos dois primeiros períodos do *post scriptum*, que é *carta* – a mãe comenta que não recebeu a carta do filho para quem escreve e também que não recebeu a carta de Eurico. No momento em que o sujeito expressa o pronome, remete, possivelmente, ao tópico discursivo no feminino (*carta*) e não a um cartão específico que poderia/deveria ter recebido. É esse tópico que influencia a presença do morfema feminino.

(20) CØ entre o possessivo e SNs coordenados

a. [19,1 CP BA] *A sua carta de 6 do mes proximo passado me deo grande saptisfação por trazer-me não só a noticia da sua feliz viagem, como a de ter achado com saúde toda a sua Familia, á quem rendo os meus respeitos, que igualmente são derigidos por minha mulher, a qual agradece os cumprimentos de Vossa Excelência, dando-lhe o paraben de se achar restituido ao seio da sua cara Familia, sendo n'estes sentimentos acompanhada por* ***meu sogro, e sogra****, que muito se recomendão.*

b. [19,2 CP BA] *As graças ou condecorações podem ser uma coisa appetecivel e longe de mim o contesta-lo, quando vejo homens eminentes por* ***seus talentos e posição*** *ambicionarem as mais humildes funções do paço.*

c. [19,2 CL PR] *Em Santa Catharina e em Matto Grocso (sic), até onde de certo levarei as minhas excursões commerciaes, os meus amigos poderão com franqueza dispor de meus exiguos prestimos, desejando mesmo que os solicitem para mostrar lhes quanto me desvanecerão* ***o seu cavalheirismo e gentileza****.*

d. [19,2 CP BA] *Tem assas de bom senso os teus os nossos patricios para fazerem justiça às* ***tuas*** *bòas* ***qualidades e merecimento****!*

e. [19,2 CL BA] *Agradecendo sinceramente o juizo que Vossa Senhoria por sua bondade faz de* ***minhas habilitações e serviços*** *como empregado da secretaria da policia desta provincia, devo declarar a Vossa Senhoria e a todos os meus amigos que se interessam pela minha sorte e ao publico em geral que, não estando definitivamente organisada a mesma secretaria, confio que o Excelentissimo Senhor Ministro da justiça opportunamente me attenderá.*

Os exemplos (20a-c) confirmam a regra há tempos identificada, segundo a qual a concordância com dois substantivos coordenados de gênero diferente se faz com o masculino. Certamente porque, sendo os substantivos masculinos não marcados morfologicamente, eles abrem caminho a uma interpretação semântica genérica, e por aí vai a concordância. Essa regra não se observa quando o substantivo feminino vem adjacente ao especificador, como em (20d-e).

c. CR entre o possessivo, o núcleo do SN e um elemento periférico

Não foram encontrados casos de CR nesse contexto.

O especificador é um quantificador definido

A relação gramatical de concordância entre o quantificador definido e o núcleo nominal é um pouco distinta da que se observa nos demais tipos de especificador. Essa diferença está no fato de os quantificadores definidos, em geral, não apresentarem flexão de número e de apenas alguns apresentarem flexão de gênero.

A categoria cognitiva de QUANTIDADE se expressa no português de diferentes modos, dentre eles, por meio dos quantificadores definidos ou numerais (*dois*, *três*, *quatro*) e dos indefinidos ou pronomes (*um*, *uns*, *alguns*, *todos*, *vários*, *tantos*); Castilho (2010a: 69).

Um traço semântico comum aos indefinidos é que, ao empregá-los, o falante em geral indica singularidade/pluralidade sem especificar o número exato de indivíduos, sendo que cada um deles apresenta um modo distinto de operar sobre conjuntos, selecionando seus elementos de diversas formas (basta comparar *alguns*, que seleciona uma quantidade parcial de elementos, com *todos*, que seleciona a totalidade dos elementos de um conjunto).

O traço comum singularidade/pluralidade dos indefinidos se gramaticaliza no português pelo uso/não uso do morfema {*-s*}, mesmo elemento gramatical que expressa esses traços na relação entre o núcleo nominal e os demais tipos de especificador (***Todas*** *as crianças*; ***Alguns*** *dos meus sapatos*, *Aqueles* ***poucos*** *convidados*).

Diferentemente, os quantificadores definidos indicam uma quantidade exata de indivíduos, não se limitando ao traço de singularidade/pluralidade. Como se trata de "inúmeras" quantidades específicas, a alternância uso/não uso do morfema {*-s*} não é suficiente para representar todos esses aspectos da categoria QUANTIDADE. Em decorrência dessa necessidade, a língua ativou no léxico e na gramática a representação desses aspectos, criando os numerais, que são selecionados paradigmaticamente na constituição dos sintagmas nominais e que, no compartilhamento de traços com o núcleo, exibem semelhante tipo de conformidade gramatical que há na relação entre dois morfemas {*-s*}.

Em termos de concordância de gênero, os quantificadores definidos são, em sua maioria, invariáveis, com poucas exceções (*um/uma*; *dois/duas*). Assim, relações do tipo *três amigo(s)*, *cinco pessoa(s)* são categóricas em termos de gênero; portanto, não convém entendê-las como CØ.

a. CP entre o quantificador definido e o núcleo do SN

(21) CP entre o quantificador definido e o núcleo do SN

a. [18,1 CP RJ] *Emportam as rendas Reaez, cada trienio, neste Rio | de Janeyro, muyto perto de* ***seis sentos mil cruzados****.*

b. [18,2 CP SP] *Remeto a Vossa merce a importantíssima Carta para o poderozo Baxá d'entre os* ***dois rios****, que o noso decimo quarto Sultaõ vio em seos Sonhos extravagantes.*

c. [19,1 CL CE] *Será possível, que | a* ***nove annos*** *naõ tenha recebido di- | nheiro do thesouro apesar de ter ido eu |* ***duas veses*** *a capital para esse fim!*

d. [19,2 CL SP] *Eu não queria mais saber de historias; mas emfim | mande você outra vez o papelucho, e ahi vai o cobre | para* ***6 mezes****.*

e. [19,2 CO RN] *amanhã a uma hora da | tarde terá lugar a abertura da | mesma Assembléa, devendo [celebrar] | se a missa votiva ao Divino Es- | pirito Santo, na Egreja de Santo Anto- | nio desta Capital as* ***dez horas*** *da | manha do mesmo dia.*

f. [20,1 CL SP] *Na "Secção Livre" do vosso jor-|nal de hoje vieram* ***dois artigos****.*

g. [20,1 CO PE] *Joaquim Bandeira de Mello || Paga* ***dez mil reis*** *| (10,000) de sello na Recebedoria do Estado.*

h. [20,2 CL SC] *Sei que êle é | grande benfeitor do estabe-| lecimento. Trabalhou de | graça para seus pequenos | clientes durante* ***seis anos****.*

b. CØ entre o quantificador definido e o núcleo do SN

(22) CØ entre o quantificador definido e o núcleo do SN
a. [19,1 CP SP] *o Araujo tem feito huma guerra furioza ao [ ] atodos do Jere | mias de maneira tal que torna-se bem duvidoza a elleição,* ***dois rezultado*** *lhe participarei na Barca de 8.*
b. [19,2 CP MG] *Fasa me ofavor mandar* ***10 meto*** *de chita com 1 chale.*
c. [20,1 CP BA] *Deos Garden avossaexcelencia e a excelentissima familia a quem Respetosamente visitamos - - premeiro que todo notisças dos Suphrimento de goanorrinha a* ***5 mes*** *que Sophre e continoa mal.*
d. [20,1 CP BA] *lhe faço Esta somente para lhi pedir* ***3 conto****, de reis.*
e. [20,1 CP BA] *Lhi faço esta para você mandar-mi* ***dois conto*** *di reis.*
f. [20,1 CP BA] *Amigo o fim destas* ***duas linha*** *e somenti para lhi dizer que e para mandar* ***dois conto*** *di Reis.*
g. [20,2 CP RN] *Nega: || Abraço. || Por Guimar estou remetendo| Cr$ 140,00 (****cento e quarenta cruzeiro****)| para você mandar pagar a luz| que é até o dia 17.*

A quantificação abaixo mostra que a CP foi categórica entre quantificador definido e o núcleo nas cartas de leitores. Nas cartas particulares, a CP foi categórica apenas nos dados encontrados para o século XVIII. A partir da primeira metade do século XIX, a CØ passou a se manifestar, atingindo um máximo de 7% dos dados na primeira metade do século XX. Não houve casos de CR, e a CP se manteve majoritária em todos os casos.

Tabela 5 - Concordância entre o quantificador definido e o núcleo nominal

	Século	CP	CR	CØ
Cartas Particulares Estados: PE, SC, RN, RJ, BA, SP, MG	18,1	12/12 (100%)	0	0
	18,2	14/14 (100%)	0	0
	19,1	73/75 (97%)	0	2/75 (3%)
	19,2	112/119 (94%)	0	7/119 (6%)
	20,1	140/150 (93%)	0	10/150 (7%)
	20,2	44/47 (94%)	0	3/47 (6%)
Subtotal		395/417 (95%)	0	22/417 (5%)
Cartas de Leitores Estados: PE, SC, PA, SP, PR, BA, MG, CE, RJ	19,1	40/40 (100%)	0	0
	19,2	40/40 (100%)	0	0
	20,1	30/30 (100%)	0	0
	20,2	26/26 (100%)	0	0
Subtotal		136/136 (100%)	0	0
Total		**531/553 (96%)**	**0**	**22/553 (4%)**

O especificador é um quantificador indefinido

Os quantificadores indefinidos constituem uma classe heterogênea, uma vez que podem ser ou não flexionados, desempenham diferentes papéis no SN, funcionando como núcleo ou como especificadores (neste último caso, têm posição variável, o que pode levar à alteração de sentido de seu escopo).

Os quantificadores indefinidos podem ser entendidos de um modo mais amplo, em que se identifica um número indeterminado de objetos (*muitos homens*), ou até mesmo uma quantidade indeterminada destes (*bastante gente*), a depender da propriedade semântica do núcleo (substantivo contável/não contável): Moraes de Castilho (2002: 214), Castilho (2010a: 505).

Ao tomar por escopo um substantivo, os quantificadores indefinidos funcionam nos seguintes termos: (i) seleção de um único indivíduo não definido do conjunto (*um*, *algum*, *qualquer*, *todo*, etc.); (ii) seleção da totalidade dos indivíduos do conjunto a que o substantivo se refere (*todos*, *tudo*); e (iii) exclusão de indivíduos do conjunto (*nenhum*, *nada*, *ninguém*).

Nos dados analisados, as relações entre quantificador indefinido e núcleo são mais frequentes nas cartas pessoais do que nas cartas de leitores, como pode ser verificado na tabela seguinte. A CP é a regra mais frequente em ambos os gêneros discursivos, ficando a CØ reservada a alguns casos a partir da primeira metade do século XIX nas cartas pessoais, e concentrada na segunda metade do século XIX e na primeira metade do século XX nas cartas de leitores.

a. CP entre o quantificador indefinido e o núcleo do SN

Todos os exemplos a seguir exibem quantificadores indefinidos flexionáveis. Nos exemplos (23d, e), ambos identificados em textos do século XIX, aparece o indefinido *nenhuns*, flexionado no plural. Trata-se de uma flexão pouco produtiva no PB atual, no qual se dá preferência ao uso da CP singular: *nenhuma pessoa*, *nenhum convidado* etc.

(23) CP entre o quantificador indefinido e o núcleo do SN

a. [18,1 CP RJ] *porque | com a sua fazenda he que se fazem* ***todos os negocios.***

b. [18,2 CP SP] ***Quaisquer*** *quatro* ***bolças*** *poderão conseguir esa graça aplicadas decentemente a qualquer Bonzo, quando naõ posa ser pelo vizir seu Protector.*

c. [18,2 CP MG] [...] *e como estou serta q. vm^{ce} lhe devo / ta da d^{a} Sr^{a} p^{a} esta pesso a vm^{ce} queira concorrer p^{a} / hua obra tanto do agrado de D^{s} mandandome sua / esmola a q como dam^{te} quizer, e for servida, e tão / bem amesma petição jugo as Sras Donnas m^{as} Sras de / sua nobre caza, e a Srª Dona Maria M^{a} Sr^{a}, q eu fico / Rogando a mesma Sr^{a} de vida e de saude e Nescida / des a* ***todas as peçoas*** *q. comcorrerem p^{a} obra tão jus / ta a meu mano.*

d. [19,1 CP BA] ***Nenhuns officios*** *[?] lhe pode pagar mas a justiça da sua conta valeo-lhe de todo.*

e. [19,2 CL PR] *O benevolo acolhimento que me || foi prodigalisado, provocado mais | pela espontanea generosidade desta | provincia do que pelos* ***meus mere- | cimentos****, que são* ***nenhuns****, impoz- | me o agradavel dever de dar-lhe | este publico testemunho.*

g. [20,1 CO RN] *Já entrei na posse do cercado e estamos| fasendo um ligeiro reparo nas cercas para até a se-| mana que entra botarmos nelle* ***alguns bichos****, (...)*

h. [20,1 CP BA] *Em minha ultima carta pedi a VossaExcelência, a fineza de me fazer| remetter, não só a mensagem com que foi aberto o Congresso| no dia 7 do corrente, mas ainda todos* ***os rela-torios e pobli-|cações officiaes quaisquer*** *e aqui de novo peço licença| para renovar o meu pedido.*

i. [20,2 CL SC] *Assim senhor Bessa, com a animosidade de uma | udenista que como* ***tantos_veteranos*** *conserva no | c[or]ação o amor pelas coisas do passado.*

b. CØ entre o quantificador indefinido e o núcleo do SN

(24) CØ entre o quantificador indefinido e o núcleo do SN

a. [19,1 CP MG] *Deus. guarde. avossamerce.* ***muito annos.***

b. [19,2 CL PE] *suas | maneiras attenciosas e delicadas são outros* ***tantos | titulo***_*de eterno reconhecimento, que nunca se de- | lirão de minha memoria.*

c. [20,1 CP BA] *Em* ***todas carta*** *minha tera Esta marca, antes di Eu mi asenar. V. F. L. desponha do seu Criado.*

d. [20,1 CL PA] *Sofrendo eu ha muito tempo de | uma erupção em dois dedos da mão | direita, cuja molestia me impossibili- | tava no trabalho em* ***algumas coisa*** *| cumpre-me o dever de cos communi- | car que (...)*

e. [20,1 CP MG] *Sinha filis_mente já esta milhor; porem minha mai tem estado quaze morta, com* ***umas bixarada*** *que ella apanhou no nariz.*

f. [20,1 CP MG] *Termino abençoando-vos e todos os meus filhos e Necto, e abracando a Dalina; e Recomendação a* ***todas pesçoa*** *que mi consideram ai em geral.*

g. [21,1Dif TT] *Hj estou sofrendo, Renata n tá me deixando dormir, tá me botando pra responder* ***as clientes tuda*** *no wpp dela.*

h. [21,1Dif TT] *Gente tô atrasada* ***nas série tuda.***

i. [20,1 CL PA] *entrando em exercicio das func- | ções do cargo de Liquidatarios na fal- | lencia de V. Bastos & Cia. para o | qual fomos nomeados, tornamos publi- | co que estaremos a disposição de* ***qual- | quer interessados*** *todos os dias uteis.*

j. [20,1 CL BA] *A todos offereço os meus| prestimos em* ***qualquer*** *outros|* ***lugares.***

k. [20,2 CP SC] *N, sei bem que* ***<u>tens bastante | ocupações</u>****, e se esta correspon vdência | tomar muinto de seu tempo indis- | ponível, peço-te escusas.*

Nessas ocorrências de cø, apenas o especificador expressa o traço de número plural nos exemplos de (24b-f), o que parece ser a configuração mais comum da cø envolvendo esse constituinte. Em (24a), apenas o núcleo expressa o traço de plural. Em (24g, h), o quantificador posposto concorda em gênero com o núcleo nominal, exibindo cø de número. Em (24i, j), a marca de plural se expressa apenas no núcleo, sendo que, nestes casos, o especificador tem uma natureza flexional distinta: o indefinido *qualquer*, quando flexionado no plural, exibe o morfema {*-s*} no interior da palavra, *quaisquer*.

No exemplo que contêm os termos X e Y *umas* e *bicharada*, há no núcleo sintagmático uma marca morfológica de coletividade, expressa pelo sufixo *-ada*, que pode ter motivado a presença do morfema plural {*-s*} no especificador.

c. cø de gênero entre o quantificador indefinido e um SN coordenado

(25) cø de gênero entre o quantificador indefinido e um SN coordenado
[19,1 CP BA] *Aproveito esta occazião para rogar a Vossa Excelência o obezequio de instruir-me a respeito de huma emenda do Vergueiro ao Parecer da Comissão de Requerimentos sobre o de Antonio Thomas de Oliveira Botelho na sessão de 25 de setembro do anno passado, ja rezolvido na Camera dos Deputados em sessão de 8 do mesmo més, para abolição de* ***todos os Morgados e Capellas****, e ficara empatada para entrar de novo em discussão.*

O exemplo (25) mostra que, integrando os substantivos de um SN de núcleo coordenado mais de um gênero, o especificador concorda com o substantivo masculino, o que não chega a ser uma regra geral: ver (20 c-d).

d. CR entre o quantificador indefinido e o núcleo do SN

Os dados recolhidos são apresentados na Tabela 6. Não foram encontrados casos de CR para esse contexto.

Tabela 6 – Concordância entre o quantificador indefinido e o núcleo nominal

Gênero discursivo	Século	CP	CR	CØ
Cartas Particulares Estados: PE, SC, RN, RJ, BA, SP, MG	18,1	12/12 (100%)	0	0
	18,2	13/13 (100%)	0	0
	19,1	73/77 (95%)	0	4/77 (5%)
	19,2	95/99 (96%)	0	4/99 (4%)
	20,1	86/98 (88%)	0	12/98 (12%)
	20,2	30/34 (88%)	0	4/34 (12%)
Subtotal		309/333 (93%)	0	24/333 (7%)
Cartas de Leitores Estados: PE, SC, PA, SP, PR, BA, MG, CE, RJ	19,1	49/49 (100%)	0	0
	19,2	47/48 (98%)	0	1/48 (2%)
	20,1	33/36 (92%)	0	3/36 (8%)
	20,2	16/16 (100%)	0	0
Subtotal		145/149 (97%)	0	4/149 (3%)
Total		**454/482 (94%)**	**0**	**28/482 (6%)**

CONCORDÂNCIA NOMINAL ENTRE ESPECIFICADORES MÚLTIPLOS E O NÚCLEO DO SN

Na seção anterior, estudamos a concordância nominal entre cada tipo de especificador simples e o núcleo do SN.

Nesta seção, estudaremos os casos de concordância nominal quando ocorrem especificadores múltiplos. Nesses ambientes, os especificadores múltiplos compartilham, numas vezes, todos os traços de gênero e número com o núcleo, como em (26). Noutras vezes, apenas alguns desses traços são compartilhados, como em (27).

a. CP entre especificadores múltiplos e o núcleo do SN

(26) CP entre especificadores múltiplos e o núcleo do SN

a. [18,2 CO PE] [...] *esabemos muyto bem que em quanto estiveraõ Senhores dellas, cuyda-|rão muyto em fortificar* ***todas aquellas barras*** *por onde temiaõ ser accometidos* [...]

b. [19,1 CL CE] *Lendo o Cearense, n.º 73 vi que Vossa Senhoria | ahi asseverou ter-me dirigido o meo a- | migo Padre Antonio Pinto de Mendon- | ça uma carta, em que, pedia perdaõ! | e dizia que só sentia naõ estar na pro- | vincia para concorrer com* ***todas as suas | forças*** [...]

c. [19,2 CL PR] *O abaixo assignado, desejando dar um testemunho de | gratidão a* ***todos os senhores*** *eleitores dos collegios do Prin- | cipe, Castro, Coritiba e Paranaguá que na proxima pas- | sada eleição lhe honrarão com seus votos para fazer parte | não só d'assembléa provincial como da lista triplice de se- | nador por esta provincia* [...]

d. [20,1 CL PE] *Os factos foram públicos e o que me | disse meu amigo foi diante de* ***tantas ou- | tras pessoas****, que não podia tel-o como | reservado.*

b. CØ entre um dos especificadores múltiplos e o núcleo do SN

(27) CØ entre um dos especificadores múltiplos e o núcleo do SN

a. [19,1 CL SP] *Tudo está muito bom: mas | eu nóto que os Estudantes não andão | aqui como lá em Coimbra! Lá todos tinhão | um mesmo uniforme, trazião samarra, e | uns gôrros, que erão bem bonitos. Isso | sim é que era bello; em* ***toda as parte*** *já | se conhecia um Estudante.*

b. [20,2 CL BA] *Ausente, não pude levarl-he,| em pessoa,* ***as minha felicita-|ções*** *por motivo do seu feliz| natalicio, ocorrido em data de| 24 do corrente mês.*

c. CR entre especificadores múltiplos o núcleo do SN

Não foram encontrados casos de CR neste contexto.

Concordância nominal entre o complementizador e o núcleo do SN

São complementizadores do SN o sintagma adjetival, o sintagma preposicional e a sentença adjetiva. Na língua portuguesa não há concordância entre o núcleo do sintagma nominal e o sintagma preposicional. No que se refere à sentença adjetiva, a relação de concordância com o pronome relativo é estabelecida quando este é variável, como *os/as quais*, *cujo/cujas* etc.

O COMPLEMENTIZADOR É UM SINTAGMA ADJETIVAL

Nesta seção, verificamos como ocorrem as relações de concordância entre o adjetivo e o substantivo no SN.

Vejamos alguns exemplos.

a. CP entre o complementizador [adjetivo] e o núcleo do SN

(28) CP entre o adjetivo e o substantivo

a. [18,1 CP SP] *as* ***generozas prendas*** *daSua beleza sã[o] as-| culpadas porçemostrar tanto de meu agrad[o].*

b. [18,1 CO PE] *e nella [a vila] sejam morado- | res mtos.* ***homens bons.***

c. [18,2 CP SP] *Remeto a Vossa merce a importantíssima Carta para o poderozo Baxá d'entre os dois rios, que o noso decimo quarto Sultaõ vio em seos* ***Sonhos extravagantes.***

d. [19,1 CL CE] *Porem os | empregados do sertaõ naõ saõ pagos ao | menos dos* ***pequenos ordenados!!***

e. [19,2 CL PR] *O Iguassú é navegado, desde as imediações da freguezia das Palmeiras até ás dos campos de Palmas por* ***grandes canôas.***

f. [20,1 CP SP] *É um moço muito capaz de desempenhar esse cargo, 25 não só pelas habilitações que tem como tambem pelas* ***bôas qualidades*** *de que é dotado.*

g. [20,2 CL RJ] *O folclore | expressa o modo de pensar, | agir e sentir das* ***camadas | populares.***

Nos casos em que o complementizador [adjetivo] vem adverbializado, pode acontecer que também o advérbio mostre uma CP com o adjetivo e o substantivo. Esse tipo de compartilhamento de traços, em que um elemento tipicamente invariável, como o advérbio, passa a apresentar flexão em favor do fenômeno da concordância é comum em diferentes estruturas, nas quais se manifesta tanto CP de gênero, pelo uso do morfema {*-a*} – exemplos (29a, b, c, e) –, quanto CP de número, pelo uso do morfema {*-s*} – exemplo (29d):

(29) CP envolvendo elementos tipicamente invariáveis

a. [19,1 CP MG] *Amigo e Senhor estimamos que vossamerce todos con[corroído] Cano eu para Mim dezeso que afazer desta he* ***muita pouca*** *mais pronta* ***ordem*** *devossamerces.*

b. [19,2 CP SC] *Mais tarde, meu | querido, te fallarei della e res- | ponderte-hei então todas as car- | tas que me tens mandado, | mas para isso espero de socego | n'um canto* ***aromado de rosas,*** *|* ***junta*** *da minha doce Amada.*

c. [20,1 CP MG] *Indo Nininha manda ti pedir para voce dizer ao Amador que mande o remedio d'ella, porque elle ten estado* ***meia doente*** *e tem medo do remedio não servir mas passando muito tempo que foi a emformação.*

d. [20,1 CP MG] *algum dia não é tarde, talvez que muito bréve havemos estar juntos. da qui vai estas pessoas* ***juntos com meus pais.***

e. [20,2 PBP SP] *Inf - u:: garimpu igual u di serra pelada? Doc [u seu Inf u meu já é um garimpu mais pique:nu... é* ***poca ge:nti****... tem* ***menas*** *((canto dos canários)) ah... comu diz menus imbição né?*

No exemplo (29d), *junto com* formalmente é uma locução prepositiva, funcionando com valor adverbial (= "juntamente"). Em outros contextos, adjetivos como *junto*, operam frequentemente como advérbios, deixando de flexionar (Castilho, 2010a: 544). Ao produzir uma CP, é provável que o falante tenha sido influenciado pela contiguidade com os sintagmas *estas pessoas* e *meus pais*, realizando o traço morfológico de número em *junto*. Em (29e) o falante promoveu uma correção, substituindo *menas* por *menos imbição* (= ambição).

b. CØ entre o complementizador [adjetivo] e o núcleo do SN

(30) CØ entre o adjetivo e o substantivo

a. [19,1 CP MG] *es te ano a tera tem sido munta Mun tas* ***pedras*** *munto* ***grande*** *vou fazendo adelligencia por ser vir agos to de Meu Senhor pois sirvo de Boa vontade.*

b. [19,1 CP RJ] *e mesmo to-da a Província goza de sucego e properidade assim como as* ***Provincias limítrofe****, só o Rio Grande he que se acha ainda ameaçado da anarchia.*

c. [19,2 CP RJ] *já faltado algumas sessões, por* ***motivos urgente*** *qual a doença e falecimento do Bom Amigo e Companheiro e denossa Família eAmigoSenhorJose[Reis].*

d. [20,1 CP MG] *O ordenado que tenho aqui é pequeno (visto o meu trabalho):- que é de 50H000 mil* ***reis mensal.***

e. [20,1 CP BA] *Com os* ***olhos cheio*** *de lagri-mas e o coração doido lhe dou a triste noticia da morte de meu querido esposo Miranda*
f. [20,2 CP RN] *mesmo assim na casa de José| tem duas pessoas doente de sarampo.*
g. [20,2 SP] *Tenho natureza de* ***gente novo***. (exemplo de Rodrigues, 1974: 55)

c. CR entre o complementizador adjetivo e o núcleo do SN

Quando o complementizador adjetival não compartilha traços de gênero ou número com seu núcleo, o falante produz um compartilhamento desses traços com um elemento extrassintagmático, o que produz uma concordância por reanálise.

Os exemplos a seguir mostram que a CR também não ocorre necessariamente de modo uniforme em relação às categorias de gênero e número, podendo a reanálise envolver a realização de apenas uma dessas categorias.

(31) CR parcial entre o adjetivo e o substantivo
a. [19,2 CP BA] *Continuarei aqui com o meu estudo de Quimica até Agosto: nesse tempo deixarei a França com o intuito de vezitar* ***as prizões*** *milhormente* ***estabelecidos*** *segundo o sistema penetenciario, que ainda aqui não existem, os estabelecimentos agricolas, e os trabalhos das minas.*
b. [19,2 CP BA] *Os Estados Unidos tem tambem um modelo de* ***armas*** *muito* ***bons***.

No exemplo (31a), a CR ocorreu apenas com a categoria de gênero. O complementizador *estabelecidos* compartilha traço de número (plural) com seu núcleo *prizões*, mas o traço de gênero é compartilhado com o núcleo de um elemento extrassintagmático, *o sistema penitenciário*, uma evidência de que o princípio de recursão pode atuar de maneira desigual na relação de concordância envolvendo os mesmos elementos.

Em (31b) ilustra-se uma situação semelhante, mas nele a reanálise envolve apenas a categoria de número ou apenas a categoria de gênero, a depender da interpretação que se faz do enunciado. Nesse caso, o complementizador *bons* pode ter como núcleo o nome *modelo* ou *armas*, encaixado no sintagma preposicional. Em termos semânticos, essas opções se associam, respectivamente, às seguintes interpretações: (1) as armas de que dispõem os Estados Unidos são consideradas *um modelo muito bom*; (2) os Estados Unidos dispõem de *armas muito boas*, que são encaradas como um modelo.

Em qualquer dessas interpretações haverá uma reanálise. Na interpretação (1), o complementizador *bons* compartilha traço de gênero com seu núcleo *modelo*, mas compartilha traço de número com um elemento periférico *armas*. Na interpretação (2), o complementizador *bons* compartilha traço de número com seu núcleo *armas*, mas compartilha traço de gênero com o núcleo de outro sintagma, *modelo*.

O falante ressaltou aqui o sistema da semântica, que atuou mais visivelmente na concordância apurada. Assim, as duas interpretações mencionadas podem ter-se cruzado na construção da sentença e na organização dos sintagmas encaixados.

A Tabela 7 mostra que, assim como na concordância entre o especificador e o núcleo, a CP também prevalece na concordância nominal entre o complementizador e o núcleo. A CØ se manifesta a partir da primeira metade do século XIX tanto em cartas particulares como em cartas de leitores, atingindo até 5,5%, e há raros casos de CR, manifestando-se apenas na segunda metade do século XIX nas cartas particulares.

Tabela 7 – Concordância entre o complementizador adjetival e o núcleo do SN

	Século	CP	CR	**CØ**
Cartas Particulares **Estados:** PE, SC, RN, RJ, BA, SP, MG	18,1	14/14 (100%)	0	0
	18,2	23/23 (100%)	0	0
	19,1	105/111 (94,5%)	0	6/111 (5,5%)
	19,2	233/239 (97%)	2/239 (1%)	4/239 (2%)
	20,1	156/163 (96%)	0	7/163 (4%)
	20,2	74/77 (96%)	0	3/77 (4%)
Subtotal		605/627 (96%)	2/627 (1%)	20/627 (3%)
Cartas de Leitores **Estados:** PE, SC, PA, SP, PR, BA, MG, CE, RJ	19,1	133/135 (98,5%)	0	2/135 (1,5%)
	19,2	168/169 (99%)	0	1/169 (1%)
	20,1	172/172 (100%)	0	0
	20,2	137/140 (98%)	0	3/140 (2%)
Subtotal		610/616 (99%)	0	6/616 (1%)
Total		**1.215/1.243 (97,5%)**	**2/1.243 (0,5%)**	**26/1.243 (2%)**

Como, em geral, as relações de CØ envolvem uma CP de número ou de gênero e, ao mesmo tempo, uma CØ da outra categoria, realizamos um levantamento, tal como feito na relação entre especificadores e núcleo, para verificar qual categoria tende a manifestar mais compartilhamento de traços nesse tipo de relação. Vejamos a tabela seguinte:

Tabela 8 – CØ entre complementizador (adjetivo ou particípio) e o núcleo do SN

Gênero discursivo	Século	CØ (N)	CØ (G)	CØ Subtotal
Cartas Particulares	18,1	0	0	0
	18,2	0	0	0
	19,1	6 (100%)	0	6
	19,2	4 (100%)	0	4
	20,1	7 (100%)	0	7
	20,2	3 (100%)	0	3
Subtotal – Cartas Particulares		20 (100%)	0	20
Cartas de Leitores	19,1	2 (100%)	0	2
	19,2	1 (100%)	0	1
	20,1	0	0	0
	20,2	3 (100%)	0	3
Subtotal – Cartas de Leitores		6 (100%)	0	6
Totais		**26 (100%)**	**0**	**26**

A Tabela 8 mostra os seguintes resultados de CØ entre o complementizador e o núcleo do SN:

1. Tanto no ambiente [esp + núcleo nominal], Tabela 1, quanto no ambiente [núcleo + comp], Tabela 8, a CØ se acentua quando se trata de número gramatical. A categoria de gênero, por integrar as propriedades categoriais do substantivo, ocorre mais abundantemente na CP.
2. Comparando as Tabelas 1 e 8, nota-se que também os sintagmas apresentam uma estrutura sintática assimétrica, ou seja, num segmento há concordância entre seus termos, ao passo que em outro segmento não há concordância. Os gramáticos gregos já haviam notado com relação à sentença. Temos aqui, portanto, uma harmonia transistêmica entre sintagmas e sentenças.

O COMPLEMENTIZADOR É UM SINTAGMA PREPOSICIONAL

Na língua portuguesa não há concordância entre o núcleo do sintagma nominal e o complementizador expresso por sintagma preposicional.

Aparentemente, a preposição cria uma barreira entre o núcleo e o complementizador, quando este é preenchido por um sintagma preposicional. Assim, embora haja concordância entre o núcleo do SN e seu complementizador adjetival, numa expressão atributiva, como em *Meninas festeiras alegram todo mundo,* se substituirmos o adjetivo atributivo por um SP, mantém-se o sentido atributivo, mas a estrutura sintática se altera, como em *Meninas de festa alegram todo mundo.* Dizemos, então, que entre *meninas* e *de festa* foi erguida uma barreira que impede a recursão das categorias de número e de gênero. Além disso, comprova-se uma vez mais que, ao produzir suas expressões, o falante não estabelece determinação entre os sistemas, no caso presente, entre a semântica e a gramática. Voltaremos a este ponto.

O COMPLEMENTIZADOR É UMA SENTENÇA ADJETIVA

Sentenças adjetivas funcionam igualmente como complementizadores do núcleo nominal. Elas são introduzidas pelas chamadas palavras *qu-*, ou seja, o pronome relativo invariável *que*, ou por pronomes relativos variáveis (*o qual/os quais, a qual/as quais, cujo/cujos, quanto/quantos*).

Do ponto de vista da concordância, as sentenças adjetivas podem ser examinadas de dois ângulos: a concordância entre o pronome relativo e seu antecedente nominal, no interior do SN (subseção "A sentença adjetiva é introduzida por uma palavra *qu-* variável"), ou a concordância entre seu verbo e esse antecedente, na sentença adjetiva (subseção "A sentença relativa é introduzida por palavras *qu-* tipicamente invariáveis"). Para maior clareza da exposição, examinaremos separadamente essas duas possibilidades.

A sentença adjetiva é introduzida por uma palavra *qu-* variável

As palavras *qu-* constituem uma classe fechada de itens do paradigma morfológico dos pronomes-q, onde Q indica o que poderia ser considerada a raiz da maioria desses elementos, com exceção de *onde*. Consideramos aqui os itens *que*, *quem*, *qual*, *o que*, *onde*, *quando*, *como*, *quanto* e *cujo*. Esses pronomes podem aparecer introduzindo diferentes tipos de sentenças, como as relativas, as clivadas e as interrogativas: Neves e Braga (2016: 187).

Nesta seção, focalizaremos as palavras *qu-* morfologicamente variáveis que funcionam em sua relação nominal com o núcleo do SN, seu antecedente. Portanto, entram aqui as formas *qual, quanto* e *cujo*. As palavras *qu-* integrantes de outras classes, como *qualquer* (indefinido), foram estudadas na subseção "O especificador é um quantificador indefinido".

Apesar de o pronome relativo *cujo*, na concordância plena, não se relacionar com o núcleo do qual é complementizador, incluímos esse pronome nesta seção, de modo a evidenciar o funcionamento complexo da concordância envolvendo as palavras *qu-*. As relações de CP, CØ e CR serão identificadas segundo a relação do pronome relativo com o núcleo nominal com o qual ele tipicamente compartilha traços. No caso de *os quais,* o núcleo fica à esquerda, e no caso de *cujo*, o núcleo fica à direita.

a) CP entre palavra *qu-* e o núcleo do SN

(32) CP entre palavra *qu-* e o núcleo do SN

a. [18,1 CO PE] *E como a dita villa | seja hoje cabeça de comarca, e huma das ayores | do destricto deste governo, e nella sejam morado- | res mtos. Homens bons,* ***cujos pays e avós*** *se signla | vam muyto no serviço de Vmagde.* [...]

b. [18,2 CP MG] *Como entendo que todas |* ***quantas cartas*** *tenho a Vm*[ce] *escrito | nenhuâ hetera hido amam lhe quero | significar mizeravel estado emque | meacho p.*[a] *que Vm*[ce] *se compadesa de | mim clamo bom Thio* [...]

c. [19,1 CL PE] [...] *não julgamos isto bastante | para o supormos mudado, queremos dizer, | sectario dos inimigos da Nação, por* ***cujos | interesses*** *elle tanto pugnou* [...]

d. [19,1 CL PR] *Mas, continuo a appellar para a opinião | das pessoas, que me conhecem, e, prin- | cipalmente,* ***daquellas*** *[opiniões] perante* ***as quaes*** *| tenho servido, como empregado, nesta e | em outras provincias, por onde tenho | andado.*

e. [19,2 CP BA] *Está salva a eleição| de Justiniano; tem elle 225 votos e o Sr.| Vianna 164, faltando os collegios de| Ilheos, Porto Seguro e Caravellas com* ***118 vó|tos, dos quaes*** *qual quer destes 2 candidatos não| pode ter mais de 70 votos, sem que esses| possa ter mais que outros.*

f. [20,1 CL SP] *Com a amnistia volveram os* ***desgra-|çados aos quaes*** *elle lançara na miseria| todos moral e phisicamente abatidos e| arruinados.*

g. [20,1 CR RJ] *Um livro, que o cardeal Man- | ning acoimou de libello infame, | condensava todas **quantas falsida- | des e injustiças**_se tem dejectado | contra a religião que de Pedro a | Pio IX, então reinante, proclama- | va a divindade de sua missão.*

h. [20,2 CP PE] [...] *envio-lhe dez **exemplares** do boletim da |Comissão Permanente Folclore, todos **os quais** um pouco tristonhos |porque não foram lançados com a devida |elegância* [...]

b) CØ entre palavra *qu-* e o núcleo do SN

(33) CØ entre palavra *qu-* e o núcleo do SN

a. [18,2 CP MG] [ilegível] *Ignacio Jose de Souza Rabello / agora Recebo am[da] Estimada **carta** davm[ce] N**asquais** vejo o Impe_ nho que tem deservir a João Duarte diz / pelo Em_ tereça detambem Este servir aSnr[a] D. Clara / Felicia da Rosa.*

b. [20,1 CP MG] *Recebi **asua ama_vel cartinha o qual** me enxeu de par_zer de ter as suas noticias.*

c. [20,1 CL CE] *Do contrario serão as | repartições inteiramente | occupadas por senhoritas, | **cujo serviços**, raris- | simas excepções, são nul- | los em repartições de fa- | zenda, como o está demons- | tando (sic) a pratica.*

No uso do pronome *qual*, instaura-se uma CØ de número em (33a) e de gênero em (33b); neste exemplo, um fato linguístico pode ter levado o uso de *o qual* em detrimento de *a qual*, a saber, a generalização de todo o contexto anterior à realização do pronome relativo. Sendo assim, o pronome relativo não retoma apenas o sujeito *cartinha*, mas toda a porção textual antecedente.

c) CR entre palavra *qu-* e o núcleo de um SN

(34) CR entre palavra *qu-* e o núcleo de um SN

a. [21,1 Dif BLG] *A tarefa de treinamento do toalete raramente é fácil, e para os pais **cujos filho** sofre de autismo, essa tarefa normalmente difícil pode parecer quase impossível.*

b. [18,2 CP MG] *Resebi pelo portador huá **oitava cuja** torno a Remeter a vossa mercê.*

c. [21,1Dif TT] *conheço **pessoas cujas** ja botaram fogo em si mesmas*

d. [21,1Dif TT] *Sdds [saudades] do **boy cujo** vi hj a tarde mas n falei com ele.*

Em (34a), parece haver uma CR entre *cujos* e *pais*, uma vez que a concordância esperada com o elemento posterior ao pronome relativo não se realiza. Essa interpretação é corroborada pela presença do verbo *sofrer* no singular, ou seja, há uma indicação de que a referência é feita a um único sujeito, um filho, tendo ocorrido uma distribuição complementar numa relação estabelecida entre um filho e cada um dos pais indicados anteriormente. Outra análise possível é a instauração de uma CØ entre *cujos* e *filho*, uma vez que, ao se referir ao elemento posterior, *cujo* não está compartilhando traços de número com *filho*.

Em (34b-d), *cujo* estabelece uma CR com o constituinte anteposto (*oitava, pessoas, boi*). Esse funcionamento de *cujo* ocorre desde o século XVIII, podendo ainda ocorrer no PB atual.

Na tabela seguinte, os dados mostram que a relação de CP entre o núcleo e o complementizador *qu-* é produtiva tanto nas cartas particulares quanto nas cartas de leitores. No que se refere aos casos de CØ, o primeiro dado apareceu no século XVIII. A CR não é produtiva nesse tipo de estrutura, nos gêneros em que foi realizada a quantificação.

Tabela 9 – Concordância da palavra *qu-* variável e o núcleo do SN

<table>
<tr><th>Gênero discursivo</th><th>Século</th><th>CP</th><th>CR</th><th>CØ</th></tr>
<tr><td rowspan="6">Cartas Particulares
Estados: PE, SC, RN, RJ, BA, SP, MG</td><td>18,1</td><td>0</td><td>0</td><td>0</td></tr>
<tr><td>18,2</td><td>3/5 (60%)</td><td>1/5 (20%)</td><td>1/5 (20%)</td></tr>
<tr><td>19,1</td><td>6/6 (100%)</td><td>0</td><td>0</td></tr>
<tr><td>19,2</td><td>5/5 (100%)</td><td>0</td><td>0</td></tr>
<tr><td>20,1</td><td>8/9 (89%)</td><td>0</td><td>1/9 (11%)</td></tr>
<tr><td>20,2</td><td>2/2 (100%)</td><td>0</td><td>0</td></tr>
<tr><td colspan="2">Subtotal</td><td>24/27 (89%)</td><td>1/27 (4%)</td><td>2/27 (7%)</td></tr>
<tr><td rowspan="4">Cartas de Leitores
Estados: PE, SC, PA, SP, PR, BA, MG, CE, RJ</td><td>19,1</td><td>3/3 (100%)</td><td>0</td><td>0</td></tr>
<tr><td>19,2</td><td>4/4 (100%)</td><td>0</td><td>0</td></tr>
<tr><td>20,1</td><td>5/7 (71%)</td><td>0</td><td>2/7 (29%)</td></tr>
<tr><td>20,2</td><td>0</td><td>0</td><td>0</td></tr>
<tr><td colspan="2">Subtotal</td><td>12/14 (86%)</td><td>0</td><td>2/14 (14%)</td></tr>
<tr><td colspan="2">Total</td><td>36/41 (88%)</td><td>1/41 (2%)</td><td>4/41 (10%)</td></tr>
</table>

A sentença relativa é introduzida por palavras *qu-* tipicamente invariáveis

É certo que a concordância ocorre de forma tipicamente estável entre constituintes relacionados, como argumentamos na "Apresentação" deste capítulo. Por outro lado, em alguns contextos ocorre concordância entre elementos periféricos e o núcleo do sintagma ou, ainda, com formas tipicamente invariáveis, como alguns indefinidos, advérbios e palavras *qu-*. No exame destas questões, ultrapassaremos os limites das sentenças subordinadas adjetivas, ingressando no campo das sentenças interrogativas e exclamativas.

a) CP entre palavra *qu-* invariável e o núcleo do SN

O fenômeno da concordância com formas tipicamente invariáveis aponta para uma mudança motivada tanto pela morfologia dessas classes quanto pela analogia com outras classes de palavras. Nesse sentido, às palavras invariáveis terminadas em vogal, por exemplo, pode ser acrescentado um morfema {*-s*} indicador de número. Além disso, as palavras invariáveis passam a modificar o seu escopo, adicionando uma marca de número a ele.

A hipótese principal que norteia o funcionamento desse tipo de concordância envolve os processos de reanálise e de analogia.

As palavras *qu-* invariáveis, como o *que*, podem exibir o morfema {*-s*} em contextos em que se estabelece uma combinação de número com o seu antecedente.

No *corpus* mínimo investigado, foram encontradas ocorrências desde o século XIX, em que se verifica uma analogia com *os/as quais*, em função de pronome relativo, como em (35a-d). Além disso, quando *ques* aparece em função de pronome interrogativo ou exclamativo, verifica-se que seu uso é análogo ao dos especificadores, os quais marcam número na primeira posição do sintagma, como pode ser verificado em (35e-g).

(35) CP entre palavra *qu-* invariável e o núcleo do SN

a. [19,1 CR RJ] *contra as arbitrariedades praticadas pelo Senhor Feijó | como ministro da Justiça he que nos endereçamos |arguições;* ***arbitrariedades das ques*** *o nosso corres- | pondente jamais poderá victoriosamente justifica-lo.*

b. [19,2 CR SP] *Ora cumpre considerar-se que em quasi sua tota-lidade essas parcellas não chegam para os reparos mais importantes, de sorte que o mau estado tanto das pontes como das estradas vao continuando, não obs-tante o gasto* ***daquellas sommas votadas, as ques*** *reunidas orçam por muitos centenares de contos de réis.*

c. [20,1 CR RJ] *Esta medida, como é facil de | comprehender , lançou o terror |* ***nas diversas organizações*** *ou, | melhor, dominações politicas dos | Estados,* ***as ques*** *têm nos em- | pregos federaes, de rendimento | vantajoso e certo, os melhores | premios para offerecer aos res- | pectivos adeptos.*

d. [21,1Dif TT] *tenho que descobri o contato dos* ***meninos ques*** *estavam com vc!!!!*

e. [21,1Dif TT] ***Quês chances*** *perdeu o Galo nesse jogo. Incrível!*

f. [21,1Dif TT] *Todo domingo passa um filme do steve seagal na globo.* ***Ques filmezinhos*** *mais ridiculos.*

g. [21,1Dif TT] ***ques outras series*** *vc ve?*

h. [21,1Dif TT] ***Cadês os amigos*** *com piscina em casa?*

i. [21,1Dif TT] *Esse torcedores do grêmio na minha tl ,* ***Cades vocês*** *na arena ? Tudo torcedor modinha.*

j. [21,1 Dif BLG] ***Cadês os escudos****?*

Outro caso interessante que envolve as palavras *qu-* invariáveis é o funcionamento da concordância plena com *cadê*, como em (35h-j). Como se sabe, essa palavra deriva da expressão *o que é de?*, com o sentido de *o que é feito de?/o que é feito dele?* De *o que é feito dele?*, derivaram *cadelhe/quedelhe.* Nos exemplos acima, *cadê* recebe o morfema {*-s*}, o qual, combinado com o SN seguinte, organiza uma CP, apontando para mais uma mudança do inquieto pronome *que*, atingindo agora uma forma derivada.

b) CØ entre palavra *qu-* invariável e o núcleo do SN

Assim como há CP envolvendo formas tipicamente invariáveis, também constatamos a CØ com essas formas. Nesses casos, o elemento invariável passa a carregar a marcação de gênero ou de número, ao passo que o núcleo perde a marca. Esse processo é obviamente análogo aos casos com formas tipicamente variáveis.

A CØ que envolve *ques* indica que apenas esse elemento, com função de especificador, carrega as marcas de número da sentença, como em (36a, b). O funcionamento de *cadês* em concordância zero parece não ser produtivo, como apresentado em (36c). Esse fenômeno carece de mais investigação no PB.

(36) CØ com palavras *qu-* invariáveis

a. [21,1Dif TT] ***Ques música*** *tocam nas baladas, meldels?*

b. [21,1Dif TT] *Eu pareço falar sobre o que nao sei?* ***Ques carteirada*** *sao essas que os caras acham que podem dar?*

c. [21,1Dif TT] *gente e e e* ***cades pessoa*** *da m[in]h[a] sala?*

Concordância entre o verbo e o antecedente do pronome relativo na sentença adjetiva

Faremos aqui uma rápida incursão pela concordância verbal, que será mais amplamente examinada na seção "Diacronia da concordância verbal".

As sentenças adjetivas retomam, por meio do *pronome relativo* que as introduz, um nominal referido anteriormente na sentença de que dependem, desempenhando o papel sintático de adjunto adnominal oracional (Mattos e Silva, 2006: 179). Sendo assim, o processo de relativização é o relacionamento de dois sintagmas nominais correferenciais (Castilho, 2010a: 366).

Os pronomes relativos, como *que*, *qual*, *cujo*, *quanto*, *onde*, são integrantes de uma classe fechada. Do ponto de vista semântico, são de natureza anafórica, conectando um SN a uma sentença, e sempre desempenhando um papel específico na sentença. Do ponto de vista morfológico, *que* está assumindo o papel de pronome relativo universal, dada a despronominalização dos relativizadores. Cada vez mais ele aparece em substituição aos outros, mantendo ainda suas características de juntor.

Um fenômeno interessante no que se refere às relativas é a ocorrência de vários casos de concordância por reanálise. Esse parece ser um contexto sintático favorável ao aparecimento de CR, como veremos na subseção "Concordância por reanálise entre o verbo, o argumento interno, o adjunto adnominal e o adjunto adverbial".

a) CP entre o verbo e o antecedente do pronome relativo

A concordância plena em sentenças adjetivas com *que*, em geral, envolve um compartilhamento de traços entre o antecedente do pronome relativo com função de sujeito e o verbo da adjetiva. Quando o antecedente não é o sujeito, ocorre geralmente uma concordância por reanálise, como será visto posteriormente.

(37) CP entre o verbo e o antecedente do pronome relativo

a. [18,1 CP RJ] *Commovido do zello, de fiel espera, e comduýdo, do que vejo | uzar como fazenda de Vossa Maggestade Vendo, que* ***os homens, que oferecem****, | só procuram meyos como cada hum ade tirar a sua parte!*

b. [18,2 CO PE] *Recife foi, então, ocupada por* ***olindenses que destruíram*** *o pelourinho e* ***promoveram*** *a prisão de autoridades recém-nomeadas.*

c. [19,1 CP SP] *Aquelle lugar he hoje pouco seguro pelas correrias dos Indios Guaianazes, [...] que muitas vezes tem chegado te defronte a aquelle lugar; desejo deque* ***as pessoas, que forem mandadas****, ou aceitarem aquelle domicilio, he de crer, que sejaõ pobres, eindigentes sem meios, sem forças para promoverem as utilidades, e bens mais da agricultura.*

d. [19,2 CL PR] *Propala-se nesta capital que sou o au- | tor de* ***uns escriptos que se publicam*** *men- | salmente na cidade de Iguape*

e. [20,1 CL PA] *serão apuradas as conces- | sões de* ***terrenos que estão*** *em | commissos ou caducos, para o | fim de assim serem declarados.*

f. [20,2 CL BA] *Martiniano da Silva Carneiro tem a vaidade confortadora| de afirmar que nada fica a dever a****os reconhecidamente honestos| e escrupulosos, que nasceram, viveram e vivem*** *nesta cidade.*

b) CØ entre o verbo e o antecedente do pronome relativo

Ocorre CØ nesse contexto envolvendo tanto sintagmas verbais simples (38b, c) quanto perífrases (38a):

(38) CØ entre o verbo e o antecedente do pronome relativo

a. [19,2 CP MG] *em fim dezejo que termine tudo quanto possa manter esta disconco_ dia entre elle e vossa senhoria* ***pessoas*** *que* ***dezeja viver*** *em armo_nia com seos vizinhos.*

b. [20,1 CP BA] ***As cousas*** *que normalmente o* ***afetaria****, encontram no xpecta amor uma justificat[a]iva.*

c. [20,1 CP SP] *Voltei lá e paguei 24$000 que o Doutor devia, como consta* ***dos recibos****,* ***2****, que* ***irá*** *aqui junto.*

d. [20,2 CL BA] *Por este motivo seus pais José barros e Maria Ivaneide que não| dispõe de recursos para correr com as despesas que por sinal| são altíssimas, abriram uma conta no Banco América do Sul| de número 11.561-4 onde os donativos de bom coração| poderão depositar* ***suas contribuições*** *que por certo|* ***salvará*** *Rogério da morte.*

Em (38c), o verbo *irá* aparece no singular, quando se poderia esperar uma CP, para concordar com o antecedente *recibos* e/ou com o numeral *2*. Nossa hipótese é que o falante levou o tópico discursivo, "o pacote que vai" (contendo os recibos), a exercer aqui influência na concordância verbal. O exemplo pertence a um trecho bem longo da carta, cujo tópico é a ida e vinda/recebimentos de documentos. Nesse sentido, *irá* (singular) sofre motivação do referente que, discursivamente, pode ser retomado pelas expressões *recibos/dois*: "a encomenda", "o envelope", "o pacote".

Um contexto produtivo para a ocorrência de CØ é a presença do verbo *ter* existencial na sentença matriz, como nos exemplos que se seguem:

(39) CØ entre o verbo da adjetiva e o argumento único do verbo *ter*

a. [21,1 IB SP] *Inf.: EU po/ EU acredito na igreja católica então eu vô(u) ficá(r) agora* ***tem/ tem o(u)tras pessoas*** *que* VAI ***na igreja católica*** *mas mesmo assim ela partici::pa tal vai na missa::*

b. [21,1 IB SP] *Inf.: isso éh:: éh:: vem da consciência da pessoa... e* ***tem muitos católicos****_que* ***num é assim****...* ***tem muitos católicos*** *que* ***vai no*** *ce/ por exemplo... tem católico que vai duas vezes no ano na missa... em (pa)/ na* PÁS*coa... e no Natal... né?*

c. [21,1 IB SP] *em direção ao pátio de novo tem o bebedo(u)ro... mais pra frente tem um o::(u)tro e tem um banco no meio...* ***tem duas escadas que é pra subí(r)****... pra sala de aula então cê so::be vira e sobe de novo...*

c) CR na sentença adjetiva

É produtiva a concordância verbal por reanálise envolvendo sentenças adjetivas construídas com *que*. Essa produtividade pode estar relacionada à progressiva especialização do pronome relativo *que* no PB como elemento juntivo, sendo sua propriedade anafórica progressivamente atenuada. O enfraquecimento do *que* como pronome relativo afeta a identificação de caso e papel temático, que envolve o antecedente, de modo que as regras de concordância que, porventura, se associavam à identificação dessas propriedades, se desestabilizaram, dando lugar a compartilhamentos de traços gramaticais com constituintes que, em geral, não compartilham traços com o verbo, como o argumento interno.

(40) CR na sentença relativa

a. [19,2 CP PR] *O nosso commercio atra- | vessa uma phase lamentavel devido á **elementos_|** **controversos** ao seu progresso: por um lado a secca | que **assolam** a lavoira, tendo de se importar | feijão, farinha, milho e outros mantimentos em con- | sequencia da precariedade dos nossos, por outro | o recrutamento aberto que faz com que os consu- | midores se evadão dos centros commerciaes e popu- | losos, pelo pavor que lhes **inspirão** a sorte de | servirem o paiz como soldados, por ser uma | classe carecedora de prestigio e moralidade.*

b. [19,2 CL PR] *Quanto a propalada demissão, rio-me | della, não vacillo entre a defeza de meus | brios offendidos e **as vantagens** que me | **trazem** o cargo. || Finalmente ouvio o offendido demita o | secretario || Romão Rodrigues de Oliveira Branco.*

c. [19,2 CP BA] *Tive o prazer de receber sua presada| carta de 24 do passado, centindo entretanto **os padecimentos** que lhe **trouxeram** a operação, da qual| o desejo restabelecido.*

d. [20,1 CP BA] *Hoje completam **20 dias** de **minha espectativa**, que já **começavam** a se tornar insuportavel.*

Há duas relações de CR no exemplo (40a), encontrado numa carta particular escrita no século XIX.

Na primeira CR, o verbo *assolam*, que compartilharia traços gramaticais com *a secca*, antecedente do pronome relativo *que*, acaba compartilhando esses traços com um elemento extrassentencial, *elementos controversos*.

Observa-se que o autor da carta categoriza *a seca que assola a lavoura* e *o recrutamento aberto* como *elementos controversos*, apresentado prospectivamente. Tratando dessa relação de modo análogo à relação lexical de hiperonímia/hiponímia, podemos dizer que esses elementos são co-hipônimos de *elementos controversos*. Pode-se sugerir que *assolam* tenha manifestado a marca de plural por ter se combinado com o hiperônimo em vez de *secca*, um dos hipônimos, compartilhando o traço de número com o primeiro. Do ponto de vista semântico, o verbo *assolam* é compatível tanto com *secca* como com *elementos controversos*, o que pode ter dado lugar à relação com o hiperônimo.

Na segunda CR do exemplo (40a), *o recrutamento aberto que faz com que os consumidores se evadão dos centros commerciaes e populosos, pelo pavor que lhes **inspirão** a sorte de servirem o paiz como soldados*, o verbo *inspirão* deixa de compartilhar traços com seu sujeito posposto *a sorte de servirem o paiz como soldados*, compartilhando traços com o argumento interno anteposto, *lhes*; mais um exemplo que demonstra que não há correlação categórica entre argumentos sintáticos e concordância. Note-se que, neste caso, o antecedente do pronome relativo, o argumento interno *o pavor*, parece não ter tido influência sobre o compartilhamento de traços, mas a construção adjetiva pode ter contribuído para a reanálise, já que estão em jogo três argumentos para o verbo *inspirão*, que sofrem a interveniência de um *que* com função relativa provavelmente já em enfraquecimento no PB.

Já nos casos (40b, c), a CR envolve o argumento interno antecedente do pronome relativo. Nesses dois casos, o argumento interno antecedente do relativo é constituído por um sintagma nominal plural (*as vantagens* e *os padecimentos*), e o sujeito posposto ao verbo vem no singular (*o cargo* e *a operação*). O verbo compartilha flexão de plural com o antecedente (*as vantagens ... trazem*; *os padecimentos ... trouxeram*), quebrando a expectativa de CP com o sujeito posposto.

O exemplo (40d) chama atenção pelo fato de o próprio autor da carta ter identificado a CR que tinha produzido, encarando-a como um erro, já que o documento registrou a correção da letra *m*, que representa o morfema da terceira pessoa do plural, letra essa que aparece riscada. Esse dado, apesar da correção, continua sendo relevante, já que o real processo envolvido na manifestação da concordância é o que se procura identificar aqui.

Nessa reanálise, ocorreu o contrário do que se demonstrou em reanálises que serão posteriormente apresentadas, nas quais o sintagma nominal encaixado por intermédio de um SP em outro SN compartilha traços gramaticais com o verbo do qual não era sujeito ou antecedente de um pronome relativo. Aqui, quando o SN encaixado *minha expectativa* é, de fato, antecedente de um sujeito *que*, ele não compartilha traços com o verbo da sentença que esse relativo introduz; o verbo compartilha traços com o primeiro sintagma nominal, *20 dias*.

Esses diferentes exemplos mostram que a CR é um fenômeno bastante complexo e que carece de estudos aprofundados para sua compreensão.

A tabela a seguir resume os achados desta seção. Ela mostra que a CP é frequente em ambos os gêneros analisados, e que o primeiro caso de CØ ocorreu no século XIX, concentrando-se entre a segunda metade do século XIX e a primeira metade do XX. É interessante notar que os casos de CR também se concentram na mesma época.

Tabela 10 – Concordância entre o sujeito e o verbo na sentença adjetiva

Gênero discursivo	Século	CP	CR	CØ
Cartas Particulares Estados: PE, SC, RN, RJ, BA, SP, MG	18,1	6/6 (100%)	0	0
	18,2	0	0	0
	19,1	24/24 (100%)	0	0
	19,2	17/24 (70%)	3/24 (13%)	4/24 (17%)
	20,1	31/39 (79%)	1/39 (3%)	7/39 (18%)
	20,2	6/6 (100%)	0	0
Subtotal		84/99 (85%)	4/99 (4%)	11/99 (11%)
Cartas de Leitores Estados: PE, SC, PA, SP, PR, BA, MG, CE, RJ	19,1	40/40 (100%)	0	0
	19,2	50/51 (98%)	1/51 (2%)	0
	20,1	35/35 (100%)	0	0
	20,2	28/30 (93%)	0	2/30 (7%)
Subtotal		153/156 (98%)	1/156 (0,5%)	2/156 (1,5%)
Total		237/255 (93%)	5/255 (2%)	13/255 (5%)

DIACRONIA DA CONCORDÂNCIA VERBAL

Como vimos na "Apresentação" deste capítulo, a concordância verbal é entendida aqui como um compartilhamento de traços gramaticais entre o verbo e o outro constituinte da sentença, habitualmente o sujeito, com o qual o verbo venha a se combinar. Esses traços são expressos morfologicamente pelos morfemas cumulativos de número e pessoa.

A relação de concordância entre o verbo e o sujeito é defectiva, pois não se observa em todos os ambientes, fato comum às línguas românicas, como no galego:

> Nas orações modo-temporais, o verbo varia em pessoa e número devido à concordância com o sujeito. Nas orações amodo-temporais, podem dar-se situações diversas: nas de infinitivo há concordância em número e pessoa se o infinitivo estiver flexionado, mas sempre existe a possibilidade de não o flexionar; nas de particípio, o sujeito concorda em gênero, não em pessoa; nas de gerúndio não se estabelece nenhuma concordância (salvo na raríssima construção com gerúndio flexionado). (Álvares, 2002: 83)[7]

Nas seções a seguir, apresentaremos diferentes contextos que demonstram essa relação defectiva: (1) concordância entre o verbo e o sujeito, (2) concordância entre o verbo e o argumento interno, (3) concordância entre o verbo e o adjunto adnominal, (4) concordância entre o verbo e o adjunto adverbial. Em todos esses contextos, apuraremos as relações de CP, CØ e CR.

Concordância entre o verbo e o sujeito

CONCORDÂNCIA ENTRE O VERBO E O SUJEITO ANTEPOSTO

Habitualmente, há CP entre o verbo e o sujeito anteposto; no entanto, foram encontrados casos de CØ a partir do século XIX. As cartas particulares, considerando todo o período analisado, apresentaram um percentual de CØ ligeiramente maior que o das cartas de leitores, 6% contra 4%, e a manifestação de CØ observada proporcionalmente aos demais casos de concordância para um mesmo século foi maior nos dados do século XX para os dois gêneros discursivos. Dos poucos casos de CR identificados, todos pertencem a dados do século XIX.

Vejamos os seguintes exemplos:

a) CP entre o verbo e o sujeito anteposto

(41) CP entre o verbo e o sujeito anteposto

a. [18,1 CP SP] ***Ellas** [as suas letras] me**serviraõ** detanto gosto quando meacha| va em amajor tristeza por me conçiderar a-| tento dequem tanto adoro.*

b. [18,1 CO PE] *A PeSsoa de V. Magde. gde. Deos felices an|nos como **todos seuz vaSsalos** lhe **dezejam**.*

c. [18,2 CP MG] *He tam publica eno teria a onrra com que vm.ce me trata q ate **os escravos** a **conhecem**.*

d. [19,1 CP RJ] [...] ***as circunstancias actuaes não permitem** oque com Segurança afirmo lhe dezejo fazer.*

e. [19,2 CL PR] ***Os informantes do Excelentíssimo Senhor Doutor chefe | de policia não lhe disseram** a verdade | quando o induziram a crer que Bento de | Paula Dias, recebera voz de prisão e | refugiara-se depois em minha casa.*

f. [19,2, CR BA] *Parece que ao Diario incommodaram muito as nossas expressões, nas quaes só **elle enxergou** alusões.*

g. [20,1 CL PE] *Não é crível, | pois, que sem quebra de disciplina,* ***esses | guardas agissem*** *de qualquer modo sem | ordem de seu commandante ali presente.*
h. [20,1 CR RN] ***Os inimigos*** *da "promoção" concedida ao pelourinho, - que foi transportado da obscuridade de um corredor para claridade de uma praça, guarnecido por canhões históricos, - não* ***se contentaram*** *com a campanha que essa trasladação sofreu.*
i. [20, 2 CL RJ] ***As reportagens mos- | trariam*** *os locais, as datas,| as características e o signi- | ficado dessas festas muito | brasileiras.*

b) CØ entre o verbo e o sujeito anteposto

(42) CØ entre o verbo e o sujeito anteposto
a. [19,1 CL PE] ***Nem um Antunes*** *esteve em armas nunca, | nem agredirão ninguem.* ***Ø Estavao recolhi- | dos*** *ás suas fazendas e habitações, esperan- | do a maligna pronuncia do club da Banca | – Jeromista para se apresentarem ás au- | thoridades competentes.*
b. [19,2 CP SP] ***os primeiros tempos custará*** *um pouco, mas com o tempo quando se tem um bom marido vai-se abituando.*
c. [20,1 CL PE] ***os redactores*** *| desse jornalzinho – tendo-se creado mui- | tos inimigos –****possa a ser desacatados*** *| e como em número de hoje que me foi | mostrado, me responsabilizam pela au- | toria de uma carta anonyma que dizem | ter recebido, recheiada de ameaças e ou- | tros desconchavos [...]*
d. [20,2 CP RN] *Lucinha, não sei com que | palavras posso lhe pedir descul- | pa pelo o atrazo desta car- | ta, mas posso lhe explicar |* ***todas as cartas*** *que vinhão | em meu nome* ***voltava****.*

Por vezes, a CØ entre o sujeito e o verbo pode decorrer de uma questão semântica: veja-se o exemplo (42a), no qual o sintagma nominal negado *nem um Antunes* tem como especificador um indefinido, que exclui cada um dos indivíduos pertencentes à família Antunes de qualquer grupo de indivíduos que tenha estado *em armas*, ou que tenha agredido alguém. Na primeira sentença, portanto, houve CP entre *nem um Antunes* e os verbos *agredirão* (grafia antiga do pretérito perfeito de *agredir*) e *esteve*. Em ***Ø Estavao recolhi- | dos*** *ás suas fazendas*, o plural do verbo decorre provavelmente de uma segunda interpretação que se fez do SN *nem um Antunes*, agora como plural, algo como *nem um* apenas, ou seja, *todos*. Nega-se, em suma, que a totalidade dos Antunes tenha agredido alguém, afirmando-se que *todos eles estavam recolhidos*. A noção de plural levou à marca gramatical de plural no segundo verbo.

c) CR entre o verbo e o sujeito anteposto

Os casos de CR envolvendo um verbo que não compartilha traços com seu sujeito, mas com outro elemento da sentença, serão examinados nas seguintes subseções, a seguir: CR entre o verbo e o argumento interno em "Concordância por reanálise entre o verbo, o argumento interno, o adjunto adnominal e o adjunto adverbial"; CR entre o verbo e o adjunto adnominal em "Concordância entre o verbo apresentacional/existencial e o absolutivo"; CR entre o verbo e o adjunto adverbial em "Concordância entre o verbo equativo e o 1º ou 2º termo da equação".

Tabela 11 – Concordância entre o verbo e o sujeito anteposto

Gênero discursivo	Século	CP	CR	CØ
Cartas Particulares Estados: PE, SC, RN, RJ, BA, SP, MG	18,1	19/19 (100%)	0	0
	18,2	7 (100%)	0	0
	19,1	51/55 (93%)	2/55 (3,5%)	2/55 (3,5%)
	19,2	90/100 (90%)	3/100 (3%)	7/100 (7%)
	20,1	107/113 (95%)	0	6/113 (5%)
	20,2	36/41 (88%)	0	5/41 (12%)
Subtotal		310/335 (92,5%)	5/335 (1,5%)	20/335 (6%)
Cartas de Leitores Estados: PE, SC, PA, SP, PR, BA, MG, CE, RJ	19,1	84/88 (95%)	1/88 (2%)	3/88 (3%)
	19,2	76/79 (96%)	2/79 (2,5%)	1/79 (1,5%)
	20,1	53/57 (93%)	0	4/57 (7%)
	20,2	36/38 (95%)	0	2/38 (5%)
Subtotal		249/262 (95%)	3/262 (1%)	10/262 (4%)
Total		**559/597 (94%)**	**8/597 (1%)**	**30/597 (5%)**

A Tabela 11 mostra uma grande consistência da CP com o sujeito anteposto.

CONCORDÂNCIA ENTRE O VERBO E O SUJEITO POSPOSTO

No contexto de sujeito posposto ao verbo foram encontrados apenas casos de CP e de CØ. A primeira ocorrência de cada caso foi identificada no século XVIII.

a) CP entre o verbo e o sujeito posposto

(43) CP entre o verbo e o sujeito posposto

a. [18,1 CP RJ] ***Emportam*** *as rendas Reaez, cada trienio, neste Rio | de Janeyro,* ***muyto perto de seis sentos mil cruzados****, enoque toca | as minas vejo que nem dizimos dos quintos de Vossa Maggestade | porque cada hum anno* ***emtrão*** *neste Rio de Janeyro,* ***oi=*** *|* ***to, dez, e doze milhons****, epara a Bahia vay muyto mas;*

b. [18,2 CP MG] *Eu bem queria dar principio a habiliatr-me pa. por ao peito/ o habito de Christo, cuja merce me* ***derão os Tios de Ferral****, porem como/ pa. isto me são percizas 30 moedas nada posso fazer.*

c. [19,1 CL PE] *Nas devaças geraes a que* ***proce-*** *|* ***dem os Corregedores*** *em correições | nas Cidades, e Villas do termo de suas | comarcas, inquirem testemunhas so- | bre aquellas pessoas que uzaõ do ti- | tulo de Dom sem lhes pertencer [...]*

d. [19,2 CP BA] *Se houver compradores (o que duvido) e não* ***bastarem os exemplares*** *que forão, avise que mandarei mais.*

e. [20,1 CP BA] *Hoje* ***completam 20 dias*** *de minha espectativa, que já começavam a se tornar insuportavel.*

f. [20,2 CL PE] *Zé | Wamberto, sempre que | lhe* ***permitem os compro-*** *|* ***missos****, ocorre o Altinho | para abraçar-me e alen- | tar o meu espirito com | seus desvanecidos esti- | mulos.*

b) CØ entre o verbo e o sujeito posposto

(44) CØ entre o verbo e o sujeito posposto

a. [18,2 CP MG] *vossa mercê memandou hua oitava e me mandou dizer que me* ***fica Restando*** *Somente* ***tres coartos.***

b. [19,1 CP MG] ***Corre*** *por aqui* ***boatos*** *que alguns sujeitos de São. João tentão/ oslugares desta Recebedoria, eque pertendem emprestar com onovo Procurador.*

c. [19,2 CP MG] *Não sei por onde principie! Porem va,* ***acabou os padecimentos*** *da nossa enfelis Irmam Rita que Deus. aja na sua* *gloria, pois bem sofreu de uma molestia nervoza sem cura, que disem os médicos que vem a ser, aque ovulgo xamão fome caninha.*

d. [20,1 CP BA] *Quando* ***approximar os dias*** *da minha ida ahi, communicar-te-hei.*

e. [20,2 CP RN] *Lucinha, valeu a pena | de conhecer, mais a pena |* ***valeu os poucos momentos*** *| que ficamos juntos e pelos | poucos momentos acabei me | envolvendo com você de uma | maneira muito bonita essa de | te amar.*

c) CR entre o verbo e o sujeito posposto

Não foram encontrados casos de CR nesse contexto.

A comparação entre os dados de concordância envolvendo o verbo e o sujeito anteposto e o verbo e o sujeito posposto mostra que o segundo contexto é mais favorável à CØ, 17% contra 5%, considerados os casos gerais de CØ em relação ao total de relações de concordância obtidas para o contexto em todo o período investigado. A manifestação mais expressiva de CØ se observa nas cartas particulares, 24,5%, contra 7% nas cartas de leitores.

Tabela 12 – Concordância entre o verbo e o sujeito posposto

<table>
<tr><th>Gênero discursivo</th><th>Século</th><th>CP</th><th>CR</th><th>CØ</th></tr>
<tr><td rowspan="6">Cartas Particulares
Estados: PE, SC, RN, RJ, BA, SP, MG</td><td>18,1</td><td>4/4 (100%)</td><td>0</td><td>0</td></tr>
<tr><td>18,2</td><td>2/5 (40%)</td><td>0</td><td>3/5 (60%)</td></tr>
<tr><td>19,1</td><td>16/21 (76%)</td><td>0</td><td>5/21 (24%)</td></tr>
<tr><td>19,2</td><td>23/31 (74%)</td><td>0</td><td>8/31 (26%)</td></tr>
<tr><td>20,1</td><td>22/28 (78,5%)</td><td>0</td><td>6/28 (21,5%)</td></tr>
<tr><td>20,2</td><td>13/17 (76%)</td><td>0</td><td>4/17 (24%)</td></tr>
<tr><td colspan="2">Subtotal</td><td>80/106 (75,5%)</td><td>0 (0%)</td><td>26/106 (24,5%)</td></tr>
<tr><td rowspan="4">Cartas de Leitores
Estados: PE, SC, PA, SP, PR, BA, MG, CE, RJ</td><td>19,1</td><td>23/24 (96%)</td><td>0</td><td>1/24 (4%)</td></tr>
<tr><td>19,2</td><td>24/26 (92%)</td><td>0</td><td>2/26 (8%)</td></tr>
<tr><td>20,1</td><td>16/17 (94%)</td><td>0</td><td>1/17 (6%)</td></tr>
<tr><td>20,2</td><td>7/8 (87,5%)</td><td>0</td><td>1/8 (12,5%)</td></tr>
<tr><td colspan="2">Subtotal</td><td>70/75 (93%)</td><td>0</td><td>5/75 (7%)</td></tr>
<tr><td colspan="2">Total</td><td>150/181 (83%)</td><td>0/181 (0%)</td><td>31/181 (17%)</td></tr>
</table>

CONCORDÂNCIA ENTRE O VERBO E O SUJEITO COMPOSTO, EXPRESSO POR DOIS OU MAIS SINTAGMAS NOMINAIS

Nos exemplos dessa estrutura, houve casos de CP e CØ entre o verbo e o sujeito composto, sendo que o primeiro caso de CØ foi identificado no século XVIII.

a) CP entre o verbo e o sujeito composto

Neste caso, verbo e o sujeito compartilham traços de número e pessoa. A marca de pessoa no verbo dependerá da natureza dos elementos que constituem o sujeito composto. Quando todos esses elementos se referem à segunda ou à terceira pessoa (singular ou plural), o verbo expressa marca de terceira pessoa plural:

(45) CP entre o verbo e o sujeito composto referente à terceira pessoa
  a. [19,1 CL MG] *e para que **Vossamercê senhor Re | dactor e o Respeitavel Publico** não **continuem** na mesma | illusão, rogo-lhe queira inserir esta declaração.*
  b. [19,2 CP RJ] *Convem que **tu e tua Mãe fallem** ao meu filho ebem para que os cargos e com cargos saião sabbado para domingo para [terem] tres dias deviagem.*
  c. [20,1 CL PA] ***Antonio Baptista Bello de Car- | valho e familia**, compulgidos pelo ines- | perado fallecimento de sua prezadissima | amiga e comadre, dra. Anna Roggen, | occorrido ultimamente na republica chi- | neza, **convidam** a população dasta cida- | de para a missa que, em suffragio de | sua alma, será celebrada as 6,30 da | manhã do dia 26 do corrente, na Ca- | thedral.*
  d. [20,2 CL PE] *É com prazer reno- | vado que acolho em mi- | nha tebaida altinense, que- | ridas amizades **que o tem- | po e as lonjuras**, ao rever- | so **revigoram e aproximam** | ainda mais.*

Quando um dos elementos que constituem o sujeito composto se refere à primeira pessoa (singular ou plural) e os demais elementos se referem a qualquer outra pessoa, o verbo apresenta flexão de primeira pessoa plural:

(46) CP entre o verbo e o sujeito composto referente à primeira pessoa
  a. [19,1 CL RJ] *ao contrario **ficaremos eu e os mais** | prohibidos de sahir á rua.*

b. [19,2 CP BA] ***Eu e Mariquinhas*** *muito nos* ***re-|commendamos*** *á Excelentissima Senhora.*
c. [20,1 CL PA] *Não é porque* ***eu, tu e alguns outros*** *| nos* ***julguemos*** *"cartas fóra do baralho" | que não* ***possamos ter****, tambem, o di- | reito que se arrogam os moços, os al- | mofadinhas... || Portanto, mãos á obra!*
d. [20,2 CP PE] ***Eu e Maria da Penha formulamos*** *para vossa mercê | e toda a sua Família os melhores votos de Ano Novo.*

Mostrou-se frequente o compartilhamento de traços entre o verbo e o sujeito expresso por SN pesado de estrutura [esp + N / PRO + SP] com o uso da preposição *com*. Esses usos parecem indicar uma nova função da preposição *com* no PB, que se assemelha à função aditiva da conjunção *e*. Considerando essa função, essas estruturas constituem também sujeitos compostos e, portanto, a relação com o verbo no plural é de CP.

(47) CP de número entre o verbo e o sujeito composto constituído por SN pesado
a. [19,2 CP BA] *Até entre os proprios liberaes lavra alguma discordia; e* ***o Ottoni com os mais membros do directorio soffrem*** *opposição da facha radical, a Actualidade, cujo director, Flavio Famise, não entrou na chapa| organizada pelos chefes.*
b. [20,1 CP BA] ***Eu com os meus continnuamos*** *sem menor alteracção.*
c. [20,1 CP BA] *Aqui esteve meu cunhado* ***o Coronel João Evangelista com a Familia que vieram*** *com o fim de assistir o cazamento de minha| filha no dia 29 do proximo passado como estava marcado.*
d. [20,2 CL SC] ***o pai, com | a ajuda do cunhado, | tomaram*** *as principais providên-|cias para abrandar a catas- | trofe. || Daí por diante o pai pas-| sou a trabalhar como em-|pregado.*

Se analisássemos os dados anteriores levando em conta o uso tradicional da preposição *com*, veríamos que não há concordância entre o verbo no plural e o núcleo do sujeito singular seguido de complementizador SP, encabeçado por *com*. O fato de o complementizador de (47a, b) exibir marca de plural poderia sugerir uma CR, mas, no mencionado novo uso de *com*, não é necessário que o complementizador esteja no plural para que o verbo vá para o plural, como mostram os exemplos (47c, d), nos quais a CR não se justificaria.

Do ponto de vista semântico, esses casos parecem produzir um efeito semelhante ao que se produz com a coordenação aditiva: há uma soma de indivíduos ou coisas. É essa soma que parece levar o verbo a exibir morfologia plural, independentemente de qual seja o número expresso pelo complementizador. Note-se que esse uso recente pode apresentar ainda alguma instabilidade, visto que no exemplo (47d) o *com* não faz uma junção direta entre o *pai* e o *cunhado*, mas entre o *pai* e *a ajuda do cunhado*.

b) CØ de número entre o verbo e o sujeito composto por coordenação

Quando há um sujeito composto e o verbo não apresenta flexão plural, ocorre uma CØ, como contraparte da produtiva relação de concordância em que esse tipo de sujeito leva à flexão plural no verbo:

(48) CØ de número entre o verbo e o sujeito composto
  a. [18,2 CP MG] *e que nestes termos se vmce | não continuar em ajudar-me ja que* ***a sua incomparavel honra | e bonde.*** *me* ***pôz*** *em estado habil de seguir os Camos. dos homens debem | nada posso fazer.*
  b. [19,1 CP SP] *meu charo Senhor,* ***aPatria, ea | Naçaõ ochama.***
  c. [19,2 CP MG] *Muito heide estimar que* ***o Senhor e a Excelentíssima família esteje passando bem.***
  d. [20,1 CP MG] *más aque valle é que* ***Jozé e Dalena mi conhece, sabe*** *oque eu sou.*
  e. [21,1 parecer] ***o histórico da candidata e a lista de publicações recentes da orientadora*** *não* ***confere*** *à sua solicitação o grau de excelência necessário para a concessão da bolsa.*

c) CØ de pessoa entre o verbo e o sujeito composto por coordenação

Há também casos de CØ que envolvem a categoria de pessoa. Nos dados a seguir, do século XIX, essa relação se expressa pela presença de um quantificador indefinido do tipo *todos* em um dos elementos que compõem o sujeito e de uma flexão de primeira pessoa plural no verbo. Compare-se esta situação com (46), em que o sujeito continha ao menos um elemento que se referia intrinsecamente à primeira pessoa; neste, não há nenhum:

(49) CØ de pessoa entre o verbo e o sujeito composto
  a. [19,1 CP BA] ***Sua Comadre, e todos de casa*** *nos* ***recomenda-mos*** *á sua bondade.*
  b. [19,2 CP SP] ***Mamãe e todos*** *aqui* ***vamos*** *bem.*
  c. [19,2 CP BA] *Que saudades nos causa elle a* ***todos os Brasileiros****, que o* ***amava-mos*** *pela sua pessôa,* ***e respeitavamos*** *por suas qualidades!*

Note-se que esse fenômeno envolvendo o item *todos*, apesar de ter sido mais facilmente identificado em casos de sujeito composto, também é possível em casos de sujeito simples, como em (49c).

Esse tipo de CØ envolve, para além da gramática, os diferentes sistemas linguísticos: o locutor se inclui entre os elementos referidos pelo conjunto que o sintagma de quantificador indefinido expressa (*todos de casa*; *todos aqui*; *todos os brasileiros*), o que expande a capacidade de delimitação de indivíduos desse item lexical aos participantes do discurso, de modo que a dêixis passa a ser um elemento essencial para a indicação da totalidade expressa pelo sintagma em sua relação com o verbo.

d) CR entre o verbo e o sujeito composto

Não foram encontrados casos de CR nesse contexto.

Tabela 13 – Concordância entre o sujeito composto e o verbo

Gênero discursivo	Século	CP	CR	CØ
Cartas Particulares Estados: PE, SC, RN, RJ, BA, SP, MG	18,1	0	0	0
	18,2	0	0	1/1 (100%)
	19,1	9/10 (90%)	0	1/10 (10%)
	19,2	25/29 (86%)	0	4/29 (14%)
	20,1	11/13 (85%)	0	2/13 (15%)
	20,2	10/10 (100%)	0	0
Subtotal		55/63 (87%)	0	8/63 (13%)
Cartas de Leitores Estados: PE, SC, PA, SP, PR, BA, MG, CE, RJ	19,1	4/4 (100%)	0	0
	19,2	9/9 (100%)	0	0
	20,1	12 /13 (92%)	0	1 (8%)
	20,2	9/9 (100%)	0	0
Subtotal		34/35 (97%)	0	1/35 (3%)
Total		**89/98 (91%)**	**0**	**9/98 (9%)**

A Tabela 13 mostra uma grande consistência com as tabelas anteriores, dada a forte predominância da CP.

CONCORDÂNCIA ENTRE O VERBO E O SUJEITO EXPRESSO POR SUBSTANTIVO COLETIVO OU POR SUBSTANTIVO DE MASSA

Sujeito expresso por substantivo coletivo, gramaticalmente singular, semanticamente plural, constitui uma CØ gramatical e uma CP semântica com o verbo no plural, ou seja, pois não há compartilhamento de traços gramaticais, porém, ao mesmo tempo, o verbo concorda semanticamente com o sentido plural do sujeito coletivo.

a) CP semântica entre o sujeito [coletivo] e verbo / CØ gramatical

(50) CP semântica entre o sujeito [coletivo] e verbo / CØ gramatical

a. [20,2 SP D2 360] ***a família do marido eram doze*** _*agora* ***são onze.***

b. [20,1 CL SP] *Não podem ser mais fortes e mais | positivas as ordens sobre as formigas: este | insecto o mais prejudicial aos nossos arvo-| redos,* ***a peste*** *a mais temivel na lavoira | conserva-se no centro da Cidade como em | deposito, para* ***destruirem*** *as nossas plan- | tações e até* ***demolirem*** *nossas casas: e | o que é mais alêm de muitos formiguei- | ros que ha no interior da Cidade ha um | defronte á casa da Camara, e outro de- | fronte á do Escrivão!*

c. [20,1 CL SP] ***O grupo*** *monarchista compareceu ás | urnas acompanhado da flôr da sua gen-|te;* ***cabularam*** *a valer para* ***darem*** *| apenas meia duzia de votos ao dr. | Nogueira (vulgo Dr. ...).*

d. [21,1 entrevista televisionada, 2012] ***Essa família conseguiram*** *se reunir.*

Em todos os exemplos acima, o traço coletivo dos substantivos motivou a flexão de número plural no verbo, desencadeando uma CØ gramatical (= sujeito no singular, verbo no plural) e, simultaneamente, uma CP semântica (= verbo no plural, concordando com o sentido plural do sujeito). Este último tipo de concordância, sem expressão morfológica, foi descrito na tradição gramatical como "concordância ideológica".

Em (50b), o verbo *destruírem*, plural, constitui uma sentença hipotática de sujeito nulo (*para destruirem*) que se associa a uma sentença nuclear que tem por sujeito *a peste*, singular, e nessa relação, tipicamente, o verbo de sujeito nulo compartilha traços gramaticais com o sujeito da sentença nuclear. Não é o que ocorre no exemplo, já que *a peste* e *destruírem* não compartilham traços de número.

O item lexical *peste*, apesar de não ser propriamente um substantivo coletivo, é, neste texto, associado referencialmente a um elemento coletivo: pela progressão referencial, fica claro que *a peste* retoma e recategoriza o referente do sintagma nominal plural *as formigas* (anteriormente categorizado como *insecto*). É preciso considerar como, no discurso, as propriedades semânticas dos elementos lexicais se expressam, e, neste exemplo, a *peste* é apresentada como um elemento coletivo. É preciso, também, levar em conta que o item lexical *peste* geralmente remete a uma ideia plural ou de massa, o que pode ter favorecido seu uso neste texto. Simultaneamente, *formigas* corresponde aqui ao tópico discursivo, influenciando a marca de plural nos verbos.

O que importa nesse comportamento do item lexical *peste* é que suas propriedades semânticas e lexicais, harmonizadas com a situação discursiva em questão, motivaram a marca de plural no verbo, produzindo na gramática uma CØ. Esse exemplo mostra claramente como, apesar de a concordância se expressar pela gramática, não existe uma determinação desse sistema sobre os outros para a manifestação do compartilhamento de traços gramaticais; o que parece haver, na verdade, é uma atuação conjunta dos quatro sistemas linguísticos, que são flexíveis diante da operação de cada um.

A gramática tradicional denomina os casos de CØ anteriores como silepses, do grego *sylepsis*, "ação de entender, de tomar em conjunto, compreensão". Na concordância por silepse, entende-se geralmente que o verbo concorda com um elemento não apenas gramatical, mas também semântico ou discursivo. Como, neste trabalho, a concordância é compreendida como um compartilhamento de traços gramaticais, não dizemos que nesses exemplos o verbo "concorda" com um elemento da semântica, mas que a manifestação da marca de plural no verbo foi *motivada* por esse elemento semântico ou do discurso.

O inverso dessa regra também é encontrado, e esta é a concordância acolhida pela gramática normativa, como veremos na subseção "Concordância por reanálise entre o verbo, o argumento interno, o adjunto adnominal e o adjunto adverbial".

b) CP gramatical/CØ semântica entre o sujeito coletivo e o verbo

(51) CP gramatical/CØ semântica entre o sujeito coletivo e o verbo

a. [18,2 CP MG] *e finalmente passei pa. acompana./do Conego Thomas daSa. da camara e 3 Irmaos teus sugeitos todos por qualquer/ principio bem estimaveis por q. alem de ser distintos pela sua qualide. e nascimen/to pois* ***he a sua familia*** *mto. illustre.*

b. [19,1 CL PE] ***o publico sabe*** *mui bem, que a minha con- | ducta sempre foi livre de qualquer crime mes- | mo leve, que pertenço* ***a uma familia****, que | sempre acupada em seus meios de vida lici- | tos e decentes,* ***he*** *conhecida com alguns | merecimentos.*

c. [19,2 CP BA] *o Conselheiro tendo noticia da-| derrota, animou suas forças efêl-as| partir (naocasião <em que> as tropas legais es-|tendião as linhas) ordenou que todo|* ***o grupo seprecipitasse*** *em cima| de uma linha aferro frio.*

d. [20,1 CR PE] *Que* ***o povo saiba folgar****, | esquecendo as proprias ma-|guas e todas as suas difficul-|dades. || N'estes três dias impere o | mais franco contetamente. || A' margem os dissabores, | rompamos a melancolia. ||* ***O povo se diverte****.*

e. [20,2 CR PE] *Composta bàsicamente de lou- | ros marinheiros norte-americanos, |* ***a tripulação amotinou-se*** *para im- | pedir que o imediato hondurenho | Albert Mann, de côr negra, assu- | misse o cargo de comandante.*

Os exemplos recolhidos em (51) documentam uma estratégia oposta à dos exemplos examinados em (50). Diferentes motivações do falante são assim constatadas.

Fato semelhante ocorre quando o sujeito é expresso por substantivo de massa, também conhecido como substantivo não contável, que apresenta o mesmo comportamento dos coletivos:

c) CØ entre o sujeito $^{\text{substantivo de massa}}$ e o verbo

(52) CØ gramatical entre o sujeito $^{\text{substantivo de massa}}$ e o verbo

a. [21,1] ***As águas*** *de março não* ***vai encher*** *o reservatório.*

b. [21,1] ***A manteiga*** *mal guardada* ***azedavam*** *nas jarras.*

CONCORDÂNCIA ENTRE O VERBO E O SUJEITO NULO

Nas ocorrências aqui examinadas, assinalamos o sujeito nulo por Ø. Como se sabe, as categorias vazias são anafóricas. Portanto, a concordância entre o sujeito nulo e o verbo se fundamenta na existência de expressão nominal da sentença, à qual o sujeito nulo remete.

a) CP entre o verbo e o sujeito nulo

Consideramos como CP entre o sujeito nulo e o verbo os casos em que esse sujeito reativa claramente um elemento anteriormente expresso, nos conhecidos casos de anáfora zero. Apesar de o sujeito não se realizar, as propriedades temáticas e de caso correspondem a ele.

(53) CP entre o verbo e o sujeito nulo

a. [18,2 CP SP] *parece que estas duas viciosas salvaginhas se deraõ mutuamente as maõs para destruhirem a caza de Vossa merce, pois* ***Ø trabalhaõ*** *taõ conformes para em tudo arruinala.*

b. [19,1 CL BA] *(...) muitas cousas que tem | sído publicadas por vazios periodicos nes- | ta Cidade, e quando se descobrem as ver- | dades, dizem esses senhores, são os rus- | guentos, são inimigos da Ordem, que- | rem fazer rusgas, querem....he pre- | ciso que* ***Ø se lembrem****, que os seos feitos | são bem conhecidos desde 1824.*

c. [20,1 CP SP] *Hontem escrevi aos manos Phaé e João que tinha desistido da procuração de [mi]nha Mãe, e que esta estava promp[ta] para transferir os mes= mos poderes [a e]lles para que* ***Ø dessem*** *aos negocios d[e]lla a orientação que* ***Ø entendessem****.*

d. [20,1 AN RN] *Não é reclame! || E'apenas um conselho* ***ás bôas Donas | de Casa****, para que* ***Ø*** *não* ***permittam*** *que entrem no seu lar, productos de qualidade | duvidosa.*

e. [20,2 CL CE] ***Os «moci- | nhos»*** *que meteram na- | quelas vistosas camione- | tes, e que andam por ai | espancando e atirando no | povo, infelismente naõ | possuem uma mentalida- | de esclarecida, são sim- | plesmente uns selvagens, | que apenas sabem agir | na violencia, rivalizando- | se nos métodos com os já | tristementes célebres in- | dios «Kalapalos», aque- | lês que assassinaram lá a | seu modo o explorador | inglês Fawcett. Por qual- | quer motivo* ***Ø estão atiran- | do e espancando*** *impune- | mente indefesos cidadãos.*

b) CØ entre o verbo e o sujeito nulo

Os casos de CØ envolvendo sujeito nulo encontrados no *corpus* analisado são todos de infinitivo não flexionado ou de sujeitos nulos que retomam um nome coletivo e serão apresentados nas seções correspondentes (ver seção "Concordância verbal do infinitivo flexionado").

c) CR entre o verbo e o sujeito nulo

(54) CR entre o verbo e o sujeito nulo
[20,1 CP MG] *No mais pesso recomendar atodos, e as meninas fazem o mesmo.* ***Deus*** *que vos abençoi a Vc[e] todos, e* ***Ø proteijem Ø****.*

No dado (54), o verbo *protejam*, grafado *proteijem*, constitui uma sentença de sujeito e objeto nulos. O sujeito nulo reativa um elemento anterior, *Deus*, com o qual se esperava que esse verbo compartilhasse traços gramaticais. O que ocorre, no entanto, é que o verbo compartilha por reanálise traços de número e pessoa com *vcs todos*, que corresponde ao elemento reativado pelo objeto nulo de *proteijem*.

A quantificação dos dados analisados mostra que os casos de CP são os mais frequentes, tendo havido alguns casos de CØ, identificados a partir do século XVIII, e apenas um caso de CR, localizado nas cartas particulares do século XX.

Tabela 14 – Concordância entre o verbo e o sujeito nulo

Gênero discursivo	Século	CP	CR	CØ
Cartas Particulares Estados: PE, SC, RN, RJ, BA, SP, MG	18,1	0	0	0
	18,2	4/5 (80%)	0	1/5 (20%)
	19,1	9/10 (90%)	0	1/10 (10%)
	19,2	38/39 (97%)	0	1/39 (3%)
	20,1	23/24 (96%)	1/24 (4%)	0
	20,2	39/41 (95%)	0	2/41 (5%)
Subtotal		113/119 (95%)	1/119 (1%)	5/119 (4%)
Cartas de Leitores Estados: PE, SC, PA, SP, PR, BA, MG, CE, RJ	19,1	33/36 (97%)	0	3/36 (3%)
	19,2	35/35 (100%)	0	0
	20,1	34/39 (87%)	0	5/39 (13%)
	20,2	31/31 (100%)	0	0
Subtotal		133/141 (94%)	0	8/141 (6%)
Total		**246/260 (95%)**	**1/260 (0%)**	**13/260 (5%)**

A Tabela 14 mostra que, mesmo não representado foneticamente, o sujeito nulo desenvolve predominantemente com o verbo uma CP – um dado interessante para o exame da elipse no PB.

Concordância por reanálise entre o verbo, o argumento interno, o adjunto adnominal e o adjunto adverbial

Veremos que é bastante comum o compartilhamento de traços entre o verbo e seu argumento interno em diferentes contextos sintáticos, assim como o compartilhamento de traços entre elementos extrassintagmáticos e extrassentenciais.

a) CR entre o verbo e o argumento interno

(55) CR entre o verbo e o argumento interno
   a. [19,2 CP BA] *O Mont'alegre, e o Euzebio estão promptos á lhe servirem, e só* ***lhes faltam*** *saber o como.*
   b. [21,1] *O vendedor daquela loja* ***indicaram alguns rótulos interessantes.***
   c. [21,1 SP] ***Tratam-se de vários processos*** *atrasados.* (*Folha de S.Paulo*)

No exemplo (55a), *faltar* concorda por reanálise com o objeto indireto *lhes,* e não com o infinitivo sujeito *saber*; em (55b), *indicaram* concorda por reanálise com o objeto direto *alguns rótulos interessantes*, e não com o sujeito *o vendedor*; finalmente, em (55c), *tratam-se* concorda com o complemento oblíquo *de vários processos*, numa sentença sem sujeito.

Como pode tratar-se de casos de hipercorreção, seria necessário verificar até que ponto estruturas como (55c) não terão surgido depois da intensa pregação gramatical em favor da concordância entre o verbo com *se* e a expressão nominal seguinte – portanto, uma questão de história social.

Por outro lado, pode-se hipotetizar que a concordância entre o verbo e o argumento interno aponta para a perda do caso abstrato no PB.

b) CR entre o verbo e o adjunto adnominal

Neste ambiente, não são raras as ocorrências de CR entre o verbo e o adjunto adnominal. Elas são, na verdade, mais produtivas que a CR nominal.

Os casos de CR analisados a seguir ilustram tipos interessantes de concordância que envolvem o verbo e o adjunto adnominal

(56) CR entre o verbo e o adjunto adnominal

a. [19,1 CP SP] *Secenta, etantas pessoas obtiveraõ votos para Deputados deCortes, que abun= | dancia* ***de luzes cobrem*** *aos Paulistas!*

b. [20,2] *O mistério* ***dos crânios humanos mergulharam*** *na noite dos tempos.*

c. [20,2] *Um ponto* ***dessas civilizações escapam*** *à nossa compreensão.*

d. [21,1 SP] *O preço* ***deles são*** *cada vez mais altos.* (noticiário televisivo, 2012)

e. [21,1 SP] *Pessoal, segunda feira vai haver a divisão das salas mesmo, né? O rendimento* ***das aulas de Português ficam muito prejudicado*** *com as salas tão grande.* (carta-circular enviada por uma professora de Português)

f. [21,1 SP] *O comando* ***das forças internacionais*** *no Afeganistão* ***confirmaram*** *ontem a morte de 12 civis.* (*Folha de S.Paulo*)

g. [21,1] *As reclamações repetidos dos moradores* ***desta cidade me obrigou*** *a procurar a autoridade.*

h. [21,1 SP] *O levantamento* ***dos fatos gramaticais*** *de variação e mudança ocorridos no período em análise* ***possibilitam*** *ainda um estudo (...).* (de um relatório científico)

i. [21,1] *A população* ***de 250.000 habitantes vivem*** *em treze municípios.* (jornal de Belém do Pará)

O que haveria de comum na estrutura dos adjuntos adnominais dessas sentenças?

1. Eles vêm encaixados no SN $^{\text{sujeito anteposto}}$ que exibe, em geral, a estrutura [esp + nome + SP introduzido por *de*], ocorrendo uma CR entre o verbo e o SP.
2. O núcleo nominal desse SN ^{sujeito} não exibe propriedades comuns: temos aí substantivos concretos e abstratos (*mistério, ponto, preço*), coletivo (*população*) e deverbais (*rendimento, comando, reclamação, levantamento*).
3. O complementizador vem maiormente introduzido pela preposição *de,* que exibe o caso abstrato genitivo, seguida por um substantivo no plural. Com esse substantivo o verbo estabelece uma relação de concordância por reanálise. Em (56c), o SP *dessas civilizações*, constituinte periférico de *um ponto*, compartilha traços gramaticais de pessoa e número com *escapam*, “destronando” o núcleo *ponto*.

A sintaxe que vimos analisando representa o caso mais frequente de CR verbal. Por isso mesmo, ela tem tem chamado a atenção dos sintaticistas.

Scherre (2005) e Bagno (2011: 648) analisaram tais casos como uma concordância entre o verbo e o adjunto adnominal, como estamos fazendo aqui. Entretanto, gostaríamos de entender melhor essa sintaxe.

Alguns linguistas consideram tratar-se de uma influência africana (Avelar e Galves, 2014), com abundante bibliografia.

Moraes de Castilho (2013) mostra que o fenômeno ocorre pelo menos desde o século XV, em que são documentadas concordâncias como *Mas entendo que* ***a moor parte de todos acharám*** *grande vantagem em leerem bem todo esto que screvo.*

Ela argumenta que a palavra *de* que introduz os adjuntos adnominais de (56) não é uma preposição – como vimos em "O complementizador é um sintagma preposicional", as preposições atuam como uma sorte de barreira, impedindo o compartilhamento de traços com o constituinte anterior, o que não ocorre aqui – e, sim, um segmento do locativo arcaico redobrado *ende...de*, que organizava frequentes estruturas redobradas. Como neste capítulo temos entendido a concordância como a recorrência de expressões, pode-se concluir que concordância e redobramento constituem um caso de harmonia transistêmica: Moraes de Castilho (2013: 9).

Nos exemplos (56), o locativo *de,* homônimo da preposição *de,* cria uma barreira também entre os termos que antecedem e que se seguem a esse item, como em (56b) ***o mistério*** *dos crânios* ***mergulharam***. Também a concordância verbal, portanto, ilustra casos de "turbulência" quando aparece esse item lexical.

Vale a pena, portanto, reconstruir o percurso diacrônico desse locativo, organizável em três momentos:

i) Estrutura original, em que *ende* era imediatamente seguido por *de:*

(57) Clítico locativo *en* na estrutura original

a. [13:1299 HGP 216:24] [...] *áátal preito que nos dedes ende cada ũu ano .v.e quarteiros de pam pela midida per que rreçebemos os outros cabedaes para a dita oue, mais produtivas que a* ***ende de tríjgo*** *e os quatro de segunda e paguardes o fforo a Santiago,* [...]

b. [15:1414 HGP 107:22] *Et por que esto seja certo et nõ veña em dulta, rroguey et mandey ao notário sub escripto que fezesse* ***ende delo*** *esta carta de testam certo et nõ veña em dulta, rrogue.*

ii) Estrutura descontinuada, em que *ende/en* era mediatamente seguido por *de*:

(58) Clítico locativo *en* na estrutura descontinuada

a. [13 FR 167:10] *Outrosy dementres que for em corte del rey, des aquel dya que se* ***en*** *partir* ***de sa casa*** *por todo huu dia seya y seguro (E) el con todas sas cousas,* [...]

b. [14:1310 HGP 89:38] *Et que isto sseia certo e nõ uena em dulta, mãdamos uos* ***en*** *facer_esta carta* ***desta uençõ*** *feyta per Ares Peres,* [...]

iii) Estrutura topicalizada, em que *ende/en* separa-se de *de*:

(59) Clítico locativo *en* na estrutura topicalizada

a. [13 CA 223:8] *E mia senhor, al vus quero dizer |* ***de*** *que sejades* ***ende*** *sabedor: | non provarei eu, mentr'eu vivo for', | de lhe fogir, ca non ei én poder: | Ca pois mi-Amor ante vos quer matar, | matar-xe-mi-á, se me sem vos achar'. ||*

b. [14:1314 HGP 151:33] [...] *e* ***da*** froyta *toda que é feyt(a) ou que uos y fecerdes daredes* ***ende*** *a meã;*

A autora levanta a hipótese de que nos exemplos de (59), "*não temos aí a preposição de, pois salvo engano, sintagmas preposicionados por de não são reduplicáveis. Já os locativos sofrem redobramento, juntamente com outras classes*" (p. 12).

E mais adiante, p. 13:

> *Ende* procede da forma latina *inde*, de que resultou a forma monossilábica *en*, muito frequente no português arcaico e ainda hoje em várias línguas românicas: cf. Italiano *ne (ende de > ende > enne > ne)*, Francês *en (ende de > en).*
>
> O clítico locativo redobrado [*en* + *de* SN] passou por um longo processo de gramaticalização que pode ser simplificadamente dividido em duas fases: (i) fase A, ou fase do redobramento propriamente dito, e (ii) fase B, ou fase de simplificação do redobramento. [...] Estas devem ter sido as alterações fonológicas da estrutura B: [[*ende de*] N]] > [*endede* N] > *[*endde* N] > [*en de* N] > [*de* N].

Segundo esta hipótese, é o locativo *de* que ocorre na CR, tendo-se tornado homófono à preposição *de.*

c) CR entre o verbo e o adjunto adverbial

(60) CR entre o verbo e adjunto adverbial
a. [21,1] *O licenciamento ambiental* ***demoram anos.***
b. [21,1] *Logo vocês saberão o que* ***acontecem naquelas três salas.***

Concordância entre o verbo apresentacional/ existencial e o absolutivo

Os verbos apresentacionais/existenciais se caracterizam notadamente por introduzirem o referente de seu argumento único no universo do discurso, organizando a estrutura [SV – SN]: Suñer (1982).

Em geral, o argumento único aparece depois do verbo, com exceção de quando intervém uma sentença adjetiva, caso em que o absolutivo se torna antecedente do pronome relativo que introduz a sentença nucleada pelo verbo apresentacional, e de quando ocorre um *absolutivo nulo*, como no exemplo (61a) a seguir.

No PB, os verbos apresentacionais mais comuns que têm uma relação estreita com a expressão da existência são: *haver*, *ter* e *existir*.

Os dados diacrônicos da pesquisa mostram que os verbos apresentacionais/existenciais ora compartilham, ora não compartilham traços gramaticais com o argumento único, ou seja, há registros tanto de CP quanto de CØ entre esses termos.

É preciso salientar que a flexão de número do verbo apresentacional *haver*, como em *haverem*, combinada com o traço gramatical de número do termo que constitui o absolutivo, estabelece uma CP, ocorrendo compartilhamento de traços gramaticais entre esses elementos. A CP não é totalmente congruente com o conjunto de regras de concordância indicadas pelas gramáticas prescritivas, já que uma estrutura como *haverem lugares* é por elas descartada.

Pela observação dos dados, é possível concluir que, pelo menos desde a segunda metade do século XVIII, há ocorrências do verbo *haver* compartilhando traços de plural com o argumento único. Os dados das cartas particulares indicam uma ocorrência consistentemente maior de CP do que de CØ.

a) CP entre o verbo apresentacional/existencial e o absolutivo

(61) CP entre o verbo apresentacional/existencial e o absolutivo

a. [18,2 CP MG] *Se inda tiver na loja ligas deSe qualir [corroído] os ahi comprei menor de hu' par, e Sijaõ dos que' forem mios compridos, e Se por acaso naõ* ***háverem*** *me mande três viros defita azul, ouverde pe [emorrao] em lugar, das ligas, mas Se* ***houverem citos*** *muito. Melhor.*

b. [18,2 CO PR] *Sertefico que por ordem que tive do actual Juis de orfoz Capitam Luis gomes de Medeiro notefiquei a* ***todas as Mulheres Viuv a e ssolteiras*** *que* ***haviam*** *naquele destrito e tinham fi lhoz de menor idade para o levarem a prezenssa do mesmo- Juis.*

c. [19,1 CL SP] *o resultado foi | jurarem as testemunhas de modo que todos os in- | dicios recahirão no dicto Doutor, pois* ***testemunhas | houverão*** *que jurarão terem cahido as chaves da | commoda do fallescido das algibeiras do Senhor Secre- | tario (então Estudante) indo por acaso abaixar-se, | sem que até então se soubesse das dictas chaves, | e outras e outras cousas.*

d. [19,2 CL PE] *todos sabem que nesse | lugar apenas* ***haviam alguns mocambos****, habita- | dos por gente [ilegivel] miamente pobre.*

e. [20,1 CL BA] *apro-|veito a oportunidade para afir-|mar que, ali, nos ditos terrenos,| ainda* ***existem áreas desocupa-|das****, onde poderão ser construi-|dos alguns banheiros publicos.*

f. [20,1 CR RJ] *E' notorio que* ***existem*** *no si- | tuacionismo gaucho* ***duas cor- | rentes****: a guerreira e a pacifis- | ta.*

g. [20,2 CL SC] *Segundo este jornal, "na Capital |* ***existem*** *apenas* ***8 pensões*** *para estu- | dantes que dão casa e todas as refei- | ções.*

b) CØ entre o verbo apresentacional/existencial e o absolutivo

(62) CØ entre o verbo apresentacional/existencial e o absolutivo

a. [18,1 CO SP] *eComo obrigeiâesta âCaZar por âtirar desta mâ oCaziam. mequer oditto muito mal, enaõ sô SeContenta Comestas como também* ***havera dous meZes*** *Seamacebou coma Luzia bastarda, eoutro por nome Sebastiam comAnna filha daditta aSima declarada, que he humdezaforo actual;*

b. [18,2 CO RJ] *eultimamente mos-trando osobrescrito damesma carta, para ver se al-guma das pessoas pellas maons dequem passarão as cartas vindas noNavio tinhão lembrança de terem visto aquella Letra, por que não* ***havia outros meios*** *deentrar nestaindagação.*

c. [19,1 CP SP] *Como tenciono mandar para lá a tropa no cazo de | **haver** lá **alguns sacos** bom seria Vossa Excelencia m-os mandasse pelo | Domingos.*
d. [19,2 CP BA] *Se **houver compradores** (o que duvido) e não bastarem os exemplares que forão, avise que mandarei mais.*
e. [20,1 CP BA] *o Gallo <ou outra pessoa> me disse que eu requerese a relação alegando motivo justo que não **havia bens** a inventario.*
f. [20,2 CP RN] *Lucinha, recebi a sua carta a | qual fiquei muito contente, fico muito feliz | quando recebo as suas cartas. Só que | com essa eu fiquei muito triste, pois nela | **havia muitas palavras sem ação.***

Em (62a), apresenta-se um recorte de tempo, diferentemente dos demais casos, em que se introduz um referente no discurso, afirmando-se sua existência.

Tabela 15 – Concordância entre o existencial/apresentacional e o absolutivo

Gênero discursivo	Século	CP	CR	CØ
Cartas Particulares Estados: PE, SC, RN, RJ, BA, SP, MG	18,1	0	0	0
	18,2	4/4 (100%)	0	0
	19,1	4/7 (57%)	0	3/7 (43%)
	19,2	9/10 (90%)	0	1/10 (10%)
	20,1	5/7 (71%)	0	2/7 (29%)
	20,2	2/3 (67%)	0	1/3 (33%)
Subtotal		24/31 (78%)	0	7/31 (22%)
Cartas de Leitores Estados: PE, SC, PA, SP, PR, BA, MG, CE, RJ	19,1	1/1 (100%)	0	0
	19,2	1/1 (100%)	0	0
	20,1	1/2 (50%)	0	1/2 (50%)
	20,2	1/2 (50%)	0	1/2 (50%)
Subtotal		4/6 (67%)	0	2/6 (33%)
Total		**28/37 (76%)**	**0**	**9/37 (24%)**

A Tabela 15 mostra que o termo absolutivo, identificado na gramática tradicional com o objeto direto, talvez por influência da gramática latina, estabelece progressivamente uma CP com os verbos existenciais/apresentacionais, com prejuízo da CØ tradicionalmente aceita para essa sintaxe.

Concordância entre o verbo equativo e o 1º ou o 2º termo da equação

As sentenças equativas apresentam a seguinte estrutura sintagmática: [SN¹ sujeito + V + SN² equativo]. A posição V é preenchida pelo verbo *ser* como indicativo da relação de identidade entre os SNs. Com essa estrutura, se estabelece uma equação entre os referentes do primeiro e do segundo SN.

Nas equativas prototípicas, os constituintes da sentença podem ser invertidos sem que a relação de identidade se perca, como em *os sinais são o tema = o tema são os sinais*; a omissão do verbo produz um SN composto, como em *sinais-tema*. Tudo isso aponta para a extraordinário esvaziamento do conteúdo lexical do verbo *ser*.

Do ponto de vista da concordância, o que nos chama a atenção nas sentenças equativas é que existe variação na regra de compartilhamento de traços de número entre o verbo e os sintagmas nominais que participam dessa relação. Isso se observa no par de exemplos a seguir, nos quais o primeiro sintagma nominal é plural e o segundo é singular. Entretanto, em (63a), o verbo compartilha o traço de número com o primeiro SN, ao passo que em (63b), o verbo compartilha esse mesmo traço com o segundo SN:

(63) Concordância entre o verbo e o 1º SN plural
   a. CP [20,2 CL RJ] ***Os sinais luminosos apagados*** *aos sábados e domingos e à noite* ***são o tema*** *de carta do Sr. José Antônio Cavalcanti.*
   b. CØ [20,2 A PE] ***Os simbolos*** *da Associação Phonetica Internacional* ***é a maxima conquista*** *do moderno metodo de ensino para todas as linguas vivas.*

Vejamos mais de perto essas duas condições.

CATEGORIA DE NÚMERO DE UM DOS TERMOS EQUATIVOS

a) CP entre o verbo e o 1º SN plural, ou entre o verbo e dois SNs plurais, coordenados

(64) CP entre o primeiro SN e o verbo equativo

a. [19,1 SP CL] ***as despedidas*** *d'um Presidente* ***são*** *materia de interesse publico.*

b. [20,1 CL PE] ***essa balburdia e | esse recuo forçados são*** *a consequencia | das ordens de s. s.*

c. [20,2 CL RJ] ***Os sinais luminosos*** *apagados aos sábados e domingos e à noite* ***são*** *o tema de carta do Sr. José Antônio Cavalcanti.*

b) CØ entre o verbo e o 1º SN plural/singular

(65) CØ entre o primeiro SN plural e o verbo equativo

a. [18,1 CP RJ] *Se dizem a Vossa Maggestade que as minas estam atrazadas | he engano /senhor / porque* ***as minas, he*** *hua couza muyto grande, | e nam pode faltar nellas ouro.*

b. [19,1 CL SP] ***$200 réis*** *Todos os annos não* ***é*** *uma somma consideravel para um Estudante pobre.*

c. [19,2 CP PR] *E* ***todas estas es- | peranças****, penso, não* ***será*** *um sonho | em breve seremos coroados com o triumpho | de sua realidade.*

d. [19,2 CL SP] *Cumpre cortar* este abuso *das patru- | lhas que não* ***são*** *poder moderador*

e. [21,1 SP] ***Outro ponto importante*** *do estudo dos clíticos* ***são*** *os fatos relacionados à sua colocação.* (exemplo de Graça Betânia Moraes)

f. [20,2 CL BA] ***A confiança e a preferência*** *dispensada à Companhia de| Armazens Gerais e Silos do Estado da Bahia <<CASEB>>, por seus| clientes, sem dúvida alguma* ***é*** *o fator mais responsável pelo| êxito que se possa assinalar.*

g. [20,2 AN PE] ***Os simbolos*** *da Associação Phonetica Internacional* ***é*** *a maxima conquista do moderno metodo de ensino para todas as linguas vivas.*

h. [20,2 N SP] ***a família*** *do marido* ***eram*** *doze agora* ***são*** *onze.*

Tabela 16 – Concordância entre o primeiro SN e o verbo equativo

Gênero discursivo	Século	CP (SN 1 plural + verbo)	CR	CØ (SN 1 plural + verbo)
Cartas Particulares Estados: PE, SC, RN, RJ, BA, SP, MG	18,1	0	0	1/1 (100%)
	18,2	0	0	0
	19,1	0	0	0
	19,2	0	0	10/10 (100%)
	20,1	0	0	0
	20,2	0	0	1/1 (100%)
Subtotal		0	0	12/12 (100%)
Cartas de Leitores Estados: PE, SC, PA, SP, PR, BA, MG, CE, RJ	19,1	1/3 (33%)	0	2/3 (67%)
	19,2	2/2 (100%)	0	0
	20,1	2/2 (100%)	0	0
	20,2	1/2 (50%)	0	1/2 (50%)
Subtotal		6/9 (67%)	0	3/9 (33%)
Total		**6/21 (28,5%)**	**0**	**15/21 (71,5%)**

A Tabela 16 mostra que o espalhamento do número entre os SNs gera resultados ambíguos: a predominância de CP nas cartas de leitores, após o século XIX, quando o primeiro SN vem no plural.

CATEGORIA DE NÚMERO PLURAL DOS DOIS TERMOS EQUATIVOS: CP CATEGÓRICA

a) CP entre o verbo e os dois termos equativos no plural

(66) CP entre o verbo e os dois termos equativos
  a. [18,1 CP SP] ***as generozas prendas*** *daSua beleza* ***sã[o] as-| culpadas*** *porçemostrar tanto de meu agrad[o].*
  b. [19,1 A SP] ***Os hypophosphitos*** *de cal e soda,* ***são tonicos*** *excellentes para o cerebro, espinha dorsal e systema ósseo.*
  c. [19,1 CP MG] ***todos os abitantes deste Arraial forão testemunhas.***
  d. [19,2 CL SP] ***As cicatrizes são as condecorações*** *mais gloriosas que possuem.*
  e. [20,2 CL SC] ***os quadrilhei- | ros****, diziam êles,* ***eram espa- | dachins*** *destros do voto...*

A CP é categórica quando os dois sintagmas nominais que constituem a estrutura equativa são plurais: ver Tabela 17.

Tabela 17 – Concordância entre os dois SNs plurais e o verbo equativo

Gênero discursivo	Século	CP	CR	CØ
Cartas Particulares Estados: PE, SC, RN, RJ, BA, SP, MG	18,1	4/4 (100%)	0	0
	18,2	0	0	0
	19,1	3/3 (100%)	0	0
	19,2	9/9 (100%)	0	0
	20,1	3/3 (100%)	0	0
	20,2	0	0	0
Subtotal		19/19 (100%)	0	0
Cartas de Leitores Estados: PE, SC, PA, SP, PR, BA, MG, CE, RJ	19,1	3/3 (100%)	0	0
	19,2	5/5 (100%)	0	0
	20,1	1/1 (100%)	0	0
	20,2	1/1 (100%)	0	0
Subtotal		10/10 (100%)	0	0
Total		**29/29 (100%)**	**0**	**0**

Concordância verbal em estruturas com minissentença

Nas seções seguintes será estudada a concordância que envolve (i) verbos de ligação, como *ser, estar, parecer, ficar, tornar-se, parecer* + minissentença adjetival, (ii) verbos plenos, como *considerar, reputar* + minissentença.

Essas estruturas envolvem uma concordância verbal entre S e V, e uma concordância nominal entre S e Adj, ou entre O e Adj, como ocorre em (ii). As minissentenças serão aqui consideradas de modo mais restritivo do que em Castilho (2010a: 313-321).

Esses verbos coocorrem com uma minissentença, organizando uma estrutura que exibe simultaneamente uma concordância verbal e uma concordância nominal. Em alguns casos, essa simultaneidade está associada à simultaneidade de uma predicação verbal e uma predicação nominal. A tradição gramatical denominava alguns verbos transitivos desse último caso "verbos transobjetivos", argumentando que eles constituíam uma "predicação verbo-nominal".

No caso dos verbos de ligação, o que mais chamou atenção na pesquisa foi o fato de, quando se identifica uma CØ nominal, ela coocorre na maioria das vezes com uma CP verbal. A concordância entre a minissentença e algum elemento é, portanto, diacronicamente favorável ao não compartilhamento de traços.

Nas seções a seguir apresentamos os casos que exemplificam esses resultados, classificando-os em relações que envolvem dois tipos de verbo: os verbos de ligação e os verbos plenos seguidos de minissentença.

CONCORDÂNCIA ENTRE O SUJEITO, O VERBO DE LIGAÇÃO E A MINISSENTENÇA

Na quantificação dos dados, identificamos majoritariamente relações de CP. A primeira ocorrência de CØ é do século XIX e sua maior concentração é na primeira metade do século XX. Não houve casos de CØ em cartas de leitores. No que se refere à CR, foi encontrado um caso no século XIX.

a) CP entre o sujeito, o verbo de ligação e a minissentença

Incluem-se nesta seção os casos em que há, simultaneamente, CP verbal entre o verbo de ligação e o sujeito e CP nominal entre a minissentença e o sujeito:

(67) CP entre o sujeito, o verbo de ligação e a minissentença

a. [18,1 CP RJ] *Se dizem a Vossa Maggestade que* ***as minas estam atrazadas*** *| he engano | senhor |*

b. [18,2 CP MG] *Vmce. bem sabe que pa. tudo isto me* ***são percizos dinros.*** *por que sem ele nada se faz.*

c. [19,1 CL SC] *Saiba | Senhor que* ***os factos*** *que enunciei no re- | cinto da Assemblèa Provincial sobre os | Commandantes Superiores* ***são verdadeiros*** *| e a não cuidar assim desafio-o a que me pro- | vê o contrario.*

d. [19,2 CP BA] ***O Mont'alegre, e o Euzebio estão promptos*** *á lhe servirem, e só lhes faltam saber o como.*

e. [19,2 CL PR] *pedimos ao mesmo Senhor e as Excelentíssimas | Senhoras que aceitem* ***os nossos agrade- | cimentos, que são tão sinceros****, quanto |* ***expontaneos e generosos foram os obse- | quios****, que recebemos. || Colonia do Assunguy, 23 de Agosto | de 1880.*

f. [20,1 CL PE] *Pelas malévolas insinuações que dizem | conter a tal carta – se existe- só pode | ter sido forjada por esses meus inimi- | gos gratuitos, para quem* ***todos os meios*** *|* ***são bons****, servindo-se até das pobres se- | nhoras que manipulam cigarros para vi- | verem [...]*

g. [20,2 CL PE] ***Os factos foram públicos*** *e o que me | disse meu amigo foi diante de tantas ou- | trás pessoas, que não podia tel-o como | reservado.*

b) CØ entre o sujeito, o verbo de ligação e a minissentença

Em todos os casos encontrados, a CØ é nominal (entre a minissentença e o sujeito), coocorrendo com uma CP verbal (entre o verbo e o sujeito).

(68) CØ de gênero/número entre o sujeito, o verbo de ligação e a minissentença

a. [19,1 CP BA] *Por todos estes motivos parece, que* ***são necessários as Instituicoens*** *de Vinculos de Morgados,* ***e a conservação*** *dos que existem, pelos principios por que os querem extinguir com offença da inviola|bilidade do Direito de Propriedade, fazendo dividir hu) todo.*

b. [19,2 CP PR] *os vinhos | são superiores o de Vellas agrada muito logo que | chegou mandei diverças Garrafas como amostra |* ***todos elles*** *aquem mandi* ***estão comprado****.*

c. [20,1 CP BA] *Se tiver á venda| gado bom para toiro, quero comprar| 2, e cazo náo tenha, e tiver de vir ga|do do Regallo, peço lhe para mandar com|prar 2 garrotes de 2 annos, que **sáo mi|lhor** criando se cá.*
d. [20,1 CP MG] *e o Japosso o que tem feito, elle o nosso [...] vizinho da Philomena vai bem nao e? Já soube que **são entireçado** na firma Taqual.*
e. [20,2 CP RN] *A vida | faz com que **as coisas** se tornem muito **embananada** co- | migo.*

c) CR entre o adjunto adnominal do sujeito e o verbo de ligação

(69) CR entre o adjunto adnominal do sujeito e o verbo de ligação
[19,1 CP SP] *Meu respeitado Senhor, naõ pode o meu Coraçaõ | conter ojubilo, e contentamento com a alegre noticia do | onorifico Lugar que Sua Alteza Real elevou ao Ill. mo Ex. mo | Senhor Mano, a boa escolha que o Augusto Senhor teve e **os** | **meresimentos deste grande Menistro he** para mim, e para todos Bra | zilleiros **digno** das mais alegres esperanças.*

Em (69), o constituinte nuclear do sintagma *este grande Menistro*, encaixado no SP que atua como complementizador do primeiro SN (*Os merecimentos*), é reanalisado como elemento nuclear com que o verbo *he* estabelece uma relação de compartilhamento de traços gramaticais, ficando esse verbo no singular.

Tabela 18 – Concordância entre o sujeito, o verbo de ligação e a minissentença

Gênero discursivo	Século	CP	CR	CØ
Cartas Particulares Estados: PE, SC, RN, RJ, BA, SP, MG	18,1	1/1 (100%)	0	0
	18,2	10/10 (100%)	0	0
	19,1	13/15 (87%)	1/15 (7%)	1/15 (7%)
	19,2	27/28 (96%)	0	1/28 (4%)
	20,1	29/37 (78%)	0	8/37 (22%)
	20,2	24/25 (96%)	0	1/25 (4%)
Subtotal		104/116 (90%)	1/116 (1%)	10/116 (9%)
Cartas de Leitores Estados: PE, SC, PA, SP, PR, BA, MG, CE, RJ	19,1	22/22 (100%)	0	0
	19,2	13/13 (100%)	0	0
	20,1	24/24 (100%)	0	0
	20,2	8/8 (100%)	0	0
Subtotal		67/67 (100%)	0	0
Total		**171/183 (93%)**	**1/183 (0,5%)**	**10/183 (6,5%)**

CONCORDÂNCIA ENTRE O SUJEITO, O VERBO PLENO E A MINISSENTENÇA

Há verbos por meio de que o falante constitui estruturas sintáticas que exigem ou admitem uma minissentença, nas quais tanto o verbo quanto a minissentença são predicadores de algum elemento, diferentemente das sentenças com verbo de ligação, nas quais a predicação é assumida apenas pelo elemento predicativo do sujeito. Nas sentenças formadas por esses verbos ocorre também uma relação de concordância verbo-nominal. Trata-se de verbos plenos tais como *considerar*, *reputar* etc.

A ausência da minissentença nesses verbos geralmente altera sua acepção, por exemplo: *Nós consideramos as despesas altas*, ou seja, "julgamos que as despesas estão altas", por contraste com *Nós consideramos as despesas*, ou seja, "levamos em conta as despesas". Essas paráfrases apontam para o fato de que, omitida uma minissentença, altera-se o sentido da sentença, sem prejuízo da aceitabilidade da estrutura sintática.

As relações de concordância envolvendo esses tipos de verbo e suas minissentenças serão consideradas em conjunto a seguir.

a) CP entre o sujeito, o verbo pleno e a minissentença

Incluem-se nesta seção os casos em que há tanto CP nominal (entre a minissentença e um argumento do verbo) quanto CP verbal (entre o verbo e o sujeito).

(70) CP envolvendo o sujeito, o verbo pleno e a minissentença

a. [18,2 CP SP] *parece que estas duas viciosas salvaginhas se deraõ mutuamente as maõs para destruhirem a caza de Vossa merce, pois* ***Ø trabalhaõ*** *taõ* ***conformes*** *para em tudo arruinala.*

b. [19,1 CL SP] *dizer, que accor- | dou que se levantasse o preço da carne a 960 réis; mas que | isto não foi bastante, porque* ***os atravessadores****, que |* ***eu reputo criminosissimos*** *estão a impor tacitamente con- | dições a um povo inteiro, e ás auctoridades, a quem | incumbe zelar dos direitos d'esse mesmo povo?*

c. [19,1 CL SP] *Acho bom, Senhor Re- | dactor, este methodo instituido pelo 'Observador' | para restabelecer factos, que se deduzem muitas | vezes de* ***circunstancias****, que* ***se contão invertidas***

d. [19, 2 CP BA] *Depois de demorar-me algum tempo aqui e gozar estas primeiras impressões de uma Cidade como Paris, pois que então* ***se axavão feixados os cursos****, que pretendia frequentar, rezolvi aproveitar as fereas dando começo as minhas viagens.*
e. [19,2 CL PR] [...] *ve- | nho publicamente deciarar que | se foi procuração, o que me | dizem talvez ter sido, fica sem | effeito algum, especialmente i | é contra o meo genro Agos- | tinho Leandro da Costa com | quem eu* ***tenho meos negocios*** *|* ***ajustados*** *desde 31 de Agosto | findo*
f. [20,1 CR PE] *concluiremos facilmente a | importancia geral que podem ter, para a eco- | nomia do país, essas* ***actividades*** *que nos |* ***habituamos a considerar*** *quasi* ***insignifcan- | tes.***
g. [20,1 CL SC] *Antes estes motivos acreditamos na posibilidade de fazer* ***os*** *|* ***Operarios de Itajahy*** *recuar do firme proposito em que* ***se acham*** *|* ***empenhados*** *de effectivar a GREVE já organisada e prompta a ex-|plodir de um momento para outro.*
h. [20,2 CL BA] *é com o coração cheio de grati-| dão que* ***nós****, mãe e irmãos,* ***vimos*** *agradecer* ***penho-|rados****, por intermédio dêste conceituado semanário|, a prova de fidalgo reconhecimen-|to ao nosso saudoso e humilde morto.*

b) CØ entre o sujeito, o verbo pleno e a minissentença

Como dito anteriormente, na concordância envolvendo o verbo e a minissentença, os casos de CØ tendem a ocorrer entre a minissentença e o constituinte com que ela se relaciona, enquanto, simultaneamente, o verbo estabelece uma CP com o sujeito. Essa tendência se confirmou de modo categórico nas construções com verbo de ligação. Nas estruturas de verbo pleno com minissentença, a tendência se manteve, mas foram localizados dois dados (71c e d) em que houve CØ tanto verbal quanto nominal. Não se pode deixar de notar, entretanto, que, nestes dois exemplos, a estrutura de colocação é a de sujeito posposto (*resta 152H000 reais* e *veio todos*). Esse fato pode apontar para uma sobreposição de regras, já que foi demonstrado em outra seção que o sujeito posposto favorece a CØ.

(71) CØ envolvendo o sujeito, o verbo pleno e a minissentença

a. [18,2 CP MG] *estimarey q.* ***vmce. Etoda anobre caza*** *passem* ***livre*** *demoslestiar q. nos ca Eimos passando com mto. Frio.*

b. [19,1 CP SP] *Tenho* ***prezente as suas estimadas*** *de 16, e 20 do corrente.*

c. [19,1 CP MG] ***resta liquido 152H000 reis*** *aque levará ao meu Credito em abono do resto que me he [ilegível] acho de dever.*

d. [19,2 CP PR] *porisso se puder mandar mais e bom, o do Bernar- | dino tambem agrada desta vez* ***veio todos muito*** | ***bom***.

e. [20,2 CP RN] *Agora mesmo estou recebendo uma partidad de açúcar| de 9. 500 sacos este já* ***vem*** *um pouco mais* ***alterado os preços***,| *mas, acredito que remos ganhar alguma coisa, muito embora| que a crise é um pouco pesada.*

f. [20,2 CL SC] ||*Por iniciativa do Poder Legislativo, não nos re- | cordamos de qualquer ato que viesse positivamente | beneficiar a classe dos professôres. Mas, há pouco, | nessa mesma casa, foi aprovado, com desusada ur- | gência, um projeto de lei que* ***põe*** *de tal forma* ***privi-*** | ***legiados os provento*** *dos servidores da Assembléia | que o mais ínfimo servidor passa a perceber o dôbro | do que recebe um professor normalista* [...]

c) CR entre o argumento verbal e a minissentença

A CR a seguir envolve uma minissentença que não compartilha traço de gênero com o argumento interno do verbo, como esperado, mas com um elemento que aparece anteriormente no enunciado:

(72) CR envolvendo o argumento verbal e a minissentença

a. [19,2 CP BA] *Da-me todas estas informações, que agradaveis me são por que nellas* ***deves julgar enteressadas meus proprios prazeres***.

b. [19,2 CL SP] *Se mora, como diz na rua do Matafome, é bom que | saiba que nem todos querem matar a fome; e que* ***quem*** | *já foi 3 vezes a cadêa, por 24 horas* ***cada uma*** *deve | sempre andar* ***munida*** *de limão azedo.*

A minissentença *interessadas*, em (72a) aparece anteposta ao objeto *meus proprios prazeres*, sintagma cujo núcleo exibe gênero masculino e número plural. A minissentença estabelece com esse objeto uma concordância nominal mista, na qual há CP de número, mas CR de gênero. A marca de gênero decorre, provavelmente, do compartilhamento de traço de gênero com *ellas*, que aparece no SP anterior.

O constituinte que se relaciona com *quem* geralmente não leva marca de flexão de gênero e de número. Em (72b), a minissentença *munida* compartilha traços de gênero com *cada uma*. Esperava-se, no entanto, que a minissentença não apresentasse flexão de gênero, no caso, ou de número, tendo em vista que o núcleo do SN que funciona como sujeito (*quem*) não exibe essas marcas, o que inviabiliza um compartilhamento de traços.

Tabela 19 – Concordância entre o argumento verbal e a minissentença

Gênero discursivo	Século	CP	CR	CØ
Cartas Particulares Estados: PE, SC, RN, RJ, BA, SP, MG	18,1	0	0	0
	18,2	5/7 (71,5%)	0	2/7 (28,5%)
	19,1	5/8 (62,5%)	0	3/8 (37,5%)
	19,2	9/11 (82%)	1/11 (9%)	1/11 (9%)
	20,1	7/7 (100%)	0	0
	20,2	2 (100%)	0	0
Subtotal		28/35 (80%)	1/35 (1%)	7/35 (19%)
Cartas de Leitores Estados: PE, SC, PA, SP, PR, BA, MG, CE, RJ	19,1	12/12 (100%)	0	0
	19,2	3/4 (75%)	1/4 (25%)	0
	20,1	5/5 (100%)	0	0
	20,2	2/3 (67%)	0	1/3 (33%)
Subtotal		22/24 (92%)	1/24 (4%)	1/24 (4%)
Total		50/59 (85%)	2/59 (1,5%)	8/59 (13,5%)

Podemos observar na Tabela 19 que foram identificados os três tipos de concordância na relação entre sujeito, verbo pleno e minissentença. A primeira ocorrência de CØ é do século XVIII, e há dois casos de CR na segunda metade do século XIX.

Concordância entre o verbo de posse e a minissentença participial

As relações de predicação envolvendo a minissentença e o objeto de um verbo de posse deram origem ao pretérito perfeito composto, em que o verbo de posse se auxiliariza, a minissentença participial passa a figurar adjacente ao auxiliar, perdendo a concordância com o objeto direto de *ter/haver* (Castilho, 1967).

No PB, a estrutura acima não é mais produtiva, de modo que o particípio não flexionado tornou-se uma regra muito consistente. Em algumas circunstâncias, entretanto, a sintaxe antiga sobrevive, concordando o particípio com o objeto direto:

a) CP entre o particípio e o objeto direto na estrutura *ter, haver, ficar + particípio*

(73) CP entre o particípio e o substantivo na estrutura *ter, haver, ficar + particípio*
   a. [20,1 CP RJ] *Elle é um bello camarada com que mantemos negocios e de quem* ***só tenho recebidos obsequios****, além disso tem, pelo Paixão, as melhores informações de todos nós.*
   b. [21,1Dif TT] *oi Srt. obrigado. vi que vivemos em extremos. Rio Grande de norte ao sul...* ***temos tidas as direções****_entre nós.*

Progressivamente, o português foi generalizando uma CØ nessa estrutura:

b) CØ entre o particípio e o objeto direto na estrutura *ter, haver* + particípio

(74) CØ entre o particípio e o substantivo na estrutura *ter, haver* + particípio
   a. [18,2 CP MG] *e de todos dessa nobre caza a coal | estimo p^{a} pre empregar no seu servisso q acha | ra promta como q^{m} vive cativa de tão continos |* ***favores*** *q. todo o tempo* ***temos Recebido*** *do jeneroso | animo de vm^{ce}, e das Snr^{as} Donnas.*
   b. [20,1 CP RJ] *Não* ***temos tido flores****, com esse frio nada vai adiante.*

Concordância entre o verbo suporte e um termo da sentença

São verbos suporte aqueles fortemente integrados no substantivo que se segue, o qual não funciona como seu argumento. Essa estrutura atende ao fato de não existir na língua uma forma verbal que preencha o significado do conjunto. Assim, à expressão *dar bola*, "interessar-se por", não corresponde um verbo **bolar*, com esse sentido; analogamente, não há **tempar* em correspondência a *dar um tempo,* "esperar", e assim por diante.

No *corpus* analisado, os verbos suporte exibiram apenas CP, ora com um termo da sentença complexa, ora com o sujeito da sentença que construíram:

(75) CP entre verbo suporte e um termo da sentença complexa[8]

a. [19,1 CL BA] *naõ | será desagradavel* ***aos Leitores*** *do nosso Jornal* ***te- | rem conhecimento*** *da opinião de um habil Perito | a respeito.*

b. [19,2 CL SP] *Eu senhor Redactor já fui vacinada, e muito | vacinada, não pelas* ***vacinas*** *de_agora, que* ***negão fogo,*** *| mas pelas do tempo do Horta.*

c. [20,1 CL SP] *Em muitas comarcas ha* ***doutores em | direito*** *que não* ***fazem exercicio*** *da | advocacia e por isso em quanto não* ***abri-|rem escriptorio*** *e não pagarem o im-|posto não são considerados advogados | da comarca.*

d. [21,1Dif TT] *Cheguei em casa meus pais com mó cara de bravos mostrei que eu tava com os pés sujos* ***eles deram risada*** *kkkk.*

e. [21,1Dif TT] *Parem de pedir voto,* ***os candidatos tiveram tempo suficiente*** *pra isso.*

Tabela 20 – Concordância entre o verbo suporte e um termo da sentença complexa

Gênero discursivo	Século	CP	CR	CØ
Cartas Particulares Estados: PE, SC, RN, RJ, BA, SP, MG	18,1	0	0	0
	18,2	0	0	0
	19,1	0	0	0
	19,2	1/1 (100%)	0	0
	20,1	2/2 (100%)	0	0
	20,2	0	0	0
Subtotal		3/3 (100%)	0	0
Cartas de Leitores Estados: PE, SC, PA, SP, PR, BA, MG, CE, RJ	19,1	4/4 (100%)	0	0
	19,2	1/1 (100%)	0	0
	20,1	2/2 (100%)	0	0
	20,2	0	0	0
Subtotal		7/7 (100%)	0	0
Total		**10/10 (100%)**	**0**	**0**

A Tabela 20 sugere que os verbos suporte são recentes no PB, mas de uso ainda escasso, com predominância categórica de CP.

Concordância entre [verbo + SE] e o argumento expresso

A relação de concordância a que se refere esta seção diz respeito aos seguintes enunciados, em que figuram verbos simples e verbos perifrásticos:

(77) Concordância na estrutura [verbo + *SE* + argumento expresso]

a. [19,1 CP BA] ***Preparao-se funcções*** *para o 1.º, e o 2º de Desembro* ***repetem-se*** *as* ***Illuminaçoes****, há novas Danças, etc.etc.*

b. [20,2 CL SC] ***Convida-se os senhores subscrtores*** *(sic) do capital social | [d]a Companhia Melhoramento de Joaçaba, em organiza- [ç]ão, para a Assembléia a se realizar no dia 30 de setem- | bro do corrente ano*

c. [20,1 AN CE] *Para se evitar a tuberculose,* ***devem se evitar | os resfriados e a grippe, devem se calcificar os pul- | mões e fortifical-os.***

Em termos gramaticais, as estruturas destacadas em (77a-c) basicamente se diferenciam pelo compartilhamento de traços de número entre o verbo com clítico *-se* e o sintagma nominal que se segue, fato que ocorre em (77a, c), mas não em (77b).

A construção apresentada em (77a) é analisada tradicionalmente como um caso de passiva pronominal, ou seja, [verbo na voz passiva + pronome *se* apassivador + sujeito passivo]. A passiva pronominal "*se assemelha aos verbos inacusativos, pois o argumento interno dos verbos da voz passiva assume a função sintática de sujeito*" (Berlinck, Duarte e Oliveira, 2015: 94 e ss.).

Dados do padrão culto do PB falado mostram que a concordância varia nessas estruturas, conforme documentado por essas autoras. Nos textos mais conservadores, concordam o verbo e o substantivo que se segue, interpretado como sujeito. Essa sintaxe é claramente recessiva no PB contemporâneo, em que se observa a tendência de estabelecer uma CØ, visto que sua estrutura vem sendo progressivamente reanalisada como [verbo na voz ativa + pronome *se* indeterminador do sujeito + argumento interno], desaparecendo a concordância entre o verbo e o "antigo sujeito passivo"; isso leva à estrutura (77b). Segundo essa nova interpretação, não é possível identificar o sujeito no enunciado, por ser semanticamente indeterminado, conforme demonstram as autoras citadas.

Ilari (2010: 320-323) argumenta que a antiga polêmica do *se* passivo ou impessoal está relacionada ao "escamoteamento de uma função temática" que esse *se* sofreu há algum tempo, em diferentes contextos linguísticos no português, numa operação semântica chamada de *detematização* (Franchi, apud Ilari, 2010: 320).

O autor sugere que seria mais conveniente considerar o *-se* das estruturas em questão como uma *marca de detematização*, levando em conta a atuação relevante desse fenômeno em diferentes construções sintáticas, em vez de apostar em uma classificação do clítico como índice de indeterminação ou elemento apassivador. Para esta segunda hipótese, o autor apresenta argumentos gramaticais e semânticos que denunciam sua implausibilidade nas construções do português moderno, apontando, entretanto, construções do português quinhentista que apresentam propriedades semânticas e gramaticais que não permitem descartar a ideia de uma voz passiva naquela época. Essas estruturas são, no entanto, visivelmente distintas da famosa estrutura *vendem-se casas*.

Acresce que o pronome *se* passa por grandes alterações no PB, com reflexos na questão da concordância: Castilho (2010: 480-482). Entre essas alterações figura a perda do traço de pessoa, como em *eu se lembro,* a assimilação aos morfemas verbais, como em *sentem-sem,* tudo o que assinala o progressivo desaparecimento desse pronome. É o que se vê também nos exemplos a seguir.

VERBO CONGELADO NA TERCEIRA PESSOA DO SINGULAR, COM OMISSÃO DE SE

(78) Concordância com omissão de *SE*

a. [21,1] *No cartório,* **Ø** singular *não* ***acha*** *meu registro.*

b. [21,1] **Ø** singular ***Pode*** *estacionar aqui?*

c. [21,1] *Como* **Ø** singular ***faz*** *para o suflê não murchar?*

Segundo Marcos Bagno (com. pessoal), essa sintaxe se deve ao desaparecimento da voz média no PB: "*onde se esperaria um* ***se****, temos um lugar vago, não ocupado por nenhum sujeito*".

Na análise diacrônica da concordância que envolve [verbo + SE], interessa-nos verificar o compartilhamento ou o não compartilhamento de traços gramaticais entre o verbo que coocorre com o clítico *se* e o argumento que os acompanha na sentença, sem que seja necessário determinar se se trata de uma passiva pronominal ou de uma manifestação de sujeito indeterminado, já que a estrutura argumental da sentença não tem uma correlação necessária com o compartilhamento de traços gramaticais, como temos defendido neste capítulo.

CONCORDÂNCIA ENTRE [VERBO + SE] E O ARGUMENTO EXPRESSO

Consideraremos aqui a estrutura [verbo + *SE*] tanto em verbos simples quando em verbos compostos, ou perifrásticos.

Concordância entre [verbo simples + SE] e o argumento expresso

a) CP entre [verbo simples + *SE*] e o argumento expresso

Em sintagmas verbais simples + *SE*, observa-se CP tanto na forma verbal finitiva quanto na forma verbal infinitiva (79b):

(79) CP entre o verbo simples + *SE* e o argumento expresso

a. [18,1 CP RJ] *porque | com a sua fazenda he* ***que se fazem todos os negócios.***

b. [18,2 CO PE] *fica cessando | a duvida, que eu tinha de passar das experiencias á premeçaõ de* ***se* | *repartirem as terras****, pare se entrarem a Lavrar, fundada esta na | ordem de que remety a copia.*

c. [19,1 CP BA] ***Preparao-se funcções*** *para o 1º, e o 2º de Desembro* ***repetem-se as Illuminaçoes****, há novas Danças, etc.etc.*

d. [19,2 CP BA] *Diz-se, e parece que com algum fundamento, que a cousa não pára ahi, e que outros actos da mesma natureza estão realizados tanto no corpo diplomatico, como no consular. Até já* ***se indicam nomes*** *dos demittidos, nomeados, retirados, etc.*

e. [20,1 CL PE] *Ainda* ***se vêem*** *pelas es- | quinas,* ***15 varios panacuns*** *de jogo de | prendas, que sao, nem mais, nem | menos, formidaveis ratoeiras [ilegível] | "apanhar" os meninos de rua e de | familia, criados, amas, etc...*

f. [20,2 A BA] ***Sementes de Horta-|liças, vendem-se*** *na| <<Folha do Norte>>*

CONCORDÂNCIA ENTRE [VERBO COMPOSTO + SE] E O ARGUMENTO EXPRESSO

Em sintagmas verbais compostos + *SE*, o verbo principal flexiona e, em geral, o verbo auxiliado infinitivo não flexiona. Essa tendência de o infinitivo em sintagma verbal composto não flexionar é observada ao longo de todos os séculos, em contextos que incluem, mas não se restringem, a estrutura [verbo + *SE*].

(80) CP entre o auxiliar do verbo composto + *SE* e o argumento expresso

a. [18,2 CP MG] *Agora estou esperando que se ponhão a concurso* ***alguns lugares****, que por estes dois Mezes* ***se hão de por****, pa. ser a eles opozitor.*

b. [18,2 CP SP] ***Inimigos desta qualidade*** *muito dificultozamente* ***se poderaõ vencer****.*

c. [19,2 CP BA] *Desejo-lhe melhor saúde, e* ***todas as prosperidades*** *que* ***se podem ter*** *fora da patria e da familia.*

d. [19,1 AN SC] *Offerece-se tambem para collocar den|tes artificiaes de porcelana, os quaes não |* ***se podem distinguir*** *dos naturaes.*

e. [19,2 CP BA] *À esta simples expozição com o acrescimo dos tormentos, que me causou a terrivel e penoza estação, que vem de passar, a certeza, que a pezar de um clima tão rude, tem o teu amigo sido favorecido de sofrivel saude, se* ***deverião limitar*** *as novas, que de mim tenho a dar-te.*

f. [19,2 CP BA] *Não ha pois, meu amigo onde se* ***possão axar*** *mais favoraveis* ***recursos*** *para um homem, que quer aplicar seu tempo aos estudos.*

g. [20,1 AN CE] *Para se evitar a tuberculose,* ***devem se evitar | os resfriados e a grippe, devem se calcificar os pul- | mões e fortifical-os.***

h. [20,2 CL MG] *Senta- | se em poltronas largas, bem es- | tofadas.* ***Podem-se cruzar as per- | nas*** *sem bater nas cadeiras da | outra fila.*

CØ ENTRE [VERBO + SE] E O ARGUMENTO EXPRESSO

Em sintagmas verbais simples, ocorre CØ nessa estrutura. Nesses casos, a estrutura [verbo + *SE*] não apresenta flexão de número correspondente à que aparece no sintagma nominal:

a) CØ entre [verbo simples + *SE*] e o argumento expresso

(81) CØ entre o verbo simples + *SE* e o argumento expresso

a. [18,1 CO PE] *illuminandose| [inint.] noutes todas as cazas da[?] Cidade; festejandose| as ruas poiz* ***seacendia*** *nellas* ***outenta luzes*** *cada| noute*

b. [18,2 CP MG] *Como ainda mais foi fazer esta divida? Senhora* ***Semelhantes Respostas*** *naõ* ***Semanda****, enestes termos seja, oque Sedeve obrar, nesteCazo.*

c. [19,1 CL CE] *Lo- | go que* ***se fez transações*** *com algum ne- | gociante esse logo se arranja!!*

d. [20,1 CP MG] *então temos a festa ahi? so vose vendo o logar que estou pasando este dia.e assim feito o Gallio não tei ninguém so* ***se ve tousas de bambu*** *e nada mais*

e. [20,2 CL SC] ***Convida-se os senhores subscrtores*** *(sic) do capital social | [d]a Companhia Melhoramento de Joaçaba, em organiza- [ç]ão, para a Assembléia a se realizar no dia 30 de setem- | bro do corrente ano*

b) CØ entre [verbo composto + *SE*] e o argumento expresso

Na CØ envolvendo sintagmas verbais compostos, nem o verbo auxiliar nem o verbo principal compartilham traço gramatical de número com o argumento expresso:

(82) CØ entre o verbo composto + *SE* e o argumento expresso
   a. [18,2 CP MG] *Se lhe pareçer mande des paxar huã petiçaõ* ***as quatias*** *e mandeas que'* ***Se ha de cobrar***
   b. [19,2 CL SP] *Tendo-se em vista a pequenez do lugar e o | grande numero de alumnos que tem em sua | escola, e tambem o adiantamento de todos, | não* ***se póde contestar nem as habilitações e | nem a dedicação de tão illustre professor***.

CR ENVOLVENDO [VERBO + SE] E O ARGUMENTO EXPRESSO

Não foram encontradas relações de CR nessa estrutura.

Tabela 21 - Concordância entre [verbo + *SE*] e o argumento expresso

Gênero discursivo	Século	CP	CR	CØ
Cartas Particulares Estados: PE, SC, RN, RJ, BA, SP, MG	18,1	2/2 (100%)	0	0
	18,2	7/11 (64%)	0	4/11 (36%)
	19,1	6/7 (86%)	0	1/7 (14%)
	19,2	9/10 (90%)	0	1/10 (10%)
	20,1	0	0	1/1 (100%)
	20,2	1/1 (100%)	0	0
Subtotal		25/32 (78%)	0	7/32 (22%)
Cartas de Leitores Estados: PE, SC, PA, SP, PR, BA, MG, CE, RJ	19,1	8/9 (89%)	0	1/9 (11%)
	19,2	7/9 (78%)	0	2/9 (22%)
	20,1	1/2 (50%)	0	1/2 (50%)
	20,2	0	0	1/1 (100%)
Subtotal		16/21 (76%)	0	5/21 (24%)
Total		**42/53 (79%)**	**0**	**12/53 (23%)**

O que se pode observar na Tabela 21 é uma convivência de CP e CØ ao longo dos séculos, sendo que ocorrências de CØ, assim como de CP, foram identificadas desde o século XVIII. Considerado o período analisado como um todo, os casos de CP foram proporcionalmente maiores que os de CØ tanto em cartas particulares como em cartas de leitores, 78% contra 22% e 76% contra 24%, respectivamente.

Concordância verbal do infinitivo flexionado

O infinitivo flexionado no PB, ao que indica o *corpus* deste capítulo, apresenta usos mais ou menos consistentes, a depender do contexto sintático em que essa forma se realiza, dinâmica que parece se manter na língua pelo menos desde o século XVIII.

Serão aqui consideradas as ocorrências do infinitivo preposicionado e do infinitivo em perífrases.

CONCORDÂNCIA ENTRE O SUJEITO E O INFINITIVO

a) CP entre o sujeito e o infinitivo

(83) CP entre o sujeito e o infinitivo flexionado

a. [18 2 CP MG] *Caresso de hum par de punhos decam-Braya bordados e quero que sejão bem Finos e do melhor que vm*[ce]*. tiver E forem mais galantes modernos e demelhor Gosto q. são para delles fazer Sua oferta epor isso os quero Bem feitos pois para quem são E muito Perito nas coisas debom gosto por esse motivo se vm*[ce]*. os tiver Feitos manda-los lá para os ver e anão* ***Ø estarem*** *por outros antes desejo q. vosfaça combrevid*[e] *e que menção fiquem fora da conta.*

b. [19,1 CL BA] *naõ será desagadavel aos* ***Leitores*** *do nosso Jornal* ***terem*** *conhecimento da opinião de um habil Perito | a respeito.*

c. [19,2 CL SP] *principalmente na forte subida da rua da Constituição, é horrível o que se vê, isto é,* ***dous animaes*** *sómente* ***puxarem*** *aquelle monstruoso peso debaixo de grossa pancadaria!*

d. [20,1 CL BA] *Porem, cabia ás senhoras* ***Ø terem*** *um pouquinho de paciencia e* ***aguardarem*** *a justiça do exm. snr. Prefeito que, estou certo, mandará tomar as necessarias providencias.*

b) CØ entre o sujeito e o infinitivo

(84) CØ entre o sujeito posposto e o infinitivo subordinado ao verbo da sentença matriz

a. [19,2 CP PR] *Tambem peço-lhes* ***Ø avisar-me*** *Ilustríssimos Senhores se receberão a importancia de um attestado da Profeçora desta Villa.*

b. [20,1 CP RN] *Por Carambola me foi entregem sua | carta de hontem datada, bem com seis fi-| ces, que atribuo* ***ser umas*** *que encommendei a | Lupicino.*

c. [20,2 CP SC] *fazendo-nos | assim,* ***estar*** *longe de nós* ***as tristezas,*** *| e recebendo sòmente alegrias muitas | felicidades.*

c) CR entre o sujeito e o infinitivo

Não foram encontrados casos de CR para esse contexto.

A tabela a seguir exibe dados quantitativos sobre a concordância entre o sujeito e o infinitivo:

Tabela 22 – Concordância entre o infinitivo e o sujeito

Gênero discursivo	Século	CP	CR	CØ
Cartas Particulares Estados: PE, SC, PA, SP, PR, BA, MG, CE, RJ	18,1	0	0	0
	18,2	2/2 (100%)	0	0
	19,1	7/7 (100%)	0	0
	19,2	13/21 (62%)	0	8/21 (38%)
	20,1	9/10 (90%)	0	1/10 (10%)
	20,2	0	0	1 (100%)
Subtotal		31/41 (76%)	0	10/41 (24%)
Cartas de Leitores Estados: PE, SC, RN, RJ, BA, SP, MG	19,1	7/7 (100%)	0	0
	19,2	4/4 (100%)	0	0
	20,1	4/4 (100%)	0	0
	20,2	0	0	0
Subtotal		15/15 (100%)	0	0
Total		**46/51 (90%)**	**0**	**10/51 (10%)**

Os dados da Tabela 22 mostram que o infinitivo tende a mostrar CP com o sujeito. A situação muda quando o infinitivo vem preposicionado, como se verá a seguir.

CONCORDÂNCIA ENTRE O SUJEITO E O INFINITIVO PREPOSICIONADO

a) CP entre o sujeito e o infinitivo preposicionado

(85) CP entre sujeito anteposto e o infinitivo flexionado preposicionado

a. [18,1 CO RN] *Foi VMagestade servido ordenarme por carta dedoze de Abril | do anno passado, remetesse aesseConçelhohuã relação de | todos osLivros* ***que*** *forem necessários* ***pêra servirem_*** *| dârecadação-dafazenda real.*

b. [18,2 CP SP] *parece que* ***estas duas viciozas salvaginhas*** *se deraõ mutuamente as maõs* ***para destruhirem*** *a caza de Vossa mercê.*

c. [19,1 CP SP] *Meu charo Amigo, no dia 25 tivemos a incomparavel honra* ***de vermos*** *no nosso solo onosso Idolatrado Principe.*

d. [19,2 CP BA] ***O Mont'alegre, e o Euzebio*** *estão promptos* ***á*** *lhe* ***servirem****, e só lhes faltam saber o como.*

e. [19,2 CP BA] *Tem assas de bom senso* ***os teus os nossos patricios para fazerem*** *justiça às tuas bòas qualidades e merecimento!*

f. [20,1 CP SP] *Somente extranhei que* ***elles*** *fizeram isso* ***depois de concordarem*** *com as minhas declarações.*

g. [20,2 CL MG] *não posso con-|cordar com a opinião infeliz dos| <<misteriosos_astrólogos>>,* ***que,****|* ***sem conhecerem*** *de que fala-vam,| contribuíram para dificultar uma| recuperação preciosa.*

b) CØ entre o sujeito e o infinitivo preposicionado

(86) CØ entre o sujeito e o infinitivo preposicionado

a. [18,2 CP SP] *parece que* ***estas duas viciozas salvaginhas*** *se deraõ mutuamente as maõs para destruhirem a caza de Vossa merce, pois trabalhaõ taõ conformes* ***para*** *em tudo* ***arruinala.*** (por *para arruinarem-na*)

b. [19,1 CL CE] *So te- | mos de agradecer aos nossos Procurado- | res que nos fazem o favor* ***de fazer*** *as de- | ligencias necessarias* ***para nos servir****.*

c. [19,2 CP PR] *Recebemos sua carta 23 Junho, fiquemos | muito satisfeitos* ***por todos ter*** *andado com | saúde.*

d. [19,2 CP MG] *hoje recorri a Meos companheiro da Festa* ***para Ø meajudar****.*
e. [20,1 CL SP] *Eu nunca imaginei que* ***o odio e a desordenada cobiça*** *pela injusta percepção de uma multa, aliás não devida, fôssem capazes* ***de conduzir*** *o sr. dr. | Gomes Ribeiro ao absymo em que elle | se metteu!!!*
f. [20,2 CP RN] *Eu particularmente | não sai de casa ficamos em | familia foi tudo tambem ma- | ravilhoso pois vierão* ***todos*** *|* ***os meus irmão prá ficar*** *com | mamãe.*

Nos exemplos (86b, e), note-se que o item *de* impede o compartilhamento de traços entre o verbo e o sujeito, como vimos na seção "Sujeito composto por dois ou mais sintagmas nominais".

c) CR entre o sujeito e o infinitivo preposicionado

Não foram encontrados casos de CR para esse contexto.

A tabela seguinte exibe os casos de concordância com o infinitivo preposicionado. Em relação à Tabela 22, nota-se que na Tabela 23 aumenta a incidência de CØ, porém mesmo assim predomina CP. O preposicionamento do infinitivo acentua a CØ.

Tabela 23 – Concordância entre o sujeito e o infinitivo preposicionado

Gênero discursivo	Século	CP	CR	CØ
Cartas Particulares Estados: PE, SC, RN, RJ, BA, SP, MG	18,1	0	0	0
	18,2	4/5 (80%)	0	1/5 (20%)
	19,1	4/4 (100%)	0	0
	19,2	8/15 (53%)	0	7/15 (47%)
	20,1	5/9 (55,5%)	0	4/9 (44,5%)
	20,2	2/3 (67%)	0	1/3 (33%)
Subtotal		23/36 (64%)	0	13/36 (36%)
Cartas de Leitores Estados: PE, SC, PA, SP, PR, BA, MG, CE, RJ	19,1	5/9 (55,5%)	0	4/9 (45,5%)
	19,2	3/7 (43%)	0	4/7 (57%)
	20,1	1/3 (33%)	0	2/3 (67%)
	20,2	3/11 (27%)	0	8/11 (73%)
Subtotal		12/30 (41%)	0	18/30 (59%)
Total		**35/66 (53%)**	**0**	**31/66 (47%)**

CONCORDÂNCIA ENTRE O SUJEITO E O INFINITIVO EM PERÍFRASE

As seções anteriores mostraram que a CP entre o infinitivo e o sujeito foi a regra de concordância diacronicamente mais produtiva nos dois gêneros investigados, incluindo os casos em que o infinitivo vem preposicionado. Esse quadro muda quando se considera o infinitivo como V2 de perífrases. Nesse caso, a CØ é, em todos os contextos, mais produtiva, como veremos a seguir.

a) CP entre o sujeito e o infinitivo como V2 em perífrase

(87) CP entre o infinitivo em perífrase e o sujeito
   a. [20,2 CP RN] *Diga a Leny que mande os Bridges* ***que***| *já* ***devem estarem prontos****, mande também 5 dentaduras com| esta referencia* TRUBITE *3M cor 62 bocas 28, peça em| Francisco Fernandes e mande junto com as peças.*

b) CØ entre o sujeito e o infinitivo como V2 em perífrase

(88) CØ entre o sujeito e o infinitivo não flexionado em perífrase
   a. [18,2 CP SP] ***Quaisquer quatro bolças*** *poderão* ***conseguir*** *esa graça aplicadas decentemente a qualquer Bonzo, quando naõ posa ser pelo vizir seu Protector.*
   b. [19,1 CL MG] *por ventura* ***os Esclesiasticos*** *não devem* ***conhecer*** *os preceitos da Oratoria?*
   c. [19, 2 CP BA] *Fará mal se vier tarde:* ***os Deputados do Norte*** *promettem* ***vir*** *cedo.*
   d. [20,1 CP PE] *O mesmo José Olympio anda bastante preocupa- | do com os tempos que[inint] Não | são tempos [inint] para todos nós | e* ***tempos*** *que devem* ***dar*** *dor de | cabeça até no nosso bom Deus*
   e. [20,2 CL BA] *Realmente, espero que* ***você e toda turma*** *consigam* <<***fixar*** *essa sobrevivência artística ante os objetivos definidos do intento.*

c) CR entre o sujeito e o infinitivo como V2 em perífrase

Não foram encontrados casos de CR para esse contexto.

A tabela a seguir exibe os dados quantitativos obtidos para a concordância entre o infinitivo como V2 de uma perífrase e o sujeito.

Tabela 24 – Concordância entre o infinitivo como V2 e o sujeito

Gênero discursivo	Século	CP	CR	CØ
Cartas Particulares Estados: PE, SC, RN, RJ, BA, SP, MG	18,1	0	0	0
	18,2	0	0	10/10 (100%)
	19,1	0	0	4/4 (100%)
	19,2	0	0	24/24 (100%)
	20,1	0	0	10/10 (100%)
	20,2	2/5 (40%)	0	3/5 (60%)
Subtotal		2/53 (4%)	0	51/53 (96%)
Cartas de Leitores Estados: PE, SC, PA, SP, PR, BA, MG, CE, RJ	19,1	0	0	9/9 (100%)
	19,2	0	0	11/11 (100%)
	20,1	0	0	4/5 (100%)
	20,2	0	0	6/6 (100%)
Subtotal		0	0	30 (100%)
Total		**2/83 (2,5%)**	**0**	**81/83 (97,5%)**

Os dados da Tabela 24 mostram que não são produtivos os casos em que o infinitivo como V2 da perífrase concorda com o sujeito, sendo a CØ a manifestação quase categórica.

CONCORDÂNCIA ENTRE O SUJEITO E O INFINITIVO PREPOSICIONADO EM PERÍFRASE

Através da Tabela 23, constatamos que o infinitivo preposicionado exerce uma influência sobre a concordância com o sujeito, naquele caso, favorecendo a CØ, que se mostrou menos produtiva quando não ocorria uma preposição, como indicou a Tabela 22. Veremos agora se, no contexto em que o infinitivo é o V2 de uma perífrase, a preposição exerce alguma influência na concordância entre o infinitivo e o sujeito.

a) CP entre o sujeito e o infinitivo flexionado preposicionado como V2

(89) CP entre o sujeito e o infinitivo preposcionado em perífrase

a. [19,2 CP SP] *Ø terem* ***de attenderem*** *a grande manifestação que tiveraô, deveria sêr bem dificil de suportal-a mas ao mesmo tempo agradavel por vêr nisso como és querido pelas pessoa d'ahi.*

b. [19,2 CP PR] *nós temos |* ***de nos conformarmos*** *com a | vontade de Deus.*

Note-se a preferência por perífrases modais nesse tipo raro de CP. Note-se também que, em (89a), além da CP entre o infinitivo *atenderem* como V2 e o sujeito nulo, há também uma CP do infinitivo V1 *terem* com o mesmo sujeito.

b) CØ entre o sujeito e o infinitivo preposicionado como V2

(90) CØ entre o sujeito e o infinitivo preposionado em perífrase

a. [18,2 CP SP] *Vossa merce muito bem me entende, e milhor sabe dispor lembrando-se de deduzir estas coizas, como hum prudente Philosopho, que naõ sabe estabelecer, nem conduzir para oseu fim sem acentar em* ***princípios certos****, porque naõ venhão* ***a ser*** *falíveis.*

b. [19,1 CP SP] *Eu naõ dou os parabens | aS V Ex.*[a]*, mas sim amim proprio, aesta Provincia, eatodo o Rei= | no do Brazil, porque Saõ estes,* ***os*** *que devem, e haõ****de tirar*** *as mais in= | teressantes vantagens deste destincto Cargo.*

c. [19,2 CP PR] *[****nós****] temos feito tudo que podemos pela familia e havemos* ***de fazer****.*

d. [20,1 CL SP] *O que recommendou o presidente do tribunal em suas circulares senão a observancia fiel de* ***umas tantas disposições*** *que estavam* ***a figurar*** *na logislação sem que fôssem respeitadas por alguns auxiliares da justiça?*

e. [20,2 CL CE] *O que causa espécie é que* ***esta oficina e várias outras*** *que estão* ***a perturbar*** *tranquilidade pública, localizam-se em zonas residenciais.*

c) CR entre o sujeito e o infinitivo flexionado preposicionado como V2

Não foram encontrados casos de CR para esse contexto.

A tabela a seguir exibe os dados quantitativos obtidos para a concordância entre o infinitivo *preposicionado* como V2 de uma perífrase e o sujeito.

Tabela 25 – Concordância entre o infinitivo preposicionado como V2 e o sujeito

Gênero discursivo	Século	CP	CR	CØ
Cartas Particulares Estados: PE, SC, RN, RJ, BA, SP, MG	18,1	0	0	0
	18,2	0	0	3/3 (100%)
	19,1	0	0	5/5 (100%)
	19,2	4/7 (57%)	0	3/7 (43%)
	20,1	0	0	1/1 (100%)
	20,2	0	0	1/1 (100%)
Subtotal		4/17 (24%)	0	13/17 (76%)
Cartas de Leitores Estados: PE, SC, PA, SP, PR, BA, MG, CE, RJ	19,1	0	0	4/4 (100%)
	19,2	0	0	3/3 (100%)
	20,1	0	0	2/2 (100%)
	20,2	0	0	3/3 (100%)
Subtotal		0	0	12/12 (100%)
Total		**4/29 (17%)**	**0**	**24/29 (83%)**

Os dados da Tabela 25 mostram que, mesmo nos casos em que o infinitivo como V2 da perífrase vem preposicionado, a CØ entre o infinitivo e o sujeito é a manifestação mais comum.

A análise dos dois últimos pares de Tabelas 22, 23, 24 e 25 mostra que a interveniência da preposição atua em favor do não compartilhamento de traços morfológicos entre o sujeito e o infinitivo. No caso do infinitivo em estrutura verbal simples, a presença da preposição faz aumentar a CØ, num contexto em que é mais comum a CP, e, no caso do infinitivo como V2 da perífrase, a preposição atua na manutenção da CØ, que já é o caso mais comum em tal contexto. A influência da preposição no não compartilhamento de traços nesses contextos corrobora a ideia de barreira mencionada em "O complementizador é um sintagma preposicional".

CONSIDERAÇÕES FINAIS

O que a literatura nos mostra

Tem-se dito que a concordância no PB vernacular tende a uma enorme simplificação, se não mesmo ao desaparecimento.

Entretanto, em seus estudos sobre a concordância nominal, Scherre (1988, 1996) identificou duas propriedades, que apontam para um quadro diferente:

1. Os constituintes do sintagma nominal exibem uma propriedade decrescente na marcação da concordância, à medida que avançamos na organização dessa estrutura. A seguinte hierarquia implicacional capta esse fenômeno: *artigo, demonstrativo > substantivo> adjetivo.*
2. As regras de concordância no PB vernacular são altamente sofisticadas. Scherre fez essa descoberta combinando habilmente três variáveis: (i) classe gramatical, (ii) posição dessa classe no interior do sintagma nominal, e (iii) ocorrência eventual de marcas precedentes de plural, responsável pelo chamado "efeito gatilho". Quantificando rigorosamente seus dados, Scherre notou o seguinte:
   a. As classes se distinguem em sua marcação do plural. Marcam mais (i) aquelas que funcionam como especificadores do sintagma nominal, sobretudo o artigo, o demonstrativo e os quantificadores indefinidos, conclusão a que também chegamos, o que confirma o que se disse anteriormente, e (ii) aquelas que distinguem mais salientemente o singular do plural, como em *lugar - lugares.* Marcam menos os substantivos no diminutivo (como em *aqueles cabelim branquim*) e os adjetivos, salvo quando na segunda posição.
   b. A posição da classe no interior do sintagma nominal mostrou ser um fator importante, nesta e em outras pesquisas. A classe disposta na primeira posição recebe a marca de plural, como em *as menina pequena,* o que reforça uma característica geral do PB, a da marcação gramatical pré-núcleo. Dito de outro modo, as classes antepostas ao núcleo, vale dizer, os especificadores, recebem as marcas da pluralidade. Esta pesquisa confirmou a importância da colocação dos termos no enunciado na configuração das regras de concordância.
   c. Poplack (1980, apud Hora e Espínola, 2004) tinha descoberto que a presença da marca de plural no texto precedente favorece a concor-

dância, ao passo que a ausência de uma marca precedente favorece a falta de concordância. Esse mecanismo foi denominado "paralelismo linguístico". Scherre (1988: 238) analisou dados do PB à luz desse princípio, mostrando que a presença de um sintagma verbal marcado no plural leva a novos sintagmas verbais no plural, ou seja, "***marcas conduzem a marcas***; *inversamente, um sintagma verbal no singular leva a outros sintagmas verbais no singular, ou seja,* ***zeros conduzem a zeros***", como se vê em:

(91) Marcas conduzem a marcas

a. ***Eles ficavam lá*** *os dois, mas nunca se* ***faláru*** *assim.*

b. *Então* ***essas pessoas me conhecem****, também* ***acham*** *que eu sou uma católica.*

(92) Zeros conduzem a zeros

a. A – *Então você acha que as pessoas do Rio, São Paulo,* ***fala*** *diferente de você?*

B – ***Fala, fala*** *muito diferente.*

b. *Tem outros que* ***fala*** *demais e num* ***diz*** *nada que se aproveite.*

Campos e Rodrigues (2015) descreveram a concordância no português culto, com base nos dados do Projeto Nurc. As autoras observaram que as regras de concordância de gênero são aplicadas de forma sistemática pelos falantes cultos do PB, com ênfase maior entre falantes de São Paulo e Rio de Janeiro, e ligeiramente menor em falantes de Recife, Porto Alegre e Salvador. Já na concordância de número, em situação informal, 3% das ocorrências mostram CØ:

(93) CØ na concordância nominal no português culto

a. [20,2 NURC POA DID] *não tinha* ***as criança*** *ainda naquele tempo.*

b. [20,2 NURC SP D2] *tem* ***mil e um curso****.*

Na concordância verbal, predomina igualmente a CP. Os casos de CØ chegam a 8%, superando, portanto, a CØ nominal:

1. Quando o sujeito é *tu:*

(94) CØ verbal no português culto

[20,2 POA NURC EF] ***tu fez*** *alguma pergunta André?... bem... por exemplo na translação... o próprio nome já diz...*

2. Quando o sujeito é posposto:

(95) CØ verbal no português culto
[20,2 NURC SP D2] *então o pessoal que mand/ entrava com mandado de segurança... dizendo que* ***foi contados pontos errados****...*

Em geral, as pesquisas sobre a concordância no PB têm-se concentrado na caracterização sociolinguística dos falantes, buscando identificar aí os fatores da concordância. As ocorrências são correlacionadas a fatores tais como (i) canal: língua falada/língua escrita; (ii) sexo e grau de escolarização do falante, (iii) origem geográfica do falante, (iv) estilo tenso/distenso do documento etc. Os dados têm sido cuidadosamente quantificados, buscando generalizações sobretudo a partir do peso relativo.

O que a abordagem multissistêmica nos mostra

Investigamos neste trabalho as dimensões lexical, semântica, gramatical e discursiva dos tipos de concordância apurados, procurando entender a concordância como um processo. Os produtos foram tomados como pistas para o entendimento desses processos. Essa decisão conduziu os pesquisadores a uma análise maiormente qualitativa. As quantificações aqui realizadas buscaram apenas verificar a estabilidade/instabilidade da CP, CR e CØ em correlação com os gêneros discursivos de que procedem os exemplos e as estruturas em que isso foi apurado.

A distribuição dos dados pode ser vista na tabela seguinte, em que estão expostos os mais de 7 mil casos analisados. A CP, relação mais frequente, é regra constante. É importante ressaltar que a CR teve um aumento expressivo no século XIX, comportamento que pode ser explicado pelo período linguístico em que se encontrava o PB escrito, muito atento à norma prescrita nos manuais de gramática e, além disso, em que se fixavam as principais características atuais da língua falada. A CØ, mais expressiva do que a CR, possui um aumento significativo durante a passagem de tempo, mas mantém-se estável a partir da segunda metade do século XIX.

Tabela 26 – Comportamento geral da concordância na história do PB, nos documentos analisados

	Século	CP	CR	CØ
Cartas Particulares Estados: PE, SC, RN, RJ, BA, SP, MG	18,1	137/137 (100%)	0	0
	18,2	134/161 (83,23%)	1/161 (0,62%)	26/161 (16,15%)
	19,1	741/790 (93,80%)	3/790 (0,38%)	46/790 (5,82%)
	19,2	1.322/1.432 (92,32%)	9/1.432 (0,63%)	101/1.432 (7,05%)
	20,1	1.186/1.298 (91,37%)	3/1.298 (0,23%)	109/1.298(8,40%)
	20,2	481/514 (93,58%)	0	33/514 (6,42%)
Subtotal		4.001/4.332(92,36%)	16/4.332 (0,37%)	315/4.332 (7,27%)
Cartas de Leitores Estados: PE, SC, PA, SP, PR, BA, MG, CE, RJ	19,1	759/792 (95,83%)	2/792 (0,25%)	31/792 (3,91%)
	19,2	757/787 (96,18%)	3/787 (0,38%)	27/787 (3,43%)
	20,1	729/757 (96,30%)	0	28/757 (3,70%)
	20,2	472/502 (94,02%)	0	30/502 (5,98%)
Subtotal		2.717/2.838 (95,73%)	5/2.838 (0,17%)	116/2.838 (4,08%)
Total por século – Cartas Particulares e Cartas de Leitores	18	271/298 (90,94%)	1/298 (0,34%)	26/298 (8,72%)
	19	3.579/3.801(94,15%)	17/3.801 (0,44%)	205/3.801(5,39%)
	20	2.868/3.071(93,39%)	3/3.071 (0,10%)	200/3.071(6,51%)
Total		**6.718/7.170 (93,69%)**	**21/7.170 (0,29%)**	**431/7.170 (6,01%)**

A abordagem multissistêmica permitiu rastrear os movimentos cognitivos do falante quando opera com as regras de concordância. Ficou claro que as categorias dos sistemas linguísticos funcionam simultaneamente, sendo separáveis apenas para efeito de análise. Assim, a estrutura equativa ilustra claramente a simultaneidade das regras de concordância na mesma sentença, como demonstramos em "Concordância por reanálise entre o verbo, o argumento interno, o adjunto adnominal e o adjunto adverbial" e em vários outros parágrafos.

É preciso deixar claro que as categorias gramaticais, evidentemente, têm um papel importante na formulação das regras de concordância, pois para expressar o singular/plural contamos essencialmente com a morfologia, que integra a gramática, juntamente com a fonologia e a sintaxe. Entretanto, outras categorias linguísticas atuam na configuração dessas regras, se quisermos postular – e este foi nosso caso – como decorreu o processamento cognitivo por parte do falante/interlocutor. Como diz Bagno (2011: 648), "*a concordância verbal se faz com algo que não está visível na materialidade do texto, mas que decerto participou do processamento cognitivo do falante/escrevente, no momento de falar/escrever*".

Resumindo, todos os casos de concordância se expressam por meios gramaticais, mas sua motivação nem sempre procede do sistema gramatical da língua. Postulamos que essas motivações ocorrem conjunta e simultaneamente, sem determinação de umas sobre outras, evidenciando a integração dos diferentes componentes da concordância, como uma das manifestações da complexidade da língua.

Vejamos, então, o que se pode aprender com isto.

LÉXICO E CONCORDÂNCIA

- As seguintes classes expressam concordância: substantivo, adjetivo, artigo, pronomes, verbo.
- Não expressam concordância as conjunções, as preposições e os advérbios, embora alguns destes possam exibir o feminino, como em *menas pessoas*: "O complementizador é um sintagma adjetival" (A).
- Substantivos que apresentam gênero natural (quando o gênero do substantivo corresponde ao sexo real do ser a que se refere) coocorrem com a CP de gênero; substantivos que apresentam gênero arbitrário coocorrem mais habitualmente com a CØ de gênero.
- Substantivos coletivos e expressões quantificadoras relacionam-se com a CØ de número: "Sujeito anteposto" (B).

GRAMÁTICA E CONCORDÂNCIA

- A posição dos termos X e Y relaciona-se com a regra apurada: (1) a anteposição do termo X em relação ao termo Y relaciona-se com a CP; (2) a posposição e o distanciamento relacionam-se com a CØ: "Sujeito anteposto".
- As categorias gramaticais de gênero e número têm um comportamento assimétrico, mantendo-se com mais vigor a CP de gênero: "Concordância nominal entre o especificador simples e o núcleo do SN" e também a Tabela 1.

- Por conta disso, os especificadores mantêm os traços de número e pessoa quando as outras classes os perdem. Isso se correlaciona com o fato de os especificadores ocuparem a primeira posição na sentença – justamente aquela mais suscetível de expressar traços gramaticais, dada sua relevância discursiva, como introdutora do tema. O trabalho de Rodrigues; Campos (2015) identificou o peso relativo .94 (= quase categórico) na expressão do plural das classes nessa posição: "Concordância nominal entre o especificador simples e o núcleo do SN".
- A estruturação desses termos correlaciona-se igualmente com a regra apurada: (1) sintagmas leves relacionam-se com a CP; (2) sintagmas pesados relacionam-se com a CR.
- A CR parece apontar para uma quebra da categoria de caso no PB, tendo-se apurado concordância entre (i) o verbo e o argumento interno: "Sujeito posposto"; (ii) o verbo e o adjunto adnominal genitivo e comitativo: "Sujeito composto por dois ou mais sintagmas nominais", (iii) o verbo e o adjunto adverbial: "Sujeito expresso por substantivo coletivo/substantivo de massa". Estes argumentos sentenciais, portanto, vêm perdendo os casos indicados, de manifestação abstrata, que já haviam desaparecido na morfologia do substantivo latino-vulgar. Uma discussão aqui apresentada a esse respeito é se a palavra *de* frequente nas CRs é realmente uma preposição, postulando-se que se trata de um locativo homônimo.
- As ocorrências de CØ apontam para o desaparecimento da concordância. Nesses casos, observa-se uma harmonia transcategorial no comportamento do especificador nominal (= artigo, demonstrativo, possessivo, quantificador) e do especificador sentencial (= sujeito), pois esses constituintes passam a expressar o gênero e o número: "Concordância nominal entre o especificador simples e o núcleo do SN" e "Sujeito anteposto".

SEMÂNTICA E CONCORDÂNCIA

- Adjetivos predicativos e verbos predicativos relacionam-se com a CP: "O complementizador é um sintagma adjetival", "Sujeito anteposto". Como era de se esperar, as representações da categoria cognitiva

de QUANTIDADE assumem um papel crucial nas regras de concordância: (i) quantificação definida se relaciona com a CP; (ii) quantificação indefinida, com CØ; (iii) o plural morfológico expresso pelos morfemas{*-s*} e {*-mos*} flutuam nos enunciados, como em *a casas / as casa / ques coisa, devemos falar / deve falarmos*, exibindo a mesma propriedade de flutuação do item lexical *todo, tudo.* Quando o falante aparenta não saber bem como operar com a expressão de certas categorias, ou elas estão desaparecendo, ou estão passando por grandes alterações em sua representação – e este parece ser o caso do PB.
- Os *frames* semânticos se correlacionaram com a expressão da concordância: "Concordância nominal entre o especificador simples e o núcleo do SN".

DISCURSO E CONCORDÂNCIA

- O tópico discursivo correlaciona-se com as regras de concordância: ver "O especificador é um artigo", "A sentença adjetiva é introduzida por palavras *qu-* tipicamente invariáveis", "Sujeito anteposto".
- Os participantes do discurso correlacionam-se com as regras de concordância: ver "Sujeito anteposto".
- Gêneros discursivos correlacionam-se com a concordância: nas cartas de leitores prevalece a CP, por se tratar de textos mais monitorados; ao contrário, nas cartas pessoais prevalece a CØ: ver Tabelas 1 e 2.
- Foricidade e concordância compartilham propriedades, visto que ambos exemplificam o Princípio de Recursão. Isso reforça a dimensão discursiva da concordância.

AÇÃO DO DISPOSITIVO SOCIOCOGNITIVO NA CONCORDÂNCIA

- O dispositivo sociocognitivo permite identificar três grandes regras de concordância: CP, CR, CØ. É preciso ter em mente que uma mesma sentença pode exemplificar mais de um desses tipos de concordância. Assim, uma CP semântica é ao mesmo tempo uma CØ gramatical, como em *A peste dizimaram o gado.* Uma CR gramatical pode ser ao mesmo tempo uma CP semântica, como em *O levantamento dos fatos permitem várias conclusões.*

- CR e CØ foram interpretados como indícios de mudança. No primeiro caso, via alteração da regra. No segundo caso, via desaparecimento da regra. No *corpus* utilizado, ainda não é possível afirmar que a CØ tende a acentuar-se no PB. Por ora, dispomos apenas de alguns indícios.
- Entretanto, não se pode supor que essa tendência seja unidirecional, pois a criação de prefixos gramaticais reforça a manutenção da concordância, mesmo perdendo-se os sufixos. Por outras palavras, a desativação de uma regra pode estar sendo compensada pela ativação de outra regra, numa forma autorregulada, própria dos sistemas complexos. Desta forma, retoma-se por outro caminho o argumento de Marta Scherre, reproduzido na primeira seção destas "Considerações finais".

Em síntese, neste mapeamento da história da concordância no PB, perfilhamos a ideia de que a CP, a CR e a CØ assumem dimensões diferentes do ponto de vista diacrônico: (i) a CP, majoritária, aponta para a conservação das regras de concordância; (ii) a CR indicia a alteração das regras de concordância; (iii) a CØ indicia o desaparecimento dessas regras.

As hipóteses (i) e (ii) foram confirmadas, uma vez que a CP se mantém majoritária e que a CR é um fenômeno bastante complexo que indica a alteração das regras de concordância, principalmente nas estruturas encaixadas.

A hipótese (iii) não foi totalmente confirmada. O funcionamento da CØ parece não ser um fator decisivo para o desaparecimento das regras de concordância. Para além do que se disse anteriormente, em "Concordância verbal em estruturas com minissentença", ao mesmo tempo que o termo de uma determinada estrutura perde a flexão, outros termos passam a adquirir a flexão em outros contextos.

Concluímos que, no geral, o funcionamento diacrônico da CP, da CR e da CØ nas cartas particulares e nas cartas de leitores aponta para relações relativamente estáveis, e que a instauração de novas relações de concordância é um ponto bastante complexo a ser investigado.

Acreditamos que este capítulo tenha apontado vários casos que merecem a atenção dos pesquisadores interessados na história da concordância. Em sua continuação, completaremos o exame do *corpus* do PHPB e recuaremos as análises ao século XVI.

NOTAS

1 "We call the element which determines the agreement (say the subject noun phrase) the controller. The element whose form is determined by agreement is the target. The syntactic environment in which agreement occurs (the clause for instance) is the domain of agreement. And when we indicate in what respect there is agreement, we are referring to agreement features. Thus number is an agreement feature, it has the values: singular, dual, plural and so on" (Corbett, 2006: 4).

2 "I have given a typology of agreement, a phenomenon which pervades some languages, like Russian and Tsakhuц is more limited but still challenging in others, like Kayardild and English, and is absent in others. We have seen the value of the canonical approach in typology, in allowing us to analyse these widely varying systems. This approach will become increasingly useful, I believe, for tackling the more difficult topics in typology. From that starting point we looked at controllers, targets, domains, features and conditions in turn, noting the range of their behaviour and the way they are realized in the morphology. We then looked at the remarkable variety of agreement choices, and showed how this variation is constrained by the Agreement Hierarchy. We tackled the interesting issue of conjoining and the resolution of feature specifications. Finally, we have considered other approaches to agreement, and the results obtained there, notably in psycholinguistics, show encouraging convergence with those from our typological study. There are areas where significant progress has been made in recent years, both in the range of relevant data established and in the accounts of those data in different formal models. And yet the data I have been able to incorporate into our typology represent considerable challenges for syntactic theory. There is much more still to understand about agreement."

3 Como sugeriu um de nossos pareceristas, numa pesquisa mais ampla também esses fenômenos deveriam ser incluídos no estudo da concordância. Ele lembrou, por exemplo, que o português arcaico dispunha de *concordância de caso*, exemplificada pelo redobramento dos clíticos, como em *"entreguei-**lhe a ele** o volume / entreguei-**lhes a eles** o volume"*, em que se redobrou o dativo, concordando singular com singular, plural com plural.

4 A uniformidade das estruturas sintáticas é aqui assumida, ou seja, os sintagmas e as sentenças, enquanto produtos linguísticos, apresentam uma figuração regular de constituintes, captada pela seguinte representação: [especificador + núcleo + complementizador]. Assim, no sintagma e na sentença, o especificador é o elemento à esquerda do núcleo, e o complementizador é o elemento à direita do núcleo.

5 Nesse exemplo, coocorre CP e CØ no mesmo segmento textual: *a primeira pessoa / os meus peçoal cangaceiros / as catingas dus sertões.*

6 Nesse exemplo, coocorre CP e CØ no mesmo segmento textual, caso identificado em negrito.

7 "Nas oracións modotemporais o verbo varia en persoa e número debido á concordancia co Sux. Nas oracións amodotemporais pódense dar situacións diversas: nas de infinitivo hai acordo en número e persoa se o infinitivo está flexionado, pero sempre existe a posibilidade de non o flexionar; nas de participio o Sux. concorda en xénero, non en persoa; nas de xerundio non se estabelece ningún acordo (salvo na raríssima construcciόon con xerundio flexionado)."

8 O termo *sentença complexa* corresponde aqui a *período*.

REFERÊNCIAS BIBLIOGRÁFICAS

Critérios de indexação:

(1) As entradas vêm pelo sobrenome, em sequência alfabética e cronológica, do texto mais antigo para o texto mais recente.
(2) Em caso de mais de um autor, um ponto e vírgula separa os nomes.
(3) A data de publicação aparece no final do verbete. Sempre que possível, indica-se entre colchetes a data da primeira edição.
(4) Nos textos publicados em coletâneas, remete-se apenas aos organizadores, data e páginas, entre parênteses. Para a obtenção dos dados bibliográficos completos, procure pelo sobrenome do organizador e data da publicação.

ABAURRE, M. B. M.; RODRIGUES, A. C. S. (Orgs.). *Gramática do português falado*. v. 8. Novos estudos descritivos. Campinas: Editora da Universidade Estadual de Campinas/Fapesp, 2002.

AGUILERA, Vanderci de Andrade. (Org.). *Para a história do português brasileiro*. v. 7. Londrina: Editora da Universidade Estadual de Londrina, 2009.

AIROLDI, Fulvia Colombo; ARECHALDE, María Ángeles Soler. (Coords.). *Cambio lingüístico y normatividad*. Cidade do México: Universidade Nacional Autónoma de México, 2003.

ALBANI, F. Uso dos advérbios de tempo no português contemporâneo. *Inicia: Revista da Graduação em Letras da Universidade Federal do Rio de Janeiro*, Rio de Janeiro, 2: 2004.

ALBANI, F. L. V.; CEZARIO, M. M. Ordenação do advérbio *sempre* no português arcaico e no contemporâneo. In: M. R. de Oliveira e M. M. Cezario (Orgs. 2012: 157-176).

ALI, Manuel Said. *Gramática histórica da língua portuguesa*. São Paulo: Melhoramentos, 1964.

ALKMIM, Mônica. *Negativas sentenciais*: uma abordagem sociolinguística. Tese de Doutorado – Universidade Federal de Minas Gerais, 2001.

ALKMIM, Tânia. *Para a história do português brasileiro*. v. 3. São Paulo: Humanitas, 2002.

ALMEIDA, Gilce de Souza. *Quem te viu quem lhe vê*: a expressão do objeto acusativo de referência à segunda pessoa na fala de Salvador. Dissertação de Mestrado – Universidade Federal da Bahia, 2009.

ALMEIDA, Napoleão Mendes de. *Gramática metódica da língua portuguesa*. 38. ed. São Paulo: Saraiva, 1992.

ALMEIDA, Norma Lucia F. de. Urbanização, escolarização e variação linguística em Feira de Santana-Bahia (século XX). *Tabuleiro de Letras*, 4: 71-85, 2012.

ALONSO, K. S. B. *Construções binominais quantitativas e construção de modificação de grau*: uma abordagem baseada no uso. Tese de Doutorado – Universidade Federal do Rio de Janeiro, 2010.

ÁLVARES, Rosario; XOVE, José. *Gramática da lingua galega*. Vigo: Editorial Galaxia, 2002.

AMARAL, Amadeu. *O dialeto caipira*. São Paulo: Anhembi, 1955 [1920]. Disponível em: <http://www.dominiopublico.gov.br/pesquisa/DetalheObraForm.do?select_action=&co_obra=7381>. Acesso em: 28 jun. 2015.

AMOR DIVINO, Ludinalva Santos do. *Como trato meu receptor?* A propósito do uso de *tu/você* em Santo Antônio de Jesus-BA. Dissertação de Mestrado – Universidade Federal da Bahia, 2008.

AMORIM, Mônica Benttenmüller. *Orações adjetivas não prototípicas do português*: relações discursivas e gramaticais. Tese de Doutorado – Universidade Federal Fluminense, 2011.

ARAÚJO, Andréia Silva; FREITAG, Raquel Meister Ko. Variação na expressão do tempo verbal passado na fala e escrita de Itabaiana/SE: formas de pretérito imperfeito e perífrase na expressão do passado em curso. *Scientia Plena*, 6: 125-131, 2010.

ARAÚJO, Andréia Silva; FREITAG, Raquel Meister Ko. A forma de futuro do pretérito no português do Brasil e a função de polidez. *Forma y Función*, 28.1: 79-87, 2015.

ARDEN, Mathias; MÄRZHÄUSER, Christina; MEISNITZER, Benjamin (Orgs.). *Linguística do português*: rumos e pontes. Munique: Martin Meidenbauer, 2011.

ARDUIN, Joana. *A variação dos pronomes possessivos de segunda pessoa do singular teu/seu na região sul do Brasil*. Dissertação de Mestrado – Universidade Federal de Santa Catarina, 2005.

AVELAR, Juanito O. Estruturas com o verbo ter, preenchimento de sujeito e movimento em forma lógica. Comunicação ao III Congresso Internacional da Abralin. 2003.

AVELAR, Juanito; GALVES, Charlotte. O papel das línguas africanas na emergência da gramática do português brasileiro. *Revista Linguística (Alfal)*, 30.(2): 241-288, 2014.

AXMAKER, Shelley; JAISSER, Annie; SINGMASTER, Helen. (Eds.). *Proceedings of the Fourteenth Annual Meeting of the Berkeley Linguistics Society*. Berkeley: Berkeley Linguistics Society, 1988.

AZEREDO, J. C. de. *Gramática Houaiss da língua portuguesa*. São Paulo: Publifolha, 2008.

BAGNO, Marcos. *A língua de Eulália*: novela sociolinguística. São Paulo: Contexto, 1997.

BAGNO, Marcos. *Dramática da língua portuguesa*: tradição gramatical, mídia e exclusão social. São Paulo: Loyola, 2000.

BAGNO, Marcos. *Português ou brasileiro?* Um convite à pesquisa. São Paulo: Parábola, 2001.

BAGNO, Marcos (Org.). *Linguística da norma*. São Paulo: Loyola, 2002.

BAGNO, Marcos. *A norma oculta*: língua & poder na sociedade brasileira. São Paulo: Parábola, 2003.

BAGNO, Marcos. *Gramática pedagógica do português brasileiro*. São Paulo: Parábola, 2011.

BAGNO, Marcos. *Língua, linguagem, linguística*: pondo os pingos nos ii. São Paulo: Parábola, 2014.

BAKHTIN, Mikhail. *Estética da criação verbal*. São Paulo: Martins Fontes, 1997.

BALTOR, Cristiane da S. *Estudo variacionista do objeto direto de terceira pessoa em série anafórica no falar pessoense*. Dissertação de Mestrado – Universidade Federal da Paraíba, 2003.

BARBOSA, Afrânio. *Análise linguística do gerúndio*. Cartas de comércio do séc. XVIII. Tese de Doutorado – Universidade Federal do Rio de Janeiro, 2000.

BARBOSA, Afrânio; CALLOU, Dinah (Orgs.). *A norma brasileira em construção*: cartas a Rui Barbosa (1866 a 1899). v. 2. Rio de Janeiro: Fundação Casa de Rui Barbosa, 2011.

BARBOSA, T. A. M. *A variação entre futuro do pretérito e pretérito imperfeito do indicativo em orações condicionais iniciadas por "SE" na fala uberlandense*. Dissertação de Mestrado – Universidade Federal de Uberlândia, 2005.

BARBOSA, M. G. *Gramaticalização de advérbios a partir de adjetivos*: um estudo sobre adjetivos adverbializados. Dissertação de Mestrado – Universidade Federal do Rio de Janeiro, 2006.

BARCIA, Lucia Rosado. *As formas de tratamento em cartas de leitores oitocentistas*: peculiaridades do gênero e reflexos da mudança pronominal. Dissertação de Mestrado – Universidade Federal do Rio de Janeiro, 2006.

BARLOW, M; KEMMER, S. (Eds.). *Usage Based Models of Language*. Stanford: CSLI Publications, 2000.

BARRETO, Mário. *Novíssimos estudos da língua portuguesa*. Rio de Janeiro: Presença/Fundação Casa de Rui Barbosa/Instituto Nacional do Livro, 1980.

BARRETO, Therezinha Maria Mello. *Gramaticalização das conjunções na história do português*. Tese de Doutorado – Universidade Federal da Bahia, 1999.

BARRETO, Therezinha Maria Mello. Esboço de estudo multissistêmico do item conjuncional 'conforme'. In: S. B. B. Costa e A. V. L. Machado Filho (Orgs. 2004: 13-30).

BARROS, João de. *Gramática da língua portuguesa*. 3. ed. atualizada por José Pedro Machado. Lisboa: s/e, 1957 [1. ed. 1540].

BARROS, Alvanira Lúcia de. *O uso da relativa cortadora na fala pessoense*. Dissertação de Mestrado – Universidade Federal da Paraíba, 2000.

BARROSO, Paulo Henrique de Oliveira. Os estágios de gramaticalização do verbo PROCURAR. In: *Anais do I Seminário de Linguística da Unicsul*. São Paulo, 2006.

BARROSO, Paulo Henrique de Oliveira. Análise multissistêmica do verbo BUSCAR. In: *Caderno de Resumos do V Congresso Internacional da Associação Brasileira de Linguística*, Belo Horizonte, 361-362, 2007a.

BARROSO, Paulo Henrique de Oliveira. O verbo *buscar* em processo de gramaticalização – sua recategorização. *Estudos Linguísticos*, São Paulo, XXXVI: 248-257, 2007b.

BASSOLS DE CLIMENT, M. *Sintaxis Latina*. 2 t. Madrid: Barmejo, 1956.

BASTO, Claudio. Formas de tratamento, em português. *Revista Lusitana*, Lisboa, 29: 183-202, 1931.

BECHARA, Evanildo. *Gramática escolar da língua portuguesa*. Rio de Janeiro: Lucerna, 2003.

BECHARA, Evanildo. *Moderna gramática portuguesa*. Rio de Janeiro: Lucerna, 1999. [São Paulo: Companhia Editora Nacional, 2003a; 37. ed., 2009.]

BENTES, Anna Christina; LEITE, Marli Quadros. (Orgs.). *O português popular do Brasil, Portugal e África*: aproximações e distanciamentos. Évora: Editora da Universidade de Évora, 2009.

BERLINCK, Rosane de Andrade. The Portuguese Dative. In: W. Van Belle e W. Van Langendonck (Orgs. 1996: 119-151).

BERLINCK, Rosane de Andrade. O objeto indireto no português brasileiro: um estudo diacrônico. In: G. Massini-Cagliari et al. (Orgs. 2005: 123-139), 2005.

BERLINCK, Rosane de Andrade; DUARTE, Maria Eugênia L.; OLIVEIRA, Marilza de. Predicação. In: M. A. Kato e M. do Nascimento (Orgs. 2009: 81-150).

BISPO, Edvaldo Balduino. Oração adjetiva cortadora: análise de ocorrências e implicações para o ensino de português. *Linguagem & Ensino*, 10.1: 163-186, 2007.

BISPO, Edvaldo Balduino. *Estratégias de relativização no português brasileiro e implicações para o ensino*: o caso das cortadoras. Tese de Doutorado – Universidade Federal do Rio Grande do Norte, 2009.

BISPO, Edvaldo Balduíno. Orações relativas em perspectiva histórica: interface uso e cognição. *Veredas*, 18.1: 222-235, 2014.

BISPO, Edvaldo Balduíno; OLIVEIRA, Mariângela Rios de (Orgs.). *Orações relativas no português brasileiro*: diferentes perspectivas. Niterói: Editora da Universidade Federal Fluminense, 2014.

BLANCHE-BENVENISTE, Claire. La notion de variation syntaxique dans la langue parlée. *Langue Française*, Paris, Larousse, 115: 19-29, 1997.

BLÜHDORN, Hardarik. Subordination and Coordination in Syntax, Semantics and Discourse: Evidence From the Study of Connectives. In: C. Fabricius-Hansen e W. Ramm, (Eds. 2008: 59-85).

BOAS, Hans C. Semantic Frames as Interlingual Representations for Multilingual Lexical Databases. *International Journal of Lexicography*, 18.4: 445-478, 2005.

BOAS, Hans C. (Ed.) *Multilingual FrameNets in Computational Lexicography*: Methods and Applications. Berlin/New York: Mouton de Gruyter, 2009.

BOLINGER, Dwight. *Degree Words*. Mouton/Paris: The Hague, 1972.

BOMFIM, E. *Advérbios*. São Paulo: Ática, 1988.

BORBA, Francisco et al. *Dicionário Unesp do português contemporâneo*. São Paulo: Editora da Universidade Estadual Paulista, 2004.

BRAGA, Maria Luiza. Os enunciados de tempo no português falado no Brasil. In: M. H. de M. Neves (Org. 1999a: 443-459), 1999.

BRAGA, Maria Luiza. Processos de redução: o caso das orações de gerúndio. In: I. G. V. Koch (Org. 2002).

BRAGA, Maria Luiza; PAIVA, Maria Conceição. Estabilidade e instabilidade sistêmica: as orações de tempo sob uma perspectiva diacrônica. *Revista de Estudos da Linguagem*, Belo Horizonte, 21.1: 111-134, 2013.

BRANDÃO, Carlos. *Sintaxe clássica portuguesa*. Belo Horizonte: Imprensa da Universidade de Minas Gerais, 1963.

BRANDÃO, Claudio. *O participio presente e o gerundio em português*. Belo Horizonte: Imprensa Oficial do Estado de Minas Gerais, 1933.

BRANDÃO, Sílvia Figueiredo; CALLOU, Dinah Isensee; DUARTE, Maria Eugênia Lamoglia. As estruturas de complementação na fala *standard* e *não standard* do Rio de Janeiro. In: S. Grosse e K. Zimmermann (Eds. 2000: 189-206).

BRANDÃO, Sílvia Figueiredo; VIEIRA, Silvia Rodrigues. (Orgs.). *Ensino de gramática*: descrição e uso. v. 1. São Paulo: Contexto, 2007.

BRAVO, Diana; BRIZ, Antonio (Eds.) *Pragmática sociocultural* – Estudios sobre el discurso de cortesía en español. Barcelona: Ariel, 2004.

BRINTON, L. J. *Pragmatic Markers in English*: Grammaticalization and Discourse Functions. Berlin/New York: Mouton de Gruyter, 1996.

BRINTON, L. J; TRAUGOTT, E. C. *Lexicalization and Language Change*. Cambridge: Cambridge University Press, 2005.

BRITO, Ana Maria. *A sintaxe das orações relativas em português*. Porto: Instituto Nacional de Investigações Científicas, 1991.

BRITO, Onilda Regina Marchioni de. *"Faça o mundo te ouvir"*. A uniformidade de tratamento na história do português brasileiro. Dissertação de Mestrado – Universidade Estadual de Londrina, 2001.

BRIZ, Antonio. Cortesía verbal codificada y cortesía verbal interpretada en la conversación. In: D. Bravo e A. Briz (Eds. 2004: 67-93).

BROWN, Penelope; LEVINSON, Stephen C. *Politeness*: Some Universals in Language Usage. Cambridge: Cambridge University Press, 1987.

BROWN, Roger; GILMAN, Albert. The Pronouns of Power and Solidarity. In: T. A. Sebeok (Ed. 1960: 253-276).

BURGOS, Luiz Eduardo Simões de. *Estratégias de uso das relativas em uma comunidade de fala afro-brasileira*. Dissertação de Mestrado – Universidade Federal da Bahia, 2003.

BYBEE, J. L. *Morphology*: A Study of the Relation between Meaning and Form. Amsterdam: John Benjamins, 1985.

BYBEE, Joan. Mechanisms of Change in Grammaticization: the Role of Frequency. In: B. D. Joseph e R. D. Janda (Eds. 2003: 602-623).

BYBEE, Joan. Cognitive Process in Grammaticalization. In: M. Tomasello (2003: 145-167).

BYBEE, J. *Language, Usage and Cognition*. Cambridge: Cambridge University Press, 2010.

BYBEE, Joan; PERKINGS, Revere; PAGLIUCA, William. *The Evolution of Grammar*: Tense, Aspect and Modality in the Languages of the World. Chicago: University of Chicago Press, 1994.

CAFEZEIRO, Edwaldo. Sobre o nexo em alguns textos do português colonial. In: M. E .L. Duarte e D. Callou (Orgs. 2002: 207-222).

CALLOU, Dinah. Um estudo em tempo real em dialeto rural brasileiro: questões morfossintáticas. In: S. Grosse e K. Zimmermann (Eds. 1998: 255-172).

CALLOU, Dinah; AVELAR, Juanito. Estruturas com *ter* e *haver* em anúncios do século XIX. In: T. Alkmim (Org. 2002: 47-68).

CALLOU, Dinah; BARBOSA, Afrânio (Orgs.). *A norma brasileira em construção*: cartas a Rui Barbosa (1866-1899). Rio de Janeiro: Fundação Casa de Rui Barbosa, 2011.

CALLOU, Dinah; DUARTE, Maria Eugênia Lamoglia; AVELAR, Juan. As estruturas de complementação na fala culta do Rio de Janeiro: análise em tempo real de curta duração. In: R. V. Mattos e Silva (Org. 2001c, t. 1: 251-263).

CALLOU, Dinah; ELEUTÉRIO, Sílvia; OLIVEIRA, Josane Moreira de. Estruturas de futuridade em cartas pessoais do século XIX. In: C. R. dos S. Lopes (Org. 2005: 53-93).

CAMACHO, Roberto Gomes. Estruturas coordenadas aditivas. In: M. H. M. Neves (Org. 1999a), 1999.

CÂMARA, Aliana Lopes. *A oração relativa em português*: interface entre a descrição e o ensino. Tese de Doutorado – Universidade Estadual Paulista, 2015.

CÂMARA JUNIOR, Joaquim Mattoso. *Princípios de linguística geral*. Rio de Janeiro: Padrão, 1977.

CÂMARA JUNIOR, Joaquim Mattoso. *História e estrutura da língua portuguesa*. Rio de Janeiro: Padrão, 1976. [4. ed., Petrópolis: Vozes, 1983.]

CÂMARA, T. M. N. L. Alternância do uso do pretérito imperfeito e do futuro do pretérito no discurso oral. *Augustus*, 7.15: 83-88, 2002.

CAMARGO JUNIOR, Arnaldo Rebello. *A realização do objeto direto em referência ao interlocutor*. Dissertação de Mestrado – Universidade de São Paulo, 2007.

CAMPOS, Odette A. de Souza. *Gerúndio no português*: estudo histórico-descritivo. Tese de Doutorado – Universidade de São Paulo, 1972.

CAMPOS, Odette G. L. A. Souza . *O gerúndio no português*. Rio de Janeiro: Presença /Instituto Nacional do Livro, 1980.

CAMPOS, Odette G. L. A. Souza; RODRIGUES, Ângela C. S. A concordância. In: A. C. S. Rodrigues e I. M. Alves (Orgs. 2015).

CARNEIRO, Zenaide Novais. *Cartas brasileiras (1809-1907)*: um estudo filológico-linguístico. Tese de Doutorado – Universidade Estadual de Campinas, 2005.

CART, A. et al. *Gramática latina*. São Paulo: T. A. Queiroz/Edusp, 1986.

CARVALHO, Cristina dos Santos. (Contra)evidências empíricas de pressupostos da gramaticalização. In: A.T. de Castilho (Org. 2009d: 351-358), 2009.

CASSEB GALVÃO, Vânia Cristina. *O 'achar' no português do Brasil*: um caso de gramaticalização. Tese de Doutorado – Universidade Estadual de Campinas, 1999.

CASSEB GALVÃO, Vânia Cristina. A referenciação histórica de um processo de gramaticalização. In: Gladis Massini-Cagliari (Org. 2002: 75-84). *Anais do II Encontro de Estudos Diacrônicos do Português*. Araraquara: Unesp – Faculdade de Ciências e Letras, 2002.

CASTILHO, Ataliba T. de. *A sintaxe do verbo e os tempos do passado em português*. Marília: Faculdade de Filosofia, Ciências e Letras, 1967.

CASTILHO, Ataliba T. de. *Introdução ao estudo do aspecto verbal no português*. Marília: Faculdade de Filosofia, Ciências e Letras, 1968.

CASTILHO, Ataliba T. de. Advérbios qualitativos no português falado. *Boletín de Filología*, XXXVII: 271-300, 1988-1999.

CASTILHO, Ataliba T. de. O artigo no português culto de São Paulo. In: A. T. de Castilho (Org. 1989: 67-88).

CASTILHO, Ataliba T. de. (Org.). *Gramática do português falado*. v. 3. As abordagens. Campinas: Editora da Unicamp/Fapesp, 1993.

CASTILHO, Ataliba T. de. A gramaticalização. *Estudos Linguísticos e Literários*, 19: 25-63, 1997a.

CASTILHO, Ataliba T. de. Língua falada e gramaticalização. O caso de *mas*. *Filologia e Linguística Portuguesa*, 1: 107-120, 1997b.

CASTILHO, Ataliba T. de. Para uma sintaxe da repetição. Língua falada e gramaticalização. *Língua e Literatura*, 22: 293-332, 1997c. [Uma versão preliminar apareceu como: A repetição como processo constitutivo da gramática do português falado. In: J. A. S. Padilla e M. T. Déniz (Orgs. 2000: 2289-2298).]

CASTILHO, Ataliba T. de. *A língua falada no ensino de português*. São Paulo: Contexto, 1998.

CASTILHO, Ataliba T. de. Para um programa de pesquisas sobre a história social do português de São Paulo. In: R. V. Mattos e Silva (Org. 2001c: 337-370), 2001.

CASTILHO, Ataliba T. de. Aspecto verbal no português falado. In: M. B. M. Abaurre e A. C. S. Rodrigues (Orgs. 2002: 83-122).

CASTILHO, Ataliba T. de. Notas sobre a gramaticalização de *vez*. *Revista Portuguesa de Filologia*, XXV.1: 113-124, 2003-2006.

CASTILHO, Ataliba T. de. Diacronia das preposições do eixo transversal no Português Brasileiro. In: L. Negri et al. (Org. 2004: 11-47), 2004a.

CASTILHO, Ataliba T. de. Unidirectionality or Multidirectionality? *Revista do GEL*, 1: 35-48, 2004b.

CASTILHO, Ataliba T. de. Reflexões sobre a teoria da gramaticalização. Contribuição ao debate sobre gramaticalização no contexto do PHPB. In: W. Dietrich e V. Noll (Orgs. 2004: 203-230), 2004c.

CASTILHO, Ataliba T. de. O problema da gramaticalização das preposições no projeto Para a História do Português Brasileiro. *Estudos Linguísticos*, 33: 2004d. CD-ROM.

CASTILHO, Ataliba T. de. Diacronia dos adjuntos adverbiais preposicionados no português brasileiro. In: G. Massini-Cagliari; C. A. A. Murakawa; R. A. Berlinck e M. Guedes (Orgs. 2005: 73-110), 2005.

CASTILHO, Ataliba T. de. Proposta funcionalista de mudança linguística: os processos de lexicalização, semanticização, discursivização e gramaticalização na constituição das línguas. In: T. Lobo et al. (Orgs. 2006, t. 1: 223-296).

CASTILHO, Ataliba T. de. Análise multissistêmica das preposições do eixo transversal no português brasileiro: espaço /anterior/ ~ /posterior/. In: J. M. Ramos e M. Alkmim (Orgs. 2007: 53-132), 2007a.

CASTILHO, Ataliba T. de. Abordagem da língua como um sistema complexo. Contribuições para uma nova Linguística Histórica. In: A. T. de Castilho et al. (Orgs. 2007: 329-360), 2007b

CASTILHO, Ataliba T. de. An Approach to Language as a Complex System. In: A. T. de Castilho (Org. 2009d: 119-136), 2009a.

CASTILHO, Ataliba T. de. Para uma análise multissistêmica das preposições. In: A. T. de Castilho (Org. 2009d: 279-332), 2009b.

CASTILHO, Ataliba T. de. A categoria cognitiva de MOVIMENTO na gramática do português. Refletindo sobre os achados dos Projetos NURC, PGPF e PHPB. In: Dermeval da Hora (Org. 2009: 71-96), 2009c.

CASTILHO, Ataliba T. de. (Org.). *História do português paulista*. v. 1. Campinas: Editora da Unicamp, 2009d.

CASTILHO, Ataliba T. de. Análise multissistêmica da sentença matriz. In: V. L. M. de Oliveira e Paiva e M. do Nascimento (Orgs. 2009: 35-60), 2009e.

CASTILHO, Ataliba T. de. *Nova gramática do português brasileiro*. São Paulo: Contexto, 2010a.

CASTILHO, Ataliba T. de. Mudança sintática sob a perspectiva funcional. Coautoria com Célia Regina S. Lopes. In: D. da Hora e C. R. Silva (Orgs. 2010: 97-121), 2010b.

CASTILHO, Ataliba T. de. Para uma abordagem cognitivista-funcionalista da gramaticalização. In: D. da Hora e C. R. Silva (Orgs. 2010: 272-283), 2010c.

CASTILHO Ataliba T. de. Semântica. Campinas: Universidade Estadual de Campinas, 2014. Manuscrito.

CASTILHO, Ataliba T. de.; BASTILHO, M. (Orgs.). *Gramática do português falado*. v. 4. Estudos descritivos. Campinas: Editora da Universidade Estadual de Campinas/Fapesp, 1996.

CASTILHO, Ataliba T. de; ILARI, Rodolfo. Advérbios predicadores. In: R. Ilari e M. H. M. Neves (Orgs. 2008: 413-456).

CASTILHO, Ataliba T. de; MORAES DE CASTILHO, Célia Maria de. Advérbios modalizadores. In: R. Ilari (Org. 2002a: 199-148), 2002.

CASTILHO, Ataliba T. de; MORAES DE CASTILHO, Célia Maria de. Perspectiva multissistêmica da concordância. In: M. C. Lima-Hernandes e M. M. S. Almeida (Orgs. 2011: 111-132).

CASTILHO, Ataliba T. de; MORAES DE CASTILHO, Célia Maria. Aspectos da concordância verbal no português médio. In: R. Álvares et al. (Eds. 2013: 107-124).

CASTILHO, Ataliba T. de. et al. Gramaticalização de algumas preposições no português brasileiro do séc. XIX. Comunicação ao V Seminário do projeto Para a História do Português Brasileiro, 2002.

CASTILHO, A. de T. et al. (Orgs.). *Descrição, história e aquisição do português brasileiro*. v. 1. Campinas: Pontes/ Fapesp, 2007.

CASTRO, Ana. *On Possessives in Portuguese*. Tese de Doutorado – Universidade Nova de Lisboa, 2006. [*Revista do GEL*, 1: 35-48, 2004.]

CAVALCANTE, Sílvia Regina de Oliveira. O sujeito indeterminado na escrita dos séculos XIX e XX: uma mudança encaixada? In: R. V. Mattos e Silva (Org. 2001c, t. 1: 233-250), 2001.

CEZARIO, Maria Maura et al. Ordenação de advérbios em textos religiosos. *Matraga*, 16: 177-201, 2004.

CEZARIO, Maria Maura MACHADO, N; SOARES, B. Ordenação de advérbios temporais e aspectuais no português escrito: uma abordagem histórica. In: M. R. Oliveira e I. da C. do Rosário (Orgs. 2009: 187-200).

CEZARIO, Maria Maura; CUNHA, Mariângela Furtado (Orgs.). *Linguística centrada no uso*. Uma homenagem a Mário Martelotta. Rio de Janeiro: Mauad-X, 2013.

CHAFE, W. Givenness, Contrastiveness Definiteness, Subjects Topics and Point of View. In: C. Li (Ed. 1976: 25-55).

CHAVES, Elaine. *Implementação do pronome você*: a contribuição de pistas gráficas. Dissertação de Mestrado – Universidade Federal de Minas Gerais, 2006.

CIAPUSCIO, Guiomar et al. (Eds.). *Sincronía y diacronía de tradiciones discursivas en Latinoamérica*. Madrid/Frankfurt: Iberoamericana/Vervuert, 2006.

CILLIERS, Paul. *Complexity & Postmodernism*. Understanding Complex Systems. London/New York: Routledge, 2000.

COELHO DA SILVA, Francielly. *Variação entre os pronomes* tu *e* você *na função de sujeito na fala de Natal (RN)*: uma abordagem sociofuncionalista. Dissertação de Mestrado – Universidade Federal do Rio Grande do Norte, 2015.

COELHO, Izete Lehmkuhl; GÖRSKI, Edair Maria. A variação no uso dos pronomes *tu* e *você* em Santa Catarina. In: L. Rebollo e C. Lopes (Orgs. 2011: 263-287).

COGEN, Cathy et al. (Eds.). *Proceedings of the First Annual Meeting of the Berkeley Linguistics Society*. Berkeley: Berkeley Linguistics Society, 1975.

COLE, Roger W. (Ed.). *Current Issues in Linguistic Theory*. Bloomington: Indiana University Press, 1979.

COMPANY, Concepción ¿Qué es un cambio linguístico? In: M. Á. Soler e F. C. Airoldi (Coords. 2003: 13-32).

COMRIE, Bernard. *Aspect*: an Introduction to the Study of Verbal Aspect and Related Problems. Cambridge: Cambridge University Press, 1976.

COMRIE, Bernard. *Language Universals and Linguistic Typology*. 2. ed. Chicago: University of Chicago Press, 1989.

CONDE SILVESTRE, Juán Camilo. *Sociolinguística histórica*. Madrid: Gredos, 2007.

CORBETT, Greville G. *Agreement*. New York: Cambridge University Press, 2006.

CORÔA, Maria Luzia. *O tempo dos verbos do português*: uma introdução à sua interpretação semântica. São Paulo: Parábola, 2005.

CORTINA, Arnaldo; NASSER, Sílvia Maria Gomes da Conceição (Orgs.). *Sujeito e linguagem*: Séries trilhas linguísticas. v. 17. Araraquara: Cultura Acadêmica, 2009.

CORREA, Vilma Reche. *Oração relativa*: o que se fala e o que se aprende no português do Brasil. Tese de Doutorado – Universidade Estadual de Campinas, 1998.

COSTA, Ana Lúcia dos Prazeres. *A variação entre formas de futuro do pretérito e de pretérito imperfeito no português informal no Rio de Janeiro*. Dissertação de Mestrado – Universidade Federal do Rio de Janeiro, 1997.

COSTA, Ana Lúcia dos Prazeres. *O futuro do pretérito e suas variantes no português do Rio de Janeiro*: um estudo diacrônico. Tese de Doutorado – Universidade Federal do Rio de Janeiro, 2003.

COSTA, Josenilda Pereira dos Santos et al. O uso do pronome *tu* na linguagem cotidiana dos estudantes de Jitaúna/ BA. Monografia de Conclusão de Curso – Universidade do Estado da Bahia, 2007.

COSTA, Sônia Bastos Borba; MACHADO FILHO, Américo Venâncio Lopes (Orgs.). *Do português arcaico ao português brasileiro*. Salvador: Editora da Universidade Federal da Bahia, 2004.

COSTA NUNES, J. O. Ordenação de advérbios temporais ou aspectuais em *-mente* no português escrito contemporâneo. In: M. Rios de Oliveira e M. M. Cezario (Orgs. 2012: 199-217).

COUPER-KUHEN, Elizabeth; KORTMANN, Bernd (Eds.) *Cause, Condition, Concession, Contrast*: Cognitive and Discourse Perspectives. Berlin/New York: Mouton de Gruyter, 2000.

COUTINHO, Ismael de Lima. *Gramática histórica*. 6 ed. Rio de Janeiro: Livraria Acadêmica, 1972.

COUTO, Letícia Rebollo; LOPES, Célia Regina dos Santos (Orgs.). *As formas de tratamento em português e em espanhol*: variação, mudança e funções conversacionais. Niterói: Editora da Universidade Federal Fluminense, 2011.

CRISTOFARO, Sonia. *Subordination*. Oxford: Oxford University Press, 2003.

CROFT, William. *Radical Construction Grammar*: Syntactic Theory in Typological Perspective. Oxford: Oxford University Press, 2001.

CRYSTAL, David. *Language Death*. Cambridge: Cambridge University Press, 2000.

CUNHA, C. F. da. *Gramática da língua portuguesa*. Rio de Janeiro: Fename, 1976.

CUNHA, C. F. da; CINTRA, L. F. L. *Nova gramática do português contemporâneo*. Rio de Janeiro: Nova Fronteira, 1985.

CUNHA, Antonio Geraldo da. *Dicionário etimológico Nova Fronteira da língua portuguesa*. Rio de Janeiro: Nova Fronteira, 1986.

CUYCKENS, H.; DAVIDSE, K.; VANDELANOTTE, L. (Eds.). *Subjectification, Intersubjectification and Grammaticalization*. Berlin: Walter de Gruyter, 2010.

DALL'AGLIO HATTNHER, Marize Mattos. Pesquisas em sintaxe: a abordagem funcionalista da evidencialidade. In: G. Massini-Cagliari; R. Berlinck; M. Guedes; T. P. de Oliveira (Orgs. 2007: 103-145), 2007.

DALTO, Cristiane Dias de Lima. *Estudo sociolinguístico dos pronomes-objeto de primeira e de segunda pessoas nas três capitais do sul do Brasil*. Dissertação de Mestrado – Universidade Federal do Paraná, 2002.

DECAT, Maria Beatriz Nascimento. Por uma abordagem da (in)dependência de cláusulas à luz da noção de "unidade informacional". *Scripta*, 2.4: 23-38, 1999.

DECAT, Maria Beatriz Nascimento. A função focalizadora de estruturas "desgarradas" no português falado e escrito: um estudo funcionalista de orações em sua ocorrência como enunciado Independente. In: A. C. Bentes e M. Q. Leite (Orgs. 2009: 114-134).

DECAT, Maria Beatriz Nascimento. *Estruturas desgarradas em língua portuguesa*. Campinas: Pontes, 2011.

DEFENDI, Cristina Lopomo. Repetição, redobro e reduplicação em uma perspectiva histórica. *Domínios de Linguagem*, 2:. 1-12, 2007.

DEFENDI, Cristina Lopomo. A reduplicação no português culto falado em São Paulo: possível gramaticalização. In: M. A. Torres Morais e M. L. C. V. O. Andrade (Orgs. 2009: 123-140).

DEFENDI, Cristina Lopomo et al. Análise multissistêmica das palavras: *atrás*, *fora*, *onde* e *afinal*. In: A.T. de Castilho (Org. 2009d: 359-382), 2009.

DEGAND, Liesbeth; SANDERS, Ted. Causal Connectives in Language Use: Theoretical and Methodological Aspects of the Classification of Coherence Relations and Connectives. International Workshop On Text Representation. In: A. Knott et al. (Eds. 1999: 3-12).

DENZIN, Norman K.; LINCOLN, Yvonna S. *The Handbook of Qualitative Research*. London: Sage, 2005.

DIAS, Augusto Epiphanio. *Syntaxe historica portuguesa*. Lisboa: Livraria Clássica Editora, 1970 [1. ed. 1918].

DIAS, F. M. P. C. *Variação e funcionalidade modo-temporal no português oral de Fortaleza/CE*: futuro do pretérito *versus* pretérito imperfeito na codificação de eventualidade em construções condicionais. Dissertação de Mestrado – Universidade Federal do Ceará, 2007.

DIAS, Nilza Barrozo. As "pequenas cláusulas" nas construções apositivas. In: A. T. de Castilho (Org. 2009d: 559-570), 2009.

DIK, Simon. *The Theory of Funcional Grammar*. Part I – The Structure of the Clause. 2. ed. rev. Berlin/New York: Mouton de Gruyter, 1989.

DIK, Simon. *The Theory of Funcional Grammar*. Part II – Complex and Derived Constructions. New York: Mouton de Gruyter, 1997.

DIONÍSIO, A. P.; MACHADO, A. R.; BEZERRA, M. A. (Orgs.). *Gêneros textuais e ensino*. Rio de Janeiro: Lucerna, 2002.

DUARTE, Lélia Parreira (Org.). *Para sempre em mim*: homenagem à professora Ângela Vaz Leão. Belo Horizonte: Editora da Pontifícia Universidade Católica de Minas Gerais, 1999.

DUARTE, Maria Eugênia Lamoglia. Do pronome nulo ao pronome pleno: a trajetória do sujeito no português do Brasil. In: I. Roberts e M. A. Kato (Orgs. 1993: 107-125).

DUARTE, Maria Eugenia Lamoglia. *A perda do princípio 'Evite pronome' no português brasileiro*. Tese de Doutorado – Universidade Estadual de Campinas, 1995.

DUARTE, Maria Eugênia Lammoglia. Sociolinguística paramétrica: perspectivas. In: D. da Hora e E. Christiano (Orgs. 1999: 107-114), 1999.

DUARTE, Maria Eugênia Lammoglia. A evolução na representação do sujeito pronominal em dois tempos. In: M. da C. Paiva e M. E. L. Duarte (Orgs. 2003: 115-128).

DUARTE, Maria Eugênia Lammoglia; CALLOU, Dinah. (Orgs.). *Para a história do português brasileiro*: notícias de *corpora* e outros estudos. v. 4. Rio de Janeiro: Universidade Federal do Rio de Janeiro/Faperj, 2002.

DUBOIS, John. Competing Motivations. In: J. Haiman (Ed. 1985a: 343-365).

DUBOIS, Sylvie; VOTRE, Sebastião. *Análise modular e princípios subjacentes do funcionalismo linguístico*: à procura da essência da linguagem. Rio de Janeiro, 1994. Manuscrito.

ECKARDT, R.; JAGER, G.; VEENSTRA, T. (Eds.). *Variation, Selection, Development* – Probing the Evolutionary Model of Language Change. Berlin/New York: Mouton de Gruyter, 2008.

ELIA, Sílvio. Sobre a natureza do advérbio. In: R. B. Neto (Org. 1980).

ERNOUT Alfred; MEILLET, Antoine. *Dictionnaire étymologique de la langue latine*: histoire des mots. 3`eme. éd. Paris: Libraire C. Klincksieck, 1951.

FABRICIUS-HANSEN, Cathrine; RAMM, Wiebke, (Eds.). *'Subordination' versus 'Coordination' in Sentence and Text*. Amsterdam: Benjamins, 2008.

FARACO, Carlos Alberto. O tratamento *você* em português: uma abordagem histórica. *Fragmenta*, 13: 51-82, 1996.

FERRARI, L. *Subjetividade e intersubjetividade em condicionais*: alternâncias entre presente e futuro no português brasileiro. *Alfa*, 59.1: 89-111, 2015.

FIGUEIRA, Servulo Augusto (Org.). *Psicanálise e ciências sociais*. Rio de Janeiro: Francisco Alves, 1980.

FILLMORE, Charles. An Alternative to Checklist Theories of Meaning. In: C. Cogen et al. (Ed. 1975: 123-131).

FILLMORE, Charles. Frame Semantics and the Nature Of Language. In: S. R. Harnad, H. D. Steklis e J. Lancaster (Eds. 1976: 20-32).

FILLMORE, Charles. Scenes-and-Frames Semantics. In: A. Zampolli (Ed. 1977: 55-81).

FILLMORE, Charles. Topics in Lexical Semantics. In: R. W. Cole (Ed. 1979).

FILLMORE, Charles. Frame Semantics. In: Sicol (Ed. 1982: 111-137).

FILLMORE, Charles. Frames and the Semantics of Understanding. *Quaderni di Semantica*, 6.2: 1985.

FILLMORE, Charles. *Form and Meaning in Language*. v. 1. Papers on Semantic Roles. Chicago: Chicago University Press, 2003a.

FILLMORE, Charles. The Case for Case Reopened. In: C. Fillmore (2003a: 175-199), 2003b.

FILLMORE, Charles; LANGEDOEN, D. T. (Eds.). *Studies in Linguistic Semantics*. New York: Holt/Rinehart and Winston, 1971.

FOLEY, William; VAN VALIN, Robert. *Functional Syntax and Universal Grammar*. Cambridge: Cambridge University Press, 1984.

FONSECA, A. M. H. *A perífrase verbal ir + infinitivo e o futuro do dialeto riopretano*. Dissertação de Mestrado – Universidade Estadual Paulista, 2010.

FORD, Cecilia E. *Grammar in Ordinary Interaction*: the Pragmatics of Adverbial Clauses in Conversational English. PhD Dissertation – University of California, 1988.

FORTILLI, S. C. *Predicados matrizes adjetivais de orações subjetivas no português brasileiro*: gramaticalização e dessentencialização. Tese de Doutorado – Universidade Estadual Paulista, 2012.

FREIRE, Gilson Costa. *A realização do acusativo e do dativo anafóricos de terceira pessoa na escrita brasileira e lusitana*. Tese de Doutorado – Universidade Federal do Rio de Janeiro, 2005.

FREIRE, Gilson Costa. *Os clíticos de terceira pessoa e as estratégias para sua substituição na fala culta brasileira e lusitana*. Dissertação de Mestrado – Universidade Federal do Rio de Janeiro, 2000.

FURTADO DA CUNHA, Maria Angélica. (Org.). *Corpus discurso e gramática* – a língua falada e escrita na cidade do Natal. Natal: Editora da Universidade Federal do Rio Grande do Norte, 1998.

GALVES, Charlotte. O enfraquecimento da concordância no português brasileiro. In: I. Roberts e M. Kato (Orgs. 1993: 387-408).

GALVES, Charlotte. Tópicos, sujeitos, pronomes e concordância no português brasileiro. *Cadernos de Estudos Linguísticos*, 34: 7-21, 1998.

GARCIA, O. M. *Comunicação em prosa moderna*: aprenda a escrever, aprendendo a pensar. Rio de Janeiro: Fundação Getulio Vargas, 1977.

GIBBON, Adriana de Oliveira. *A expressão do tempo futuro na língua falada de Florianópolis*: gramaticalização e variação. Dissertação de Mestrado – Universidade Federal de Santa Catarina, 2000.

GIL, Beatriz Daruj; CARDOSO, Elis de Almeida; CONDÉ, Valéria Gil (Orgs.). *Modelos de análise linguística*. São Paulo: Editora Contexto, 2009.

GIVÓN, T. *Syntax*: a Functional-Typological Introduction. v. 1. New York: Academic Press, 1984.

GIVÓN, T. Iconicity, Isomorphism, and Non-Arbitrary Coding in Syntax. In: J. Haiman (Ed. 1985a: 187-220).

GOES, Jan (Org.). *L'Adverbe*: un pervers polymorphe. Paris: Artois Presses Université, 2005.

GOLDBERG, A. E. *Constructions*: A Construction Grammar Approach to Argument Structure. Chicago: University of Chicago Press, 1995.

GOLDBERG, A. E. *Constructions at Work*: the Nature of Generalization in Language. Oxford: Oxford University Press, 2006.

GOFFMAN, Erving. A elaboração da face – uma análise dos elementos rituais da interação social. In: S. A. Figueira. (Org. 1980: 76-114).

GOMES, Christina Abreu. Variação e mudança na expressão do dativo no português brasileiro. In: M. C. Paiva e M. E. L. Duarte (Orgs. 2003: 81-96).

GONÇALVES, Sebastião C. L. *Gramaticalização, modalidade epistêmica e evidencialidade*: um estudo de caso no Português do Brasil. Tese de Doutorado – Universidade Estadual de Campinas, 2003.

GONÇALVES, Sebastião C. L. Aspectos da subordinação sentencial sob uma perspectiva diacrônica: o caso das orações em posição argumental de sujeito. In: A. T. de Castilho (Org. 2009d: 585-594), 2009.

GONÇALVES, Sebastião C. L. Orações subjetivas: variância e invariância de padrões na fala e na escrita. *Revista da Abralin*, 10.1: 87-111, 2011.

GONÇALVES, Sebastião C. L. Construções parentéticas epistêmicas em perspectiva construcional. *Gragoatá*, 20.38: 163-182, 2015.

GONÇALVES, Sebastião C. L; ALMEIDA, M. L. L. (Org.). *Língua portuguesa*: identidade, difusão e variabilidade. Rio de Janeiro: Associação Internacional da Língua Portuguesa, 2008.

GONÇALVES, Sebastião C. L.; LIMA-HERNANDES, Maria Célia; CASSEB-GALVÃO, Vânia C.; CARVALHO, Cristina (2007). Tratado Geral sobre Gramaticalização. In: S. C. Gonçalves; M. C. Lima-Hernantes; V.C. Casseb-Falcão; C. Carvalho (Orgs. 2007, v.1, p. 15-66), 2007.

GONÇALVES, Sebastião C. L.; LONGHIN-THOMAZI, Sanderléia; DIAS, Nilza Barrozo; RODRIGUES, Angélica T. C.; CARVALHO, Cristina; LIMA-HERNANDES, Maria Célia. Estudos de caso. In: S. C. Gonçalves; M. C. Lima Hernantes; V. C. Casseb-Galvão; C. Carvalho (Orgs. 2007, v.1: 91-156), 2007.

GONÇALVES, Sebastião C. L.; LONGHIN-THOMAZI, S. R.; DIAS, N. B.; RODRIGUES, A. T. C.; CARVALHO, C. S.; LIMA-HERNANDES, Maria Célia; GALVÃO, V. C. C. As rotas de gramaticalização de *diz que* e *tipo* no português do Brasil. In: Ronald Beline Mendes. (Org. 2007: 105-122), 2007.

GONÇALVES, Sebastião C. L.; LONGHIN-THOMAZI, S. R.; DIAS, Nilza B.; RODRIGUES, A. T. C.; CARVALHO, C. S.; LIMA-HERNANDES, Maria Célia; BERALDO, G. Graus de expansão de orações reduzidas de infinitivo. *Revista Factus*, v. 6, p. 141-150, 2007.

GONÇALVES, Sebastião C. L.; SOUSA, G. C. Orações substantivas em função de sujeito e de objeto nas fases arcaica e moderna do português. *Revista Linguística*, 9.2: 46-61, 2013.

GREENBERG, Joseph H. *Universals of Language*. Cambridge: MIT Press, 1966a.

GREENBERG, Joseph H. Some Universals of Grammar with Particular Reference to the Order Meaningful Elements. In: Joseph H. Greenberg (Ed. 1966a), 1966b.

GRICE, H. P. Lógica e conversação. In: M. Dascal (Org.). *Fundamentos metodológicos da linguística*. Campinas: edição do organizador, vol. I, p. 81-103, 1982. Nova versão: Logic and conversation. In: P. Cole, J. L. Morgan (Eds.). *Syntax and semantics*, v. 3. New York: Academic Press, p. 41-58, 1981.

GROSSE, Sybille; ZIMMERMANN, Klaus (Eds.). *O português brasileiro*: pesquisas e projetos. Frankfurt am Main: TFM, 2000.

GRYNER, Helena. *A variação de tempo-modo e conexão nas orações condicionais do português*. Tese de Doutorado – Universidade Federal do Rio de Janeiro, 1990.

GRYNER, Helena. Graus de vinculação nas orações condicionais. *Cadernos de Estudos Linguísticos*, 28: 69-85, 1995.

GUEDES, Marymárcia; BERLINCK, Rosane Andrade (Orgs.). *E os preços eram commodos...* Anúncios de jornais brasileiros do século XIX. São Paulo: Humanitas, 2000.

HAIMAN, John (Ed.). *Iconicity in Syntax*. Amsterdam: John Benjamins, 1985a.

HAIMAN, John. *Natural Syntax*. Cambridge: Cambridge University Press, 1985b.

HAIMAN, J.; THOMPSON, S. (Eds.). *Clause Combining in Grammar and Discourse*. Philadelphia: John Benjamins, 1988a.

HAIMAN, J.; THOMPSON, S. Introduction. In: J. Haiman e S. Thompson (Eds. 1988a: X-XIII), 1988b.

HALLIDAY, M. A. K. *An Introduction to Functional Grammar*. 2. ed. London: Edward Arnold, 2004.

HALLIDAY, M. A. K.; HASAN, R. *Cohesion in English*. London: Longman, 1976.

HARNAD, Stevan R.; STEKLIS, Horst D.; LANCASTER, Jane. (Eds.). *Origins and Evolution of Language and Speech*. Annals of the NY Academy of Sciences. New York: New York Academy of Sciences, 1976.

HASPELMATH, Martin et al. (Eds.). *Language Typology and Language Universals*. Berlin/New York: Walter Gruyter, 2001.

HEINE, Bernd; HÜNNEMEYER, B.; CLAUDI, U. *Grammaticalization*: a Conceptual Framework. Chicago: University of Chicago Press, 1991.

HEINE, Bernd (Ed.). *Approaches to Grammaticalization*. v. 1. Philadelphia: John Benjamins, 1991.

HEINE, Bernd. *Auxiliaries*: Cognitive Forces and Grammaticalization. New York: Oxford University Press, 1993.

HEINE, Bernd. On the Role of Context in Grammaticalization. In: I. Wischer e G. Diewal (Eds. 2002: 83-101).

HEINE, Bernd; KUTEVA, T. *World Lexicon of Grammaticalization*. Cambridge: Cambridge University Press, 2002.

HEINE, Bernd; KUTEVA, T. *The Changing Languages of Europe*. Oxford: Oxford: University Press, 2006.

HEINE, Bernd; MIYASHITA, Hiroyuki. Gramaticalização e contacto linguístico: a auxiliarização nas línguas da Europa. In: A. T. de Castilho (Org. 2009d: 103-118), 2009.

HEINE, Bernd; NARROG, Heiko (Eds.). *The Oxford Handbook of Grammaticalization*. New York: Oxford University Press, 2011.

HENGEVELD, Kees; MACKENZIE, John Lachlan. *Functional Discourse Grammar*: a Typologically-Based Theory of Language Structure. Oxford: Oxford University Press, 2008.

HERNÀNDEX-CAMPOY, Juan Manuel; CONDE SILVESTRE, Juan Camilo. *The Handbook of Historical Sociolinguistics*. Oxford: Wiley-Blackwell, 2012.

HOCKNEY, D.; HARPER, W.; FREED, B. (Eds.). *Contemporary Research in Philosophical Logic and Linguistic Semantics*. Dordrecht: D. Reidel, 1975.

HODGE, C. T. The Linguistic Cycle. *Language and Society*, 13: 1-7, 1970.

HOPPER, Paul J.; TRAUGOTT, Elizabeth C. *Grammaticalization*. Cambridge: Cambridge University Press, 1993. [2. ed. 2004.]

HORA, Dermeval da; ESPÍNOLA, Lucienne C. O paralelismo linguístico e sua atuação no processo variável da concordância verbo-sujeito. *Revista da ABRALIN*, III/1-2: 217-241, 2004.

HORA, Dermeval da; SILVA, Camilo Rosa (Orgs.). *Para a história do português brasileiro*. v. 9. Abordagens e perspectivas. João Pessoa: Ideia/Editora Universitária, 2010.

HOUAISS, Antonio. *Dicionário eletrônico Houaiss da língua portuguesa*, 2001. CD-ROM.

HUMBOLDT, Wilhelm von. *Sobre la diversidad de la estructura del lenguaje humano y su influencia sobr el desarrollo espiritual de la humanidad*. Trad. Ana Agud. Barcelona/Madrid: Anthropos/Ministerio de Educación y Ciencia, 1990 [1836].

HUMMEL, M. Considerações sobre os tipos *ela fala esquisito* e *ela chega cansada* no português coloquial e literário do Brasil e de Portugal. *Confluência*, 2002a.

HUMMEL, M. A conversão do adjetivo em advérbio em perspectiva sincrônica e diacrônica. In: *Actas do VI Congresso da AIL – Associação Internacional de Lusitanistas*, 2002b.

HUMMEL, M. *Polifuncionalidade, polissemia y estratégia retórica*: los signos discursivos con base atributiva entre oralidade y escritura. Berlin/Boston: Walter de Gruyter, 2012.

ILARI, Rodolfo. (Org.). *Gramática do português falado*. v. 2. Níveis de análise linguística. Campinas: Editora da Universidade Estadual de Campinas, 1992.

ILARI, Rodolfo. Notas para uma semântica do passado composto em português. In: *Actas do Congresso Internacional organizado por motivo dos vinte anos do Português no ensino superior*: 224-247, 1999.

ILARI, Rodolfo (Org.). *Gramática do português falado*. v. 2. Níveis de análise linguística. 4. ed. revista. Campinas: Editora da Universidade Estadual de Campinas, 2002a.

ILARI, Rodolfo. Sobre os advérbios aspectuais. In: R. Ilari (Org. 2002a: 249-285), 2002b.

ILARI, Rodolfo. A categoria advérbio na gramática do português falado. *Alfa*: 151-157, 2007.

ILARI, Rodolfo. Os pronomes do português brasileiro: algumas comparações. *Estudos Linguísticos*, 39/1: 314-330, 2010. Disponível em: <http://www.gel.org.br/estudoslinguisticos/volume/39/v2/EL_V39N1.pdf>. Acesso em: 5 out. 2016.

ILARI, Rodolfo (Org.). *Gramática do português culto falado no Brasil*. v. 3. Palavras de classe aberta. São Paulo: Contexto, 2014.

ILARI, Rodolfo (Org.). *Gramática do português culto falado no Brasil*. v. 4. Palavras de classe fechada. São Paulo: Contexto, 2015.

ILARI, Rodolfo. *Linguística românica*. São Paulo: Ática, 1999. [2 ed., São Paulo: Contexto, 2018.]

ILARI, Rodolfo BASSO, Renato M. O verbo. In: R. Ilari e M. H. M. Neves (Orgs. 2008: 163-370). [Republicado em R. Ilari (Org. 2014: 65-242).]

ILARI, Rodolfo; NEVES, Maria Helena de Moura (Orgs.). *Gramática do português falado culto*. v. 2. Classes de palavras e processos de construção. Campinas: Editora da Universidade Estadual de Campinas, 2008.

ILARI, Rodolfo et al. Considerações sobre a posição dos advérbios. In: A. T. de Castilho (Org. 1991: 63-142).

JACKENDOFF, R. *Semantic Interpretation on Generative Grammar*. Cambridge: MIT Press, 1972.

JACKENDOFF, R. *The Architecture of the Language Faculty*. Cambridge: MIT Press, 1997.

JESUS, Lavínia Rodrigues de. *O relativo cujo em documentos do século XIX*. Dissertação de Mestrado – Universidade Federal da Bahia, 2002.

JOSEPH, B. D; JANDA, R. D. (Eds.). *The Handbook of Historical Linguistics*. Oxford: Blackwell, 2003.

JUBRAN, Clélia Cândida Spinardi. Inserção: um fenômeno de descontinuidade na organização tópica. In: A. T. de Castilho (Org. 1993: 61-74).

JUBRAN, Clélia Cândida Spinardi. Parênteses: propriedades identificadoras. In: A. T. de Castilho e M. Basílio (Orgs. 1996: 411-422), 1996a.

JUBRAN, Clélia Cândida Spinardi. Para uma descrição textual-interativa da parentização. In: M. Kato (Org. 1996: 339-354), 1996b.

JUBRAN, Clélia Cândida Spinardi. Tópico discursivo. In: C. C. S. Jubran e I. G. V. Koch (Orgs. 2006: 89-132).

JUBRAN, Clélia Cândida Spinardi (Org.). *Gramática do português culto falado no Brasil*. v. 1. Construção do texto falado. São Paulo: Contexto, 2015.

JUBRAN, Clélia Cândida Spinardi; KOCH, Ingedore Grunfeld Villaça (Orgs.). *Gramática do português culto falado no Brasil*. v. 1. Construção do texto falado. Campinas: Editora da Unicamp, 2006.

JUBRAN, Clélia Cândida Spinardi et al. Organização tópica da conversação. In: R. Ilari (Org. 1992: 357-440).

JULIÁ, Tomás Jiménez. Disyunción exclusiva e inclusiva en español. Verba, 13: 163-80, 1986.

JUNGBLUTH, K. (Org.). *Sincronía y diacronía*: de tradiciones discursivas en Latinoamérica. Frankfurt: Vervuert/ Bibliotehca Ibero-Americana, 2006.

KABATEK, Johannes. Tradiciones lingüísticas y cambios lingüísticos. *Lexis*, XXIX.(2): 151-177, 2005.

KABATEK, Johannes. Tradiciones discursivas y cambio lingüístico. In: G. Ciapuscio et al (Eds. 2006: 151-172).

KABATEK, Johannes (Ed.). *Sintaxis histórica del español y cambio lingüístico*: Nuevas perspectivas desde las Tradiciones Discursivas. Madrid/Frankfurt: Iberoamericana/Vervuert, 2008.

KARAM, L. *A variação entre o futuro do pretérito, o imperfeito e a perífrase com o verbo* ir *na fala do RS*. Dissertação de Mestrado – Universidade Federal do Rio Grande do Sul, 2000.

KATO, Mary A. Recontando a história das relativas em uma perspectiva paramétrica. In: I. Roberts e M. A. Kato (Orgs. 1993: 223-261). (Org.). *Gramática do português falado*. v. 5. Campinas: Editora da Unicamp/Fapesp, 1996.

KATO, Mary A.; NASCIMENTO; Milton do. (Orgs.). *Gramática do português culto falado no Brasil*. v. 3. *A construção da sentença*. Campinas: Editora da Unicamp, 2009. [2. ed., São Paulo: Contexto, 2015.]

KEENAN, Edward L. Relative Clauses. In: T. Shoopen (Ed. 1985: 141-170).

KEENAN, Edward L.; COMRIE, Bernard. Noun Phrase Accessibility and Universal Grammar. *Linguistic Inquiry*, 8: 63-99, 1977.

KENEDY, Eduardo. Articulação entre cláusulas – uma abordagem funcional das relativas. Rio de Janeiro, 2002. Manuscrito.

KENEDY, Eduardo. *A antinaturalidde de* pied-piping *em orações relativas*. Tese de Doutorado –Universidade Federal do Rio de Janeiro, 2007.

KEWITZ, Verena. *A gramaticalização de* ser *e* estar *no português medieval e no séc. XIX*. Dissertação de Mestrado – Universidade de São Paulo, 2002a.

KEWITZ, Verena. Os verbos *ser* e *estar* plenos no português arcaico. *Estudos Linguísticos*, 31: 2002b.

KEWITZ, Verena. *Gramaticalização e semanticização das preposições* a *e* para *no português brasileiro (sécs. XIX a XX)*. Tese de Doutorado – Universidade de São Paulo, 2007a.

KEWITZ, Verena. A gramaticalização da preposição *entre* no português brasileiro do século XIX. In: J. M. Ramos e M. Alkmim (Orgs. 2007), 2007b.

KEWITZ, Verena. Gramaticalização, semanticização e discursivização das preposições *a* e *para* no Português Brasileiro (séculos XIX e XX). In: A. T. de Castilho (Org. 2009d: 603-636), 2009a.

KEWITZ, Verena. A representação do espaço no Português Paulista numa abordagem sociocognitiva. In: M. A. Torres Morais e M. L. C. V. O. Andrade (Orgs. 2009: 181-196), 2009b.

KEWITZ, Verena. Double Path: a Typology of Brazilian Portuguese. In: A. S Silva et al. (Orgs. 2010: 153-168).

KEWITZ, Verena. Pontos do percurso de um evento de deslocamento no espaço físico: que tendências apresenta o português paulista? In: M. Arden, C. Märzhäuser e B. Meisnitzer (Orgs. 2011: 339-358), 2011a.

KEWITZ, Verena. A representação de movimento no português paulista. *Filologia e Linguística Portuguesa*, 13: 89-125, 2011b.

KEWITZ, Verena; ALMEIDA, Maria Lúcia Leitão. As preposições. In: D. da Hora e C. R. Silva (Orgs. 2010: 126-134).

KEWITZ, Verena; PAIXÃO DE SOUSA, Maria Clara. Vésperas Brasilianas: uma agenda para os estudos sintáticos do português brasileiro nos primeiros séculos. *Revista Portuguesa de Humanidades*, 15: 2011.

KNOTT, A. et al. *Levels of Representation in Discourse*. Working Notes of the International Workshop on Text Representation. Edinburgh: University of Edinburgh, 1999.

KOCH, Ingedore G. Villaça (Org.). *Gramática do português falado*. v. 6. Campinas: Ed. da Unicamp, 2002.

KOCH, Ingedore G. Villaça. Tematização e rematização. In: C. C. S. Jubran e I. G. V. Koch (Orgs. 2006: 359-380).

KOCH, Peter. Tradiciones Discursivas y cambio lingüístico: el ejemplo del tratamiento *vuestra merced* en español. In: J. Kabatek (Ed. 2008: 53-88).

KOCH, Peter; OESTERREICHER, Wulf. *Lengua hablada en la Romania*: español, francés, italiano. Madrid: Editorial Gredos, 2007.

KORTMANN, Bernd. *Adverbial Subordination*: a Typoloqy and History of Subordinators Based on European Languages. Berlin/New York: Mouton de Gruyter, 1997.

KRAGH, Jespersen; LINDSCHOUW, Jan (Orgs.). *Les variations diasystémiques et leurs interdépendances dans les langues romanes*. Strasbourg: Édtions de Linguistique et Philologie, 2015.

LABOV, William. *Sociolinguistics Patterns*. Philadelphia: University of Pennsylvania Press, 1972.

LABOV, William. *Principles of Linguistic Change*. v. 1. Internal Factors. Oxford: Blackwell, 1994.

LABOV, William. *Principles of Linguistic Change*. v. 2. Social Factors. Oxford: Basil Blackwell, 2001.

LABOV, William. *Principles of Linguistic Change*. v. 3. Cognitive and Cultural Factors. Oxford: Basil Blackwell, 2010.

LANGACKER, Ronald. *Foundations of Cognitive Grammar*. v. 2. Descriptive Application. Stanford: Stanford University Press , 1991.

LAKOFF, George. Hedges: a Study in Meaning Criteria and the Logic of Fuzzy Concepts. In: D. Hockney, W. Harper e B. Freed (Eds. 1975: 121-171).

LAKOFF, George. Categories: an Essay in Cognitive Linguistics. In: Sicol (Ed. 1982: 139-209).

LAKOFF, George. *Women, Fire and Dangerous Things*. What Categories Reveal about the Mind. Chicago: University of Chicago Press, 1987.

LAKOFF, R. If's And's and But's About Conjunction. In: C. Fillmore e D. T. Langedoen (Eds. 1971).

LAKOFF, George; JOHNSON, Mark. *Metaphors We Live By*. Chicago/London: University of Chicago Press, 1980. [Trad. para o português de Vera Maluf: *Metáforas da vida cotidiana*. São Paulo: Editora da PUC de São Paulo/ Mercado de Letras, 2002.]

LEITE, J. F. M; JORDÃO, A. J. N. *Dicionário latino vernáculo*. Rio de Janeiro: Editora Lux Ltda, 1958.

LEHMANN, C.. *Thoughts on Grammaticalization*. A Programmatic Sketch. v. 1. Köln: Arbeiten des Kölner Universalien-Projects, 1982.

LEHMANN, C. Towards a Typology of Clause Linkage. In: J. Haiman e S. Thompson (Eds. 1988a: 275-330), 1988.

LEHMAN, W. P.; MALKIEL, Y. (Eds.). *Directions for Historical Linguistics*. A Symposium. 3. ed. Austin: University of Texas Press, 1975. [Trad. para o português de Marcos Bagno: *Fundamentos empíricos para uma teoria da mudança linguística*. São Paulo: Parábola, 2006 [1. ed. 1968].]

LI, C. (Ed.). *Subject and Topic*. New York: Academic Press, 1976.

LIGHTFOOT, David. *How New Languages Emerge*. Cambridge: Cambridge University Press, 2006.

LIMA, José Pinto de. Sobre a génese e a evolução do futuro com *ir* em português. In: A. S. da Silva (Org. 2001: 119-146).

LIMA-HERNANDES, Maria Célia. Condicionadores de apagamento do fonema /s/ e processamento da concordância nominal: contraste entre normas da língua falada na cidade de São Paulo. *Revista Epistème*, 3: 1997.

LIMA-HERNANDES, Maria Célia. *Gramaticalização de combinação de cláusulas*: orações de tempo no Português do Brasil. Dissertação de Mestrado – Universidade de São Paulo, 1998.

LIMA-HERNANDES, Maria Célia. *A interface sociolinguística/gramaticalização*: estratificações de usos de *tipo, feito, igual* e *como*, sincronia e diacronia. Tese de Doutorado – Universidade Estadual de Campinas, 2005.

LIMA-HERNANDES, Maria Célia. Two Principles, One Path: Relationships between Unidirectionality and Iconicity in Linguistic Processing. In: A. T. de Castilho (Org. 2009d: 479-494) 2009.

LIMA-HERNANDES, Maria Célia; ALMEIDA, Manoel Mourivaldo Santiago (Orgs.). *História do português paulista*. v. 3. Campinas: Instituto de Estudos da Linguagem, 2011.

LOBO, Maria. *Aspectos da sintaxe das orações adverbiais do português*. Tese de Doutorado –Universidade Nova de Lisboa, 2003.

LOBO, Tânia C. F. *Para uma sociolinguística histórica do português no Brasil*. Edição filológica e análise linguística de cartas particulares do Recôncavo da Bahia, século XIX. 4 v. Tese de Doutorado – Universidade de São Paulo, 2001.

LOBO, Tânia C. F. et al. (Orgs.). *Para a história do português brasileiro*: novos dados, novas análises. v. 6. 2 t. Salvador: Editora da Universidade Federal da Bahia, 2006.

LONGHIN-THOMAZI, Sanderléia Roberta. *A gramaticalização da perífrase conjuncional só que*. Tese de Doutorado – Universidade Estadual de Campinas, 2003.

LONGHIN-THOMAZI, Sanderléia Roberta. A relevância dos tipos de contexto para o processo histórico de constituição de "porém". In: J. Magalhães e L. Travaglia (Orgs. 2008).

LONGHIN-THOMAZI, Sanderléia Roberta. Grammaticalization of Conjunctions. In: A. T. de Castilho (Org. 2009d: 577-584) 2009.

LOPES, Célia Regina dos S. O percurso de *a gente* em tempo real de longa duração. In: R. V. Mattos e Silva (Org. 2001c, t. 1: 127-148), 2001.

LOPES, Célia Regina dos S. *A inserção de a gente no quadro pronominal do português*: percurso histórico. Tese de Doutorado. Rio de Janeiro: Universidade Federal do Rio de Janeiro, 1999. Saiu com o mesmo título em Frankfurt am Main / Madrid: Vervuert / Iberoamericana, 2002.

LOPES, Célia Regina dos S. *A inserção de 'a gente' no quadro pronominal do português*. Frankfurt/Madrid: Vervuert/ Iberoamericana, 2003.

LOPES, Célia Regina dos S. (Org.). *A norma brasileira em construção*: fatos linguísticos em cartas pessoais do século XIX. Rio de Janeiro: Universidade Federal do Rio de Janeiro/Faperj, 2005.

LOPES, Célia Regina dos S. Correlações histórico-sociais e linguístico-discursivas das formas de tratamento em textos escritos no Brasil – séculos XVIII e XIX. In: G. Ciapuscio et al. (Orgs. 2006: 187-214).

LOPES, Célia Regina dos S. A gramaticalização de 'a gente' em português em tempo real de longa e de curta duração: retenção e mudança na especificação dos traços intrínsecos. *Fórum Linguístico*, 4: 47-80, 2007a.

LOPES, Célia Regina dos S. Pronomes pessoais. In: S. F. Brandão e S. R. Vieira. (Orgs. 2007: 103-114), 2007b.

LOPES, Célia Regina dos Santos. Retratos da variação entre "você" e "tu" no português do Brasil: sincronia e diacronia. In: C. Roncarati e J. Abraçado. (Orgs. 2008: 55-71).

LOPES, Célia Regina dos S. Retratos da mudança no sistema pronominal: o tratamento carioca nas primeiras décadas do século XX. In: A. Cortina e S. M. G. C. Nasser (Orgs. 2009: 47-74).

LOPES, Célia Regina dos S. A persistência e a decategorização nos processos de gramaticalização. In: L. Vitral e S. Coelho (Orgs. 2010: 275-314).

LOPES, Célia Regina dos S. Tradição discursiva e mudança no sistema de tratamento do português brasileiro: definindo perfis comportamentais no início do século XX. *Alfa*, 55: 361-392, 2011.

LOPES, Célia Regina dos S. (Coord.). *História do português brasileiro*. v. 4. Mudança sintática das classes de palavra: perspectiva funcionalista. São Paulo: Contexto, 2018.

LOPES, Célia Regina dos S.; BARBOSA, A. G. (Orgs.). *Críticas, queixumes e bajulações na imprensa brasileira do século XIX*: cartas de leitores. Rio de Janeiro: Universidade Federal do Rio de Janeiro/Faperj, 2006a.

LOPES, Célia Regina dos S.; BARBOSA, A. G. A expansão dos jornais no Brasil: o início da história. In: C. R. dos S. Lopes e A. G. Barbosa (Orgs. 2006: 7-12), 2006b.

LOPES, Célia Regina dos S.; BARBOSA, A. G.; CALLOU, D. M. I. Cartas em jornais oitocentistas do Rio de Janeiro. In: C. R. dos S. Lopes e A. G. Barbosa (Orgs. 2006: 185-224).

LOPES, Célia Regina dos S.; CAVALCANTE, Sílvia. A cronologia do voceamento no português brasileiro: expansão de você-sujeito e retenção do clítico-te. *Lingüística*, 25: 30-65, 2011.

LOPES, Célia Regina dos S.; DUARTE, M. E. L. Formas nominais e pronominais de tratamento em português – séculos XVIII e XIX. Comunicação ao XIII Congreso Internacional de la Asociación de Lingüística y Filología de América Latina (Alfal), 2002.

LOPES, Célia Regina dos S.; DUARTE, Maria Eugênia Lammoglia. De "Vossa Mercê" a "Você": análise da pronominalização de nominais em peças brasileiras e portuguesas setecentistas e oitocentistas. In: S. F. Brandão; M. A. R. C. Mota (Orgs. 2003: 61-76).

LOPES, Célia Regina dos S.; DUARTE, M. E. L. Notícias sobre o tratamento em cartas escritas no Brasil dos séculos XVIII e XIX. In: J. M. Ramos e M. A. Alkmim (Orgs. 2007).

LOPES, Célia Regina dos S.; GARCIA, L. R.; SILVA, A. De formas nominais a formas pronominais de tratamento: uma abordagem preliminar em textos brasileiros e portugueses dos séculos XVIII e XIX. Comunicação ao IV Celerj – Congresso dos Estudantes de Letras do Estado do Rio de Janeiro, 2001.

LOPES, Célia Regina dos S.; MACHADO, Ana Carolina Morito. Tradição e inovação: indícios do sincretismo entre a segunda e a terceira pessoas nas cartas dos avós. In: C. R. S. Lopes (Org. 2005: 45-66).

LOPES, Célia Regina dos S.; MARCOTULIO, L. L.; Santos, Viviane Maia, SILVA, A. S. Quem está do outro lado do túnel? Tu ou você na cena urbana carioca. *Veröffentlichungsreihe des Studienbereiches Neue Romania des Instituts für Romanische Philologie der FU Berlin*, 39: 49-66, 2009.

LOPES, Célia Regina dos S.; MONTEIRO, Flavia; COUTO, L. R. Perdón, desculpa, desculpa aí. La expresión de las disculpas en el cine iberoamericano. *Gragoatá*, 22: 253-272, 2007.

LOPES, Célia Regina dos S.; REICH, Uli (Orgs.). Processos urbanos I: Variação linguística em megalópoles latino-americanas. *Neue Romania*, 39: 2009.

LOPES, Célia Regina dos S.; RUMEU, Márcia Cristina de Brito. O quadro de pronomes pessoais do português: as mudanças na especificação dos traços intrínsecos. In: A. T. de Castilho et al. (Orgs. 2007: 419-436).

LOPES, Célia Regina dos S.; RUMEU, Márcia Cristina B.; MARCOTULIO, Leonardo L. O tratamento em bilhetes amorosos no início do século XX: do condicionamento estrutural ao sociopragmático. In: L. R. Couto e C. R. dos S. Lopes (Orgs. 2011: 315-348).

LOPES, Celia Regina dos S. et al. A configuração da norma brasileira no século XIX: análise de cartas pessoais dos avós Ottoni. In: T. Lobo et al. (Orgs. 2006, t. 2: 781-818).

LOPES, Célia Regina dos S. et al. Sobre norma e tratamento em cartas a Rui Barbosa In: V. Aguilera (Orgs. 2009: 45-92).

LOPES, Célia Regina dos S. et al. Reflexões metodológicas para a análise sociocultural de redatores em corpora históricos. *Gragoatá*, 29: 239 -253, 2010.

LOPES, H. C. *Aspectos sintácticos, semânticos e pragmáticos das construções causais*: contributo para uma reflexão sobre o ensino da gramática. Tese de Doutorado – Universidade do Porto, 2003.

LOREGIAN, Loremi. *Concordância verbal com o pronome tu na fala do sul do Brasil.* Dissertação de Mestrado – Universidade Federal de Santa Catarina, 1996.

LOREGIAN-PENKAL, Loremi. *Re(análise) da referência de segunda pessoa na fala da região sul.* Tese de Doutorado – Universidade Federal do Paraná, 2004.

LUCCHESI, Dante; BAXTER, Alan; RIBEIRO, Ilza (Orgs.). *O português afro-brasileiro.* Salvador: Editora da Universidade Federal da Bahia, 2009.

LUNGUINHO, Marcus Vinicius. Um aspecto da configuração diacrônica do Português Paulista: a variação entre *ter de* e *ter que*. In: M. A. C. Torres Morais e M. L. da C. V. de O. Andrade (Orgs. 2009: 197-216).

LUZ, Marilina dos Santos. Fórmulas de tratamento no português arcaico – subsídios para o seu estudo. *Revista Portuguesa de Filologia*, 1958.

LYONS, J. *Semantics.* Cambridge: Cambridge University Press, 1977.

LYONS, J. *Introdução à linguística teórica.* São Paulo: Editora Nacional/Edusp, 1979.

LYONS, J. *Linguistic Semantics*: an Introduction. New York: Cambridge University Press, 1995.

MACHADO, Ana Carolina Morito. *A implementação de* você *no quadro pronominal*: as estratégias de referência ao interlocutor em peças teatrais no século XX. Dissertação de Mestrado – Universidade Federal do Rio de Janeiro, 2006.

MACHADO, Ana Carolina Morito. *As formas de tratamento no teatro brasileiro e português dos séculos XIX e XX.* Tese de Doutorado – Universidade Federal do Rio de Janeiro, 2011.

MACHADO, José Pedro *Dicionário etimológico da língua portuguesa.* 2 v. Lisboa: Editorial Confluência/Livros Horizonte, 1956-1977.

MACHADO FILHO, Américo Venâncio Lopes. *Dicionário etimológico do português arcaico.* Salvador: Editora da Universidade Federal da Bahia, 2013.

MAGALHÃES, José; TRAVAGLIA, Luiz Carlos (Orgs.). *Múltiplas perspectivas em linguística.* Uberlândia: Editora da Universidade Federal de Uberlândia, 2008.

MAGNE, Augusto. *A demanda do Santo Graal – Glossário.* Rio de Janeiro: Imprensa Nacional, 1944.

MAIA, Viviane dos Santos. *"Tu vai para onde?... Você vai para onde"*: manifestações da segunda pessoa na fala carioca. Dissertação de Mestrado – Universidade Federal do Rio de Janeiro, 2012.

MAINGUENEAU, Dominique. *Análise de textos de comunicação.* São Paulo: Cortez, 2001.

MAINGUENEAU, Dominique. *Cenas da enunciação.* Curitiba: Criar Edições, 2006.

MALER, B. (Ed.). *Orto do esposo.* Texto inédito do fim do século XIV ou começo do XV. Rio de Janeiro: Instituto Nacional do Livro, 1956.

MALVAR, Elisabete da S. *A realização do objeto direto de 3ª. pessoa em cadeia anafórica no português do Brasil.* Dissertação de Mestrado – Universidade de Brasília, 1992.

MALVAR, Elisabete da S. *O presente do futuro no português oral do Brasil.* PhD Thesis – University of Ottawa, 2003.

MALVAR, Elisabete; POPLACK, Shana. O presente e o passado do futuro no português do Brasil. In: S. Votre e C. Roncarati (Orgs. 2008: 186-206).

MARAFONI, Renata L. *A realização do objeto direto anafórico*: um estudo em tempo real de curta duração. Dissertação de Mestrado – Universidade Federal do Rio de Janeiro, 2004.

MARCHESAN, Ani Carla. *As relativas livres no português brasileiro.* Tese de Doutorado – Universidade Federal de Santa Catarina, 2012.

MARCHESAN, Ani Carla; MIOTO, Carlos. Relativas livres. In: E. B. Bispo e M. R. de Oliveira (Orgs. 2014: 47-73).

MARCOTULIO, Leonardo Lennertz. *Língua e história*: o 2º marquês do Lavradio e as estratégias linguísticas da escrita no Brasil Colonial. Rio de Janeiro: Ítaca Comunicações, 2010.

MARCOTULIO, Leonardo Lennertz. Sobre la génesis de 'Vossa Mercê' en el portugués medieval. *Lingüística*, Madrid, 31.1: 61-79, 2015.

MARCOTULIO, Leonardo Lennertz; ASSIS, Dalila Mendes dos Santos de; GUEDES, Rafaela de Carvalho. De-possessivos de 2ª pessoa na história do Português Brasileiro. *Diacrítica*, 29.1: 203-231, 2015.

MARCUSCHI, Luiz Antonio. *Linguística do texto*: o que é, como se faz. Recife: Universidade Federal de Pernambuco, 1983. [2 ed., Recife: Editora Universitária da Universidade Federal de Pernambuco, 2009.]

MARCUSCHI, Luiz Antonio. *Análise da conversação*. São Paulo: Ática, 1986.

MARCUSCHI, Luiz Antonio. Fala e escrita no *continuum* tipológico. Universidade Federal de Pernambuco, 1987. Manuscrito.

MARCUSCHI, Luiz Antonio. Marcadores conversacionais do português brasileiro. In: A. T. de Castilho (Org. 1989: 281-321).

MARCUSCHI, Luiz Antonio. Análise da conversação e análise gramatical. *Boletim da Abralin*, 10: 11-34, 1991.

MARCUSCHI, Luiz Antônio. *Da fala para a escrita*. Atividades de recontextualização. São Paulo: Cortez, 2001.

MARCUSCHI, Luiz Antônio. Gêneros textuais: definição e funcionalidade. In: A. P. Dionísio, A. R. Machado e M. A. Bezerra (Orgs. 2002).

MARCUSCHI, Luiz Antônio. Hesitação. In: C. C. S. Jubran e I. G. V. Koch (Orgs. 2006: 48-70), 2006a.

MARCUSCHI, Luiz Antônio. Repetição. In: C. C. S. Jubran e I. G. V. Koch (Orgs. 2006: 219-254), 2006b.

MARCUSCHI, Luiz Antônio; KOCH, Ingedore G. Villaça. Referenciação. In: C. C. S. Jubran e I. G. V. Koch (Orgs. 2006: 381-399).

MARMARIDOU, S. S. A. *Pragmatic Meaning and Cognition*. Amsterdam/Philadelphia: John Benjamins, 2000.

MARROQUIM, Mário. *A língua do Nordeste*. 2 ed. São Paulo: Nacional, 1945 [1934].

MARTELOTTA, M. E. Gramaticalização e vinculação entre cláusulas adverbiais. Relatório do Projeto Integrado Gramaticalização e Vinculação entre Cláusulas Adverbiais – Grupo Discurso & Gramática. Universidade Federal do Rio de Janeiro, 1998.

MARTELOTTA, M. E. Ordenação dos advérbios *bem* e *mal* no português escrito: uma abordagem histórica. Relatório final apresentado ao CNPq. Universidade Federal do Rio de Janeiro, 2004.

MARTELOTTA, M. E. Advérbios qualitativos em cartas familiares do século XIX. In: C. R. S. Lopes (Org. 2005: 95-108).

MARTELOTTA, M. E. Ordenação dos advérbios qualitativos em *-mente* no português escrito no Brasil nos séculos XVIII e XIX. *Gragoatá*, 2006.

MARTELOTTA, M. E. Gramaticalização de conectivos portugueses: uma trajetória de espaço para o texto. In: H. T. Valentim e B. Moreira (Eds. 2008: 41-60).

MARTELOTTA, M. E. Ordenação dos advérbios qualitativos nas cartas a Rui Barbosa. Rio de Janeiro: Universidade Federal do Rio de Janeiro, 2009. Manuscrito.

MARTELOTTA, M. E. Ordenação dos advérbios qualitativos. In: A. Barbosa e D. Callou (Orgs. 2011: 237-263).

MARTELOTTA, M. E. Advérbios: conceitos e tendências de ordenação. In: M. R. Oliveira e M. M. Cezario (Orgs. 2012: 13-96).

MARTELOTTA, M. E; BARBOSA, A. Advérbios qualitativos e modalizadores em *-mente*: do português arcaico ao português do século XIX. In: J. Ramos e M. A. Alkmim (Orgs. 2007: 224-252).

MARTELOTTA, Mário Eduardo; BARBOSA, Afrânio; LEITÃO, Márcio Martins. Ordenação de advérbios intensificadores e qualitativos em *–mente* em cartas de jornais do séc. XIX: bases para uma análise diacrônica. In: M. E. L. Duarte e D. Callou (Orgs. 2002: 167-176).

MARTELOTTA, Mário E.; LEITÃO, Márcio M. A posição dos advérbios qualitativos, intensificadores e locativos em anúncios do século XIX. Rio de Janeiro, 1999. Manuscrito.

MARTELOTTA, M. E; PROCESSY, W; SANTOS, M. N. dos. Ordenação de advérbios no latim clássico e no latim medieval. *Cadernos de Letras da Universidade Federal Fluminense*, 35: 49-59, 2008.

MARTELOTTA, M. E; VLCEK, N. Advérbios qualitativos em *-mente* em cartas de jornais do século XIX. *Linguística*, 2: 5-21, 2006.

MATEUS, Maria Helena Mira et al. *Gramática da língua portuguesa*. 5. ed. Lisboa: Caminho, 2003.

MATTHEWS, Peter H. *The Concise Oxford Dictionary of Linguistics*. Oxford: Oxford University Press, 1997.

MATTHIESSEN, Christian; THOMPSON, Sandra. The Structure of Discourse and 'Subordination'. In: J. Haiman e S. Thompson (Eds. 1988a: 275-330) 1988.

MATTOS E SILVA, Rosa Virgínia. *Pero* e *porém*: mudanças em curso na fase arcaica da língua portuguesa. *Boletim de Filologia*, II.XXIX.1-4: 129-151, 1984.

MATTOS E SILVA, Rosa Virgínia (Org.). *A carta de Caminha*. Testemunho linguístico de 1500. Salvador: Editora da Universidade Federal da Bahia, 1996.

MATTOS E SILVA, Rosa Virgínia. Observações sobre a variação no uso dos verbos *ser*, *estar*, *haver*, *ter* no galego-português ducentista. *Estudos Linguísticos e Literários*, 19.1: 270-285, 1997.

MATTOS E SILVA, R. V. Ideias para a história do português brasileiro: fragmentos para uma composição posterior. In: A. T. de Castilho (Org. 1998: 21-52).

MATTOS E SILVA, Rosa Virgínia. Para uma compreensão histórica do português brasileiro: velhos problemas revisitados. Comunicação ao concurso para Professor Titular de Língua Portuguesa. Instituto de Letras/Universidade Federal da Bahia, 1999a. Manuscrito.

MATTOS E SILVA, Rosa Virgínia. Resíduos arcaizantes em 1540: a propósito do uso variável de *ser/estar* e de *haver/ter* em estruturas possessivas no período arcaico do português. In: L. P. Duarte (Org. 1999: 234-245), 1999b.

MATTOS E SILVA, Rosa Virgínia. Uma interpretação para a generalizada difusão da língua portuguesa no território brasileiro. *Gragoatá*, 9: 1-24, 2000.

MATTOS E SILVA, Rosa Virgínia. O português brasileiro: sua formação na complexidade multilinguística do Brasil colonial e pós-colonial. Comunicação ao Simpósio O Universo da Língua Portuguesa: Diversidade e Inovação, 2001a.

MATTOS E SILVA, Rosa Virgínia. De fontes sócio-históricas para a história social linguística do Brasil: em busca de indícios. In: R. V. Mattos e Silva (Org. 2001c, t. 1: 275-302), 2001b.

MATTOS E SILVA, Rosa Virgínia Rosa (Org.). *Para a história do português brasileiro*. v. 2. Primeiros estudos. 2 t. São Paulo: Humanitas/Fapesp, 2001c.

MATTOS E SILVA, Rosa Virgínia. Reflexões e questionamentos para a constituição de *corpora* para o projeto para a história do português brasileiro. In: M. E. L. Duarte e D. Callou (Orgs. 2002: 17-28), 2002a.

MATTOS E SILVA, Rosa Virgínia. Fatores sócio-históricos condicionantes na formação do português brasileiro: em questão o propalado conservadorismo da língua portuguesa no Brasil. Comunicação ao XIII Congresso Internacional da Alfal, 2002b.

MATTOS E SILVA, Rosa Virgínia. Estudos de gramaticalização na Bahia. Comunicação à Mesa-redonda sobre gramaticalização. GT de Sociolinguística/XVII Encontro da Associação Nacional de Pesquisa e Pós-Graduação em Letras e Linguística, 2002c.

MATTOS E SILVA, Rosa Virgínia. Sobre o Programa para a História da Língua Portuguesa (PROHPOR) e sua inserção no projeto nacional Para a História do Português Brasileiro (PHPB). In: C. Roncarati e J. Abraçado (Orgs. 2003: 30-38).

MATTOS E SILVA, Rosa Virgínia. *"O português são dois..."*. Novas fronteiras, velhos problemas. São Paulo: Parábola Editorial, 2004a.

MATTOS E SILVA, Rosa Virgínia. *Uma sócio-história do português brasileiro*. São Paulo: Parábola Editorial, 2004b.

MATTOS E SILVA, Rosa Virgínia. *O português arcaico*: fonologia, morfologia e sintaxe. São Paulo: Contexto, 2006.

MATTOS E SILVA, Rosa Virgínia. *O português arcaico*. Uma aproximação. 2 v. Lisboa: Imprensa Nacional – Casa da Moeda, 2008.

MATTOS E SILVA, Rosa Virgínia; MACHADO FILHO, Américo Venâncio Lopes (Orgs.). *O português quinhentista*. Estudos linguísticos. Salvador: Editora da Universidade Federal da Bahia/Universidade Estadual de Feira de Santana, 2002.

MAURER JÚNIOR, Theodoro Henrique. *Gramática do latim vulgar*. Rio de Janeiro: Livraria Acadêmica, 1959.

MEIER, H. *Ensaios de filologia românica*. Rio de Janeiro: Grifo, 1974.

MEILLET, Antoine. *Linguistique historique et linguistique générale*. Paris: Libraire Honoré Champion, 1912.

MEILLET, Antoine. L'évolution des formes grammaticales. *Scientia (Rivista di Scienza)*, 12.(26): 6-12, 1912.

MEILLET, A; VENDRYES, J. *Traité de grammaire comparée des langues classiques*. Paris: Honoré Champion, 1979 [1924].

MELO, G. C. de. *Gramática fundamental da língua portuguesa*: de acordo com a nomenclatura gramatical brasileira. Rio de Janeiro: Livraria Acadêmica, 1970.

MENDES, Ronald Beline. *Estar* + gerúndio: um auxiliar, uma perífrase, duas gramaticalizações. In: A. T. de Castilho (Org. 2009d: 571-576), 2009.

MENDONÇA, Valdenice de A. *A língua falada na cidade de Mata Grande*: a variação do objeto direto. Dissertação de Mestrado – Universidade Federal de Alagoas, 2002.

MENON, Odete P. S. Implementação de *você* no século XX, no português do Brasil. In: A. F. Sella, E. C. Roman e A. T. Corbari (Orgs. 2016: 21-79).

MIRANDA, Neusa S; SALOMÃO, Maria Margarida M. (Orgs.). *Construções do português do Brasil*: da gramática ao discurso. Belo Horizonte: Editora Universidade Federal de Minas Gerais, 2009.

MÓDOLO, Marcelo. *Gramaticalização e discursivização das conjunções correlativas*. Tese de Doutorado – Universidade de São Paulo, 2004.

MÓDOLO, Marcelo. A estrutura correlativa alternativa *quer... quer* de uma perspectiva multissistêmica. In: A. T. de Castilho (Org. 2009d: 465-478), 2009.

MÓDOLO, Marcelo; MARQUES, Alexandra de Souza. *Correspondências particulares do Fundo Rafael Tobias de Aguiar* – Museu Paulista. São Paulo: Universidade de São Paulo, 2010. Disponível em: <http://phpp.fflch.usp.br/sites/phpp.fflch.usp.br/files/M%C3%93DOLO-MARQUES%20%282010%29%20Correspond%C3%AAncias%20particulares%20do%20Fundo%20Rafael%20Tobias%20de%20Aguiar%20editadas%2C%20Museu%20Paulista.pdf>. Acesso em: 21 jul. 2015.

MOLLICA, Maria Cecília de Magalhães. *O estudo da cópia nas construções relativas do português*. Dissertação de Mestrado – Pontifícia Universidade Católica, 1977.

MIRA MATEUS, Maria Helena et al. *Gramática da língua portuguesa*. Lisboa, Editorial Caminho, 2003.

MONTE, Vanessa Martins do. *Correspondências paulistas*: as formas de tratamento em cartas de circulação pública (1765-1775). Tese de Doutorado – Universidade de São Paulo, 2013. Disponível em: <http://www.teses.usp.br/teses/disponiveis/8/8142/tde-18062013-103230/pt-br.php>. Acesso em: 28 jun. 2015.

MOORE, Timothy E. (Ed.). *Cognitive Development and the Acquisition of Language*. New York: Academic Press, 1973.

MORAES DE CASTILHO, Célia Maria. Seria quatrocentista a base do português brasileiro? In: R. V. Mattos e Silva (Org. 2001c: 57-90).

MORAES DE CASTILHO, Célia Maria. Diacronia do dequeísmo: o clítico locativo medieval *en* e o dequeísmo nas orações relativas. *Linguística*, 15/16: 123-160, 2004a.

MORAES DE CASTILHO, Célia Maria. Locativos, fóricos, articuladores discursivos e conjunções no Português medieval. Gramaticalização de *ende/en* e *porende/porém*. *Filologia e Linguística Portuguesa*, 6: 53-100, 2004b.

MORAES DE CASTILHO, Célia Maria. A concordância nos Inventários do séc. XVII. In: A. T. de Castilho (Org. 2009d: 333-350), 2009.

MORAES DE CASTILHO, Célia Maria. *Fundamentos sintáticos do português brasileiro*. São Paulo: Contexto, 2013.

MORAES PINTO, D. C. de. *Os advérbios qualitativos e modalizadores em* -mente *e sua ordenação*: uma abordagem histórica. Dissertação de Mestrado – Universidade Federal do Rio de Janeiro, 2003.

MORAES PINTO, D. C. de. *Gramaticalização e ordenação nos advérbios qualitativos e modalizadores em* -mente. Tese de Doutorado – Universidade Federal do Rio de Janeiro, 2008.

MORAES PINTO, D. C. de. Advérbios qualitativos e modalizadores em *-mente*: ordenação, gramaticalização e polissemia. In: M. R. Oliveira e M. M. Cezario (Orgs. 2012: 219-242).

MOTA, Maria Alice. *A variação dos pronomes 'tu' e 'você' no português oral de São João da Ponte (MG)*. Dissertação de Mestrado – Universidade Federal de Minas Gerais, 2008.

MOURA, Denilda. Casos de concordância no português brasileiro. In: V. Aguilera (Org. 2009: 437-466).

MOURA, Kássia Kamilla de. *A implementação do você em cartas pessoais norte-riograndenses do século XX*. Dissertação de Mestrado – Universidade Federal do Rio Grande do Norte, 2013.

MOURA, Maria Denilda; SIBALDO, Marcelo Amorim (Orgs.). *Para a história do português brasileiro*. v. 3. t. 4. Sintaxe comparativa entre o português brasileiro e línguas crioulas de base lexical portuguesa. Maceió: Editora da Universidade Federal de Alagoas, 2013.

NARO, Anthony J. Mudanças linguísticas: fluxos e contrafluxos na comunidade de fala. *Cadernos de Estudos Linguísticos*, 20: 9-16, 1991.

NASCENTES, Antenor. *O linguajar carioca*. 2. ed. Rio de Janeiro: Simões, 1953 [1922].

NASCENTES, Antenor. *Dicionário etimológico da língua portuguesa*. Rio de Janeiro: Livraria Acadêmica, 1955.

NASCIMENTO, Mílton do. Teoria gramatical e mecanismos funcionais do uso da língua. *D.E.L.T.A.*, 6.(1): 83-98, 1990.

NASCIMENTO, Mílton do. Notas sobre as atividades do Grupo de Sintaxe *II*. In: A. T. de Castilho (Org. 1993: 433-438).

NASCIMENTO, Mílton do. Gramática do português falado: articulação teórica. Conferência lida no Centro de Linguística da Universidade de Lisboa, publicada em A. Zilles (Org. 2005: 93-116) [1993].

NASCIMENTO, Mílton; OLIVEIRA, Marco Antonio de. Texto e hipertexto: referência e rede no processamento discursivo. In: L. Negri et al. (Org. 2004: 285-299).

NEGRI, Lígia et al. (Org.). *Sentido e significação*. Em torno da obra de Rodolfo Ilari. São Paulo: Editora Contexto, 2004.

NEIVA, Nordélia Costa. *Objeto direto anafórico de 3ª pessoa na fala culta de salvador*: o clítico em desuso. Dissertação de Mestrado – Universidade Federal da Bahia, 2007.

NETO, R. Barbadinho (Org.) *Miscelânea em honra de Rocha Lima*. Rio de Janeiro: Oficinas Gráficas do Colégio Pedro II, 1980.

NEVES, Maria Helena de Moura (Org.). *Gramática do português falado*. v. 7. Novos estudos. São Paulo: Fapesp/ Humanitas, 1999a.

NEVES, Maria Helena de Moura. As construções condicionais. In: M. H. de M. Neves (Org. 1999a: 497-544), 1999b.

NEVES, Maria Helena de Moura. *Gramática de usos do português*. São Paulo: Editora da Universidade Estadual Paulista, 2000.

NEVES, Maria Helena de Moura. Os advérbios circunstanciais (de lugar e de tempo). In: R. Ilari (Org. 2002: 249-285).

NEVES, Maria Helena de Moura (Org.). *Gramática do português culto falado no Brasil*. v. 5. A construção das orações complexas. São Paulo: Contexto, 2016.

NEVES, Maria Helena de Moura; BRAGA, Maria Luiza. As construções hipotáticas/adverbiais. In: M. H. de M. Neves (Org. 2016: 123-166).

NICHOLS, Joan. Another Typology of Relatives. *Berkeley Linguistics Society*, 10: 524-541, 1984.

NOONAN, M. Complementation. In: T. Shoopen (Ed. 2007: 52-150).

NOVAES-MARQUES, Norma Barbosa; PEZATTI, Erotilde Goreti. O estatuto de *nem* na gramática do português. *Scripta*, 20, 38: 168-175, 2016.

NUNES, J. J. *Compêndio de gramática histórica portuguesa*. 9. ed. Lisboa: Livraria Clássica Editora, 1989.

NUNES DE SOUZA, Christiane Maria. *Poder e solidariedade no teatro florianopolitano dos séculos XIX e XX*: uma análise sociolinguística das formas de tratamento. Dissertação de Mestrado – Universidade Federal de Santa Catarina, 2011.

NUNES DE SOUZA, Christiane Maria; COELHO, Izete Lehmkuhl. O sistema de tratamento em Santa Catarina: uma análise de cartas pessoais dos séculos XIX e XX. *Revista do Gelne*, 15.1/2: 213-243, 2013.

OHARA, Kyoko; HIROAKI, Sato, Fujii; ISHZAKI, Shun. The Japanese FrameNet Project: a Preliminary Report. In: *Proceedings of Pacific Association for Computational Linguistics*: 249-254, 2003.

OITICICA, José. *Teoria da correlação*. Rio de Janeiro: Organizações Simões, 1952.

OLINDA, Sílvia Rita Magalhães. *A colocação dos pronomes no português brasileiro, sécs. XVIII e XIX*: a questão revisitada. Tese de Doutorado – Universidade Federal da Bahia, 2002.

OLIVEIRA, Fátima. O futuro em português: alguns aspectos temporais e/ou modais. In: *Actas do 1º Encontro da Associação Portuguesa de Linguística*. Lisboa: Associação Portuguesa de Linguística: 353-373, 1985.

OLIVEIRA, Helênio Fonseca. Os conectores da disjunção. *Cadernos de Estudos Linguísticos*, 28: 45-58, 1995.

OLIVEIRA, Josane Moreira de. *O futuro da língua portuguesa ontem e hoje*: variação e mudança. Tese de Doutorado – Universidade Federal do Rio de Janeiro, 2006.

OLIVEIRA, Josane Moreira de. O futuro da língua portuguesa em três cantos do mundo: Angola, Brasil e Portugal. Comunicação ao XIII Colóquio da Lusofonia (V Encontro Açoriano), 2010.

OLIVEIRA, Josane Moreira de. A variação do futuro verbal em português: teste de percepção/atitude na cidade de Feira de Santana-BA. *Tabuleiro de Letras*, 3: 1-20, 2011.

OLIVEIRA, Josane Moreira de. O papel da frequência na variação entre as formas de futuro verbal no português do Brasil. Comunicação ao II Jornadas Internacionales Beatriz Lavandera, 2013.

OLIVEIRA, Josane Moreira de. O futuro verbal da "Turma da Mônica": um estudo em tempo real. Comunicação ao III CIDS, 2014.

OLIVEIRA, Josane Moreira de. Análise sociolinguística do futuro verbal em português: um caso de variação e mudança. Comunicação ao I Ciclo de Palestras do Gepils, 2015.

OLIVEIRA, Josane Moreira de; MENON, Odete Pereira da Silva. L'expression du futur verbal en portugais brésilien: un cas de variation diasystémique. In: J. Kragh e J. Lindschouw (Orgs. 2015: 493-506).

OLIVEIRA, Mariângela Rios de. Estratégias discursivas e gramaticais do uso da adjetiva. Universidade Federal Fluminense, 2002. Manuscrito.

OLIVEIRA, Mariângela Rios de. A trajetória de gramaticalização advérbio > clítico no uso dos pronomes *aí, ali, aqui* e *lá*. In: M. R. de Oliveira e I. da C. do Rosário (Orgs. 2009, v. 1: 142-152).

OLIVEIRA, Mariângela Rios de; CEZARIO, Maria Maura (Orgs.). *Adverbiais*: aspectos gramaticais e pressões discursivas. Niterói: Editora da Universidade Federal Fluminense, 2012.

OLIVEIRA, M. R.; ROSÁRIO, I. da C. (Orgs.). *Pesquisa em linguística funcional*: convergências e divergências. XIII Seminário Nacional do Grupo Discurso & Gramática. Rio de Janeiro: Léo Christiano Editorial, 2009.

OLIVEIRA, Mariângela Rios; ROSARIO, I. da C. *Linguística centrada no uso*: teoria e método. Rio de Janeiro: Lamparina/Faperj, 2015.

OLIVEIRA E SILVA, G. M.; SCHERRE, Maria Marta Pereira (Orgs.). *Padrões sociolinguísticos*. Rio de Janeiro: Tempo Linguístico, 1996.

OMENA, Nelize P. de. *Pronome pessoal de terceira pessoa*: suas formas variantes em função acusativa. Dissertação de Mestrado – Pontifícia Universidade Católica do Rio de Janeiro, 1978.

PADILLA, José Antonio Samper; DÉNIZ, Magnolia Troya (Orgs.). *Actas del XI Congreso de la Asociación de Lingüística y Filología de la América Latina*. t. 3. Las Palmas: Universidad de Las Palmas de Gran Canaria, 2000.

PAGOTTO, Emílio G. *A posição dos clíticos em português*: um estudo diacrônico. Dissertação de Mestrado – Universidade Estadual de Campinas, 1992.

PAGOTTO, Emílio G. Clíticos, mudança e seleção natural. In: I. Roberts e M. Kato (Orgs.1993: 185-206).

PAGOTTO, Emílio G. Norma e condescendência: ciência e pureza. *Línguas e Instrumentos Linguísticos*, 2: 49-68, 1998.

PAGOTTO, Emílio G. *Variação e (') identidade*. Maceió: Editora da Universidade Federal de Alagoas, 2004.

PAIVA, Maria da Conceição de. *Ordenação de cláusulas causais*: forma e função. Tese de Doutorado – Universidade Federal do Rio de Janeiro, 1991.

PAIVA, Maria da Conceição. Ordem não marcada de circunstanciais locativos e temporais In: S. Votre e C. Roncarati (Orgs. 2008: 254-264), 2008a.

PAIVA, Maria da Conceição. A ordem de circunstanciais no português brasileiro escrito. *Diacrítica*, 22.1: 73-91, 2008b.

PAIVA, Maria da Conceição; DUARTE, Maria Eugênia Lamoglia. (Orgs.). *Mudança linguística em tempo real*. Rio de Janeiro: Contracapa, 2003.

PAIVA, Maria da Conceição et al. Padrão não marcado de ordenação de circunstancias temporais: regularidades e divergências entre fala e escrita. *Linguística*, 3,1: 69-88, 2007.

PALOMANES RIBEIRO, R. M. *Construções gramaticais*: uma análise das resultativas do português com o verbo ficar. Tese de Doutorado – Universidade Federal do Rio de Janeiro, 2007.

PARÁ, Mara L. D. *Estratégias de representação do objeto direto correferencial*: um estudo variacionista. Dissertação de Mestrado – Universidade Federal do Rio de Janeiro, 1997.

PAREDES SILVA, Vera Lúcia. É isso aí: verbo *ser* e demonstrativos em função coesiva no português. Pontifícia Universidade Católica do Rio de Janeiro/Universidade Federal do Rio de Janeiro, 1985. Manuscrito.

PAREDES SILVA, Vera Lúcia. *Cartas cariocas*: a variação do sujeito na escrita informal. Tese de Doutorado – Universidade Federal do Rio de Janeiro, 1988.

PAREDES SILVA, Vera Lúcia. *A variação você/tu na fala carioca*. Comunicação ao 1º Encontro de Variação Linguística do Cone Sul, 1996.

PAREDES SILVA, Vera Lúcia. A distribuição dos pronomes de segunda pessoa do singular na fala carioca ao longo do século XX. In: II Congresso Nacional da Abralin, 2000. CD-ROM.

PAREDES SILVA, Vera Lúcia. Motivações funcionais no uso do sujeito pronominal: uma análise em tempo real. In: M. da C. Paiva e M. E. L. Duarte (Orgs. 2003: 97-114).

PAREDES SILVA, Vera Lúcia; SANTOS, Gilda Moreira dos; RIBEIRO, Tatiana Oliveira. Variação na 2ª pessoa: o pronome sujeito e a forma do imperativo. *Gragoatá*, 9: 115-123, 2000.

PENA-FERREIRA, Ediene. *Gramaticalização e auxiliaridade*: um estudo pancrônico do verbo *chegar*. Tese de Doutorado – Universidade Federal do Ceará, 2007.

PEREIRA, Deize Crespim. *Variação e mudança no uso dos pronomes reflexivos no português popular da capital paulista*: uma abordagem funcionalista e cognitivista. Tese de Doutorado – Universidade de São Paulo, 2007.

PEREIRA, Deize Crespim. Funções semântico-cognitivas, sintáticas e discursivas favorecedoras e desfavorecedoras do uso do pronome reflexivo no português popular de São Paulo. In: M. A. Torres Morais e M. L. C. V. O. Andrade (Orgs. 2009: 141-180).

PEREIRA, Eduardo Carlos. *Gramática histórica*. São Paulo: Companhia Editora Nacional, 1935 [1923].

PEREIRA, Helcius Batista. A gramaticalização de *sequer* no Português Brasileiro. In: A. T. de Castilho (Org. 2009d: 405-416), 2009.

PEREIRA, Rachel de Oliveira. *O tratamento em cartas amorosas e familiares da Família Penna*: um estudo diacrônico. Dissertação de Mestrado – Universidade Federal do Rio de Janeiro, 2012.

PERES, Edenize Ponzo. *O uso do você, ocê, cê em Belo Horizonte* – um estudo em tempo aparente e em tempo real. Tese de Doutorado – Universidade Federal de Minas Gerais, 2006.

PERES, João. Towards an Integrated View of the Expression of Time in Portuguese. *Cadernos de Semântica*, 14: 1-49, 1993.

PERINI, Mário Alberto. *Gramática do português brasileiro*. São Paulo: Parábola, 2010.

PESSOA, Marlos. Da carta a outros gêneros textuais. In: M. E. L. Duarte e D. Callou (Orgs. 2002: 197-206).

PEZATTI, Erotilde Goreti. As construções conclusivas no português falado. In: M. H. M. Neves (Org. 1999).

PEZATTI, Erotilde Goreti. G.; LONGHIN-THOMAZI, Sanderleia Roberta. As construções coordenadas. In: R. Ilari e M. H. M. Neves (Orgs. 2008).

PIMPÃO, Tatiana Schwochow. *Uso variável do presente no modo subjuntivo*: uma análise de amostras de fala e escrita das cidades de Florianópolis e Lages nos séculos XIX e XX. Tese de Doutorado – Universidade Federal de Santa Catarina, 2012.

PINHEIRO, Clemílton Lopes. *A relativização no português oral culto de Fortaleza*. Dissertação de Mestrado – Universidade Federal do Ceará, 1998.

POGGIO, Rosauta Maria Galvão Fagundes. *Processos de gramaticalização de preposições do latim ao português*. Uma abordagem funcionalista. Salvador: Editora da Universidade Federal da Bahia, 2002.

POLLOCK, J. Y. Verb Movement, Universal Grammar and the Structure of IP. *Linguistic Inquiry*, 20: 365-424, 1989.

PONTES, Eunice. *Estrutura do verbo no português coloquial*. Petrópolis: Vozes, 1982.

PRINCE, E. F. *On the Given and New Distinction*. Chicago: Linguistic Society 15, 1981.

PUSCH, Luise F. *Kontrastive Untersuchungen zum italienischen gerundio*: Instrumental und Modalsätze und das Problem der Individuierung von Ereignissen. Tuebingen: Niemeyer, 1980.

QUIRK, R. et al. *A Universtity Grammar of English*. Londres: Longman, 1985.

QUIRK, R. et al. *A Comprehensive Grammar of English*. Essex: Pearson, 2007.

RAEMDONCK, D. V. L'adverbe, adjectif du verbe? Re-partition dês roles. In: J. Goes (Org. 2005).

RAIBLE, Wolfgang. *Junktion* – Eine Dimension der Sprache und ihre Realisierungsformen zwischen Aggregation und Integration. Heidelberg: Carl Winter. Sitzungsberichte der Heidelberger Akademie der Wissenschaften, Philosophisch-historische Klasse, Jg. Bericht 1, 1992.

RAIBLE, Wolfgang. Linking Clauses. In: M. Haspelmath et al. (Eds. 2001: 590-617).

RAMAT, Anna Giacalone; MAURI, Caterina. The Grammaticalization of Coordinating Interclausal Connectives. In: B. Heine e H. Narrog (Eds. 2011).

RAMOS, Myriam Pereira Botelho. *Formas de tratamento no falar de Florianópolis*. Dissertação de Mestrado – Universidade Federal de Santa Catarina, 1989.

RAMOS, Jânia M.; ALKMIM, Mônica (Orgs.). *Para a história do português brasileiro*. v. 5: Estudos sobre mudança linguística e história social. Belo Horizonte: Faculdade de Letras da UFMG, 2007.

REBELLO, A. L. P. Futuro do pretérito ou pretérito imperfeito? A abordagem das gramáticas e manuais de PBE. In: *Cadernos do Congresso Nacional de linguística e Filologia* (CNLF), IX: 2005.

REBOLLO, Letícia; LOPES, Célia Regina dos Santos. *Formas de tratamento em português e espanhol*: variação, mudança e funções conversacionais. Niterói: Editora da Universidade Federal Fluminense, 2011.

REESE, Susanne. *Gerundialkonstruktionen im Spanischen*: Ansatz zu einer grammatisch-pragmatischen Beschreibung. Tübingen: Narr, 1991.

REICHENBACH, Hans. *Elements of Symbolic Logic*. New York: MacMillan, 1947.

RIBEIRO, Ilza. A formação dos tempos compostos: a evolução histórica das formas *ter*, *haver* e *ser*. In: I. Roberts e M. A. Kato (Orgs. 1993: 343-386).

RIOS DE OLIVEIRA, M.; CEZARIO, M. M. (Orgs.). *Adverbiais*: aspectos gramaticais e pressões discursivas. Niterói: Editora da Universidade Federal Fluminense, 2012.

ROBERTS, Ian; KATO, Mary. (Orgs.). *Português brasileiro*: uma viagem diacrônica. Campinas: Editora da Universidade Estadual de Campinas, 1993. [2. ed., São Paulo: Contexto, 2018.]

ROCHA, Ana Paula. Mudanças semânticas apresentadas por conjunções adversativas em português: o papel da categoria espaço. In: A.T. de Castilho (Org. 2009d: 239-254), 2009.

ROCHA, Patrícia Graciela da. *O sistema de tratamento do português de Florianópolis*: um estudo sincrônico. Tese de Doutorado – Universidade Federal de Santa Catarina, 2012.

ROCHA LIMA, C. H. da. *Gramática normativa da língua portuguesa*. 18. ed. Rio de Janeiro: José Olympio, 1976. [32. ed., 1994.]

RODRIGUES, Ângela C. Souza; ALVES, I. M. (Orgs.) *Gramática do português culto falado no Brasil*. v. 6. A construção morfológica da palavra. São Paulo: Editora Contexto, 2015.

RODRIGUES, Ângela C. Souza; CAMPOS, G. L. A. Campos. Flexão e sintaxe: a concordância. In: A. C. Rodrigues e I. M. Alves (Orgs. 2015: 211-229).

RODRIGUES, Ângela C. Souza; LIMA-HERNANDES, Maria Célia; SPAZIANI, Lídia. Graus de imperatividade em cartas brasileiras. In: A. T. de Castilho (Org. 2009d: 255-266), 2009a.

RODRIGUES, Angélica. *Ir* e *pegar* nas construções do tipo *foi fez*: gramática de construções e contexto de gramaticalização. In: A. T. de Castilho (Org. 2009d: 267-278), 2009b.

RODRIGUES, V. V. *A função dos vocábulos em* -mente *na fala carioca*. Tese de Doutorado – Universidade Federal do Rio de Janeiro, 1994.

ROMERO, Nanci. Gramaticalização, lexicalização e semanticização de *com* e *sem*. In: A. T. de Castilho (Org. 2009d: 519-558), 2009.

RONCARATI, Cláudia; ABRAÇADO, Jussara (Orgs.). *Português brasileiro*: contato linguístico, heterogeneidade e história. v. 1. Rio de Janeiro: 7Letras/Faperj, 2003.

RONCARATI, Cláudia; ABRAÇADO, Jussara (Orgs.). *Português brasileiro II*: contato linguístico, heterogeneidade e história. v. 2. Niterói: Editora da Universidade Federal Fluminense, 2008.

ROSÁRIO, Ivo da Costa. Construções aditivas: uma análise funcional. In: M. R. Oliveira e I. da C. Rosário (Eds. 2009).

ROSCH, Eleanor. On the Internal Structure of Perceptual and Semantic Categories. In: Timothy E. Moore (Ed. 1973).

RUBIO, Lisardo. *Introducción a la sintaxis del latin II*: la oración. Ariel: Esplugues de Llobregat, 1976.

RUBIO, Lisardo. *Introducción a la sintaxis estructural del latín*. Barcelona: Ariel, 1983.

RUDOLPH, Elisabeth. Das finale Satzgefüge als Informationskomplex: Analysen aus der spanischen Literatursprache. *Zeitschrift für romanische Philologie*, 138: 1973.

RUMEU, Márcia Cristina de Brito. *Para uma história do português no Brasil*: Formas pronominais e nominais de tratamento em cartas setecentistas e oitocentistas. Dissertação de Mestrado – Universidade Federal do Rio de Janeiro, 2004.

RUMEU, Márcia Cristina de Brito. *A implementação do 'você' no português brasileiro oitocentista e novecentista*: um estudo de painel. Tese de Doutorado – Universidade Federal do Rio de Janeiro, 2008.

RUMEU, Márcia Cristina de Brito. *Língua e sociedade*: a história do pronome "você" no português brasileiro. Rio de Janeiro: Ítaca, 2013.

SACKS, Harvey; SCHEGLOFF, Emmanuel; JEFFERSON, Gail. A Symplest Systematics for the Organization of Turn-Taking for Conversation. *Language*, 50: 696-735, 1974. [Tradução para o português: Sistemática elementar para a organização da tomada de turnos para a conversa. *Veredas. Revista de Estudos Linguísticos*, 7 (1): 9-73, 2003.]

SAID ALI, Manuel. *Gramática secundária e gramática histórica da língua portuguesa*. Editora Universidade de Brasília, 1964a [1931].

SAID ALI, Manuel. *Gramática histórica da língua portuguesa*. São Paulo: Melhoramentos, 1964b [1931].

SAID ALI, Manuel. *Gramática histórica da língua portuguesa*. Rio de Janeiro: Livraria Acadêmica, 1971.

SALES, Iraildes Almeida. *Aspectos linguísticos e sociais no uso de pronomes em cartas pessoais baianas*. Dissertação de Mestrado – Universidade de São Paulo, 2007.

SALLES, Miguel. *Pronomes de tratamento do interlocutor no português brasileiro*: um estudo de pragmática histórica. Tese de Doutorado – Universidade de São Paulo, 2001.

SALLES, Miguel. Algumas formas de tratamento do interlocutor no português brasileiro de São Paulo no séc. XIX. In: A. T. Castilho (Org. 2009d: 495-518), 2009.

SALOMÃO, Maria Margarida Martins. A questão da construção do sentido e a revisão da agenda dos estudos da linguagem. *Veredas*: *Revista de Estudos Linguísticos*, 4(1): 61-79, 1999.

SALOMÃO, Maria Margarida Martins. Gramática das construções: a questão da integração entre léxico e sintaxe. *Veredas*: *Revista de Estudos Lingüísticos*, 6(1): 63-74, 2002.

SANTANA, Jan Carlos Dias de. Uma abordagem variacionista do uso do TU por falantes cultos de Feira de Santana. Comunicação ao XII Semoc – XII Semana de Mobilização Científica. 1-10, 2009.

SANTOS, A. M. dos. *O futuro verbal no português do Brasil em variação*. Dissertação de Mestrado – Universidade de Brasília, 1997.

SANTOS, E. C. et al. O. Análise multissistêmica dos verbos *buscar*, *esperar*, *querer* e *vir*. In: A. T. Castilho (Org. 2009d: 383-398), 2009.

SANTOS, Josete Rocha dos. *A variação entre as formas de futuro do presente no português formal e informal falado no Rio de Janeiro*. Dissertação de Mestrado – Universidade Federal do Rio de Janeiro, 2000.

SAPIR, Edward. *A linguagem*. Introdução ao estudo da fala. Trad. J. Mattoso Câmara Jr. Rio de Janeiro: Instituto Nacional do Livro, 1954 [1921].

SARTIN, Elisângela Baptista de Godoy. Análise multissistêmica de orações complexas: estruturas *para* + infinitivo no português culto. In: A.T. de Castilho (Org. 2009d: 399-404).

SCHERRE, Maria Marta Pereira. Sobre a influência de três variáveis relacionadas na concordância nominal em Português. Em: G. M. Oliveira e Silva e M. M. P. Scherre (Orgs. 1996: 85-118).

SCHERRE, Maria Marta Pereira. *Doa-se lindos filhotes de poodle*. Variação linguística, mídia e preconceito. São Paulo: Parábola Editorial, 2005.

SCHERRE, Maria Marta Pereira et al. Usos dos pronomes "você" e "tu" no português brasileiro. Comunicação ao II Simelp – Simpósio Mundial de Estudos de Língua Portuguesa, Universidade de Évora, 2009.

SCHERRE, Maria Marta Pereira et al. Usos dos pronomes *Você* e *Tu*. In: Marco Antonio Martins; Jussara Abraçado. (Org. 2015: 133-172), 2015.

SCHIFFRIN, D. (Ed.). *Meaning, Form and Use in Context*. Proceedings of the 1984 Geogertown University Round Table on Linguistics. Washington: Georgetown University Press, 1988.

SCHMID, M. S.; AUSTIN, J. R; STEIN, D. (Eds.). *Historical Linguistics 1997*: Selected Papers from the 13th International Conference On Historical Linguistics, Dusseldorf, 10-17 August 1997. Amsterdam/Philadelphia: John Benjamins, 1998.

SCHWENTER, Scott. Viewpoints and Polysemy: Linking Adversative and Causal Meanings of Discourse Markers. In: E. Couper-Kuhen e B. Kortmann (Eds. 2000: 257-282).

SEBEOK, Thomas Albert (Ed.). *Style in Language*. Massachusetts: MIT Press, 1960.

SELLA, A. F.; ROMAN, E. C.; CORBARI, A. T. (Orgs.). *X Celsul*: congregando pesquisas. São Carlos: Pedro & João Editores, 2016.

SETTE, Neide Durães. *Formas de tratamento no português coloquial*. Dissertação de Mestrado – Universidade Federal de Pernambuco, 1980.

SHOOPEN, Timothy (Ed.). *Language Typology and Syntactic Description*: Complex Constructions. Cambridge: Cambridge University Press, 1985.

SHOOPEN, Timothy (Ed.). *Language Typology and Syntactic Description*: Complex Constructions. 2. ed. Cambridge: Cambridge University Press, 2007.

SICOL – Seoul International Conference on Linguistics (Ed.). *Linguistics in the Morning Calm*. Seoul: Hanshin, 1982.

SILVA, Ademar da. *A expressão de futuridade no português falado*. Araraquara/São Paulo: Editora da Universidade Estadual Paulista/Cultura Acadêmica, 2002.

SILVA, Augusto Soares da. *A Semântica de deixar*. Uma contribuição para a abordagem cognitiva em semântica lexical. Lisboa: Fundação Calouste Gulbenkian/Fundação para a Ciência e a Tecnologia, 1999.

SILVA, Augusto Soares da (Org.). *Linguagem e cognição*. A perspectiva da Linguística Cognitiva. Braga: Associação Portuguesa de Linguística/Universidade Católica Portuguesa, 2001. [2. ed., 2003.]

SILVA, Augusto Soares da. O poder cognitivo da metáfora e da metonímia. *Revista Portuguesa de Humanidades*, 7.1/2: 13-75, 2003.

SILVA, Augusto Soares da. *O mundo dos sentidos em português*. Polissemia, semântica e cognição. Coimbra: Almedina, 2006.

SILVA, Augusto Soares da et al. (Orgs.). *Comunicação, cognição e media*. v. 2. Braga: Aletheia/Universidade Católica Portuguesa, 2010.

SILVA, Bianca Graziela Souza Gomes da; LOPES, Célia Regina dos Santos. O papel da frequência na gramaticalização do "que": análise das estratégias de relativização no português do Brasil. *Veredas*, 1: 60-80, 2007.

SILVA, Érica Nascimento. *Cartas amorosas de 1930*: o tratamento e o perfil sociolinguístico de um casal não ilustre. Dissertação de Mestrado – Universidade Federal do Rio de Janeiro, 2012.

SILVA, Giselle Machline de Oliveira e. *Estudo da regularidade na variação dos possessivos no português do Rio de Janeiro*. Tese de Doutorado – Universidade Federal do Rio de Janeiro, 1982.

SILVA, T. S. *A alternância entre o pretérito imperfeito e o futuro do pretérito na fala de Florianópolis*. Dissertação de Mestrado – Universidade Federal de Santa Catarina, 1998.

SILVA E SILVA, E. I. *As tendências de ordenação do advérbio* mal: uma abordagem diacrônica. Dissertação de Mestrado – Universidade Federal do Rio de Janeiro, 2001.

SILVA NETO, Serafim da. *Introdução ao estudo da língua portuguesa no Brasil*. Rio de Janeiro: Presença, 1977.

SIMÕES, José da Silva. *Sintaticização, discursivização e semanticização das orações de gerúndio no português brasileiro*. Tese de Doutorado – Universidade de São Paulo, 2007.

SIMÕES, José da Silva. Aspectos da gramaticalização/pragmaticalização de conjunções em marcadores discursivos no alemão e no português. *Pandaemonium Germanicum*: *Revista de Estudos Germânicos*, 12: 2008.

SIMÕES, José da Silva. A gramaticalização das orações de gerúndio no Português Brasileiro do séc. XVIII ao séc. XX. In: A. T. de Castilho (Org. 2009d: 417-464), 2009a.

SIMÕES, José da Silva. As entrevistas, os diálogos e as elocuções formais: aspectos de sintaxe do português culto falado no Brasil. In: B. D. Gil, E. de A. Cardoso e V. G. Condé (Orgs. 2009: 47-66), 2009b.

SIMÕES, José da Silva; KEWITZ, Verena. *Cartas dos séculos XVIII e XIX*. Aldeamentos de índios, cartas paulistas da BNRJ. Correspondência passiva de Washington Luiz. São Paulo: Humanitas, 2006. CD-ROM.

SLOBIN, Dan I. *Psicolinguística*. São Paulo: Editora Nacional/Editora da Universidade de São Paulo, 1980.

SOARES, B.; CEZARIO, M. M. Ordem de sintagmas preposicionais com valor temporal em textos jornalísticos. *Diacritica*, 26: 226-247, 2012.

SOTO, Eva Ucy Miranda Sá. *Variação/mudança do pronome de tratamento alocutivo*: uma análise enunciativa em cartas brasileiras. Tese de Doutorado – Universidade Estadual Paulista, 2001.

SOUZA, Camila Duarte de. *Eu te amo, eu lhe adoro, eu quero você*: a variação das formas de acusativo de 2ª pessoa em cartas pessoais (1880-1980). Dissertação de Mestrado – Universidade Federal do Rio de Janeiro, 2014.

SOUZA, Camila Duarte de; LOPES, Célia Regina dos Santos. Estudo histórico do complemento acusativo de 2ª pessoa do singular. *Fórum Linguístico*, 12.4: 900-914, 2015.

SOUZA, Elenice Santos de Assis Costa de. *A interpretação das cláusulas relativas no português do Brasil*: um estudo funcional. Tese de Doutorado – Universidade Federal do Rio de Janeiro, 2009.

SOUZA, Janaina Pedreira Fernandes. *Mapeando a entrada do você no quadro pronominal*: análise de cartas familiares dos séculos XIX-XX. Dissertação de Mestrado – Universidade Federal do Rio de Janeiro, 2012.

SPINA, Segismundo (Org.). *História da Língua Portuguesa*. São Paulo: Ateliê, 2008. [2. ed. rev. 2011]

STASSEN, L. *Comparison and Universal Grammar*. Oxford: Blackwell, 1985.

SUBIRATS, Carlos. Spanish *Frame*Net: A *frame*-semantic analysis of the Spanish lexicon. In: H. C. Boas (Ed. 2009: 136-162).

SUÑER, Margarita. *Syntax and Semantics of Spanish Presentational Sentence-Types*. Washington: Georgetown University, 1982.

SWAN, T. Adverbialization and Subject-Modification in Old English. In: FISIAK, J; M. Krygier (Eds. 1996, p. 443-456), 1996.

SWEETSER, Eve. *From Etymology to Pragmatics*: Metaphorical and Cultural Aspects of Semantic Structure. Cambridge: Cambridge University Press, 1990.

TALMY, Leonard. *Toward a Cognitive Semantics*. 2 v. Cambridge: MIT Press, 2000.

TANNEN, Debora. *Framing in Discourse*. Oxford University Press, 1993.

TARALLO, Fernando. *Relativization Strategies in Brazilian Portuguese*. PhD Dissertation – University of Pennsylvania, 1983.

TAVARES, M. A. *A gramaticalização de e, aí, daí e então*: estratificação/variação e mudança no domínio funcional da sequenciação retroativo-propulsora de informações – um estudo funcionalista. Tese de Doutorado – Universidade Federal de Santa Catarina, 2003.

TAVARES, M. A. Correlações função-forma em dois períodos do século XX: indícios de especialização funcional. *Gragoatá*, 21: 2006.

TEIXEIRA, Eliana Pitombo. *Era uma vez Você*. Tese de Doutorado – Universidade Federal da Bahia, 2002.

TESCH, Leila Maria. *A expressão do tempo verbal futuro no uso capixaba*: variação e gramaticalização. Tese de Doutorado – Universidade Federal do Rio de Janeiro, 2011.

TESCARI NETO, A; PEZATTI, E. G. A ordenação dos adverbiais modalizadores. *Revista Letras*, 65: 191-208, 2005.

THOMAS, Earl W. *The Syntax of Spoken Brazilian Portuguese*. Nashville: Vanderbilt University Press, 1969.

THOMAS, Earl W. *A Grammar of Spoken Brazilian Portuguese*. Nashville: Vanderbilt University Press, 1974.

THOMPSON, Sandra A. Subordination in Formal and Informal Discourse. In: D. Schiffrin (Ed. 1988).

THOMPSON, Sandra; MULAC. A. A Quantitative Perspective on the Grammaticalization of Epistemic Parenteticals in English. In: E. Traugott e B. Heine (Eds. 1991: 314-329).

TOMASELLO, M. *The New Psychology of Language*: Cognitive and Functional Approaches to Language Structure. v. 2. New Jersey/London: Lawrence Erlbaum, 2003.

TOMASELLO, M. *Constructing a Language*: a Usage-Based Theory of Language Acquisition. Cambridge/London: Harvard University Press, 2005.

TORRES CACOULLOS, R. From Lexical to Grammatical to Social Meaning. *Language in Society*, 30: 443-478, 2001.

TORRES MORAIS, Maria Aparecida. Conversando sobre o objeto indireto nulo no português brasileiro. *Estudos da Língua(gem)*, 8.1: 171-185, 2010.

TORRES MORAIS, Maria Aparecida C. T; ANDRADE, Maria Lúcia da C. V. de O. (Orgs.). *História do português paulista*. v. 2. Campinas: Instituto de Estudos da Linguagem/Fapesp, 2009.

TORRES MORAIS, Maria Aparecida; BERLINCK, Rosane de Andrade. A caracterização do objeto indireto no português: aspectos sincrônicos e diacrônicos. In: T. Lobo et al. (Orgs. 2006: 73-106).

TORRES MORAIS, Maria Aparecida; BERLINCK, Rosane de Andrade. 'Eu disse pra ele' ou 'Disse-lhe a ele': a expressão do dativo nas variedades brasileira e europeia do português. In: A. T. de Castilho et al. (Orgs. 2007: p. 61-83), 2007.

TRASK, Robert Lawrence. *Dicionário de linguagem e linguística*. Trad. Rodolfo Ilari. São Paulo: Contexto, 2004.

TRAUGOTT, Elizabeth C. Pragmatic Strengthening and Grammaticalization. In: S. Axmaker, A. Jaisser e H. Singmaster (Eds. 1988: 406-416).

TRAUGOTT, Elizabeth C. The Role of the Development of Discourse Markers in a Theory of Grammaticalization. Stanford University, 1995. Manuscrito.

TRAUGOTT, Elizabeth C. Constructions in Grammaticalization. In: B. D. Joseph e R. D. Janda (Eds. 2003: 624-647).

TRAUGOTT, Elizabeth C. Grammaticalization, Constructions and the Incremental Development of Language: Suggestions from the Development of Degree Modifiers in English. In: R. Eckardt, G. Jager e T. Veenstra (Eds. 2008: 219-250).

TRAUGOTT, Elizabeth C. (Inter)subjectivivity and Intersubjectification: a Reassessment. In: H. Cuyckens, K. Davidse e L. Vandeloise (Eds. 2010: 29-71).

TRAUGOTT, Elizabeth C. Grammaticalization as Analogically Driven Change? In: B. Heine e H. Narrog (Eds. 2011).

TRAUGOTT, Elizabeth C.; BRINTON, Laurel J. *Lexicalization and Language Change*. Cambridge: Cambridge University Press, 2005.

TRAUGOTT, Elizabeth C.; DASHER, Richard. *Regularity in Semantic Change*. Cambridge: Cambridge University Press, 2002.

TRAUGOTT, Elizabeth C.; HEINE, Bernd (Eds.). *Approaches to Grammaticalization*. v. 1. Philadelphia: John Benjamins, 1991.

TRAUGOTT, Elizabeth C.; TROUSDALE, G. *Constructionalization and Constructional Changes*. Oxford: Oxford University Press, 2013.

TRAVAGLIA, Luiz Carlos. *O aspecto verbal no português*: a categoria e sua expressão. Uberlândia: Editora da Universidade Federal de Uberlândia, 1981.

TRAVAGLIA, Luiz Carlos. O relevo no português falado: tipos e estratégias, processos e recursos. In: M. H. M. Neves (Org. 1999: 77-130).

TRAVAGLIA, Luiz Carlos. O relevo no processamento da informação. Em C. C. S. Jubran e I. G. V. Koch (Orgs. 2006: 167-217).

VALDÉS, Juan. *Dialogo de la lengua*. Alicante: Biblioteca Virtual Miguel de Cervantes, 2004.

VALENTIM, H. T.; MOREIRA, B. (Eds.). *Estudos Linguísticos/Linguistic Studies* 2. Lisboa: Colibri/Centro de Estudos Linguísticos da Universidade de Lisboa, 2008.

VAN BELLE, William; VAN LANGENDONCK, Willy. *The Dative*. v. 1. Descriptive Studies. Amsterdam/Philadelphia: John Benjamins, 1996.

VAN HOECKE, Willy. The Latin Dative. In: W. Van Belle e W. Van Langendonck (Orgs. 1996: 3-37).

VAN VALIN, Robert D. (Ed.). *Advances in Role and Reference Grammar*. Amsterdam: John Benjamins, 1993.

VAREJÃO, Filomena de Oliveira Azevedo. *Variação das estratégias de concordância verbal e em estratégias de relativização no português europeu popular*. Tese de Doutorado – Universidade Federal do Rio de Janeiro, 2006.

VIARO, Mário Eduardo. *Das preposições latinas às do português e do romeno*: derivações semânticas. Dissertação de Mestrado – Universidade de São Paulo, 1994.

VIARO, Mário Eduardo. Sobre a presença de *tenus* no Ibero-Romance. *Confluência*, 4: 269-277, 1995.

VIARO, Mário Eduardo. Considerações acerca de mudanças semânticas da preposição *até* no português do século XIX. In: A.T. Castilho et al. (Orgs. 2007: 499-512).

VIOTTI, Evani. Uma história sobre *ter* e *haver*. *Cadernos de Estudos Linguísticos*, 34 : 41-50, 1998.

VITRAL, Lorenzo. A evolução da negação no português brasileiro: sintaxe formal e gramaticalização. In: E. Gärtner, C. Hundt e Schönberger (Eds. 2000: 175-180).

VITRAL, Lorenzo; COELHO, Sueli. (Orgs.) *Estudos de processos de gramaticalização*: metodologias e aplicações. Campinas/São Paulo: Mercado de Letras, 2010.

VITRAL, Lorenzo; RAMOS, Jânia. Gramaticalização de "você": um processo de perda de informação semântica? *Filologia e Linguística Portuguesa*, 3: 55-88, 1999.

VITRAL, Lorenzo; RAMOS, Jânia. *Gramaticalização*: uma abordagem formal. Rio de Janeiro: Tempo Brasileiro, 2006.

VLCEK, N. P. A gramaticalização de advérbios em -mente/-ment no português e no francês: uma análise histórica. Projeto de Pesquisa apresentado na Seleção de Mestrado da Universidade Federal do Rio de Janeiro, 2008.

VLCEK, N. P.; MARTELOTTA, M. E. Esperando o inesperado: a gramaticalização de advérbios em *-mente* nos séculos XVIII e XIX do português. In: M. R. Veira e I. da C. Rosário (Orgs. 2009: 228-237).

VOTRE, Sebastião; OLIVEIRA, Mariangela Rios de. Corpus *Discurso & Gramática* – a língua falada e escrita na cidade do Rio de Janeiro. 1995. Disponível em: <http://www.discursoegramatica.letras.ufrj.br>. Acesso em: 12 ago. 2014.

VOTRE, Sebastião; RONCARATI, Cláudia (Orgs.). *Anthony Naro e a linguística no Brasil*: uma homenagem acadêmica. Rio de Janeiro, 7Letras, 2008.

VOTRE, Sebastião; SANTOS, E. Colocação do advérbio na fala e na escrita: uma análise sociolinguística. Relatório final do projeto "Análise linguístico-pedagógica das diferenças sintáticas entre fala e escrita em alunos do 1º grau". Rio de Janeiro: Universidade Gama Filho, 1984.

WACHOWICZ, Teresa Cristina. *As leituras aspectuais da forma do progressivo do português brasileiro*. Tese de Doutorado – Universidade de São Paulo, 2003.

WEINREICH, Uriel; LABOV, William; HERZOG, Marvin I. Empirical Foundations for a Theory of Language Change. In: W.P. Lehman e Y. Malkiel (Eds. 1975: 95-188).

WILLIAMS, E. B. *Do latim ao português*: fonologia e morfologia históricas da língua portuguesa. Trad. Antônio Houaiss. 6. ed. Rio de Janeiro: Tempo Brasileiro, 1994.

WISCHER, Ilse; DIEWAL, Gabriele (Eds.). *New Reflections on Grammaticalization*. Amsterdam/Philadelphia: John Benjamins, 2002.

WITCHMANN, A.; SIMON-VANDERBERGEN, A. M.; AIJMER, K. How Prosody Reflects Semantic Change: a Synchronic Case Study of *Of Course*. In: H. Cuyckens, K. Davidse e L. Vandelanotte (Eds. 2010).

XAVIER, Maria Francisca; MATEUS, Maria Helena (Orgs.). *Dicionário de termos linguísticos*. 2 v. Lisboa: Associação Portuguesa de Linguística/Instituto de Linguística Teórica e Computacional, 1990/1992.

ZAMPOLLI, Antonio. (Ed.). *Linguistics Structures Processing*. Amsterdam/New York: North Holland, 1977.

OS AUTORES

Ataliba T. de Castilho é graduado em Letras Clássicas pela Universidade de São Paulo (USP) em 1959, doutor em Linguística (1966), livre-docente (1993) e professor titular (1995) em Filologia e Língua Portuguesa pela mesma universidade. Ex-professor titular da Faculdade de Filosofia de Marília entre 1961 e 1974, da Universidade Estadual de Campinas (Unicamp) entre 1975 e 1991 e da USP entre 1991 e 2007, da qual é professor emérito. Coordenador do Projeto de Estudo da Norma Urbana Culta (Nurc), equipe de São Paulo, juntamente com Isaac Nicolau Salum e Dino Preti (1970-1988), do Projeto de Gramática do Português Falado (1988-2002) e membro do Projeto Para a História do Português Brasileiro (PHPB) (1987-). Ex-presidente do Grupo de Estudos Linguísticos do Estado de São Paulo (1959-1960), da Associação Brasileira de Linguística (1983-1985) e da Associação de Linguística e Filologia da América Latina (1999-2005), ex-assessor linguístico do Museu de Língua Portuguesa (SP) e ex-pesquisador do CNPq. Coordenador geral da série *História do Português Brasileiro*, em 12 volumes.

Angélica Furtado da Cunha é graduada em Letras (1975) pela Universidade Federal do Rio de Janeiro (UFRJ), mestre em Linguística (1978) pela Universidade de Brasília (UnB) e doutora em Linguística (1989) pela UFRJ. É professora titular de Linguística da UFRN e doutora em Linguística pela mesma universidade. É líder do Grupo de Estudos Discurso & Gramática (UFRN) e pesquisadora do CNPq. Coorganizadora de livros e autora de vários capítulos e artigos sobre gramática de construções, estrutura argumental, transitividade e negação.

Bruno Maroneze é graduado em Linguística e Língua Portuguesa pela USP (2002), mestre (2006) e doutor (2011) em Filologia e Língua Portuguesa pela mesma instituição. Atualmente é professor adjunto da Universidade Federal da Grande Dourados (UFGD). Atua na área dos estudos do léxico, com ênfase nos estudos de neologia e, mais recentemente, etimologia.

Célia Maria Moraes de Castilho graduou-se em Letras na Unesp e possui especialização em Língua Portuguesa pela mesma instituição. Mestre e doutora em Linguística pela Unicamp. Tem experiência docente na área de Linguística, com ênfase em Filologia Românica. É autora do livro *Fundamentos sintáticos do português brasileiro* e coautora de *Gramática do português culto falado no Brasil: palavras de classe fechada*, publicados pela Editora Contexto.

Edilaine Buin é graduada em Letras pela Unicamp, mestre em Aquisição da Escrita (2002) e doutora em Linguística pela mesma universidade (2006) nas áreas de Linguística Textual e de Aquisição da Escrita. Professora da UFGD, onde atua na graduação e no Programa de Pós-Graduação em Linguística. Acumula experiência no ensino superior e básico, e também na formação continuada de professores. Atualmente, coordena o subprojeto de Programa Institucional de Bolsa de Iniciação à Docência (Pibid-Capes/UFGD) Leitura, Oralidade, Escrita e Reescrita: Caminhos para o Letramento.

Edvaldo Balduíno Bispo é graduado em Letras (1999) pela Universidade Federal do Rio Grande do Norte (UFRN), mestre (2003) e doutor (2009) em Estudos da Linguagem pela mesma instituição. É docente de Língua Portuguesa na mesma universidade. Coordenador do Programa de Pós-Graduação em Estudos da Linguagem (PPgEL/UFRN), biênios 2013-2015 e 2017-2019, e do Grupo de Trabalho Descrição do Português da Associação Nacional de Pesquisa e Pós-Graduação em Letras e Linguística (2016-2018). Pesquisador do grupo Discurso & Gramática (UFRN). Seus temas de interesse voltam-se à morfossintaxe do português, notadamente relacionados a adjetivos, orações relativas e estrutura argumental, e ao ensino de língua portuguesa.

Erotilde Goreti Pezatti é graduada em Letras pela Universidade Estadual Paulista (Unesp – São José do Rio Preto) em 1976, mestre em Linguística pela Pontifícia Universidade Católica de Campinas (PUC-Campinas) (1977), doutora em Linguística e Língua Portuguesa pela Unesp – Araraquara (1992). Professora assistente da Unesp – São José do Rio Preto, atua na graduação e na pós-graduação, na linha de pesquisa Descrição e Análise Funcional de Língua Falada e Escrita, desenvolvendo temas relacionados à ordenação de constituintes na sentença, articulação de orações, estrutura argumental e tipologia linguística. É bolsista de Produtividade em Pesquisa do CNPq desde 1994 e líder do Grupo de Pesquisa em Gramática Funcional (GPGF). Atualmente é Coordenadora do Programa de Pós-Graduação em Estudos Linguísticos de sua universidade e Coordenadora da área de Linguística da Fundação de Amparo à Pesquisa do Estado de São Paulo (Fapesp).

Flávia Orci Fernandes é graduada em Letras pela Universidade Estadual Paulista Júlio de Mesquita Filho (Unesp - São José do Rio Preto), mestra e doutoranda em Linguística pela Universidade Estadual de Campinas (Unicamp). Foi membro do Projeto Alip (Amostra Linguística do Interior Paulista), e é membro do Projeto Para a História do Português Paulista (PHPP) e do Projeto Para a História do Português Brasileiro (PHPB). Teve bolsa de treinamento técnico, iniciação científica e mestrado pela Fapesp e bolsa de doutorado pela Capes. É pesquisadora nas áreas de mudança linguística, linguística histórica, sintaxe e semântica funcionalista e atua como professora de Língua Portuguesa na educação básica.

Gisele Cássia de Sousa é graduada em Licenciatura em Letras, pela Unesp – São José do Rio Preto (2000), mestre em Estudos Linguísticos, pela mesma instituição (2003) e doutora em Linguística e Língua Portuguesa pela Unesp – Araraquara (2007). É professora do Departamento de Estudos Linguísticos e Literários da Unesp – São José do Rio Preto. Suas pesquisas concentram-se nas linhas de descrição cognitivo-funcional do português e de variação e mudança linguística e estão voltadas especialmente para os seguintes temas: gramática de construções, combinação de orações, sintaxe diacrônica e gramaticalização.

Janaina Olsen é graduada em Letras com habilitação em Língua Inglesa e Língua Alemã pela Universidade Estadual Paulista Júlio de Mesquita Filho (Unesp - Araraquara), com período sanduíche na Universidade Nova de Lisboa (UNL). É mestre em Linguística pela Universidade Estadual de Campinas (Unicamp) e doutoranda pela mesma instituição, tendo como objeto de pesquisa o infinitivo pessoal no português brasileiro sob a Abordagem Multissistêmica da Língua. Atua como professora na Faculdade de Tecnologia (Fatec) nas áreas de Língua Portuguesa e Língua Inglesa. É pesquisadora integrante do Projeto Para a História do Português Paulista (PHPP) e Para a História do Português Brasileiro (PHPB).

José da Silva Simões é graduado em Língua Portuguesa e Língua e Literatura Alemã pela USP (1987), mestre em Língua Alemã (1997) e doutor em Filologia e Língua Portuguesa na mesma universidade (2007), com estágio de doutorado em Romanística na Eberhard-Karls-Universität Tübingen/Alemanha (2006). Desde 2008 é docente de Língua Alemã na USP. Tem experiência na área de Letras, com ênfase em Língua Alemã e Língua Portuguesa, atuando principalmente nos seguintes temas: alemão como língua estrangeira, aquisição/aprendizagem/ensino de alemão como língua estrangeira, diacronia da língua portuguesa, Linguística Textual e Linguística de *Corpus*.

Marcel Caldeira é graduado, mestre e doutorando em Linguística pela Universidade Estadual de Campinas (Unicamp). É autor de livros didáticos para cursos de Letras nas áreas de morfossintaxe e semântica. Em sua pesquisa acadêmica, tem-se dedicado ao estudo sincrônico e diacrônico de enunciados associados à função linguística de identificação, como as definições e os diversos tipos de construções baseadas em sentenças equativas e afins. Desenvolve, desde 2013, pesquisas sobre a história do português brasileiro, com atuação em projetos coletivos regionais e nacionais.

Maria da Conceição de Paiva é doutora em Linguística pela Universidade Federal do Rio de Janeiro. É professora do Programa de Pós-Graduação em Linguística da UFRJ e pesquisadora do CNPq. Atuou também como professora visitante do curso de mestrado em Estudos Linguísticos da Universidade Federal do Espírito Santo. Dedica-se principalmente ao estudo da variação linguística e mudança por gramaticalização. É coautora dos livros *Funcionalismo linguístico: análise e descrição*, *Linguagem para formação em Letras, Educação e Fonoaudiologia* e *Sociolinguística, sociolinguísticas: uma introdução*, publicados pela Contexto.

Maria Luiza Braga é doutora pela Universidade da Pensilvânia. É professora titular aposentada da UFRJ onde continua atuando como professora colaboradora na pós-graduação. É pesquisadora do CNPq e interessa-se pelos estudos da mudança linguística, particularmente, gramaticalização. É coautora dos volumes 2, 4 e 5 da coleção *Gramática do português culto falado no Brasil* e dos livros *Funcionalismo linguístico: análise e descrição*, *Introdução à Sociolinguística* e *Linguagem para formação em Letras, Educação e Fonoaudiologia*, todos publicados pela Contexto.

Marize Dall'Aglio Hattnher é graduada em licenciatura e bacharelado em Letras (Tradutor) pela Faculdade Ibero Americana (1982), mestre (1989) e doutora (1995) em Linguística e Língua Portuguesa pela Unesp – Araraquara. É membro titular do Conselho da Functional Grammar Foundation e membro externo do Research Group on Functional Discourse Grammar da Universidade de Amsterdã. É professora do Departamento de Estudos Linguísticos e Literários da Unesp – São José do Rio Preto – e bolsista de produtividade em pesquisa do CNPq.

Norma Novaes Marques é licenciada em Letras pela Unesp – São José do Rio Preto (1996), especialista em Estudos Avançados em Linguística e Língua Portuguesa, pela mesma universidade (1998), na qual obteve o grau de mestre em Estudos Linguísticos (2001) e de doutora em Estudos Linguísticos (2014). Atua na Faculdade Faceres – São José do Rio Preto – como docente e pesquisadora da área de Estudos do Texto. Tem trabalhos publicados em livros, capítulos de livros e em periódicos especializados, com ênfase em estudos funcionais do português oral.

Sanderléia Roberta Longhin é licenciada em Letras pela Unesp – São José do Rio Preto (1996), mestre em Linguística pela Unicamp (1999) e doutora em Linguística pela mesma universidade (2003). É professora assistente doutora da Unesp – São José do Rio Preto, onde atua na graduação e na pós-graduação, na área de Teoria e Análise Linguística, com ênfase em Linguística Histórica. Tem vários trabalhos publicados em periódicos especializados e em capítulos de livros. É bolsista de produtividade em Pesquisa do CNPq.

Sebastião Carlos Gonçalves é graduado em licenciatura em Letras pela Universidade Federal de Mato Grosso do Sul (UFMT), *campus* de Três Lagoas (1995), mestre (1997) e doutor (2003) em Linguística pela Unicamp. É professor do Departamento de Estudos Linguísticos e Literários da Unesp – São José do Rio Preto – e bolsista produtividade em pesquisa do CNPq. Foi presidente do Grupo de Estudos Linguísticos do Estado de São Paulo (gestão 2007-2009) e vice-coordenador do GT Descrição do Português, da Associação Nacional de Pesquisa e Pós-Graduação em Letras e Linguística (gestão 2012-2016). É coordenador do Projeto Amostra Linguística do Interior Paulista (Alip) e do banco de dados Iboruna, que reúne amostras de fala do interior paulista.

GRÁFICA PAYM
Tel. [11] 4392-3344
paym@graficapaym.com.br